大学应用型课程专业（精品）系列教材　　喻世友◎主编
大学应用型课程专业（精品）系列教材·工商管理类　　陈功玉◎主编

市场营销学

李宏岳　主编／高　凯　戴国良　严五胤　副主编

中山大学出版社
SUN YAT-SEN UNIVERSITY PRESS
·广州·

版权所有　翻印必究

图书在版编目（CIP）数据

市场营销学/李宏岳主编；高凯，戴国良，严五胤副主编.—广州：中山大学出版社，2016.1

［大学应用型课程专业（精品）系列教材/喻世友主编；大学应用型课程专业（精品）系列教材·工商管理类/陈功玉主编］

ISBN 978-7-306-05372-5

Ⅰ.①市… Ⅱ.①李… ②高… ③戴… ④严… Ⅲ.①市场营销学—高等学校—教材 Ⅳ.①F713.50

中国版本图书馆 CIP 数据核字（2015）第 169620 号

出版人：徐　劲
责任编辑：黄浩佳
封面设计：曾　斌
责任校对：翁慧怡
责任技编：何雅涛
出版发行：中山大学出版社
电　　话：编辑部 020-84111996，84113349，84111997，84110779
　　　　　 发行部 020-84111998，84111981，84111160
地　　址：广州市新港西路 135 号
邮　　编：510275　　　传　真：020-84036565
网　　址：http://www.zsup.com.cn　　E-mail:zdcbs@mail.sysu.edu.cn
印 刷 者：佛山市浩文彩色印刷有限公司
规　　格：787mm×1092mm　1/16　19.75 印张　498 千字
版次印次：2016 年 1 月第 1 版　2016 年 1 月第 1 次印刷
定　　价：45.00 元

如发现本书因印装质量影响阅读，请与出版社发行部联系调换

大学应用型课程专业（精品）系列教材
编 委 会

主　编　喻世友
委　员　（按姓氏拼音排序）
　　　　陈功玉　陈剑波　陈天祥　丁建新　方海云　冯　原
　　　　何江海　黄静波　黎颂文　廖俊平　孙　立　王丽荣
　　　　卫建国　杨　智　喻世友　赵过渡

大学应用型课程专业（精品）系列教材·工商管理类
编 委 会

主　编　陈功玉
副主编　张　琳
编　委　（按姓氏拼音排序）
　　　　陈功玉　李宏岳　刘　婵　毛锦庚　苏衡彦　张　琳

本书编委会

主　编　李宏岳
副主编　高　凯　戴国良　严五胤
编　委　（按姓氏拼音排序）
　　　　戴国良　高　凯　李宏岳　严五胤

内 容 简 介

本书强化学科基础、注重内容体系创新，编排设计科学合理；强调运用营销理论对实际问题进行分析，实用性强。每章均在开篇列明本章关键词、安排导入案例；中间内容穿插案例阅读、营销视野；最后进行系统小结附有复习思考题，安排营销实战及案例分析，使本书的内容更为丰富、新颖。为了适应多媒体教学方法的需要，开发了与本教材配套的多媒体教学课件，体现教材的针对性、科学性。

本书深入浅出、简明扼要、引导参与性强。非常适合作为应用型本科院校市场营销及相关专业的专业课教材，也可作为成人高等学校、高职高专教学的教材，还可供企业管理人员、从事市场营销工作的人员参考。

前　言

随着我国市场经济和经济全球化迅速发展，企业面临更加复杂的营销环境。企业间的竞争不断加剧，因而迫切需要大批市场营销应用型人才。另外，在知识经济时代，整个社会活动的主轴是知识的创造性使用，知识经济的浪潮也带来了教育战线的深刻变革。当前，我国正在实施科教兴国的战略，通过科学知识的创造性应用，促进我国社会经济的繁荣，早日实现中华民族的伟大复兴。在这样的形势下，高校市场营销教学必须适应市场经济快速发展的需要，重新定位人才培养目标，加强对学生创新能力的培养，提高其灵活运用专业基础知识的能力，使学生成功地应对知识经济社会可能出现的种种挑战。

我国的高等教育由过去的精英教育逐渐转变为大众教育。高等教育大众化使得高校中经济管理专业主要的人才培养模式、功能和目的均发生了变化，即由塑造精英人才、培育社会化人才向培养专业化的精英、知识和技能型人才过渡。应用型本科人才培养应运而生。应用型本科院校的产生既是现代大学对原有办学理念和发展路径反思与改革的成果，也是现代大学适应市场经济需要、主动服务于社会发展的表现。应用型人才的培养应以强调专业基础理论、突出基本技能教学为主，以"求真务实、学以致用"为基本理念，贴近社会需求，突出应用性。

应用型本科同一般普通本科相比具有鲜明的技术应用特征。在培养规格上，应用型本科培养的不是学术型、研究型人才，而是培养适应生产、建设、管理、服务第一线需要的高等技术应用人才；在培养模式上，应用型本科以适应社会需要为目标，以培养技术应用能力为主线设计学生的知识、能力、素质结构和培养方案，以"应用"为主旨和特征构建课程和教学内容体系，重视学生的技术应用能力的培养。

虽然市场上各类市场营销学方面的教材很多，但真正能满足培养经济管理类专业应用型人才对市场营销学知识要求的教材并不多。鉴于此，在对经济管理类专业应用型人才应具备的素质、能力和知识结构进行系统分析的基础上，组织具有多年实际教学经验的一线教师，编写了这本富有应用型特色的市场营销学教材。其主要特点体现在四个方面。

1. 结构严谨，体系完备

本书系统、全面地反映了现代市场营销理论的科学体系及其最新发展。

在编写上,采用国际上工商管理类教材最流行的体例,即每章都包括关键词、导入案例、本章小结、复习思考题、营销实战和案例分析。读者在学习各章前,通过阅读关键词、导入案例,使学习更有针对性和趣味性;本章小结以精练的文字概括各章的内容,以方便读者的复习与记忆;各章最后附有复习思考题、营销实战和案例分析,以启发读者创新思维,开发读者营销心智模式,将各科知识融会贯通,学以致用。

2. 定位准确,简明扼要

本教材将国内外市场营销的最新观点、最新理论介绍给读者;同时注意内容的选取和理论的阐述以"够用"为度,以普通高等院校应用型本科学生为对象,紧贴教学实际需要来安排知识内容和结构,编写内容精简实用、篇幅不长。

3. 案例丰富,实战性强

案例的作用在于给出一个真实的情景,便于理解枯燥的理论。本教材每章都配有丰富的案例,既有成功的也有失败的,既有中国的也有国外的,供学生拓展营销想象空间,培养学生的营销意识和营销实践能力。每一章都设计了让学生进行营销能力训练的营销实战项目,或实际调查,或设计方案,或小组讨论,等等。通过针对性较强的营销实战训练,将理论教学、案例分析与技能训练三个教学环节有机统一,增加教学相长的双向互动。

4. 图文并茂,新颖生动

一张好图胜过千言万语。教材中穿插了大量实用或有良好视觉效果的图片,既能更好地说明问题,又能激起阅读兴趣和营销人应有的激情。颇具匠心的模块设计、案例阅读,令本教材生动活泼,可读性强,完全摒弃传统同类教材理论讲授的枯燥与晦涩,令整本教材妙趣横生,引人入胜。

本教材共11章加附录,侧重介绍市场营销的战略和战术,其中对市场营销环境、市场细分、目标市场选择、市场定位、产品策略、价格策略、促销策略和分销策略等营销要素做了较详细的阐述,并在此基础上,进一步介绍了消费者需求、消费者购买行为、竞争对手分析和竞争对策、不同产品市场生命周期阶段的营销组合策略、营销最新概念和营销策划的写作技巧。

本教材主编为李宏岳,副主编为高凯、戴国良和严玉胤,李宏岳负责拟订编写提纲、统稿和定稿。具体编写分工如下:第一章、第二章、第六章、第十一章由李宏岳编写,第五章、第七章、第八章、第十章由高凯编写,第三章、第四章、第九章由戴国良编写,附录部分由严玉胤编写。本书全部配图均由李宏岳收集设计。

本教材的编写参考引用了大量的文献资料,在此向原作者表达深深的谢意。在教材编写出版的过程中，得到了中山大学出版社领导和黄浩佳编辑、中山大学南方学院教务部全体同仁的大力支持，诚致谢忱！

本教材可作为高等学校经济、管理类及其他相关专业的教材，也可作为企业岗位培训、成人教育、自学考试用书，并可供其他经营管理及营销人员参考。

市场营销是一门理论性和实践性较强的学科，专业内容更新较快。加之编写时间仓促，本书不足之处在所难免，恳请读者不吝赐教，以便今后进行补充和修正。

对本书"辅助教学课件"有需求的教师可与作者联系。

编者

2015 年 12 月

目 录

第一章 市场营销学概述 (1)
- 第一节 市场与市场营销 (1)
- 第二节 市场营销学及其发展 (5)
- 第三节 市场营销观念及其演变 (7)
- 第四节 市场营销组合的演变 (11)
- 本章小结 (16)
- 复习思考题 (16)
- 营销实战 (16)

第二章 市场营销环境 (19)
- 第一节 市场营销环境概述 (20)
- 第二节 宏观环境分析 (22)
- 第三节 微观环境分析 (33)
- 第四节 市场营销环境分析方法 (36)
- 本章小结 (43)
- 复习思考题 (43)
- 营销实战 (44)

第三章 消费者市场与生产者市场 (47)
- 第一节 消费者市场 (47)
- 第二节 生产者市场 (66)
- 本章小结 (72)
- 复习思考题 (73)
- 营销实战 (73)

第四章 市场营销调研与预测 (76)
- 第一节 市场营销调研 (76)
- 第二节 市场营销预测 (103)
- 本章小结 (109)
- 复习思考题 (109)
- 营销实战 (109)

第五章　目标市场营销策略 ……………………………………………………… (112)
第一节　市场细分 …………………………………………………………… (113)
第二节　目标市场选择 ……………………………………………………… (118)
第三节　市场定位 …………………………………………………………… (122)
本章小结 ………………………………………………………………………… (128)
复习思考题 ……………………………………………………………………… (128)
营销实战 ………………………………………………………………………… (128)

第六章　市场竞争战略 ……………………………………………………………… (131)
第一节　市场竞争者分析 …………………………………………………… (132)
第二节　竞争战略的一般形式 ……………………………………………… (133)
第三节　市场竞争战略 ……………………………………………………… (137)
本章小结 ………………………………………………………………………… (140)
复习思考题 ……………………………………………………………………… (141)
营销实战 ………………………………………………………………………… (141)

第七章　产品策略 …………………………………………………………………… (144)
第一节　产品及产品分类 …………………………………………………… (144)
第二节　产品组合 …………………………………………………………… (147)
第三节　产品生命周期 ……………………………………………………… (150)
第四节　新产品开发 ………………………………………………………… (153)
第五节　品牌策略 …………………………………………………………… (157)
第六节　包装策略 …………………………………………………………… (161)
本章小结 ………………………………………………………………………… (169)
复习思考题 ……………………………………………………………………… (169)
营销实战 ………………………………………………………………………… (169)

第八章　价格策略 …………………………………………………………………… (172)
第一节　影响定价的主要因素 ……………………………………………… (172)
第二节　定价的方法 ………………………………………………………… (174)
第三节　定价的策略 ………………………………………………………… (178)
第四节　价格调整及价格变动反应 ………………………………………… (183)
本章小结 ………………………………………………………………………… (188)
复习思考题 ……………………………………………………………………… (189)
营销实战 ………………………………………………………………………… (189)

第九章　分销策略 …………………………………………………………………… (191)
第一节　分销渠道与中间商 ………………………………………………… (192)

第二节　分销渠道的设计与管理 ……………………………………… (196)
　　本章小结 ……………………………………………………………… (203)
　　复习思考题 …………………………………………………………… (204)
　　营销实战 ……………………………………………………………… (204)

第十章　促销策略 …………………………………………………………… (206)
　　第一节　促销与促销组合 …………………………………………… (206)
　　第二节　人员推销 …………………………………………………… (211)
　　第三节　广告策略 …………………………………………………… (220)
　　第四节　营业推广 …………………………………………………… (227)
　　第五节　公共关系 …………………………………………………… (232)
　　本章小结 ……………………………………………………………… (241)
　　复习思考题 …………………………………………………………… (241)
　　营销实践 ……………………………………………………………… (241)

第十一章　市场营销新概念 ………………………………………………… (243)
　　第一节　整合营销 …………………………………………………… (244)
　　第二节　网络营销 …………………………………………………… (248)
　　第三节　服务营销 …………………………………………………… (254)
　　第四节　关系营销 …………………………………………………… (257)
　　第五节　绿色营销 …………………………………………………… (260)
　　第六节　体验营销 …………………………………………………… (265)
　　第七节　文化营销 …………………………………………………… (271)
　　第八节　口碑营销 …………………………………………………… (274)
　　第九节　概念营销 …………………………………………………… (277)
　　本章小结 ……………………………………………………………… (281)
　　复习思考题 …………………………………………………………… (281)
　　营销实战 ……………………………………………………………… (281)

附录　营销策划书 …………………………………………………………… (285)
　　第一部分　营销策划书写作技巧 …………………………………… (285)
　　第二部分　A食品集团"高蛋白豆粉"策划书（范文） …………… (288)
　　第三部分　平阴玫瑰酒产品上市策划书（范文） ………………… (293)
　　第四部分　2016最新食品营销策划书（范文） …………………… (295)
　　第五部分　新东方校园营销策划书（范文） ……………………… (297)

主要参考文献 ………………………………………………………………… (301)

第一章 市场营销学概述

关键词：市场；市场营销；交易；需求；市场营销者；生产观念；产品观念；推销观念；营销观念；社会营销观念；市场营销学。

导入案例

好莱坞影片亦需营销

好莱坞每部片子开拍前，都要事先找到投资者或购买者，然后根据市场需要设计、谋划出影片的情节与内容，而后选择导演和演员，并向社会公布筹拍、开机、封机等进展信息，以合适的价格和可靠的渠道将其推向市场；与此同时，启动一系列的促销活动，如影星与观众见面的首映式、专家点评等，由此获得可观的利润回报。如《侏罗纪公园》投入1.3亿美元，票房收入8.5亿美元，产出是投入的

《阿凡达》插图

654%；《真实的谎言》投入1.2亿美元，票房收入5.3亿美元，产出是投入的442%。尤其值得称道的是，好莱坞生产的电影产品不是一次性的，而是在做"本"，然后一本万利地利用它，达到一本万利之效。米老鼠形象是迪斯尼公司的镇山之宝，其相关产品的销售额占总收入的20%左右；《星球大战》三部曲自20世纪70年代公映以来，票房收入18亿美元，但其主题产品（玩具、游戏、书刊、唱片等）销售总额达45亿美元。不由让人赞叹，好莱坞的电影人把营销理论运用得如此出神入化，把营销技巧发挥得如此淋漓尽致。

好莱坞的成功给我们启示：无论是何种行业，在商品经济条件下，都离不开有效的运作，充分学习与掌握现代科学的营销理论与营销技巧，是极其必要的。

来源：百度百科. http://baike.baidu.com，有删改

第一节 市场与市场营销

市场营销在一般意义上可理解为与市场有关的人类活动。因此，我们首先要了解市场及相关概念。

一、市场及相关概念

在日常生活中,人们习惯将市场看作买卖的场所,这是一个时间和空间的市场概念。

市场是由那些具有特定需要或欲望,并且愿意通过交换来满足这种需要或欲望的全部潜在顾客构成。构成市场的三要素:

$$市场 = 具有特定需求的人 + 购买力 + 购买欲望$$

将上述市场概念作简单综合和引申,可以得到对市场较为完整的认识:

(1) 市场是建立在社会分工和商品生产基础上的交换关系。

(2) 现实市场的形成要有若干基本条件。包括:①消费者(用户)一方需要或欲望的存在,并拥有其可支配的交换资源;②存在由另一方提供的能够满足消费者(用户)需求的产品或服务;③要有促成交换双方达成交易的各种条件。

(3) 市场的发展是一个由消费者(买方)决定,而由生产者(卖方)推动的动态过程。在组成市场的双方中,买方需求是决定性的。

国内外学者对市场营销已下过上百种定义,企业界的理解更是各有千秋。

2004年,美国市场营销协会(American Marketing Association,简称 AMA)对营销的定义:营销是一种组织职能,也是为了组织自身及利益相关者的利益而创造、传播、传递客户价值,管理客户关系的一系列过程。

著名营销学家菲利普·科特勒教授对市场营销的定义是:市场营销是个人和群体通过创造并同他人交换产品和价值以满足需求和欲望的一种社会过程和管理过程。据此,可以将市场营销概念具体归纳为下列要点:

(1) 市场营销的最终目标是"满足需求和欲望"。

(2) "交换"是市场营销的核心,交换过程是一个主动、积极寻找机会、满足双方需求和欲望的社会过程与管理过程。

(3) 交换过程能否顺利进行,取决于营销者创造的产品和价值满足顾客需求的程度和交换过程管理的水平。

综上所述,市场营销的相关概念主要有:需要、欲望和需求;产品;效用、费用和满足;交换、交易和关系;市场营销者。

二、市场营销及相关概念

(一) 需要、欲望和需求

人类的各种需要和欲望是市场营销思想的出发点。

需要(Needs)——没有得到某些基本满足的感受状态。

欲望(Wants)——对具体满足物的愿望。如"解渴"可以喝白开水,也可以喝汽水、蒸馏水等。

需求(Demands)——对有能力购买并且愿意购买的某个具体产品的欲望。

（二）产品

产品简单来说就是任何能用以满足人类某种需要或欲望的东西。产品或提供物三因素：实体商品、服务和创意。

例1：快餐店——商品（汉堡包、烤肉和软饮料），服务（销售过程、烹调、安排座位）和创意（"节省我的时间"）。

例2：计算机制造商——商品（计算机、监视器、打印机），服务（送货上门、安装、培训、维护和修理）以及创意（"计算能力强"）。

案例阅读1-1

海尔：三角形冰箱

哈尔滨市居民宋明伟别出心裁地通过互联网向海尔公司订购一台纯属特殊需求的左开门冰箱，并要求7天内交货。之后，这台国内绝无仅有的海尔 BCD-130E 左开门冰箱如期送到了购买者家中。这是海尔通过电子商务售出的第一台个性化冰箱，也是国内第一台通过网上订制的家电产品。这意味着消费者被动接受商品的时代已经结束，他们可以根据自己的需求、喜欢设计自己所喜爱的产品，从而实现了家电业由传统营销模式向新经济时代满足消费者个性化需求经营方式的战略转移。

海尔集团 CEO 张瑞敏认为，个性化需求正成为新经济时代的消费趋势，家电企业中谁能洞悉更多的个性化市场需求，制造出更多的个性化产品，谁就拥有更多的市场先机和市场份额。他断言，只要用户需要，也许明天海尔能给你一台三角形冰箱。

来源：孟展．科技日报．http：//www.sina.com.cn2000/07/2310：04

（三）效用（价值）、费用和满意

效用是指消费者对产品满足其需要的整体能力的评价。

价值是"在最低的获取、拥有使用成本之下所要求的顾客满意"。

费用是指消费者满足需求的必须支出。

满意是指产品的使用效果与期望价值的差距。

（四）交换、交易

消费者和厂商的需要得以满足的最有效手段是交换。交换是通过提供某种东西作为回报，从某人那里取得所要的东西的行为。交易是由双方之间的价值交换所构成的。

（五）市场营销者

在市场的交换双方中，如果一方比另一方更主动、更积极地寻求交换，我们就把前者称之为营销者（Marketer），后者称之为预期顾客（Prospects）。营销者可以是卖主，也可以是买主。

当买卖双方都积极寻求交换时，则交换双方都是营销者。这种情况被称为双边营销。在一般意义上，营销者是指面对竞争者，服务于市场的企业。

案例阅读1-2

市场营销和我们的生活

沃尔玛连锁店的高级主管每周花两天时间混到顾客中去光顾商店。在迪斯尼世界乐园，每一位经理在其就职期间，至少有一次要花一天的时间穿上米奇、明妮、古菲或其他角色的化装服在乐园里巡视。而且，所有迪斯尼世界乐园的经理每年均有一周的时间要到服务的最前线去售门票、卖爆米花，或者操作供人骑乘的玩具。长年以来佳得宝的伯尼·马库斯会用25%的时间在店里"让雇员心惊肉跳"，同顾客会面并努力更好地理解他们。在万豪酒店，为了与顾客保持联系，董事长兼总裁比尔·马里奥特每年差不多要亲自阅读8 000封顾客来信中的10%，以及750 000份顾客意见卡中的2%。详细了解顾客的需要、欲望和需求是规划营销战略的重要步骤。

来源：作者根据相关资料整理而成

三、市场营销管理

营销管理的实质是需求管理，包括对需求的刺激、促进及调节。市场需求是多种多样的，根据需求水平、时间和性质的不同，可归纳出8种不同的需求状况。在不同的需求状况下，市场营销管理的任务有所不同。各种需求状况及其相应的营销任务如下所示：

（1）负需求。指全部或大部分顾客对某种产品或劳务不仅不喜欢，没有需求，甚至有厌恶情绪。例如，垃圾是人们愿意出钱回避的一种需求状况。营销者的任务是改变市场营销。

（2）无需求。指市场对某种产品或劳务既无负需求也无正需求，只是漠不关心，没有兴趣。通常，市场对下列产品无需求：①人们虽然熟悉但觉得对自己没有使用价值的商品，如不抽烟者对香烟的需求，男性消费者对耳环的需求等；②人们一般认为无价值的废旧物资；③人们一般认为有价值，但在特定市场没有使用价值的产品，如远离水域的小船、南方地区的皮大衣等；④与传统、习惯相抵触的产品；⑤新产品或消费者平常不熟悉的物品等。营销者的任务是刺激市场营销。如上海钢琴公司为了让公司的聂耳牌钢琴打开销路，在大城市举办了各种形式的钢琴大奖赛、创办艺术学校等，以增添家长为孩子购买钢琴的动力。

（3）潜在需求。指多数消费者对市场上现实不存在的某种产品或劳务的强烈需求。例如，老年人需要高植物蛋白、低胆固醇的保健食品，美观大方的服饰，安全、舒适、服务周到的交通工具，等等。营销任务是开发市场营销。

（4）下降需求。指市场对某种商品的需求逐渐减少的状态。包括：①处于成熟期和衰退期的老产品，市场需求已经饱和，购买者人数减少；②被另一种功能更为先进的同类产品所代替的产品,当同类先进产品进入市场时,其购买力转移;③质量不稳定、价格不合理、促销措施不得力、分销渠道不合理的产品,消费者不相信、不了解或购买不方便,购买力下降。营销任务是重振市场营销。

(5) 不规则需求。许多产品和劳务的需求是不规则的。如在公用交通工具方面,在运输高峰时不够用,在非高峰时则闲置不用;又如在旅游旺季时旅馆紧张和短缺,在旅游淡季时旅馆空闲。营销任务是协调市场营销。

(6) 饱和需求。指当前市场对企业产品或劳务的需求在数量上和时间上同预期的最大需求已达到一致。营销任务是维持市场营销。

(7) 过度需求。指市场对某种产品或劳务的需求量超过了卖方所能供给和所愿供给的水平,这可能是暂时性缺货,也可能是价格太低,还可能是由于产品长期过分受欢迎所致,例如:水资源的限制使用、提高水价、宣传节约用水等。营销任务是降低市场营销。

(8) 有害需求。这是指对消费者身心健康有害的产品或服务,诸如烟、酒、毒品、黄色书刊等。企业营销管理的任务是通过提价、传播恐怖及减少可购买的机会或通过立法禁止销售,称之为反市场营销。反市场营销的目的是采取相应措施来消灭某些有害的需求。

案例阅读1-3

自贡子姜王餐馆

2007年年底,在四川省成都市玉林小区的自贡子姜王餐馆主营子姜兔、子姜美蛙、子姜鸡等系列产品,因为味美、价格公道,一直顾客盈门。每天去晚了,只能取号排队等位子,这已成为街头一景。于是喜欢凑热闹赶新潮的成都"好吃嘴"们纷至沓来,形成了"马太"效应。一些排队等待的"好吃嘴"抱怨老板生意那么好,为什么不租个大点的铺面,省得顾客等待。老板总是面带歉意地说:"小本买卖,租不起呀,抱歉久等了。"一次,老板喝酒后,吐露真言:"我才不租大铺面,我要的就是这种效果。"

来源:百度百科。http://baike.baidu.com

第二节 市场营销学及其发展

一、市场营销学的产生和发展

市场营销学作为一门应用性经营管理学科,在学术界长期存在"它是科学还是艺术"的争论。事实上,市场营销学在其发展过程中,不断吸纳了经济学、管理学、社会学、行为学等多门学科的相关理论,形成了自己的理论体系。

市场营销学作为系统研究市场问题的一门独立经济学科,是在资本主义工业革命以后出现的。1912年,美国哈佛大学教授赫杰特(J. E. Hegertg)走访了大企业主,了解他们如何进行市场营销活动，写出了第一本以"Marketing"命名的销售学教科书，它是市场营销学作为一门独立学科出现的里程碑。

1931年成立了美国市场学协会（AMA），从事市场营销的研究和培训企业销售人才，并参与企业经营决策，这就使市场营销学从大学的讲坛走向了社会，进入了应用阶段。

市场营销学于20世纪初创建于美国，后来流传到欧洲、日本和其他国家，在实践中不断完善和发展。它的形成阶段在1900年到1930年之间。

到第二次世界大战结束，市场营销学得到长足发展，并在企业经营实践中广泛应用。

"二战"后至今，市场营销学从概念到内容都发生了深刻的变化。许多市场营销学者经过潜心研究，提出了一系列新的观念。其中之一就是将"潜在需求"纳入市场概念，确立以消费者为中心而不是以生产者为中心的观念问题。这一新概念导致市场营销学基本指导思想的变化，在西方称之为市场营销学的一次"革命"。

二、市场营销学在中国

20世纪三四十年代，市场营销学在中国曾有一轮传播。现存最早的教材，是丁馨伯编译的《市场学》，由复旦大学出版社于1933年出版。市场营销学是由英文"Marketing"一词翻译过来的，关于"Marketing"一词的翻译，中文有"市场学""行销学""销售学""市场经营学""营销学"等各种译法，考虑到从静态和动态结合上把握"Marketing"的含义，用"市场营销学"的译法比较合适。

新中国成立后的一段时期内，由于西方封锁和我国实行高度集中的计划经济体制，商品经济受到否定和抵制，市场营销学的引进与研究工作在我国（除台湾、香港、澳门等地以外）整整中断了30年，而这30年却是西方国家市场营销理论迅速发展与完善的时期。

党的十一届三中全会后，为我国重新引进和研究市场营销学创造了良好条件。

1978—1985年，是市场营销学再次引进中国并初步传播时期。

1984年1月，为加强学术与教学研究，推进市场营销学的普及与发展，中国高等财经院校综合大学市场学教学研究会成立（1987年改名为中国高等院校市场学研究会）。

1991年3月，中国市场学会在北京成立。

1992年以后，是市场营销理论研究结合中国实际提高创新的时期。邓小平"南方谈话"奠定了建立社会主义市场经济体制的改革基调，WTO使我国与世界经济同呼吸共命运。这种新的形势，使市场营销成为企业必修的功课。同时，市场营销人才的社会需求日益旺盛，各种大中专院校加大了市场营销专门人才培养的力度，市场营销学课程也已经成为我国高等院校工商管理类专业的核心课程。

三、研究市场营销学的意义和方法

我们正在面对知识经济时代的来临及其严峻挑战，学习、研究市场营销学，是知识经济时代的要求,是迎接新世纪挑战、适应环境变化的必需;宏观经济的稳定、健康和持续发展,已经成为各国都关心的话题。经济成长决定于多种要素,其中市场营销占据重要地位。随着我国社会主义市场经济体制的构建和完善,这种作用还将进一步加强。企业的效益和成长,是国民经济发展的基础。

市场营销学是一门以经济科学、行为科学、管理理论和现代科学技术为基础,研究以满足消费者需求为中心的企业市场营销活动及其计划、组织、执行、控制的应用科学。

市场营销学为企业成长提供了战略管理原则、竞争策略,以及组织管理和营销计划执行与控制方法,指引企业创造竞争优势,力求处于不败之地。

市场营销学的研究方法很多,主要有:
(1) 传统研究法,包括产品研究法、机构研究法、职能研究法。
(2) 历史研究法。
(3) 管理研究法。
(4) 系统研究法。

市场营销学的研究方法正在不断创新和发展,这也是这门学科的生命力所在。

第三节　市场营销观念及其演变

市场营销管理哲学就是市场营销管理理念(观念),指企业对其营销活动及管理的基本指导思想。它是一种观念,一种态度,或是一种企业思维方式。

市场营销管理哲学的核心是正确处理企业、顾客和社会三者之间的利益关系。

案例阅读1-4

市场营销和我们的生活

早上起床,我们会打开海尔牌的冰箱拿出牛奶,并用格兰仕牌的微波炉加热牛奶,我们之所以每天喝牛奶是因为广告里面营养学家告诉我们,牛奶可以补钙,我们喝来自内蒙古的蒙牛或者伊利牛奶,或者本地生产的牛奶,我们为什么会做出这样的选择呢?这些企业所做的营销努力起了很大作用——广告、更快捷的到达、更低的价格等等。然后我们可能会穿上李宁牌的运动鞋去进行一段晨跑,学校的篮球场的篮板上印着可口可乐的广告,让你每投一次球,都看到一次可口可乐的字样。你会骑上一辆捷安特或者永久的自行车和同学一起出去游玩。

想想这些,你会发现,有一个庞大的营销系统在为你服务,它们影响着你生活的方方面面。你会发现,不止是企业,可能就连学校的食堂,服务也越来越好,政府机构的办事效率也在逐步提高,事实上,这也是由于市场营销的观念在影响着它们发生变化。

来源:作者根据相关资料整理而成

企业市场营销管理哲学(观念)的演变可划分为生产观念、产品观念、推销(销售)观念、市场营销观念和社会营销观念五个阶段。

一、生产观念

时代背景：19世纪末至20世纪20年代这段时间，产品少，供不应求。亨利·福特曾傲慢地说："不管顾客需要什么颜色的汽车，我只有一种黑色的。"

生产观念是最古老的经营观念。生产观念认为，消费者要求得到的是那些随处可得的、价格低廉的产品，所以经营者应该致力于提高产量、降低成本，并增加销售覆盖面。这个观念，是卖方导向的观念。

生产观念的弊病在于：无视人的存在，对消费者的不同的需要冷漠无情。以生产者为中心，"我生产什么你就要什么，你也才能得到什么"。

二、产品观念

产品观念认为，消费者喜欢高质量、多功能和具有某种特色的产品，企业应致力于生产高价值产品，并不断加以改进。企业最容易导致"市场营销近视"，即不适当地把注意力放在产品上，而不是放在市场需要上，在市场营销管理中缺乏远见，只看到自己的产品质量好，看不到市场需求的变化，致使企业经营陷入困境。

产品观念从本质上讲仍然是属于生产者导向的一种经营观念，这和生产观念是一致的。传统上我国有不少企业奉行产品理念，"酒好不怕巷子深""一招鲜，吃遍天"等等都是产品观念的反映。

三、推销观念

产生于20世纪20年代末至50年代。推销观念认为，消费者常表现出一种购买惰性心理，企业必须大力推销和积极促销，以刺激消费者大量购买本企业的产品。推销观念典型的口号是："我们卖什么，就让人们买什么。"

推销观念的最大不足是：它是从企业自身的产品出发，以既定的产品下去寻找顾客。因为推销观念总是认为，自己的产品生产出来了，总应该是可以卖掉的。如果卖不掉，就去推销，去向消费者施加压力。从本质上说，推销观念仍然是卖方导向的经营哲学。它出现的时代是在卖方市场向买方市场过渡的时代。其局限在于，只顾销售不顾售后满意。

营销视野

推销不是市场营销的最重要部分。推销只是"市场营销冰山"的尖端。推销只是企业的市场营销人员的职能之一，但不是其最重要的职能。这是因为：如果企业的市场营销人员搞好市场营销研究，了解购买者的需要，按照购买者的需要来设计和生产适销对路的产品，同时合理定价，搞好分销、销售促进等市场营销工作，那么这些产品就能轻而易举地推销出去。

——菲利普·科特勒

案例阅读 1-5

通用电器营销观念树立

美国通用电器公司是最早应用现代营销的一个企业。在开始树立市场导向的观念时,该公司总经理改变了本公司的经营态度,首先将原来的一个"电扇电毯部"改为"家庭舒适化服务部"。当时,许多同行很不理解,认为这个名称不伦不类,这种做法莫名其妙,此事一时传为笑谈。但是,公司总经理和该部门经理心里都明白,这不是部门名称的简单改变,而是为了满足消费者对家用电器的需要,使他们的家庭生活更舒适、更方便。确立这种营销观念之后,这个部门根据消费者的需求大力发展各种家用电器,产品品种迅速增加,除了继续生产经营电扇电毯以外,又陆续推出了各种电灶、电器调湿气、电动吸尘器和各种照明设备等新产品,销售额迅速增加,企业获得了巨额利润。此时,原来持嘲笑态度的同行们才恍然大悟,争相学习通用电器公司的营销态度,树立市场导向的营销观念。

来源:百度百科. http://baike.baidu.com

四、市场营销观念

时代背景:"二战"后尤为20世纪50年代后,市场环境发生变化。

生产方针:生产市场需要的,"需要什么生产什么"。

营销观念有两个最重要的观点或理念:一为顾客观点,二为竞争观点。营销观念有许多精辟的、通俗的论述或说法,其中,最典型的,也是我们最熟悉的是"顾客是上帝"。

案例阅读 1-6

海底捞火锅

有人说,在海底捞,顾客能真正找到"上帝的感觉",甚至会觉得"不好意思",先不说送皮筋、防止手机被溅油的小袋子这些贴心细节了,孕妇会得到海底捞特意赠送的泡菜,分量还不小,如果人少,服务员一定会提醒你点半份……至于等候区的免费小点、茶水,乃至免费美甲,估计也是海底捞首创。对顾客提供大量赠品和等候区的免费小食品,张勇为何会看似不计成本地执拗坚持,一个汤圆的故事或可说明。

外界把食客们的如此热忱归功于海底捞的"变态"服务。难道不是吗,看到长发女顾客,皮筋一定会送上来;只打了一个喷嚏,姜汤就端到你手边……至于那个流传甚广的冰激凌的故事——一位顾客临走时随口问了一句:"怎么没有冰激凌?"5分钟后,服务员拿着"可爱多"气喘吁吁地跑回来:"让你们久等了,这是刚从超市买来的。"——任你再不轻易动情,恐怕都会被感动。看上去,对海底捞来说,服务已经不是表面功课,而是已经渗透进员工的思想里,是根基。

来源:作者根据相关资料整理而成

五、社会营销观念

社会市场营销观念是对市场营销观念的补充和完善。它产生于20世纪70年代西方资本主义出现能源短缺、通货膨胀、失业增加、环境污染严重、消费者保护运动盛行的新形势下。

社会市场营销观念要求市场营销者在制定市场营销政策时,要统筹兼顾三个方面的利益,即企业利润、消费者需要的满足和社会利益,要求营销者在营销活动中考虑社会与道德问题。如强生公司营销信条:"关爱全世界,一次为一人"。在关爱理念的引导下,强生通过领先的科技研发创造创新的理念、产品和服务,为改善人类健康和福祉而不懈努力。

案例阅读 1-7

森马一次失败的时尚示范

森马:森马是温州一家生产休闲服装的大型名企,它的市场定位主要是二三级县市20世纪80年代及90年代出生的年轻人个性化服装品牌。

广告投放:"我管不了全球变暖,但至少我好看"的广告8月24日在腾讯网投放,29日搜狐网一篇名为《森马,你在干什么?》的博客文章引发热议,一两天内这则广告就停止了。

评价:森马这则以反映"80后"个性自居的广告严重地挑衅了公众的社会责任感,失败亦必然。

来源:作者根据相关资料整理而成

六、现代市场营销观念与传统观念的区别

生产观念、产品观念、推销观念一般称之为旧观念,是以企业为中心、以企业利益为根本取向和最高目标来处理营销问题的观念;市场营销观念与社会营销观念称之为新观念,分别称为以消费者为中心的顾客导向观念和以社会长远利益为中心的社会导向观念。

李维特曾以推销观念与市场营销观念为代表,比较了新旧观念的差别,如图1-1所示。

推销观念:采用的是由内向外的顺序。它从工厂出发,以公司现存产品为中心,通

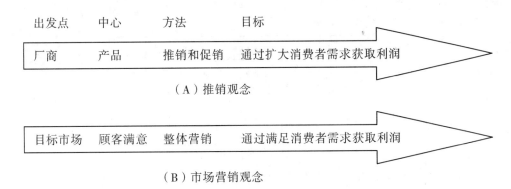

图 1-1 推销观念与市场营销观念的对比

过大量的推销和促销来获取利润。

市场营销观念：采用的是从外向内的顺序。它从明确的市场出发，以顾客需要为中心，协调所有影响顾客的活动，并通过创造性的顾客满足来获取利润。

第四节 市场营销组合的演变

市场营销组合（Marketing Mix）是指一整套能影响需求的企业可控因素，它们可以整合到市场营销计划中，以争取目标市场的特定反应。

市场营销组合的特性：①可控性；②动态性；③复合性；④整体性。

市场营销组合是市场营销学中一个十分重要的概念，最早是在1953年出现，由美国哈佛大学商学院教授尼尔·鲍顿（N. H. Borden）在美国市场营销协会的就职演说中首次使用"市场营销组合"这一术语，提出了市场营销组合的12个因素，即产品计划、定价、品牌、供销路线、人员推销、广告、促销、包装、陈列、扶持、实体分配和市场调研。后来的学者根据对营销因素的不同解释，形成了不同的学术观点。其中，最具有代表性的是4P理论、4C理论和4R理论。

一、4P理论

1960年，美国营销学者杰罗姆·麦卡锡（Jerome McCarthy）提出了著名的4P市场营销组合，他把各种营销要素归纳为四大类，即产品（Product）、价格（Price）、分销（Place）和促销（Promotion），简称"4P"，从而为我们提供了一个既简单易行又非常实用的营销工具，如图1-2所示。

市场营销组合是一个多层次的复合结构。在四个大的变数中，又各自包含着若干个小的变数，见表1-1。

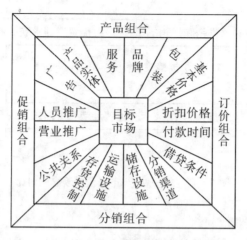

图 1-2 市场营销 4P 组合

表 1-1 营销组合及其变量

营销策略	具体内容
产品策略	品质、品牌名称规格、式样、特色服务、特性
价格策略	分配渠道、区域分布中间商类型、储存营业场所、物流运输、服务标准
分销策略	广告、人员推销、公共关系、营业推广
促销策略	样本价格、价格水平、幅度折扣、折让、支付期限、信用条件

美国麦当劳（McDonald's）公司是举世公认、发展迅速的快餐连锁企业。麦当劳公司的巨大成功，关键在于其采用了结构良好的市场营销组合，其组合情况见表 1-2。

表 1-2 麦当劳公司的市场营销组合

营销策略	具体内容
产品策略	标准的、稳定的、高质量的产品，服务时间长，服务速度快
价格策略	低价策略
分销策略	营业场所选择在顾客密集区域——无论城市或郊区，组织特许连锁经营，扩展新店
促销策略	强有力的广告宣传，广告媒体以电视为主，内容针对年轻人的口味

继 4P 之后，学术界又相继提出了其他一些以"P"为字头的营销要素，如 20 世纪 70 年代，菲力浦·科特勒提出了"大营销"（6P）观念等。有关 4P 与 6P 的关系如图 1-3 所示。

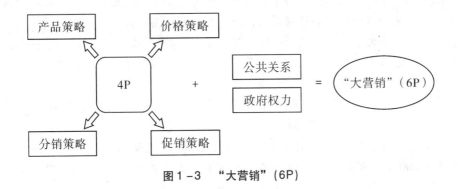

图1-3 "大营销"(6P)

二、4C 理论

随着市场竞争日趋激烈，媒介传播速度越来越快，到20世纪80年代，美国学者劳特朋（Lauterbon）针对4P理论存在的问题提出了4C理论。它以消费者需求为导向，重新设定了市场营销组合的四个基本要素，即消费者（consumer）、成本（cost）、便利（convenience）和沟通（communication）。

三、4R 理论

4R理论是由美国学者唐·舒尔茨（Don Schultz）在4C理论的基础上提出的新营销理论。4R理论分别指代关联（relevance）、反应（reaction）、关系（relationship）和回报（reward）。4R理论以关系营销为核心，重在建立顾客忠诚，它阐述了四个全新的营销要素。

案例阅读1-8

以顾客为中心的日本大荣百货公司

大荣公司是日本最大的百货公司，其创始人中内是个上过大学的退役军人。在1957年9月，中内在日本千林车站前开设了一个面积为53平方米的小商店，职工13人，全部资金仅有8 400美元，开始只经营药品，后来扩展到经营糖果、饼干等食品和百货。大荣公司的经营决策是：一切以顾客为中心，由此走上了成功的道路。

大荣公司认为，凡是消费者所需要的商品，只要做到物美价廉、供货及时，总是可以卖出去的。其中，重要的一点是满足消费者对价格的要求。为了满足顾客对价格的要求，他们打破通常意义上的进货价格加上利润和其他管理费作为零售价格的通常观念，在深入调查消费者需要哪些商品的基础上，着重了解消费者认为合适并可以接受的价格，以此为采购和进货的基础。因此，商店确定了"1、7、3"原则，即商店经营毛利润率为10%，经费率仅为7%，纯利润率为3%。从这个原则可以看出，商店的经营盈利率是相当低的。但是由于赢得了广大消费者的欢迎，商品出售很快，销售量很大，资金周转也很快，所以商店的利润还是相当可观的。

与此同时，依据一切以顾客为中心的决策，大荣公司在经营过程中，把所经营的商品整理归类，按合理的计划和适宜的方法进行批发和零售。以衬衫为例，其他商店基本上是统一样式分为大、中、小三种规格，不同规格具有不同价格，而大荣公司则不同，他们和生产厂方协调一致，确定一个消费者满意、产销双方又有利可图的采购价格，深受消费者的欢迎，销售量扩大，销售额巨增。

另外，大荣集团在耗资 760 亿日元兴建福冈"巨蛋"体育馆时，全面推行符合 CS（顾客满意）精神的"人性化"经营战略，使大荣公司在消费者心目中树立起美好的形象，生意声誉日隆。1995 年，日本大荣公司营业额高达 250 亿美元，占亚洲第一，在国内拥有 1 200 家大型超市，6 700 多家便利店、220 多家大型百货商店和 7 个大型配送中心。

来源：市场营销学. 昆明理工大学. 精品课程网

四、4P 理论、4C 理论、4R 理论的比较

从 4P 到 4C。为了强调营销组合的每个工具为顾客所提供的利益，罗伯特·劳特伯恩提出 4P 相对应的 4R 理论。

1. 从产品到顾客解决方案

企业应首先了解、分析顾客需求，而不是考虑生产什么产品；并为顾客提供能够满足某种需要、解决问题的整体产品，包括实体产品、服务和创意等。

2. 从价格到顾客本

顾客的价值认知不仅来自他们购买产品和服务所付出的货币成本（价格），还包括时间、体力和精神成本等。顾客乐于接受的价格是企业控制制造成本、制定价格的决定性因素。

3. 从分销到便利

企业要尽可能地方便顾客获取信息，选择和购买产品比分销渠道更为重要；便利意味着解决这样的问题：顾客在何时、何地、以何种方式得到他们需要的产品和服务感觉最为方便？

4. 从促销到沟通

强调企业与顾客的双向沟通，通过互动媒体、顾客代表和体验营销等方式与顾客进行对话和建立良好关系。

4P 是站在企业的角度来看营销；4C 理论以消费者为导向，是站在消费者的角度来看营销；4R 也是站在消费者的角度来看营销，同时注意与竞争对手争夺客户。

从导向来看，4P 理论提出的是由上而下的运行原则，重视产品导向而非消费者导向，它宣传的是"消费者请注意"；4C 理论以"请注意消费者"为座右铭，强调以消费者为导向；4R 也是以消费者为导向，但 4R 较之 4C 更明确地立足于消费者，它宣传的是"请注意消费者和竞争对手"。

经典人物

菲利普·科特勒

菲利普·科特勒（Philip Kotler，1931—）具有麻省理工大学的博士、哈佛大学博士后，以及苏黎世大学等其他8所大学的荣誉博士学位，任美国西北大学凯洛格管理学院终身教授，美国管理科学联合市场营销学会主席，美国市场营销协会理事，营销科学学会托管人，管理分析中心主任，杨克罗维奇咨询委员会成员，哥白尼咨询委员会成员等。他是现代营销集大成者，被誉为"现代营销学之父"。

科特勒博士见证了美国40年经济的起伏坎坷、衰落跌宕和繁荣兴旺的历史，从而成就了完整的营销理论，培养了一代又一代美国大型公司的企业家。他是许多美国和外国大公司在营销战略和计划、营销组织、整合营销上的顾问。这些企业包括：IBM、通用电气（General Electric）、AT&T、默克（Merck）、霍尼韦尔

菲利普·科特勒

（Honeywell）、美洲银行（Bank of America）、北欧航空（SAS Airline）、米其林（Michelin）等。此外，他还曾担任美国管理学院主席、美国营销协会董事长和项目主席以及彼得·杜拉克基金会顾问。

同时，科特勒博士还是将近20本著作的作者，为哈佛商业评论、加州管理杂志、管理科学等第一流杂志撰写了100多篇论文。

科特勒博士多次获得美国国家级勋章和褒奖，包括"保尔·D. 康弗斯奖""斯图尔特·亨特森·布赖特奖""杰出的营销学教育工作者奖""营销卓越贡献奖""查尔斯·库利奇奖"。他是美国营销协会（AMA）第一届"营销教育者奖"的获得者，也是唯一三次获得过《营销杂志》年度最佳论文奖——阿尔法·卡帕·普西奖（Alpha Kappa Psi Award）的得主。

1995年，科特勒获得国际销售和营销管理者组织颁发的"营销教育者奖"。科特勒博士著作众多，许多都被翻译为20多种语言，被58个国家的营销人士视为营销宝典。其中，《营销管理》一书更是被奉为营销学的圣经。他的《营销管理》（Marketing Management: Application, Planning, Implementation and Control，1967第一版，与凯文·凯勒合著）不断再版已是第12次再版，是世界范围内使用最广泛的营销学教科书，该书成为现代营销的奠基之作，它被选为全球最佳的50本商业书籍之一，许多海外学者把该书誉为市场营销学的"圣经"。在大多数学校的MBA项目中，这本著作是市场营销学的核心教材。

来源：百度百科. http://baike.baidu.com，有删改

本章小结

市场是社会分工和商品经济发展到一定程度的产物。狭义的市场指的是商品交换的场所;广义的市场则是由那些具有特定需要或欲望,并且愿意并能够通过交换来满足这种需要或欲望的全部潜在顾客构成。

市场营销是个人和群体通过创造产品和价值,并同他人进行交换以获得所需所欲的一种社会及管理过程。

企业市场营销的指导思想是在一定的社会经济环境下形成的,并随着这种环境的变化而变化。可分为生产观念、产品观念、推销观念、市场营销观念和社会营销观念五种不同的观念。

复习思考题

1. 什么是市场?市场可以怎样被区分?
2. 什么是市场营销学?市场营销学在现代社会中有哪些作用?
3. 企业经营观念的发展经历了哪几个阶段?在当今市场竞争如此激烈的条件下,企业要生存、发展应树立什么观念?
4. 什么是市场营销观念,在本世纪初的市场条件下,企业为什么应以此观念指导企业的经营活动?

营销实战

一分钟自我推销演练内容:
1. 问候。
2. 我是谁:包括姓名、来自哪里、个人兴趣爱好、专长、家庭情况、对学习市场营销的课程的认识和学习期望,等等。

具体步骤:

第一步,上台问候。跑步上台,站稳后先对所有人问好,然后再介绍。注意展现热情,面带微笑。

第二步,正式内容演练,即自我推销介绍。注意音量、站姿、介绍顺序、肢体动作等。

第三步,致谢回座。对所有人说谢谢后才能按老师示意回到座位。

案例分析1

坐困愁城的发明家

能源危机引起了各种各样严肃而又有趣的发明,这些发明都是为了节省矿物燃料或开辟新的能源。比如用廉价原料玉米制成液化气；利用太阳能和风能，或采用可使用多种能源的机器以提高原料的利用率等等。

有位发明家研制了一种同时兼备上述三种特点的小汽车，他将汽油箱改为一个高效能的快速甲烷发生器，该发生器可把有机物如杂草等随时转化为燃料；汽车棚顶上装有太阳能电池板，当甲烷用完时可由电池驱动，而在平时电池板给蓄电池充电；另外，车上还装有一对风翼，以便在风向和风速适宜的条件下使用。这种汽车采用最先进的设计、材料和工艺技术，不仅重量轻，而且装有十分理想的气动装置。

这位发明家认定这是一个成功的创造，因此便回到老家——墨西哥的一处深山里。他自信世界上所有的厂商都会蜂拥而至，坐等在家也会有人踏出一条通向他家的路来，可最后什么人也没等到，那项杰出的发明放在那里生了锈，布满了尘埃。

为什么没人来买这位发明家的小汽车呢？

1. 就是因为没有进行营销，他没让需要购买汽车的顾客知道他的产品，也没有把这种汽车的优点和情况告诉顾客，即使有人远道而来购买汽车，恐怕这位发明家也不知道给汽车定多高的价格。

2. 这位发明家没有对其产品进行分配，没有进行广告宣传和定位，最糟糕的是他没有考虑市场。

3. 更重要的是没有考虑到影响市场的环境。首先，由于近年来墨西哥发现了大量的油田和天然气，不存在能源危机问题，以致对他那种汽车的需求量不大；其次，这种车最多只能乘坐四个人，而墨西哥人的家庭往往人口较多；另外，他也没有考虑到环境保护者的干预，因为甲烷发生器会产生污染。他认为这种汽车在美国会有可观的市场，因为那里汽油短缺且价格高，可他没料到墨西哥政府和某些官员会反对向美国出口这种汽车，因为向美国出口这种汽车，会减少美国对墨西哥石油的潜在需求量。

这样，由于没做任何营销方面的工作，没有国内市场，又遇到环境困难，发明家这种"奇妙"的小汽车没能给他带来一个比索。

来源：陈和钦主编. 市场营销理论与实务. 北京理工大学出版社，2012

分析：
1. 发明家研制的小汽车为何无人问津？
2. 这个案例给我们什么启示？

案例分析2

怎样销售这批珠宝？

位于美国加州的一家珠宝店专门经营由印第安人手工制成的珠宝首饰。

几个月前，珠宝店进了一批由珍珠质宝石和白银制成的手镯、耳环和项链。该宝石同商店以往销售的绿松石宝石不同，它的颜色更鲜艳，价格也更低，很多消费者还不了解它。对他们来说，珍珠质宝石是一种新的品种。经理希拉十分欣赏这些造型独特、款式新颖的珠宝，她认为这个新品种将会引起顾客的兴趣，形成购买热潮。她以合理的价格购进了这批首饰，为了让顾客感觉物超所值，她在考虑进货成本和平均利润的基础上，为这些商品确定了销售价格。

一个月过去了，商品的销售情况令人失望。希拉决定尝试运用她本人熟知的几种营销策略。比如，希拉把这些珠宝装入玻璃展示箱，摆放在店铺入口醒目的地方。但是，陈列位置的变化并没有使销售情况好转。

在一周一次的见面会上，希拉向销售人员详细介绍了这批珠宝的特性，下发了书面材料，以便他们能更详尽、更准确地将信息传递给顾客。希拉要求销售员花更多的精力来推销这个产品系列。

不幸的是，这个方法也失败了。希拉对助手说，"看来顾客是不接受珍珠质宝石"。希拉准备另外选购商品了。在去外地采购前，希拉决定减少商品库存，她向下属发出把商品半价出售的指令后就匆忙起程了。然而，降价也没有奏效。

一周后，希拉从外地回来。店主贝克尔对她说："将那批珠宝的价格在原价基础上提高两倍再进行销售。"希拉很疑惑，"现价都卖不掉，提高两倍会卖得出去吗？"

来源：百度百科. http://baike.baidu.com

分析：
1. 希拉对这批珠宝采取了哪些营销策略？销售失败的关键原因是什么？
2. 贝克尔为什么提高售价？
3. 结合案例，说明影响定价的主要因素、基本的定价方法及定价策略。

第二章　市场营销环境

关键词：市场营销环境；宏观营销环境；微观营销环境；环境威胁；市场机会；波士顿矩阵分析；SWOT 分析。

导入案例

金融危机打击商家　东亚地区贸易下降

1997 年的亚洲金融危机，波及整个世界经济，国际货币基金组织将 1998 年世界经济增长率由原来计划的 4.25% 下调到 3% 以下。日本贸易振兴会发表的 1998 年贸易白皮书认为，1998 年东亚地区的贸易进一步下降。在 1996 年的世界贸易分布中，欧盟占 38.5%，东亚地区占 17.8%，美国占 12.6%，日本占 7.7%，东亚地区一直是世界贸易的火车头，1985 年以后一直持续保持两位数的增幅。但 1997 年金融危机后，东亚地区贸易迅速萎缩，1997 年出口增长 6.9%，低于 1996 年。1998 年起，贸易增长速度持续放慢。

东亚地区贸易的停滞，对世界贸易产生了不利影响，1998 年，世界贸易出现 15 年来的第一次负增长。

受亚洲金融危机影响，世界上许多大型商家企业均损失惨重。比如美国销售额最大的 40 家企业之一的摩托罗拉公司，仅 1998 年第二季度的损失就达 13 亿美元，1998 年上半年销售额 139 亿美元，比 1997 年同期下降 2%；1998 年第二季度销售额 70 亿美元，比 1997 年同期下降 7%。其董事长罗伯特·格朗内伊在 1998 年底指出：受亚洲有关国家经济衰退和全球市场价格压力持续扩大的影响，摩托罗拉的信息产品市场还将进一步萎缩。

由此可见，企业的市场营销活动是在一定的外界条件下进行的，为了实现营销目标，企业必须了解、分析和研究市场营销环境，并努力谋求企业外部环境与内部条件与营销策略间的动态平衡。

来源：马连福.现代市场调查与预测.首都经贸大学出版社，2002

第一节 市场营销环境概述

一、市场营销环境的含义

市场营销环境是企业营销职能外部的不可控制的因素和力量,这些因素和力量是与企业营销活动有关的影响企业生存和发展的外部条件。

市场营销环境包括微观环境和宏观环境。微观环境指与企业紧密相联,直接影响企业营销力的各种参与者;宏观环境指影响微观环境的一系列巨大的社会力量。

市场营销活动与市场营销环境。市场营销环境通过其内容的不断扩大及其自身各因素的不断变化,对企业营销活动产生影响。

虽然企业营销活动必须与其所处的外部和内部环境相适应,但营销活动绝非只能被动地接受环境的影响,营销管理者应采取积极、主动的态度能动地去适应营销环境。在一定条件下,也可运用自身的资源,积极影响和改变环境因素,创造更有利于企业营销活动的空间。在北京举行的"SARS与亚洲经济"研讨会上,博鳌亚洲论坛秘书长龙永图曾将非典的影响总结为"一个铜板的两面"——在旅游、交通、餐饮遭受打击的同时,却刺激了传媒、电信、医药、汽车等行业的市场需求。

二、市场营销环境的特点

1. 客观性

环境作为营销部门外在的不以营销者意志为转移的因素,对企业营销活动的影响具有强制性和不可控的特点。

2. 差异性

差异性即不同国家与地区、企业之间的营销环境千差万别。例如,从事服装业的企业,在服装面料、款式、颜色的选择上必须考虑当地消费者的偏好。北京与上海均是大都市,但两地的文化具有明显的差异,消费者对款式、面料、颜色的要求存在明显的差异。上海属于海派文化,受外来文化的影响较大,对色彩偏重于和谐,款式简洁,对棉料的要求不高;北京独有的京文化,对传统文化的东西相对偏爱,喜欢浓郁、鲜艳的色彩,喜欢较为夸张的款式,对面料的要求较高。因此,两地消费偏好的差异使服装企业在满足消费者需要时必须考虑环境的差异性。

3. 多变性

市场营销环境是一个动态系统,每一个环境都随着社会的发展不断变化。例如,随着经济发展,人民生活水平的不断提高,消费者的需求必然从追求生活数量发展到追求生活质量。由此,企业提供的产品和服务提出了更高的要求。

4. 相关性

相关性即营销环境诸因素之间相互影响、相互制约。例如:① 非典时期,对旅游、交通、餐饮、酒店影响很大;② 汽车生产企业,因为油价持续走高,公众环保意识不断增强,对汽车消费的热情明显下降,不得不调整营销策略以应对企业面临的新变化。

三、分析营销环境的意义

由于环境具有的差异性、动态性与相关性的特点，企业必须注重环境的研究，通过环境研究可以发现营销机会，避免环境的威胁。

（1）发现营销机会，即企业能取得竞争优势和差别利益的市场机会。

案例阅读 2-1

商机在于捕捉

日本精工表公司，考虑到中东国家伊斯兰教中的礼拜时间，专门在销往中东国家的手表上增加了做礼拜报时的新功能，成为当地的畅销产品。中秋佳节中国人喜欢吃月饼、送月饼，但传统月饼重油、重糖、太腻，越来越不受欢迎。有些企业针对这一现象及时推出雪月饼，既满足了消费者传统节日的需要，同时又在月饼市场销售的竞争中通过提供差别利益而取得有利的竞争地位。

（2）避免环境的威胁，对企业发展不利的因素。例如，"二战"后美国出生率的下降，使专业生产婴儿产品的强生公司面临挑战，强生公司调整目标市场，除儿童市场外另外发展一块成人市场。

案例阅读 2-2

市场告诉你机会

许多创业者和企业都在为寻找市场机会而发愁，其实，机会就在你身边的顾客身上。有位经营者说过，消费者的需求就如同洋葱一样，从里到外一层又一层，避开其他公司已经选择的那一层，我们是能够找到最适合自己的那一层的。遗憾的是，不少厂商经营思路比较单一，视野不够开阔，看到什么生意火了，便一哄而上，结果导致僧多粥少，大家都吃不饱。

1998 年夏天，青岛双星集团发了一笔"空调"财。原来，双星人发现，夏季人们穿鞋的时候需要很强的排汗功能。但是，市场上根本没有这种功能的优质鞋。公司经过反复研究和充分的市场调查，想出了一种妙法，生产"空调鞋"系列，解决鞋内的通风问题。企业的研究人员在鞋的底部设计了一条贯穿前后的通气道，人们穿着这样的鞋走路时，脚无形中对具有打气筒功能的鞋底做了功，实现了空气的吸进与排除功能，保持了鞋内的干燥。这种具有呼吸功能的"空调鞋"一经上市便引起了市场的轰动效应。在短短的 3 个月中就销售了将近 15 万双。双星集团从把握顾客的消费需求中找到了市场机会，创造了新的市场空间，为企业带来了竞争优势。

来源：http://www.ccmsky.com

第二节 宏观环境分析

宏观营销环境指对企业营销活动造成市场机会和环境威胁的主要社会力量，包括人口、经济、自然、技术、文化等因素。企业一般只能通过调整企业内部人、财、物及产品定价促销渠道等可以控制的因素来适应其变化和发展。

一、人口环境

市场是由有购买欲望同时又有支付能力的人构成的，人口的多少直接影响市场的潜在容量。人口是构成市场的基本因素，在收入一定的情况下，一个国家总人口的多少，决定了市场容量的大小。

众所周知，任何一个企业的产品都不可能面向所有的人口，所以，除了分析考察一国或地区的总人口之外还要深入分析研究人口的地理分布、年龄结构、性别、家庭单位及人数等。

根据联合国提供的数字，目前，中国60岁以上的老人占中国人口总数的14%。2050年，中国老人总数将达到3亿。联合国的相关材料指出，中国成功实施计划生育政策的同时也带来了一个人口老龄化问题，这意味着银色市场在日渐形成并逐渐扩大，工商企业应充分认识到这一点，关注银色市场的开发。（见图2-1）

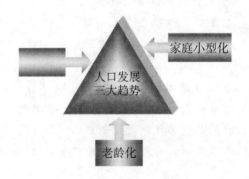

图2-1 世界人口发展趋势

二、经济环境

经济环境指影响企业市场营销方式与规模的经济因素。主要指一个国家或地区的消费者收入、消费者支出、物价水平、消费信贷及居民储蓄等因素，是影响企业市场营销的最重要的因素。

企业的市场营销活动受到一个国家或地区的整体经济发展状况的制约。经济发展阶段的高低将会直接或间接影响企业的市场营销。

对于消费品市场而言，经济发展阶段较高的国家，在商品推销方面，重视产品基本功能的同时，更强调产品款式、性能及特色，会进行大量的广告宣传和销售推广活动，非价格竞争比价格竞争更占优势；而在经济发展阶段低的国家，则比较侧重产品的基本功能及实用性，价格竞争占一定优势。

在生产资料市场方面，经济发展阶段较高的国家重视投资大而能节约劳动力的生产设备，对劳动力的教育及技术水平要求也较高；而在经济发展阶段低的国家，生产设备多偏重于使用劳动力而节约资金，以符合国家劳动力与资金的合理比例。

案例阅读 2-3

恩格尔定律

19 世纪德国统计学家恩格尔根据统计资料，对消费结构的变化得出一个规律：

① 随着家庭收入的增加，家庭用于购买食品的支出占家庭收入的比重（即恩格尔系数）就会下降。

② 随着家庭收入的增加，家庭用于住宅建筑和家务经营的支出占家庭收入的比重大体不变（燃料、照明、冷藏等支出占家庭收入的比重会下降）。

③ 随着家庭收入的增加，家庭用于其他方面的支出（如服装、交通、娱乐、卫生保健、教育）和储蓄占家庭收入的比重就会上升。

来源：作者根据相关资料整理而成

高盛上周五发布最新数据显示，2010 年中国奢侈品消费高达 65 亿美元，连续 3 年全球增长率第一，销售量第一。未来 3 年，中国奢侈品消费总额有望超过日本，成为世界第一大奢侈品消费国。"中国消费者对于奢侈品的影响是革命性的。"而一位业内人士告诉记者，这场"革命"才开了个头。

案例阅读 2-4

全球 22 国恩格尔系数一览：中国或成富裕国家

网易财经 2013 年 3 月 13 日讯 《经济学人》最新公布了一份全球 22 国的恩格尔系数，其中美国恩格尔系数最低，人均每周食品饮料消费 43 美元，占收入的 7%；英国人均每周食品饮料消费与美国相同，占收入的 9%。中国人均每周食品饮料消费 9 美元，占人均收入的 21%。

恩格尔系数（Engel's Coefficient）是食品支出总额占个人消费支出总额的比重。家庭收入越少，用来购买食物的支出所占的比例就越大，随着家庭收入的增加，家庭收入所用来购买食物的支出比例则会下降。联合国根据恩格尔系数的大小，对世界各国的生活水平有一个划分标准，即一个国家平均家庭恩格尔系数大于 60% 为贫穷；50%～60% 为温饱；40%～50% 为小康；30%～40% 属于相对富裕；20%～30% 为富足；20% 以下为极其富裕。

虽然恩格尔系数理论并不绝对严谨，但也可以从一个侧面衡量一个家庭或一个国家的富裕程度。韩国在 1975 年恩格尔系数约为 30%，随着 30 多年的经济发展，如今的

市场营销学

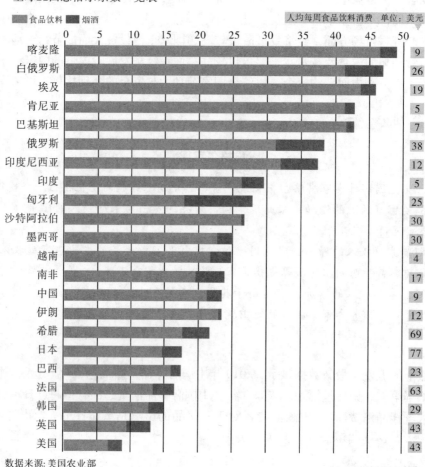

数据来源：美国农业部

恩格尔系数系数仅为12%，也就意味着韩国人88%的收入都用于吃喝以外的非刚性消费。而匈牙利人则将其收入的10%贡献给了烟酒。

来源：网易财经. http://money.163.com/

三、自然环境

自然环境是指企业营销所需要或所影响的自然环境、自然条件及物质基础设施。自然环境中凡是能影响人类社会经济活动的因素均可称之为自然条件。自然条件分析涉及自然环境的各个基本要素。自然环境中凡是可供人类利用的物质与能量又可称为自然资源。

（一）自然资源

自然资源是指一个国家或地区所具有的自然资源，是企业生产经营所需要的各种原材料、能源等，如水资源、石油、天然气、矿石等原材料及能源。在迫使开发替代能源的新兴市场的同时也对企业产品的包装、定位等诉求提出改变的需求。联合国环境规划署（UNEP）曾定义自然资源为：在一定时间、地点条件下能产生经济价值，以提高人类当前和将来福利的自然环境因素和条件。

20世纪90年代以来，企业和公众面临的主要问题之一是日益恶化的自然环境。自然环境的发展变化对企业的发展越来越产生强烈的影响。所以，企业的最高管理层必须分析研究自然环境的发展动向。

一切企业的4Ps中产品开发的物质来源，最终都必然是来自一定的自然资源。自然资源的种类、数量、质量、分布情况、地域组合以及相关自然条件，不仅直接制约到资源产品的开发方向、品种、质量、生产规模、保证程度，以及劳动生产率、生产成本与经济效益，而且从原料、燃料供应的角度还间接制约后续行业的产品开发。

如我国贵州、四川、安徽等省之所以形成一批驰名中外的优秀酿酒企业，形成独树一帜的酒文化，在很大程度上得益于当地的良好水质。不少情况下，认识和发现一定意义的自然资源，对企业从事相关产品的开发，以至整个市场营销工作的成败都会产生根本性影响。所以，企业在市场营销过程中，除了要抓市场机会，还得抓资源机会。如近年为了满足养生市场的需求，不少企业就把目光移向了各种生物资源，出现了开发纯天然保健饮品与食品的热潮。

（二）自然条件

自然条件是指一个国家或地区的地形、地势和气候地理因素，它会影响消费者的需求特点，迫使企业的经营活动必须适应它。如四川、湖北由于气候潮湿，人们都喜吃辣，餐饮业就必须迎合这个需求。

自然条件不仅直接影响人类开发资源、利用自然、改造自然的生产资料需求状况，而且从外部环境方面广泛制约着人类日常生活最基本的需求，可以说人类在吃、穿、住、行、用等方面的需求特征都受到自然条件的直接或间接的制约。如气候条件因素就广泛影响到人的穿戴、家用电器、食品饮料、化妆用品以及药品等生活资料的需求特征，自然条件及其时空变化给企业提供了极为广阔的市场机会。

自然条件的性质特征和时空分布还会影响到企业市场营销的分销渠道及促销活动等各个方面。其威胁存在于：①文化的融合在一定程度上减少了自然条件对营销的影响。例如空调的销售；②自然条件的突发性变化；③自然条件会对营销工作产生一定的经济壁垒。

（三）物质基础设施

物质基础设施是指人类发展的物质文化的成果，如公共设施，交通网络、通讯设施等，它是帮助企业进行营销活动的不可缺少的工具。

物质基础设施的改进——现代化、信息化营销，营销手段的多元化。

物质基础设施的破坏——营销活动的影响。如泰国水灾造成全球硬盘价格猛涨。

目前企业所面临的机会和威胁与自然环境的四种趋势紧密相连。

自然环境不仅与市场及其营销活动有着诸多直接关系，而且其作为宏观市场营销环境的物质基础，还能通过作用于其他环境因素，间接地影响企业的市场营销活动。其中自然环境对人口、经济、文化三方面环境的影响最为突出。从企业营销的角度分析，市场正是由与上述三方面环境密切相关的人口、购买力、购买意向三要素构成的，因此考察自然环境对这三方面环境的影响尤有意义。

自然环境深刻地制约着人口的地理分布，我国有60%以上的人口居住在仅占全国面积20%的海拔200m以下的地区，而热带非洲与拉丁美洲的传统居民又多分布在气候凉爽的高地上，地区人口数决定着该地区消费市场的潜在规模。自然环境还制约着各地区人口自然结构特征的差异，如年龄结构、身高体型结构等，由此影响到如服装等消费品需求的地区差异。自然环境还可通过影响各地区经济发展水平、经济结构与产业布局等影响制约企业市场营销。

优越的自然条件与资源条件总是有利于形成发达的商品经济和较高的经济收入，自然环境结构的地区差异又影响到各地经济结构特征的不同，由此制约到生产、生活资料的需求结构特征和区域间贸易的发展。受制于一定自然条件和资源条件的工农业生产布局、交通运输和商业布局，影响到相关生产资料的需求特征和分销地域体系的建立。

俗话说："一方水土养一方人"，自然环境的地区差异对各地居民的民风民俗、语言文字、价值观念、宗教信仰等等都有明显影响，由此对各地商品需求特征、促销方式、广告设计、谈判与推销风格产生广泛而深刻的影响。如我国南方端午节划龙舟、吃粽子的风俗习惯即形成于水域广布的鱼米之乡。重庆作为炎热的山城和沟通四川盆地与长江中下游联系的两江交汇地，对形成重庆人耿直勇闯的性格多有熏陶。

自然环境构成了一国一地区人口与物质文化特征的基础，并在一定程度上决定一国一地区的经济特征，影响其经济与社会的发展。营销者如能深刻认识和分析一国一地区的自然条件、自然环境与市场营销的关系特征，就可推知和预见其整个市场营销环境的不少特色，从而把握住更多的营销机会，避免不必要的经营风险。

从营销学的角度看，自然环境的发展变化，给企业带来了一定的威胁，同时也给企业创造了机会。

例如，环境保护是各国极为重视的世界性课题，无疑对工业企业是一种极大的威胁。然而日本松下公司为适应这一环境，建立起了消除浪费、废物利用的生产体系，结果做到了生产电子零件的原材料100%利用，并用废物制造其他产品，获得重大成果，给企业创造了丰厚的利益。

目前，自然环境有以下四个方面的发展趋势：①原料的逐渐短缺或即将短缺；②能源短缺导致的成本增加；③污染日益严重；④政府对自然资源加大管理及干预力度。

案例阅读 2-5

麦当劳的绿色营销

麦当劳通过使用可回收利用材料制成的包装物，使其产生的污染物每年因此减少60%。所有麦当劳快餐店中使用的餐巾及杯子、盘子的衬垫均是纸制品，甚至包括其总部使用的所有文具也是纸制品。

据报道，通过与制造商合作研究，使其饮料管减少塑料用量，减轻了其重量的20%，仅此一项，麦当劳每年便少制造几百万磅的塑料废弃物。目前，除了在其产品上运用绿色营销外，它还开始利用可回收利用材料改造和新建它的餐厅，并敦促它的供应商们使用可回收利用的成品及材料。

成功地运用绿色营销，使麦当劳公司的关心人类共同环境的形象不仅得到了消费者的认同，也使其获得了额外的销售量。

来源：陈和钦. 市场营销理论与实务. 北京理工大学出版社，2012

四、科学技术环境

科技的发展对经济发展有巨大的影响，不仅直接影响企业内部的生产和经营，还同时与其他环境因素互相依赖、互相作用，给企业营销活动带来有利或不利的影响。技术创造了许多奇迹，如青霉素、心脏手术；技术也造出了恐怖的魔鬼，如氢弹、神经性毒气、冲锋枪；技术还造出了诸如汽车、电子游戏机等福祸兼备的东西。

正所谓"破旧立新"，新技术是一种"创造性的毁灭力量"。每一种新技术都会给某些企业造成新的市场机会，因而会产生新的行业，同时，还会给某个行业的企业造成环境威胁，使这个旧行业受到冲击甚至被淘汰，如激光唱盘对磁带的替代，E-mail 对书信的替代等。

从目前来看，IT 技术的介入，已经使零售商业业态结构及消费者购物习惯发生了改变。比如网络营销及网上购物的出现，将从根本上改变市场营销的方式方法，同时也对经营管理者提出了新的要求。

新技术引起企业市场营销策略的变化。

1. 产品策略

由于科技迅速发展，新产品开发周期大大缩短，产品更新换代加速。因此，开发新产品是企业开拓市场和赖以生存发展的根本条件。

2. 分销策略

由于科技进步，引起人们生活方式、兴趣、思想等差异性日益扩大，自我意识的观念日益加强。

（1）使大量特色商店和自我服务的商店不断涌现（个性空间）。

（2）从传统人员推销方式演变为自我服务方式（超市、自助餐）。

（3）现代企业的实体分配已不是以工厂为出发点，而是以市场为出发点（消费者需求）。

3. 价格策略

新科技的发展，一方面降低了产品生产成本，从而使产品价格下降；另一方面通过信息技术，运用价值规律、供求规律、竞争规律来制定和修改价格策略。

4. 促销策略

科技发展引起促销方式多样化，尤其是广告媒体的多样化，广告宣传方式的复杂化。

人造卫星成为全球范围内的信息沟通手段；传真电视电话成为企业与顾客接触的有效广告媒体；电视购物与网上购物正在发展与普及。

五、政治法律环境

政治环境指企业市场营销的外部政治形势；法律环境指国家或地方政府颁布的各项法规、法令和条例等。由于企业的市场营销活动总受制于法律的约束，所以企业进行营销活动时也同样必须分析该国的法律法规和国际法，这样才能搞好国内和国际市场营销管理工作，避免因企业的违法行为而受到法律的制裁。随着我国经济体制改革和对外开放的不断深入，我国已日益重视经济立法与执法。

近年来，我国颁布了许多经济法规，如《中华人民共和国公司法》《中华人民共和国经济合同法》《中华人民共和国商标法》《中华人民共和国环境保护法》等。作为企业只有了解相关法律，才能保证自身严格按法律办事，同时又能运用法律的手段来保护企业自身的权益。有时，这些法律可为企业创造新的机会。例如，强制性的回收利用再循环法律给再循环行业产生了巨大的机遇。

案例阅读 2-6

"丽莎"的命运

1977 年，洛杉矶一位名叫布卢姆的人欲求生财之道，以 25 万美元购买了一项专利，去生产一种名叫"丽莎"的小玩具熊——1980 年莫斯科夏季奥运会的吉祥物。此后的两年里，布卢姆和他开设的体育用品公司致力于"丽莎"的推销工组作，他们把"丽莎"的商标使用权出让给 58 家公司，成千上万个"丽莎"被制造出来，并分销到全国的玩具商店和百货商店，十几家杂志上也出现这种带有四种色彩的小熊形象。一切都在按计划进行，"丽莎"的销路很好，布卢姆预计这次业务的营业收入可达 5 千万美元至 1 亿美元。

然而意料之外的事件发生了，由于苏联入侵阿富汗并拒绝撤军，美国总统宣布不参加在莫斯科举行的奥运会。骤然间，"丽莎"成了一个被人深恶痛绝的象征，市场上再也无人问津这种小熊，布卢姆预计的收入成为泡影。

来源：作者根据相关资料整理而成

一个国家的法律体现了该国政府的政策倾向，政府的政策往往是通过法律来实施的。因此，每一项新的法令法规的颁布或调整，都会影响企业的营销活动。一国政府对营销活动实行法律干预，主要是考虑到以下三方面：

第一，对企业的限制，其目的在于指导、监督企业行为，保护企业间的公平竞争。
第二，对消费者的保护，维护消费者利益，制止企业非法牟利。
第三，对社会利益的维护，避免"外部不经济"。

例如，欧盟为 15 个成员国建立了新的法律框架，包括竞争行为、产品标准、产品责任、社会交易等。美国从 1890 年起通过了一系列法律，涉及竞争、产品安全和责任、公平交易与信用实施、包装和标签等方面。

在我国，与企业营销有关的部分法令法规见表2-1。

表2-1 我国与企业营销有关的法律法规

名称	主要内容
《中华人民共和国经济合同法》	法人间经济合同的订立和执行、变更与解除、合同当事人的责任与权力，以及纠纷的解决等
《中华人民共和国价格管理条例》	价格的制定和管理、价格管理职责、企业的价格权利与义务、价格监督检查等
《中华人民共和国食品卫生法》	食品的卫生、食品添加剂卫生、食品卫生标准和管理办法，食品卫生监督、法律责任等
《中华人民共和国消费者权益保护法》	消费者的权利、经营者的义务、国家对消费者合法权益的保护、消费者组织、争议的解决、法律责任等
《关于禁止侵犯商业秘密行为的若干规定》	商业秘密定义、商业秘密内容、商业秘密认定、处罚等
《中华人民共和国商标法》	商标注册的必要性、商标注册程序、商标的使用管理等
《中华人民共和国专利法》	保护发明创造的鼓励及推广等
《中华人民共和国广告法》	广告准则、广告活动、广告审查、法律责任等
《中华人民共和国反不正当竞争法》	不正当行为、监督检查、法律责任等
《中华人民共和国产品质量法》	产品质量的监督管理、生产者和销售者的产品质量责任和义务，损害赔偿，等等
《中华人民共和国海关法》	海关的权力，进出口运输工具的海关规定，进出口货物和物品的海关规定、关税、法律责任，等等
《中华人民共和国公司法》	有限责任公司的设立、组织机构、股份有限公司的设立、组织机构、股份有限公司的股份发行和转让，公司财务会计，公司合并分立，公司破产，等等

来源：吴泗宗. 市场营销学（第4版）. 清华大学出版社，2012

六、社会文化环境

社会文化主要指一个国家、地区的民族特征、价值观念、生活方式、风俗习惯、宗教信仰、伦理道德、教育水平、语言文字等的总和。社会文化作为人们一种适合本民族、本地区、本阶层的是非观念，会强烈影响消费者的购买行为，使生活在同一社会文化范围的成员的个性具有相同的方面，它是购买行为的习惯性、相对稳定性的重要成因。在我国曾有一种叫芳芳"fangfang"的口红很畅销，但出口到法国却无人问津，原因在于直译为法语，"fangfang"意思是"毒蛇的毒牙"。

（一）物质文化

物质文化是指人们所创造的物质产品以及用来生产产品的方式、技术和工艺。物质文化体现一个社会的生活水平和经济发展程度，通常用技术和经济状态来表述。物质文化的差异直接反映需求水平和需求模式的差异。例如，缺乏供电系统的地区，空调、冰箱等耗电量较多的家用电器的销售就受到限制。所以，进入一个新市场之前，一定要对当地的运输、通信、动力系统、金融保险系统、市场保障系统作出调查评估。

（二）社会组织

社会组织是指一个社会中人与人之间的联系方式，可以按血缘关系、年龄、性别、目标和利益等标志划分社会组织的类型，如家庭、老年人组织、女性社团、政府等。社会组织使社会群体有一个能被普遍接受的行为规范，从而影响在不同群体中的市场营销活动。例如，在西班牙裔社会和东南亚国家，长者往往是最有影响力的消费决策人；在美国，青少年在家庭消费上的影响力在逐渐增大；在瑞士，大多数妇女不愿使用家电设备，以免被人误以为是"懒惰的主妇"，而许多美国妇女则不愿被家务所累，要节省更多的时间参加社交活动。

（三）教育

教育是通过正规及非正规的训练对受教育者施以影响的一种活动。一国教育水平的高低受社会生产力、经济状况的影响，同时也反映生产力发展程度和经济状况的改变，影响着人们的文化素质、消费结构、消费偏好和审美观。因此，教育状况影响企业选择目标市场。例如，在教育程度低、文盲率高的国家，现代化商品，尤其是较复杂的生产机器设备不易被广泛接受；在教育水平低的国家，缺乏专门的调研机构和高素质的调研人员、销售人员；在文盲率较高的国家，应在文字宣传说明的基础上，加强广告、电视、图片、现场示范表演等较为直观的宣传手段；而教育水平高的国家更注重包装、品牌、广告、附加功能和服务方面的满足感。

近年来，世界各国的教育水平在不断提高，尤其是女性文盲率在下降，高学历的女性人数在迅速增加。这些变化要求营销人员要用更聪明的办法应对日益聪明起来的消费者。

（四）宗教信仰

宗教作为文化的重要组成部分，影响和支配着人们的生活态度、价值观念、风俗习惯和消费行为。企业的营销人员需要了解目标市场中各种宗教的节日、仪式和禁忌，努力获得宗教组织的支持，以便利用有利的营销机会，创造或扩大市场。例如，基督教的圣诞节、感恩节、狂欢节，伊斯兰教的朝圣节、古尔邦节等节日都是开展营销活动的大好时机。

案例阅读 2-7

薯条炸制使用牛油　麦当劳在印度吃官司

麦当劳因被指控在其出售的薯条的制作过程中使用了牛油,2009年6月在印度被告上了法庭,在印度教经典中,牛是湿婆大神的坐骑,神圣无比。牛被印度教徒视为"母亲"。杀牛和吃牛肉都是对印度教的亵渎。

在法院辩论时,麦当劳公司承认的确在制作薯条时使用了"一点点"牛油。消息传出,立即在印度激起了抗议浪潮。

印度人民党、印度教教派主义组织"湿婆军"和"巴吉兰党"的支持者分别在印度首都新德里和最大的商业城市孟买的几家麦当劳连锁店前举行抗议活动。示威者包围了麦当劳设在新德里的总部,向麦当劳餐厅投掷牛粪块,并洗劫了孟买一家麦当劳连锁店。他们还要求瓦杰帕伊总理下令关闭印度国内所有的麦当劳连锁店。

目前,麦当劳在印度共开设了27家连锁店,为了迎合印度消费者的习惯,麦当劳在菜谱中忍痛去掉了享誉世界的牛肉汉堡,推出了鸡肉汉堡和各式印度式素食,颇受当地顾客青睐。

但是,此次印度爆发的抗议浪潮,将使麦当劳在这个南亚国家大伤元气。

资料来源:母晓怡,新民晚报,2001-05-08,有删改

(五)价值观念

价值观念是人们对社会生活中各种事物的评判标准。价值观念随人们所处的社会文化环境不同而相异,而不同的价值观念又深刻地影响着人们的购买偏好。人们在价值观上的差异主要表现在对时间、风险和金钱的态度。例如,在对时间的态度上,美国人生活节奏快、讲究效率,谈生意喜欢开门见山,而阿拉伯国家和欧洲部分国家则偏向于做事四平八稳,谈生意需要花较长时间交谈与生意无关的事情;在对金钱的态度上,美国人崇尚现实消费的满足,常常超前消费、追求方便和舒适的产品,是一次性产品的庞大市场,而在一些较保守的小生产观念国家则难以接受这种观念和消费方式。因此,营销人员应针对不同的价值观念采取不同的营销策略,以迎合不同价值观念影响下的人们的购买偏好。

(六)风俗习惯

风俗习惯是人们在长期的生活中形成的习惯性的行为模式和行为规范,风俗习惯是人们世代沿袭下来的社会文化的一部分,在饮食、婚丧、服饰、节日、居住、人际关系、商业等方面都表现出独特的心理特征、生活习惯和消费习惯。例如,在饮食上,法国人爱饮酒;日本人好吃生鱼片和在中国难登大雅之堂的酱菜;韩国人喜吃辛辣但不油腻的菜肴;巴西人则很少吃早餐。在我国,各地有不同的饮食习惯,八大菜系各具特

色。在服饰上，东方女性一般在正式场合穿较保守的服装；西方女性大多穿较开放的晚礼服赴宴。在人际交往和商业习俗方面，阿拉伯人喜欢正式谈判前的寒暄，喜欢观察对方的眼睛；美国人喜欢开门见山，速战速决；日本人则喜欢保持沉默或用"哈嘿"来委婉拒绝对方。

例如，在饮食方面，我国的云贵川地区喜辣，江浙地区喜甜，山西喜酸，广东喜鲜，各具特色。再如，在我国，人们在新年前夕，要购买各种食品、礼品、烟花爆竹，贴春联进行庆祝；而在西方国家，人们每逢12月25日圣诞节前，就购买圣诞树、礼品、食品，欢度圣诞节。各地习俗要求市场营销必须有针对性，提供适当的产品。同时，习俗也给厂家提供了机会，可以说，当今假日经济的火热与各地习惯有着密切联系。

虽然风俗习惯具有高度的持续性和强烈的区域性，但随着频繁的文化交流，某些风俗习惯会发生变化。因此，营销人员不仅要研究不同的风俗习惯，还要研究不同的风俗习惯之间的相融程度，以更好地适应千变万化的市场。

（七）审美观

审美观是人们对美丑、雅俗、好坏、善恶的评判，包括对艺术、音乐、颜色、形状等的鉴赏力。通常随着国家、民族、地域、宗教、社会阶层、教育等的差异在审美观念上也存在着不同。在罗马尼亚，三角形和环形颇受欢迎；在中东，六角形的图案、包装受排斥。白色，在亚洲表示丧事；在摩洛哥表示贫困；在西方则会作为婚纱的颜色。人们的审美观受传统文化的影响，同时也反映一个时代、一个社会变迁的美学追求。在我国传统的婚礼上，汉族新娘穿红色民族服装表示喜庆，如今，新娘也穿上了白色婚纱。

文化形成后并非一成不变，会随着时间的推移而发生变化。它的变动既可以创造新市场，也可以毁掉千辛万苦建立起来的市场。因此，研究分析文化环境要用发展的眼光，以适应变化着的文化环境和变化着的市场。

案例阅读 2-8

指针地毯

1984年，一个比利时地毯商人，为了把自己的地毯打进阿拉伯市场，根据阿拉伯国家穆斯林教徒跪在地毯上做朝拜时，必须面向麦加城方向的特点，特意设计了一种地毯。这种地毯中间嵌有永远指向麦加城方向的指针，这样，教徒只要铺上了地毯，就能知道麦加城的方向所在。这一地毯一上市，就受到穆斯林教徒的广泛欢迎，成了供不应求的热门货。

来源：作者根据相关资料整理而成

第三节 微观环境分析

市场的微观环境（见图2-2），是市场营销学的一个重要的研究领域。

企业的微观营销环境包括企业本身、市场营销渠道企业、顾客、竞争者和社会公众，营销活动能否成功，除营销部门本身的因素外，还要受这些因素的直接影响。

虽然微观环境与宏观环境都是影响企业的外部因素的集合，但两者是有区别的：第一，微观环境对企业市场营销活动的影响比宏观环境更为直接；第二，微观环境中的一些因素在企业的努力下可以不同程度地得到控制。把市场营销环境分为宏观环境与微观环境，有利于区别和掌握两类不同环境对市场营销活动的作用程度。

图2-2 市场微观环境

一、企业内部

企业营销部门与财务、采购、制造、研究与开发等部门之间既有多方面的合作，也存在争取资源方面的矛盾。

二、供应商

供应商指向企业及其竞争者提供生产经营所需原料、能源、资金等生产资源企业及个人。尤为重要的是，随着社会大生产的发展，企业专业化程度越来越高，分工越来越细，企业不可能完成从原材料加工到成品生产的全部过程，于是，一辆整车是由全世界各地的供应商提供元部件，一台电脑在中国生产主板、在马来西亚生产机身、在台湾组装是很常见的事情。

> **营销视野**
>
> ### 苹果公司向供应商敞开大门
>
> 开发商蜂拥进入苹果公司的在线应用软件商店,这使得公司旗下的iPhone手机活力四射。自苹果公司向外部供应商敞开大门,允许他们为iPhone手机开发应用软件以来,在短短的6个月内已经有1万多套程序应运而生,同时,每个iPhone手机用户平均下载了15个应用程序。市场调研公司埃文斯数据显示,目前有20%的无线开发商在为苹果公司开发软件,而半年前这一比例还只有8%。在这一场将移动电话变为能支持各类应用软件运行的高性能计算设备的变革中,苹果公司已独占先机。
>
> 目前,苹果公司在软件方面所面临的挑战是如何建立一种新的模式,在保证公司赢利的同时也使开发商获取可观的利润。一方面,公司拥有一系列软件工具,可将程序开发周期从数月缩短至数周。同时,苹果公司只从应用软件的销售收入中抽取30%(如果程序是免费的,苹果公司不会收取任何费用),相比之下,许多无线运营商抽取的比例为50%,从而保证开发商的赢利。其结果正如Gartner公司的肯·杜拉尼所说:"我接触的开发商都愿意与苹果公司合作。"
>
> 资料来源:彼得·伯罗斯,张晓译.iPhone的真正潜力.商业周刊(中文版),2009(3)

三、营销中介

营销中介指协助企业进行产品经销或销售,将产品最终销售给购买者的机构,包括商人中间商和代理中间商。前者是转售商品的企业,对其经营的商品有所有权,如批发商、零售商。后者又称经纪商,替生产企业寻找买主,推销产品,对其经营的产品无所有权。

惹不起的中间商

在2000年2月初,济南的7家大商场施放了一枚"重磅炸弹",他们联合宣布并实施"罢售长虹彩电"行动,在整个商界乃至全社会都引起了不小的震荡。拒售的商场认为,厂家存在严重的产品质量问题和售后服务差的现象,以致影响和拖累了商场的声誉和收益,而长虹则认为,长虹的产品质量和服务均是全国一流的,是双优产品,市场占有率高达35%,怎么会有产品质量问题。

原来"事件"起因是厂方对济南地区的各个经销商"政策"不同。虽然厂家和经销商在某种意义上说是利益共同体,但它们在市场中所处的位置不同,一个在后方,一个在前方,所承担的任务不同,一个是生产,一个是销售。所以,会经常产生一些矛盾。

由于长虹在这件事件中,一开始采取的是"身正不怕影子斜"的做法,作出长虹不怕这7家渠道企业的拒售,结果使得"拒售事件"在全国产生很大的影响,这对长虹的企业形象和声誉形成了非常不利的影响。

四、顾客

顾客是企业服务的对象,也是营销活动的出发点和归宿。企业的一切营销活动都应以满足顾客的需要为中心。因此,顾客是企业最重要的环境因素。

为便于深入研究各类市场的特点,国内顾客市场按购买动机可分为四种类型,连同国际市场,企业面对的市场类型有以下几种:①消费者市场;②生产者市场;③中间商市场;④非营利组织市场;⑤国际市场。

案例阅读 2-10

杭州"狗不理"包子店为何无人理?

杭州"狗不理"包子店是天津狗不理集团在杭州开设的分店,地处商业黄金地段。正宗的狗不理以其鲜明的特色(薄皮、水馅、滋味鲜美、咬一口汁水横流)而享誉神州。但正当杭州南方大酒店创下日销包子万余只的纪录时,杭州的"狗不理"包子店却将楼下1/3的营业面积租让给服装企业,依然"门前冷落车马稀"。

当"狗不理"一再强调其鲜明的产品特色时,却忽视了消费者是否接受这一"特色"。那么受挫于杭州也是势在必然了。

首先,"狗不理"包子馅比较油腻,不符合喜爱清淡食物的杭州市民的口味。

其次,"狗不理"包子不符合杭州人的生活习惯。杭州市民将包子作为便捷快餐对待,往往边走边吃。而"狗不理"包子由于薄皮、水馅、容易流汁,不能拿在手里吃,只能坐下用筷子慢慢享用。

最后,"狗不理"包子馅多半是蒜一类的辛辣刺激物,这与杭州这个南方城市的传统口味也相悖。

来源:百度百科。http://baike.baidu.com

五、公众

公众指对企业实现营销目标的能力有实际或潜在利害关系和影响力的团体或个人。企业所面临的公众主要有以下几种:①融资公众;②媒介公众;③政府公众;④社团公众；⑤社区公众；⑥一般公众；⑦内部公众。

六、竞争者

企业在市场上面临着四种类型的竞争者：

(1) 愿望竞争者，即满足消费者的各种目前愿望，与本企业争夺同一顾客购买力的所有其他企业。

如：通用汽车公司可将房地产、耐用消费品、旅游等公司都看作竞争者，因为顾客若买了房子或其他耐用消费品，就可能无力购买汽车。

(2) 一般竞争者，即提供不同种类的产品，满足购买者某种愿望的企业。

如：通用汽车公司不仅以所有轿车制造商为竞争者，而且将摩托车、自行车、卡车制造商都看作竞争者。

(3) 产品形式竞争者，即提供同种但不同型号的产品，满足购买者某种愿望的企业。

如：通用汽车公司的竞争者就包括了所有生产轿车的公司。

(4) 品牌竞争者，即提供同种产品的各种品牌，满足购买者某种愿望的企业。

如：通用汽车公司以福特、丰田、本田及其他提供同种档次的轿车制造商为主要竞争者，而并不把生产其他类型轿车的公司看作是自己的竞争者。

所以竞争者不仅包括本行业的竞争者，同时还包括潜在竞争力量。比如钢笔的竞争对手不光包括铅笔、圆珠笔、中性笔等同行业，还包括电脑、录音笔等潜在竞争力量。

第四节 市场营销环境分析方法

一、外部环境分析

外部环境对企业的影响是通过机会和威胁表现出来的。

营销环境的变化不仅会给企业带来威胁，同时也给企业带来了市场机会。企业分析市场营销环境，意义在于使企业能了解所处的环境状况及预见环境的发展趋势，辨清所处环境给企业带来的各种威胁或机会，从而采取有针对性的营销策略。

(一) 环境威胁

指营销环境中出现的不利于企业营销的发展趋势及因素。例如，能源危机对汽车行业形成的威胁、限制性法律对烟酒业造成的威胁等。企业若不能及时对此采取相应的策略，不利趋势将影响企业的市场地位。例如，战后美国出生率的下降，使专业生产婴儿产品的强生公司面临挑战，强生公司调整目标市场，除儿童市场外另外发展一块成人市场。

(二) 市场机会

市场机会指营销环境变化中出现的有利于企业发展的趋势或对企业经营赋予吸引力

的领域。例如，全民健身运动创造的体育用品销售机会，我国法定长假的实施为商业、旅游业、汽车行业等创造的商机。有些机会犹如"昙花一现"，可谓机不可失，时不再来。企业营销人员对商机的把握极为重要。美国商业奇才亚默尔就是一个善于发现和把握机会的人。

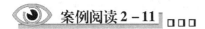

案例阅读 2-11

商业奇才亚默尔

1875年的某一天，美国具传奇色彩的商业人物——罐头大王亚默尔，偶然从报纸上看到一则新闻，说是墨西哥畜群中发现了病畜，有专家怀疑是某种传染性较强的瘟疫。

亚默尔立刻想到，毗邻墨西哥的美国加州、德州是全国肉类供应基地，如有瘟疫，政府将必然禁止该地区的牲畜进入市场，将造成全国肉类供应紧张，价格必然上涨。于是，在派专业人员进行调查核实消息后，果断决策，倾其所有，迅速从加、德两州大量采购活畜及猪肉、牛肉，运往美国东部地区，结果净赚900万美元。

来源：作者根据相关资料整理而成

二、内部环境分析

（一）波士顿矩阵分析法

波士顿矩阵分析法是美国波士顿咨询公司（Boston Consulting Group）发明的一种被广泛运用的业务组合分析方法，即用"市场增长率-相对市场占有率矩阵"对企业的战略事业单位或产品进行分类和评估的一种分析方法。如图2-4所示。

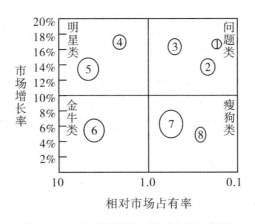

图2-4 市场增长率-相对市场占有率

纵向：销售增长率，市场增长率，反映产品在市场上的成长机会和发展前途。

横向：相对市场占有率，表示企业的竞争实力大小。

相对市场占有率：表示业务单位的市场占有率与最大竞争对手的市场占有率之比。

（1）明星类：高销售增长率与高相对市场占有率。具有良好的发展前景，企业必须投入大量资源，以支持其快速发展，未来的金牛业务。

（2）金牛类：低销售增长率与高相对市场占有率。企业的主要利润来源，不需大量资源投入，为其他业务单位的发展提供财力支持，企业应大量培植金牛类业务，尽量延长其生命期。

（3）问题类：高销售增长率与低相对市场占有率。现金需求量大，市场占有率低，存在各种问题，前景未卜，需慎重考虑、认真筛选，一部分进行必要的投资促使其成为"明星"产品，对于没有前景的或无法解决问题的应坚决淘汰。

（4）瘦狗类：低市场增长率与低相对市场占有率。该类业务多处于成熟后期或衰退期，通常是微利、保本甚至亏损，一般应放弃，但在少数情况下，经过努力可发展成为金牛业务。

分析：企业共8个业务单位或产品，其中问题产品3个，明星产品2个，金牛产品1个，瘦狗产品2个，问题产品、瘦狗产品偏多，所以企业发展后劲不足，企业实力较差。

制订业务组合或产品计划，确定各业务单位或产品的投资策略：
（1）发展策略：大力投资，适于明星类和有发展前途的问题类产品。
（2）维持策略：维持现状，适于金牛类产品。
（3）缩减策略：缩减投资，主要适用于问题类和瘦狗类产品。
（4）放弃策略：清理处理，主要适用于没有前途和亏损的问题类与瘦狗类产品。

（二）SWOT分析法

1. SWOT的含义

SWOT分析法（自我诊断方法）是一种能够较客观而准确地分析和研究一个单位现实情况的方法。利用这种方法可以从中找出对自己有利的、值得发扬的因素，以及对自己不利的、如何去避开的东西，发现存在的问题，找出解决办法，并明确以后的发展方向。

SWOT四个英文字母代表Strength、Weakness、Opportunity、Threat。意思分别为：S，强项、优势；W，弱项、劣势；O，机会、机遇；T，威胁、对手。从整体上看，SWOT可以分为两部分。第一部分为SW，主要用来分析内部条件；第二部分为OT，主要用来分析外部条件。

2. SWOT分析的一般方法

SWOT分析是一种对企业的优势、劣势、机会和威胁的分析。在分析时，应把所有的内部因素（包括公司的优势和劣势）都集中在一起，然后用外部的力量来对这些因素进行评估。这些外部力量包括机会和威胁，它们是由于竞争力量或企业环境中的趋势所造成的。这些因素的平衡决定了公司应做什么以及什么时候去做。企业可按以下步骤完成这个SWOT分析表：

（1）把识别出的所有优势分成两组，分的时候应以下面的原则为基础：看看它们是与行业中潜在的机会有关,还是与潜在的威胁有关。

(2) 用同样的方法把所有劣势分成两组。一组与机会有关,另一组与威胁有关。

(3) 建构一个表格,每个占1/4。(参考图2-5)

(4) 把公司的优势和劣势与机会或威胁配对,分别放在每个格子中。SWOT表格表明公司内部的优势和劣势与外部机会和威胁的平衡。

企业计划中一定要包含以下步骤:

(1) 在某些领域内,企业可能面临来自竞争者的威胁;或者在变化的环境中,有一种不利的趋势,在这些领域或趋势中,公司会有些劣势,那么要把这些劣势消除掉。

(2) 利用那些机会,这是公司真正的优势。

(3) 某些领域中可能有潜在的机会,把这些领域中的劣势加以改进。

(4) 对目前有优势的领域进行监控,以便在潜在的威胁可能出现的时候不感到吃惊。

图2-5 SWOT分析

3. 优势/劣势分析

(1) 优势分析。

1) 技术技能优势:独特的生产技术,低成本生产方法,领先的革新能力,雄厚的技术实力,完善的质量控制体系,丰富的营销经验,上乘的客户服务,卓越的大规模采购技能。

2) 有形资产优势:先进的生产流水线,现代化车间和设备,拥有丰富的自然资源储存,吸引人的不动产地点,充足的资金,完备的资料信息。

3) 无形资产优势:优秀的品牌形象,良好的商业信用,积极进取的公司文化。

4) 人力资源优势:关键领域拥有专长的职员,积极上进的职员,很强的组织学习能力,丰富的经验。

5) 组织体系优势:高质量的控制体系,完善的信息管理系统,忠诚的客户群,强大的融资能力。

6) 竞争能力优势:产品开发周期短,强大的经销商网络,与供应商良好的伙伴关系,对市场环境变化的灵敏反应,市场份额的领导地位。

(2) 劣势分析。

1) 缺乏具有竞争意义的技能技术。

2) 缺乏有竞争力的有形资产、无形资产、人力资源、组织资产。

3) 关键领域里的竞争能力正在丧失。

公司不应去纠正它的所有劣势,也不应对其优势不加利用。主要的问题是,公司应研究它究竟是应只局限在已拥有优势的机会中,还是去获取和发展一些优势以找到更好的机会。

(三) 矩阵分析法

1. 市场机会矩阵分析法

机会是指营销环境中对企业营销的有利因素,即企业可取得竞争优势和差别利益的市场机会。市场机会矩阵见图 2-6。

	成功概率 高	成功概率 低
吸引力 大	1	2
吸引力 小	3	4

图 2-6 市场机会矩阵

在图 2-6 的四个象限中,第 1 象限是企业所面临的最佳机会,必须引起足够重视。第 2、第 3 象限也不能忽视,因为第 2 象限虽然成功率低,但是吸引力很大;第 3 象限虽然吸引力小,但是成功概率高,两者一旦转化,会给企业带来市场机会。第 4 象限机会太小,可以不必考虑。

案例:美国罐头大王的发迹。

2. 环境威胁矩阵分析法

威胁是指一种不利的发展趋势所形成的挑战,如果缺乏果断的营销行动,这种不利趋势将会侵蚀公司的销售或利润。有关环境的威胁可按威胁的严重性的发生概率来分类。图 2-7 是环境威胁矩阵。

	成功概率 高	成功概率 低
严重性 大	1	2
严重性 小	3	4

图 2-7 环境威胁矩阵

在图 2-7 的四个象限中,第 1 象限的威胁是关键性的,它们会严重危害公司的利益,而且出现的概率很高。公司需要为每一个这样的威胁准备一个应变计划,这些计划要包括在威胁出现之前或在威胁出现时,公司应进行哪些改变。第 4 象限的威胁比较小,出现的概率低,严重性也小。但第 2、第 3 象限的威胁需要加以注意,因为只要第

2 象限中的发生概率由低到高，或第 3 象限中的严重性由小到大，公司的发展将受到严重威胁。

案例阅读 2-12

企业营销活动的成败与环境

1. 美国的化妆品为什么打不开日本市场

美国是生产化妆品的一个大国，出口的化妆品也较多，其中有一些出口到日本市场上。美国化妆品进入日本市场的时候，对日本人进行了大规模的广告宣传和其他形式的促销活动，但是日本人就是对此无动于衷，化妆品的销售量很少，美国运到日本市场的化妆品只能大量积压，生产厂家为此十分着急。

通过大量的调查研究发现，在美国，人们对于皮肤的色彩有一种十分普遍的观念，即认为皮肤略为深色或稍黑一些是富裕阶层的象征，因为只有生活富裕的人们才有足够的时间和金钱去进行各种消闲活动，到海滩去晒太阳是一种比较普通的消闲活动，生活越富裕，去海滩晒太阳的机会越多，皮肤也就越黑，所以皮肤晒得越黑的人，说明其社会地位和生活的富裕程度越高。在化妆的时候，人们习惯于使用深色的化妆品，把自己的皮肤化妆成略为深色，以显示自己的地位。化妆品的厂家在生产化妆品的时候，也不以色彩略为深一些的化妆品为主大量生产。而日本人的皮肤属于东方人的皮肤类型，崇尚白色，化妆时不喜欢使用深色的化妆品，所以日本人对于美国人的那种略为深色的化妆品需求量是很少的。

2. 日本的空调进入中东市场

中东地区的国家一般比较富裕，重视改善居室的舒适性，所以消费家用空调的人比例较高。最先进入中东地区销售空调电器的厂商来自美国和英国等一些国家，这些国家的产品质量一般还不错，所以前期的销售效果也很好，但销过一段时间之后，发现中东地区的消费者对于这些国家的空调电器并没有太多的兴趣，空调器总是出问题，出现停转的现象。日本厂家在仔细研究了这些情况之后，得出一个结论：他们认为美国和英国等国家的空调器在中东地区总是出现停转问题的原因在于，中东地区多沙、空调器的防沙能力很差，而美国和英国等空调器的生产者没有设计防沙功能的意识，不了解当地消费者以往习惯于各种物品的防沙功能，所以生产的商品不适应这一地区的消费要求，日本厂商立即着手改进空调器的防沙能力，对空调器的进气口进行了防沙性能的处理，并且在广告中大力宣传日本空调器在中东地区的适应性，结果，日本一下子把美国和英国等国家挤出了中东地区空调电器的市场，并从此成为中东地区最畅销的产品。

3. 阿拉伯国家为什么欢迎巴西冻鸡

欧洲一冻鸡出口商曾向阿拉伯国家出口冻鸡，他把大批优质鸡用机器屠宰好，收拾得干净利落，只是包装时鸡的个别部位稍带点血，就装船运出。当他正盘算下一笔交易时，不料这批货竟被退了回来。他迷惑不解，便亲自去进口国查找原因，才知退货原因不是质量有问题，只是他的加工方法犯了阿拉伯国家的"禁"，不符合进口国的风俗。阿拉伯国家人民信仰伊斯兰教，规定杀鸡只能用人工，不许用机器；只许男人杀鸡，不许妇女伸手；杀鸡要把鸡血全部洗干净，不许留一点血渍，否则便被认为不吉祥。这样，欧洲商人的冻鸡虽好也仍然难免退货的厄运。

巴西冻鸡出口商吸取了欧洲商人的经验教训，不仅货物质量好，而且特别注意满足国外市场的特殊要求，尤其是充分尊重对方的风俗习惯。巴西对阿拉伯国家出口冻鸡，在屠宰场内严格按照阿拉伯国家的加工要求，不用机器、不用妇女，杀鸡后把血渍全部清除干净并精密包装。巴西还邀请阿拉伯进口商来参观，获得了信任，使巴西冻鸡迅速打进了阿拉伯国家的市场。

资源来源：王秀村编著. 市场营销管理　北京理工大学出版社　2009.8

思考：
1. 上述一组案例为什么会有不同的结果？
2. 结合这些案例谈谈你对企业营销与市场环境关系的认识。

经典人物

彼得·德鲁克

彼得·德鲁克（Peter F. Drucker，1909.11—2005.11）对世人有卓越贡献及深远影响，被尊为"管理大师中的大师"。德鲁克以他建立于广泛实践基础之上的30余部著作，奠定了其现代管理学开创者的地位，被誉为"现代管理学之父"。

1909年11月19日，彼得·德鲁克出生于奥匈帝国统治下的维也纳，祖籍荷兰。其家族在17世纪时就从事书籍出版工作。父亲是奥国负责文化事务的官员，曾创办萨尔斯堡音乐节；他的母亲是奥国率先学习医科的妇女之一。彼得·德鲁克从小生长在富裕文化的环境之中。彼得·德鲁克先后在奥地利和德国受教育，1929年后在伦敦任新闻记者和国际银行的经济学家。于1931年获法兰克福大学法学博士。1942年，受聘为当时世界最大企业——通用汽车公司的顾问，对公司的内部管理结构进行研究。2005年11月11日，彼得·德鲁克在美国加州克莱蒙特家中逝世，享年96岁。

彼得·德鲁克

德鲁克先生一生著书和授课未曾间断。自1971年起，一直任教于克莱蒙特大学的彼德·德鲁克管理研究生院。为纪念其在管理领域的杰出贡献，克莱蒙特大学的管理研究院以他的名字命名。1990年，为提高非营利组织的绩效，由弗朗西斯·赫塞尔本等人发起，以德鲁克的声望，在美国成立了"德鲁克非营利基金会"。该基金会十余年来选拔优秀的非营利组织，举办研讨会、出版教材、书籍及刊物多种，对社会造成巨大影响。

德鲁克已出版超过30本书籍，被翻译成30多种文字，传播到130多个国家，甚至在前苏联、波兰、南斯拉夫、捷克等国也极为畅销。其中最受推崇的是他的原则概念及发明，包括："将管理学开创成为一门学科，目标管理与自我控制是管理哲学，组织的目的是为了创造和满足顾客，企业的基本功能是行销与创新，高层管理者在企业策略中的角色,成效比效率更重要,分权化、民营化、知识工作者的兴起,以知识和资讯为基础的社会。"

2002年6月20日,美国总统乔治·W.布什宣布彼得·德鲁克成为当年的"总统自由勋章"的获得者,这是美国公民所能获得的最高荣誉。

无论是英特尔公司创始人安迪·格鲁夫,微软董事长比尔·盖茨,还是通用电气公司前CEO杰克·韦尔奇,他们在管理思想和管理实践方面都受到了彼得·德鲁克的启发和影响。"假如世界上果真有所谓大师中的大师,那个人的名字,必定是彼得·德鲁克。"

——这是著名财经杂志《经济学人》对彼得·德鲁克的评价

本章小结

市场营销环境,是指影响企业市场营销活动和市场营销目标实现的各种因素及条件,具有客观性、多变性、差异性和相关性。

宏观市场营销环境包括自然环境、政治法律环境、人口环境、经济环境、社会文化环境及科学技术环境;企业的微观环境主要涉及企业内部环境、市场营销渠道企业、竞争者、公众及顾客等方面的内容。

分析市场营销环境通常是利用"环境威胁矩阵图"和"市场机会矩阵图"。企业对其所面临的市场机会及主要威胁,必须认真评价其质量或特点,制定恰当的营销对策,慎重行事。波士顿矩阵分析法是美国波士顿咨询公司发明的一种被广泛运用的业务组合分析方法,即用"市场增长率-相对市场占有率矩阵"对企业的战略事业单位或产品进行分类和评估的一种分析方法。SWOT分析法(自我诊断方法)是一种能够较客观而准确地分析和研究一个单位现实情况的方法。利用这种方法可以从中找出对自己有利的、值得发扬的因素,以及对自己不利的、如何去避开的东西,发现存在的问题,找出解决办法,并明确以后的发展方向。

复习思考题

1. 简述企业分析市场营销环境的意义及市场营销环境的特征。
2. 有人说,"市场营销机会有时恰恰是营销陷阱",而"环境威胁有时却可以采取有力措施加以规避",请你在实际营销活动中摘取1~2个例子说明之。
3. 环保问题已逐渐成为举世瞩目的焦点问题,自然环境对企业的影响不容忽视,请结合实际,对目前自然环境发展趋势下企业的市场机会做些分析。
4. 结合中国市场的实际情况,选择一个方面对目前国内市场营销的环境特点进行分析,谈谈你的看法。
5. 许多专家认为,目前中国人口的收入差距还有变大的趋势,基尼系数已经接近了国际通用的警戒线0.4。这给社会的稳定和经济的长期发展带来了很大的风险。从生产和服务的角度上看收入差距变大给哪些行业带来了哪些机遇与风险?为什么?

营销实战

实战项目：

模拟公司市场营销环境分析。

实战目的：

①认识企业面临的各类环境因素。

②运用SWOT分析法对市场营销环境进行分析。

实战内容及要求：

各学习小组（模拟公司）运用SWOT分析法对本公司的市场营销环境进行分析，并撰写不少于2 000字的分析报告。

分析报告主要内容包括宏观营销环境和微观营销环境的各因素；分析外部环境的机会与威胁、公司自身的优势与劣势。

案例分析1　西班牙华商鞋店被焚事件

2004年9月16日晚，在西班牙东南部城市埃尔切发生攻击并焚烧中国侨民鞋店的恶性案件。当地时间晚7时多，埃尔切发生的针对当地华人鞋商的示威抗议活动中，有近千名当地鞋商和鞋厂工人未经当地政府批准却"有组织"地聚集在该市的中国鞋城内，号召当地人"把进入这个城市里的所有鞋子烧掉"。被烧毁的温州鞋共有16个集装箱，价值100多万欧元，而传闻这些不法分子正在赶制汽油弹，准备继续"进攻"。埃尔切中国鞋城的50多名中国鞋商和仓库内价值十几亿元人民币的温州鞋，遭受了前所未有的严重威胁。

据温州吉尔达鞋业西班牙公司经理王长川回忆，"火祸"当晚，他们公司的鞋类集装箱并未在仓库进行装卸，因此躲过一劫。但货物被焚毁的部分商人损失惨重，王长川说："有个青田县来的商人，他们公司几大箱货物都被烧光了，损失了80多万元人民币。"现场的鞋商为了维护利益，不得不开来车辆和推土机保卫鞋城。"事情发生的当晚，人山人海，火光冲天，空气中飘荡着焦糊味。"王长川回忆说，他已经害怕得不敢再靠近仓库。

中国鞋被焚事件惊动了埃尔切这座20万人口的西班牙小城。多数埃尔切市民对中国商人持同情态度，认为商业竞争不可以成为烧鞋的理由。埃尔切的Casimir Gomez先生说，这两天的烧鞋事件震动了该市。他还说："中国鞋质量好，价格便宜，我每过一两个月就会带着妻子去逛一逛。商人之间的竞争应该采取正当手段，烧鞋的人非常不理智。"还有的市民愤愤不平地说："烧鞋的行为真是愚蠢！"

西班牙"烧鞋事件"不是一个简单的排华事件，而是有着复杂的经济背景。从2005年1月1日起，欧盟将取消从中国进口部分鞋类产品的配额，这意味着温州鞋将在欧洲获得更为广阔的市场空间。温州鞋之所以力压欧洲鞋，主要优势在于价格，据有关人士介绍，欧洲鞋平均价格是温州鞋的3～8倍。一位中国鞋批发商说："一双不错的中国鞋用轮船装运到西班牙后只卖5欧元，而西班牙生产的鞋最低价也要8欧元。"3

欧元的差价，让中国鞋在西班牙市场赢得了巨大的优势。西班牙埃尔切市素有"欧洲鞋都"之称，但是温州鞋进入埃尔切之后，以飞快的速度发展起来，对当地的制鞋工业形成了客观威胁，一部分规模小、技术落后的鞋厂由于缺乏竞争力纷纷倒闭。近30年来，该市制鞋工人失业率增长了30%。温州商人断言，用不了多久，西班牙乃至欧盟的鞋类销售网络就有可能"大洗牌"。温州鞋在欧洲的大举进逼，甚至让鞋业大国意大利也感到了某种威胁。可以说，价格的巨大差异是欧洲鞋的不可承受之痛，而且这个痛点在很长时期里都难以治愈。

与此同时，温州鞋与欧洲鞋的尖锐矛盾也必然在贸易、文化、种族等领域爆发。回顾近年温州鞋在海外的遭遇：2001年8月至2002年1月，温州东艺鞋业等中国鞋商在俄罗斯遭查扣，损失约3亿元人民币；2004年1月，尼日利亚政府发布"禁止进口商品名单"，造成温州鞋损失至少数千万元人民币；2004年2月，莫斯科"艾米拉"大市场华商货物被查抄，包括温州鞋商在内的中国商人损失约3000万美元。

不难想见，在市场手段无法抗衡温州鞋的情形下，贸易措施必然登场，如"贸易救济措施"调查的启动，就会对温州鞋产生重大负面影响。正是由于这个原因，温州鞋在欧盟不断遭遇不测事件。温州某制鞋公司老总说："我们早就预料到进入西班牙市场所要面对的不仅仅是市场风险。"

面对来自官方的贸易制衡和来自民间的非法抵制，温州鞋在西班牙乃至欧洲何去何从，已经成了一个需要思考的问题。

来源：中国营销传播网. http://www.emkt.com.cn

分析：

通过此案例，分析市场营销环境与企业发展的关系。

案例分析2 湖南卫视的市场营销策环境分析与策略

湖南卫视经过十年的探索和运作，成功地确立了国内首席娱乐频道的地位，成为唯一一个能与央视频道分庭抗礼的省级电视台。2007年，在"中国品牌五百强"排行榜中，湖南卫视排名113位，成为各媒体学习的榜样。湖南卫视的成功，源自于对营销环境的准确分析把握和超前的创新意识及策划。

一、湖南卫视营销环境分析

1. 政治因素。21世纪以来，整体社会局势向着开放、自由、个性的方向发展；国内政治体系不断完善，政局稳定，保证了整个社会能够理性地面对存在的弊端和问题，并能够合理引导社会发展的多样化趋势，媒体自由化成为发展的趋势。

2. 经济因素。随着经济的发展，人们的生活水平不断提高，消费层次、消费水平、消费能力都发生了变化。人们不再满足于枯燥乏味的单一电视新闻，而是期望更多的个性化的节目；同时，新型网络媒体显然已经远远走在电视媒体之前。其庞大的网络资源、实时的新闻效果及点播式的自助娱乐方式，成为彰显个性化、满足特定需求的重要基础资源。电视媒体传统的经营方式面临着新型网络媒体的冲击。

3. 社会因素。中国人有着强烈的家庭观念，而电视是聚集家庭成员的最佳工具。当老老少少难得齐聚一堂时，电视新闻节目的吸引力有限，娱乐性节目才是家庭媒体所关注的重点；高节奏、网络化的生活在不断吞噬着城市人群时间的同时，越来越多的农村家庭方在辛苦劳作之余聚集到新买的电视机前，通过电视了解世界。而国内70%的农村人口是电视媒体的潜力市场，他们的需求将在一定程度上左右电视台的运营策略；在消费者的消费习惯顽固作用之下，央视牢牢占据着国内新闻的头把交椅，留给地方电台的只能是差异化的竞争方式，"娱乐"成为差异化最主要的工具。

4. 技术因素。技术的不断进步，造就了互联网，并催生了现今的新媒体时代，传统的电视节目受到新技术的不断挑战。但新技术同样也赋予电视节目以新生，IPTV、数字电视等技术的产生在一定程度上消除了被动的接收方式。与此同时，技术的进步实现了各媒体间的相互支持，造就了新型的综合媒体时代，并创造了前所未有的市场价值。电视媒体作为其中的核心媒体之一，有着显著的价值空间。

二、湖南卫视的营销策略

根据上述分析，湖南卫视在全国所有电视媒体中率先对自身品牌进行了清晰的定位——"打造中国最具活力的电视娱乐品牌"。围绕这一定位，湖南卫视构建了整合营销模式。

第一，要求广告部、总编室、覆盖办、节目部四大部门密切合作，相互配合抓创收，从根本上改变过去广告部单一运作的传统营销模式。

第二，与各地方电视台合作，比如超级女声在海选阶段与广州、长沙、郑州、成都、杭州等电视台合作，设立五个赛区进行选拔赛。

第三，充分利用网络、短信等现代传播手段，通过网络互动、短信互动将全国各地的歌迷聚集到一起，在歌迷极力推销歌手的同时，超级女声影响力也随之扩大。

第四，对赞助商的资源进行整合，在赞助商传播其品牌的同时，扩大超级女声的影响力。与蒙牛合作，拉开"2005快乐中国蒙牛酸酸乳超级女声"大幕。蒙牛不仅冠名湖南卫视"2005超级女声年度大选"活动，而且选用2004年超级女声季军作代言人，所有的广告与推广全部与超级女声密切结合。这种将企业的一个产品完全与电视台举办的活动捆绑在一起的做法，是一个十分大胆的举动。

来源：胡春. 市场营销案例评析. 清华大学出版社，2008.10

分析：

1. 湖南卫视所面临的是什么样的市场环境？
2. 湖南卫视是如何有针对性地开展营销活动的？

第三章 消费者市场与生产者市场

关键词：消费者；消费者行为；组织购买行为；顾客让渡价值。

导入案例

日本电视机是如何成功进入中国市场的

1979 年，我国实行改革开放政策，开始放宽对家用电器的进口。当时，欧洲国家电视机厂商和日本电视机厂商都想进入中国市场。但是，欧洲国家电视机厂商过去以高收入的消费者为销售对象，不重视一般工薪阶层。因此，认为中国的电视机市场潜力不大，不想急于进入中国市场。与此相反，日本电视机厂商注意研究了中国市场，认为中国人收入虽低，但是有储蓄的习惯，已经形成了一定的购买力，中国有电视机的需求，于是制定了市场营销组合策略。

在产品方面：为了适应中国消费条件，将电压从 110 伏改为 220 伏；在电视机里配置稳压器；提供 12 英寸的电视机以适应中国住房面积小的特点；强调售后服务，消除后顾之忧。

在价格方面，考虑当时中国尚无其他国家电视机的竞争，因此，把价格定得比较高一些。

在渠道方面，由中国港澳国货公司和代理商、经销商推销，由日本厂商用集装箱直接发货到广州，或者通过港澳同胞携带进入中国境内。

在促销方面，在报刊、电视开展广告攻势，并介绍电视机知识。

由于日本厂商巧妙地应用营销组合策略，很快实现了打入并占领中国市场的目标。

来源：徐亿军. 市场营销学. 电子工业出版社，2010

思考：
这一案例蕴涵的基本思想是什么？对你有何启发？

消费者市场是消费品市场营销活动的出发点和归宿点，也最终决定着工业品市场需求水平。组织市场也是产品销售的重要对象，但其购买行为与消费者有很大的不同。

第一节 消费者市场

一、消费者市场的含义与特征

（一）消费者市场的概念

消费者市场又称消费品市场或生活资料市场，是指个人或家庭为满足生活需求而购买商品的市场。企业营销通过对消费者购买的研究，来掌握其购买行为的规律，从而制定有效的市场营销策略，实现企业营销目标。

（二）消费者市场的特点

（1）购买者多而分散。消费者市场是一个人数众多、幅员广阔的市场。

（2）购买量少，多次购买。

（3）购买的差异性大。消费者因受年龄、性别、职业、收入、文化程度、民族、宗教等许多因素影响，其需求有很大的差异性，对商品的要求也各不相同。例如，"70后""80后""90后"的消费观念就截然不同。

（4）大多属于非专家购买。绝大多数消费者购买缺乏相应的专业知识，尤其是对某些技术性较强、操作比较复杂的商品。例如空气能热水器，对空气能工作原理就显得知识缺乏。

（5）购买的周期性。有些商品消费者需要常年购买、均衡消费，如食品、副食品、牛奶、蔬菜等生活必需商品；有些商品消费者需要季节购买或节日购买，如中秋节、儿童节的节日消费。

（6）购买的时代特征。消费者购买常常受到时代精神、社会风俗习俗的导向，从而使人们对消费购买产生一些新的需要。如苹果公司发明触摸屏智能手机以后，触摸屏替代键盘成为时代的风尚，随之流行起来。

（7）购买的发展性。随着人民消费水平、生活质量的提高，消费需求呈现出由少到多、由粗到精、由低级到高级的发展趋势。

案例视野

"70后""80后""90后"的消费观念

理智"70后"。下班逛菜市，周末逛商场，是多数"70后"工薪族的生活规律。他们习惯精打细算，仔细记录每一笔用款。"70后"消费比较理性，习惯在可接受的价格范围内挑选品牌。

求新"80后"。"80后"已经逐渐成为职场的主力军，也成为了消费市场的主力之一。很多"80后"职场人士愿意消费，愿意花钱来追求生活的品质，这让不少"80后"花费大量的钱在改善生活质量上，从而成为"月光族"。

个性"90后"。"个性、求新、甚至光怪陆离"是"90后"的标签。他们正青春，有的刚踏入职场，但多数还处于学生时代，他们喜爱新颖的事物，追求与众不同，且不在乎世俗的眼光。

来源：作者根据相关资料整理而成

二、消费品的分类

(一) 按购买习惯分,分为便利品、选购品和特殊品

(1) 便利品。便利品又称日用品,是指消费者日常生活所需、需重复购买的商品,例如粮食、饮料、洗衣粉等。在消费者看来,便利品的价格、质量、售后服务等差异很小或没有差异,消费者在购买这类商品时,一般不愿花很多的时间比较价格和质量,愿意接受其他任何替代品。因此,便利品的营销者,应注意分销的广泛性和销售网点的合理分布,以便消费者能及时、方便地就近购买。

(2) 选购品。选购品指价格比便利品要贵,消费者购买时愿花较多时间对不同厂家的商品进行比较之后才决定购买的商品,如服装。消费者在购买前,对这类商品了解不多,因而在决定购买前总是要对同一类型的产品从价格、款式、质量等方面进行比较。选购品的营销者应将销售网点设在商业网点较多的商业区,并将同类产品销售点相对集中,以便顾客进行比较和选择。

(3) 特殊品。特殊品指消费者对其有特殊偏好并愿意花较多时间去购买的商品,如电视机、电冰箱、化妆品等。消费者在购买前对这些商品有了一定的认识,偏爱特定的品牌,不愿接受替代品。因此,企业应注意创立品牌,同时要切实做好售后服务工作,以赢得消费者的青睐。

(二) 按耐用程度分,分为耐用品和非耐用品

(1) 耐用品。耐用品指能多次使用、寿命较长的商品,如电视机、电冰箱、音响、电脑等。消费者购买这类商品时,决策较为慎重。这类商品的生产企业,要注重提高产品质量,营销时要强调质量和售后服务,降低消费者的使用成本。

(2) 非耐用品。非耐用品指使用次数较少、消费者需经常购买的商品,如食品、文化娱乐等。生产这类产品的企业,除应保证产品质量外,要特别注意销售网点的布局,以方便消费者的购买。

案例视野

快速消费品与耐用消费品

快速消费品、耐用消费品都是属于"消费品"范畴,在这个范畴之外,还包括工业品(industrial products)、服务行业等等。

快速消费品(FMCG,Fast Moving Consumer Goods),指消费者消耗较快、需要不断重复购买的产品,典型的快速消费品包括日化用品、食品饮料、烟草等;药品中的非处方药(OTC)通常也可以归为此类。在有些时候,快速消费品也被称为"包装消费品"(Packaged Consumer Goods),顾名思义,产品经过包装成一个个独立的小单元来进行销售。

与快速消费品概念相对应的是"耐用消费品"(Durable Consumer Goods),通常使

用周期较长（一般达 1 年以上），一次性投资较大（一般在 500 元以上），包括（但不限于）家用电器、家具、汽车等。

来源：中国营销传播网. http://www.emkt.com.cm

三、消费者行为模式

（一）消费者行为的概念

消费者行为，是指消费者为获取、使用、处置消费物品或服务所采取的各种行动，包括先于且决定这些行动的决策过程。

（二）消费者行为的构成

消费者行为可以看成是由两个部分构成：一是消费者的购买决策过程。购买决策是消费者在使用和处置所购买的产品和服务之前的心理活动和行为倾向，属于消费态度的形成过程。二是消费者的行动。消费者行动是购买决策的实践过程。在现实消费生活中，消费者行为的这两个部分相互渗透，相互影响，共同构成了消费者行为的完整过程。

传统上，对消费者行为的研究，重点一直放在产品、服务的获取上，关于产品的消费与处置方面的研究则相对地被忽视。随着对消费者行为研究的深化，人们越来越深刻地认识到，消费者行为是一个整体，是一个过程，获取或者购买只是这一过程的一个阶段。为此，不仅需要了解消费者是如何获取产品与服务的，而且也需要了解消费者是如何消费产品，以及产品在用完之后是如何被处置的。因为消费者的消费体验、消费者处置产品的方式和感受均会影响消费者的下一轮购买，也就是说，会对企业和消费者之间的长期交换关系产生直接的作用。因此，研究消费者行为，既应调查、了解消费者在获取产品、服务之前的评价与选择活动，也应重视在产品获取后对产品的使用、处置等活动，只有这样，对消费者行为的理解才会趋于完整。

（三）消费者行为模式

消费者行为模式是对消费者购买行为中的某些共性或规律性的总结性描述。有科特勒的"刺激－反应模式"、恩格尔－科拉特－布莱克威尔模式（Engel-Kollat-Blackwell，EKB 模式）和霍华德－谢思模式（Howard-Sheth），其中以科特勒的"刺激－反应模式"最为著名。

刺激－反应模式认为，消费者购买决策受外部的环境因素、营销因素影响，不同的消费者特征对外部刺激的反应不同，最终消费者在外部和内部因素共同作用下作出决策。见图 3－1。

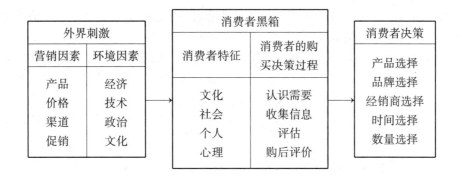

图 3-1 消费者购买行为模式

四、影响消费者行为的因素

国外有一句名言:"经营者不应只将注意力放在产品上,更重要的在于运用自己的创造力来配合消费者的欲望和需要。"说明,企业营销的主动权,来源于对消费者的购买欲望、购买规律以及购买过程中整个消费心理活动的深刻了解。消费者不可能在真空里作出购买决策,其购买决策在很大程度上受到文化、社会、个人和心理等因素的影响。见图 3-2。

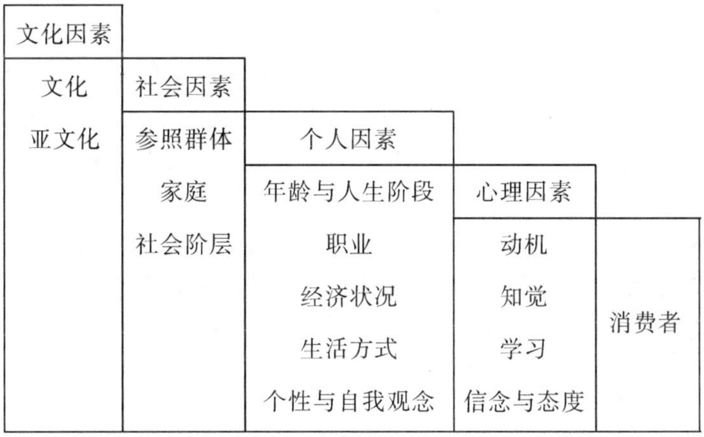

图 3-2 影响消费者行为的因素

(一) 文化因素

文化是人类知识、信仰、艺术、道德、法律、美学、习俗、语言文字以及人作为社会成员所获得的其他能力和习惯的总称。文化是人们在社会实践中形成的,是一种历史现象的沉淀;同时,文化又是动态的,处于不断发生的变化之中。在每一种文化中,往往还存在着许多在一定范围内具有文化同一性的群体,他们被称为亚文化群,如国籍亚文化、种族亚文化、地域亚文化等。文化对消费者行为的影响主要体现在价值观念、物质文化、审美文化几个方面。

价值观念是指人们对社会生活中各种事物的态度和看法。不同的文化背景，人们的价值观念相差很大。例如，美国人希望得到个人最大限度的自由，追求超前享受，人们在购买住房、汽车等时，愿意分期付款或向银行贷款。而在中国，由于各种原因消费者喜欢储蓄、不喜欢负债，习惯了攒够钱再买东西，人们购买商品往往局限于货币支付能力的范围内。

物质文化由技术和经济构成，它影响需求水平、产品的质量、种类、款式，也影响着这些产品的生产与销售方式。例如，电动剃须刀、多功能食品加工机等小电器，在发达国家已经完全被接受，而在某些贫困国家不仅看不到或没人要，而且往往被视为一种奢侈与浪费。

审美标准通常指人们对事物的好坏、美丑、善恶的评价标准。由于审美标准对理解某一特定文化中艺术的不同表现方式、色彩和美好标准等象征意义起了很大的作用，所以市场营销人员尤其要把握和重视审美标准。如果对一个社会的审美标准缺乏文化上的正确理解，产品设计、广告创意就很难取得成功，如果对审美标准感觉迟钝，不但产品的款式与包装不能发挥效力，而且还会冒犯潜在的消费者，或者造成不良印象。

案例阅读 3-1

中国人的面子消费

在广州经营水果生意的小李和老公"裸婚"，但很快就在亲友的压力下，在广州市中心贷款按揭买了一套住房，又贷款买了一辆 15 万元的中档轿车。逢年过节开车回家，父母很满意，在邻居面前有面子，每次开同学会开着车去时也很有面子。

但小李私底下吐苦水：我们就属于那种有车有房有事业，腰包里却一分钱都没有的群体。他们两夫妻做生意的本钱是向银行和朋友借的款，现在月收入看上去不少，但既要供车供房，又要还房贷，每个月基本上月光。如果哪一天生意不好，就愁得要死。

来源：作者根据相关资料整理而成

（二）社会因素

社会因素包括消费者的家庭、参考群体和社会阶层等。

1. 家庭

家庭有不同的类型，因而有不同的决策模式。社会学家曾经把家庭分为四种类型：①各自为主型；②丈夫支配型；③妻子支配型；④共同支配型。不同的家庭决策模式有不同的购买行为特征。家庭对一个人消费行为的影响会持续一生，或者受其出生家庭的影响，或者受其后来家庭的影响。一个人一生中要经历两个家庭：

父母的家庭——当消费者做购买决策时，受这个家庭影响比较间接。

自己的家庭——当消费者做购买决策时，受现有家庭影响比较直接。

每一阶段的家庭都会根据自己的财务收支状况来购买最感兴趣的商品，营销人员通常把某一阶段的家庭当作自己的目标市场，发展适当的营销计划。

表 3-1 家庭与购买行为关系

家庭阶段	购买行为模式
单身期	没有经济负担，是新观念的倡导者，需要必要的厨房用品、家具、汽车、娱乐、度假
新婚期	购买耐用消费品
满巢一期：最小的孩子不到 6 岁	经济状况不足。购买婴儿食品、玩具、手推车、维生素
满巢二期：最小的孩子超过 6 岁	经济状况较好。购买大包装、多组合的产品，大量的食品、清洁用品、自行车、乐器、子女教育投资
满巢三期：老夫妻，身边还有未自立的子女	有些子女参加工作，经济状况较好。耐用品的购买量很大，新颖的家具、旅游
空巢工作期：子女独立，老夫妻	经济富裕，对旅游、娱乐、自我教育感兴趣
空巢退休期	收入下降，购买医疗器械，有助于健康、睡眠、消化的保健产品
鳏寡就业期	收入不错，可能购买较小的房屋
鳏寡退休期	特别需要关怀、照顾与安全感，需要医疗、保健品

案例阅读 3-2

银色产业

2013 年全国老龄工作委员会办公室在京发布我国第一部老龄事业发展蓝皮书——《中国老龄事业发展报告(2013)》。报告指出，2012 年我国老年人口数量达到 1.94 亿，老龄化水平达到 14.3%，预计 2013 年老年人口数量突破 2 亿大关，达到 2.02 亿，老龄化水平达到 14.8%。

随着老年人特殊需求的迅速增长，以满足老年人特殊需求的养老服务设施、日常生活用品和社区服务、娱乐业的新型产业。业内亦称"银色产业""银发产业"。

来源：http://www.cncaprc.gov.cn/jianghua/22341.jhtml

2. 参考群体

一个人的消费行为受到许多参考群体的影响。参考群体包括家庭、朋友、邻居、同事等主要群体和宗教组织、专业组织和行业工会等次级群体。有些产品和品牌深受参考群体的影响，每天直接关系且影响较大的有名人专家、影星、歌星、体育明星等。有些产品和品牌则很少受到参考群体的影响。对那些深受参考群体影响的产品和品牌，营销者必须设法去接触参考群体的意见领袖，由意见领袖将相关的信息传递给他们。

> **营销视野**
>
> **意见领袖**
>
> 微博"意见领袖"是受高度关注的一群人，在微博世界中，关注度可以通过两个数字加以量化证明：一是粉丝数，二是微博转发数。新浪运作博客时采用的名人效应方法直接挪用到微博上。一大批社会名人、影视明星被新浪招揽注册了微博，这些明星的粉丝们加入到新浪微博阵营中。
>
> 来源：作者根据相关资料整理而成

3. 社会阶层

Jilbert 和 Kahl 将决定社会阶层的因素分为三类：经济变量、社会互动变量和政治变量。经济变量包括职业、收入和财富；社会互动变量包括个人声望、社会联系和社会化；政治变量则包括权力、阶层意识和流动性。

陆学艺教授以组织资源、经济资源、文化资源三个因素作为阶层区分标准，将当前中国社会分成"十大社会阶层"，即国家与社会管理者阶层、经理人员阶层、私营企业主阶层、专业技术人员阶层、办事人员阶层、个体工商户阶层、商业服务业员工阶层、产业工人阶层、农业劳动者阶层、城乡无业失业半失业者阶层。

案例阅读 3-3

社会阶层的消费行为差异

支出模式上的差异。同社会阶层的消费者所选择和使用的产品是存在差异的。有的产品如股票、到国外度假更多地被上层消费者购买，而另外一些产品如廉价服装与葡萄酒则更多地被下层消费者购买。

购物方式上的差异。人们的购物行为会因社会阶层而异。一般而言，人们会形成哪些商店适合哪些阶层消费者惠顾的看法，并倾向于到与自己社会地位相一致的商店购物。

来源：作者根据相关资料整理而成

（三）个人因素

消费者购买决策也受个人特性的影响，特别是受其年龄与性别、职业与教育、生活方式、个性以及自我观念的影响。

1. 年龄与性别

男女之间在购买内容和购买方式上的差异特别明显。例如，购买大件耐用消费品及技术含量较高的商品往往由男士出面，而购买家庭日用消费品则多数是女士的专利。夫妇俩逛街时，女士爱看服装与化妆品，男士却关心音响图书与设备。购买商品时，大多数男士不挑不选，拿了就走；而大多数女士则要反复挑选，甚至还要讨价还价。了解不同年龄层次和不同性别消费者的购买特征，才能对于不同的商品和顾客制定准确的营销方案。

2. 职业与教育

职业不同消费模式和购买行为则不同（工人、农民、教师等）。

3. 生活方式

生活方式指一个人在生活方面所表现出来的兴趣、观念和看法。

4. 个性与自我观念

每个人都有与众不同的个性，即一个人所特有的心理特征，如外向或内向，乐观或悲观，自信或自卑，活泼或文静，适应或保守，等等。与个性有关的另一种因素是自我观念，或称自我形象，即一个人在心目中认为自己是什么样的人，或认为在别人心中是什么样的人。

（四）心理因素

人的行为是受其心理活动支配和控制的，尽管消费者的需求千变万化，购买行为千差万别，但都建立在心理活动过程的基础上。影响消费者心理活动过程的主要因素有需要、认知、态度、学习等。

1. 需要

心理学家认为，消费者的购买行为是一种满足需要的行为。

经济学家根据马斯洛的"需要层次"论，对商品进行了分类：

（1）功能类产品。主要满足人们的物质需要的，使用性较强的产品，如食品、普通服装等。

（2）渴望类产品。主要满足安全、防卫、护身的需要，大部分是日常生活用品、保健用品、化妆用品、体育、医药用品等。

（3）地位类产品。主要显示自己所处社会地位和社会阶层归属的需要，如我国目前私人购买的小轿车等。

（4）威望类产品。主要能够表明该产品的拥有者在某些方面的成功或具有某些方面的威望的需求，如珠宝、高档服装和高档家具。

马斯洛需求层次论：生理需要、安全需要、社会需要、尊重需要、自我实现需要。

2. 认知

消费者对商品的感觉、知觉、记忆与思维构成了对商品的认知。

感觉：指购买者通过视、听、嗅、味、触觉对自己所接触到的商品所引起的内在反应。

知觉：是被理解和接受了的感觉，是整体反应。有三种知觉过程：

（1）选择性注意：消费者只注意了部分外界的信息（打算买汽车的人会十分留意汽车信息而不在意计算机信息）。

（2）选择性曲解：人们总是按照他自己的主观意识来理解信息。

（3）选择性记忆：指人们易于记住与自己的态度和信念一致的信息。

案例阅读3-4

颜色知觉与营销

一位咖啡店老板发现，不同颜色的玻璃杯能使人产生不同的感觉。于是他做了一个试验，请来30位试验者，请他们每人喝4杯浓度完全相同的咖啡，但4个装咖啡的杯子的颜色是不同的，有红色、黄色、青色和咖啡色。然后，咖啡店老板问试验者："哪种杯子的咖啡浓度最好？"

多数被调查者回答："青色杯子的咖啡太淡、红色杯子的咖啡太浓、黄色杯子咖啡的浓度正好"；还有一部分人说："咖啡色杯子的咖啡太浓"。于是，咖啡店的老板便改用了红色的杯子。由于减少了原料，老板也赚了钱。

来源：徐亿军. 市场营销学. 电子工业出版社，2010

3. 态度

消费者若持肯定态度，则会推动其完成购买行为；若持否定态度，则会阻碍甚至中断其购买行为。

日本本田公司的摩托车进军美国市场时，曾面临公众对摩托车所持的否定态度，因为公众将它同流氓犯罪活动联系在一起。本田公司以"你可在本田车上发现最文雅的人"为主题，大力开展促销活动，广告画面上的骑车人都是神父、教授、美女等，于是逐渐改变了公众对本田摩托车的态度。

4. 学习

学习是指消费者在购买和使用商品实践中逐渐获得和积累经验，调整购买行为的过程。通常情况下，学习并非一次性全部完成，而是随经验和试行不断加强。学习曲线告诉我们：假设购买特定品牌产品，消费者在购买三次后，第四次购买同一品牌的概率约为62%，第六次重复购买该品牌的概率达76%。

案例阅读3-5

给汽车起个好听的名字

汽车制造厂家都想为汽车好听的名字。美妙的商品名称能取悦用户，打开销路。

德国大众汽车公司的桑塔纳高级轿车，是取"旋风"之美喻而得名的。桑塔纳原是美国加利福尼亚州一座高山的名称,该地因生产名贵的葡萄酒而闻名于世。在山谷中,还经常刮起一股强劲的旋风,当地人称这种旋风为桑塔纳。该公司决定以桑塔纳作为新型轿车的名字,希望它能像旋风一样风靡全球,结果好名字带来了好销路。

汽车的名称也有因疏忽而受到冷遇的,往往使其销路大减。20世纪60年代中期,美国通用汽车公司向墨西哥推出新设计的汽车,名为"雪佛兰·诺瓦",结果销路极差。后来经调查发现,"诺瓦"这个读音在西班牙语中是"走不动"的意思。又如,福特公司曾有一种命名为"艾特塞尔"的中型客车问世,但销路不畅,原因是车名与一种当地的伤风镇咳药读音相似,给人一种"此车有病"之感,因此问津者甚少。

更有趣的是,美国一家救护公司成立30年来,一直把"态度诚实、可靠服务"作为宗旨,并将这四个词的英文开头字母"AIDS"印在救护车上,生意一直很好。然而,自从艾滋病流行以来,这种车严重滞销。

来源:苗宇等. 公司广告促销和经典案例. 云南大学出版社,2001

五、消费者购买决策过程的参与者

(1)倡议者——即首先想出或提出要购买某种商品或服务的人。
(2)影响者——即其观点和建议对最终购买决策有较大影响的人。
(3)决策者——即最终做出部分或全部购买决策的人(买什么、是否买、如何买、何处买)。
(4)购买者——即实际从事购买的人。
(5)使用者——即消费或使用所购商品或服务最多的人。

一个家庭要买电脑,首先提出建议的是儿子;而行家或朋友建议买哪一种品牌和型号;丈夫和妻子共同商量做出购买决定;而实际购买者可能是丈夫;而使用最多的可能是儿子。

为进一步研究家庭成员对购买决策的影响力,家庭权威中心点的理论把家庭分为四种类型:

(1)各自做主型:每个家庭成员都可以相对独立的做出有关自己的购买决策。
(2)丈夫支配型:丈夫掌握购买决策权。
(3)妻子支配型:妻子有权做出购买决策。
(4)调和型:多数购买决策由家庭成员共同协商做出。

家庭权威中心点不是固定的,它会随政治、经济、文化等情况的变化而转移。

如孩子长大了,有了独立生活的能力,逐渐就会靠自己做决定。而且,特殊的社会环境会产生特殊的家庭权威中心,由于我国独生子女家庭多,有的家庭成了"子女支配型"。

六、消费者购买行为类型

品牌与购买行为方式见表3-2。

表3-2　品牌与购买行为方式

品牌差异程度 \ 购买介入程度	高	低
大	复杂的购买行为	多样性的购买行为
小	减少失调感的购买行为	习惯性的购买行为

（一）习惯性购买行为

习惯性购买行为指不经过搜集信息、评价产品，最后做出决定这种复杂的过程，消费者只是被动地接受信息，出于熟悉而购买，也不一定进行购后评价。

运用价格和促销来推动销售是很有效的。广告的运用在这里尤为重要。通过广告，对产品的少数几个优势进行强化，以便于消费者记忆，并与其品牌相联系。此外，可以通过提高消费者的参与程度，来增强消费者对品牌的认识。

（二）减少失调感的购买行为

有些选购品牌子之间没有十分明显的差别，如果价格合理，购买方便，机会合适，消费者就会决定购买。购买以后，也许会感到不协调或不满意，但在使用期间会逐步了解情况，并寻找种种理由来减轻、化解这种不协调，以证明自己的购买决定是正确的。

市场营销人员应在运用各种营销手段，影响消费者迅速做出购买决策的同时，通过各种媒介，加强与消费者沟通，以期减轻消费者心中的不协调感觉。

（三）寻求多样化的购买行为

消费者不断变化他们所购商品的品牌，只是为了寻求多样化。

对于这种购买行为，企业应增加产品的花色品种，强调与同类产品的差别，来增加产品的营销机会。低价格、免费试用、折扣、赠券等都会吸引那些寻求多样化的不稳定的消费群体。

（四）复杂的购买行为

当消费者要购买一件贵重的、不常买的、有风险的，而又非常有意义的商品时，首先要了解产品性能、特点，从而对产品产生某种认识，最后经过思维决定购买。

市场营销人员需要知道如何满足消费者收集信息的需求，从而通过各种媒体和广告文稿，来帮助消费者了解这类产品的各种属性，各种属性的相对重要程度以及本公司在比较主要的属性方面的优势；它可以通过某些特殊手段，来强化品牌特征，如有些汽车经销商定期举行汽车维修讲座,以及新产品性能的发布会。

七、消费者购买决策过程

消费者购买是较复杂的决策过程,其购买决策过程一般可分为以下五个阶段,如图3-3所示,并制定相应的营销策略。

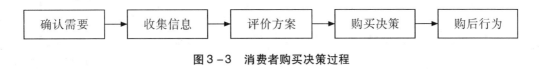

图3-3 消费者购买决策过程

(一) 确认需要

当消费者意识到对某种商品有需要时,购买过程就开始了。消费者需要可以由内在因素引起,也可以由外在因素引起。此阶段企业必须通过市场调研,了解消费者的需要。

(二) 寻求信息

消费者还要考虑商品的品牌、功能、质量、价格、口碑等问题,需要寻求信息进一步了解商品。消费者的信息来源通常有以下四个方面:①商业来源;②个人来源;③大众来源;④经验来源。企业营销任务是设计适当的市场营销组合,尤其是产品品牌广告策略,宣传产品的质量、功能、价格等,以便使消费者最终选择本企业的品牌。

(三) 比较评价

消费者进行比较评价的目的是能够识别哪一种牌号、类型的商品最适合自己的需要。消费者对商品的比较评价,是根据收集的资料,对商品属性做出的价值判断。消费者对商品属性的评价因人、因时、因地而异,有的评价注重价格,有的注重质量,有的注重牌号或式样等。营销首要注意了解并努力提高本企业产品的知名度,使其列入到消费者比较评价的范围之内,才可能被选为购买目标。同时,还要调查研究人们比较评价某类商品时所考虑的主要方面,并突出进行这些方面宣传,对消费者购买选择产生最大影响。

(四) 决定购买

消费者通过对可供选择的商品进行评价,并做出选择后,就形成购买意图。

(五) 购后评价

消费者购买商品后,购买的决策过程还在继续,他要评价已购买的商品。企业营销须给予充分的重视,因为它关系到产品今后的市场和企业的信誉。购买者对其购买活动的满意感 (S) 是其产品期望 (E) 和该产品可觉察性能 (P) 的函数,即 $S = F(E,$

P)。若 $E=P$，则消费者会感到基本满意；若 $E>P$，则消费者会感到不满意，若 $E<P$，则消费者会感到非常满意（意外惊喜）。

案例阅读 3-6

雪糕（冰淇淋）产品的购买分析

一、背景资料

为了帮助雪糕（冰淇淋）厂家更深入、准确地了解消费者对该类产品的动态需求，以便在产品高度同质化的市场中发现新的、有价值的细分市场，满足不断变化的消费心理与消费需求，作为中国专业的食品市场调研与整合营销策划机构的北京英昊亚太咨询有限公司于 2002 年 5 月 26 日—6 月 2 日，对北京雪糕（冰淇淋）市场进行了一次有针对性的调研。

本次调研方法为入户访问，在北京市八城区采用分层随机抽样方式成功访问了 366 个居民家庭，同时，在对问卷数据进行分类录入的基础上，研究人员采用 3PSS for windows 10.0 专业分析软件，对上述调查数据进行了频数、交互及相关分析。经数据分析表明以下特点。

二、调查分析结果

1. 品牌美誉度——伊利最高

超过半数的消费者认为伊利是最好的雪糕（冰淇淋）品牌，比率达到 52.2%；以下依次为和路雪、蒙牛和宏宝莱。可以看出，雪糕（冰淇淋）是品牌集中度很高的食品类别。

2. 品牌力、产品力、销售力三者相辅相成

调查显示，有 56.6% 的消费者最喜欢吃伊利品牌，伊利的品牌忠诚度较其品牌美誉度还要高出近 5 个百分点；和路雪的品牌忠诚度也略高于其品牌美誉度。伊利与和路雪除了品牌力强外，同时也有强大的产品力与销售力支持（伊利从"苦咖啡""四个圈"到"小布丁""心多多"，和路雪的"可爱多""千层雪"等产品，占领着不同的细分市场），而且这两个品牌的广告、促销力度优势明显，除了电视广告外，几乎在所有的销售终端都有伊利、和路雪的广告展牌和各类产品陈列。品牌力、产品力和竞争力的有机统一是伊利、和路雪市场成功的三个重要的互动因素。

3. 消费者喜欢吃的雪糕（冰淇淋）的品牌与品种

调查发现，消费者喜欢吃的雪糕（冰淇淋）产品主要有以下几种：①伊利："小布丁""心多多""苦咖啡""四个圈"；②和路雪："可爱多""梦龙""七彩旋""千层雪"；③蒙牛："奶油雪糕棒""大冰砖""鸡蛋奶糕"；④宏宝莱："绿豆沙""沙皇枣"。

4. 近四成消费者认为吃雪糕（冰淇淋）时担心发胖

当被问及吃雪糕（冰淇淋）对身体有哪些坏处时，有 41.6% 的被访者担心会发胖；往下依次是吃多对胃不好（22.1%），对牙齿不好（11.6%），吃多肚子疼（10.6%）和含糖高，对身体不好（5.6%）。归纳起来，消费者认为多吃雪糕（冰淇淋）对身体主要有两大坏处，一是雪糕（冰淇淋）含糖、含脂高，担心多吃会发胖；二是雪糕

（冰淇淋）特别凉，吃多会对肠胃不好。由于该类产品的目标消费群体主要是青少年，因而，如何化解他们吃雪糕（冰淇淋）的顾虑，也是各厂家实现销售增长的主要方向之一。

5. 消费者每天吃 2 支比率过半

调查显示，在 6—9 月，消费者每天吃 2 支雪糕（冰淇淋）的比率接近半数，为 46.6%；每天吃 1 支的为 24.8%；每天吃 3 支的为 16.2%；每天吃 4 支的为 5.7%；而每天吃 5 支上的重度消费者也占到 6.7%。雪糕（冰淇淋）单位价格虽然不高，但整个市场容量巨大，如何增大单一产品的销售规模，这是厂家取得好的经济效益的关键。

6. 价格为 1～1.5 元最受欢迎

调查结果显示，有 39.0% 消费者经常购买 1.5 元的雪糕（冰淇淋），经常购买 1 元的也占到 33.3%，两项合计达到 72.3%。也就是说，在 10 个购买雪糕（冰淇淋）产品的消费者中就有 7 个人经常购买价位在 1～1.5 元之间的产品。

7. 每月支出集中在 21～50 元

调查显示，在 6—9 月中，有 32.4% 的消费者每月吃雪糕（冰淇淋）的花费在 21～30 元之间；在 31～50 元之间的占 28%。可以看出，近六成消费者每月该类产品的消费主要集中在 21～50 元之间。当然，由于雪糕（冰淇淋）季节消费差异明显，6—9 月是该类产品的销售旺季，因而其他月份的消费会相对低。

8. 产品销售主要靠终端制胜

与其他众多食品销售渠道不同的是，社区小冰点（30.6%）、超市（28.6%）和路边小冰点（27.7%）共同构成雪糕（冰淇淋）产品三个重要的销售终端。雪糕（冰淇淋）在销售过程中一直需要冷藏，冰柜需要较高的成本投入，因而每个城市从批发商到零售商的冰柜数量都是有限的，产品的储存也只能到一定的规模。如此，谁能拥有更多的经销商，控制更多的冰柜数量，谁就能在市场中占据有利的位置，并且可以有效地抑制竞争对手产品的销量。

9. 和路雪广告比产品支持率高

有 47.1% 的消费者认为伊利的广告做得最好；认为和路雪广告做得好的占 38.5%，比率接近伊利。而和路雪的广告（38.5%）比产品（28.1%）的支持率高出 10 个百分点。通过和路雪与伊利系列产品的对比不难看出，总体而言，和路雪的价格要高于伊利，这可能是和路雪销量相对于广告支持率略少的主要原因。

10. 广告和促销对购买的影响力

调查显示，广告的影响力集中在 50%～90%；促销的影响力集中在 50%～80%。因此，广告、促销对消费者购买雪糕（冰淇淋）产品均有着重要的影响。

11. 现有产品的十大不足

调查显示，现有的雪糕（冰淇淋）产品有十大不足：①没有凉的感觉；②奶油太多，越吃越渴；③容易融化；④含糖量高；⑤有些产品价格太高；⑥纸包装；⑦形状、口味、包装大多数相同，无新鲜感；⑧品种太多；⑨产品的质量不稳定；⑩不能降火、解暑。

来源：百度文库．http：//wenku.baidu.com，有删改

八、顾客价值理论

迈克尔·波特教授提出的竞争优势思想得到学术界和企业界的广泛认同后，人们开始为寻求可持续竞争优势进行了积极的尝试与探索。学者们从价值链管理、组织与过程再造、企业文化等多方面来阐述企业应当如何建立竞争优势，但是这些努力的根本都在于组织内部的改进。以这些努力生产的产品和服务不能被顾客所认同，也就无法建立起真正的竞争优势。当从企业内部改进的探索并没有获得想象中的成功时，人们开始转向企业外部，即从顾客角度出发来寻求竞争优势。

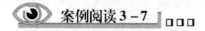
案例阅读3-7

沃尔玛让消费者"乐"而忘返

沃尔玛"顾客至上"的原则可谓家喻户晓，它的两条规定更是尽人皆知：第一条规定，"顾客永远是对的"；第二条规定，"如果顾客恰好错了，请参照第一条！"更为与众不同的，沃尔玛的顾客关系哲学是顾客是员工的"老板"和"上司"。在整个销售活动中力求使每个消费者都轻松快乐，心情舒杨。

每一个初到沃尔玛的员工老被谆谆告诫：你不是为主管或者经理工作，其实你和他们没有什么分别，你们只有一人共同的"老板"，那就是顾客。顾客是你们工资的发放者，是你们的衣食父母，顾客的消费使你有能力买房、买车，顾客的消费使你有钱付账，让后代接受良好教育。要用你们的友好、礼貌和对他人需求的关注，让顾客真正享受一些从未享受过的关爱，让他们每天都有宾至如归的感觉，乘兴而来，满意而归。

为使顾客在购物过程中自始至终地感到愉快，沃尔玛要求它的员工的服务要超越顾客的期望值；永远要把顾客带到他们找寻的商品前，而不是仅仅给顾客指一指，或是告诉他们商品在哪儿；熟悉部门商品的优点、差别和价格高低，每天开始工作前花5分钟熟悉新产品；对经常来的顾客，打招呼要特别热情，让他有被重视的感觉。

沃尔玛一贯重视营造良好的购物环境，经常在商店开展种类丰富且形式多样的促销活动，如社区慈善捐助、娱乐表演、季节商品酬宾、竞技比赛、幸运抽奖、店内特色娱乐、特色商品展览和推介等，以此吸引广大的顾客。

沃尔玛毫不犹豫的退款政策，使每个顾客永无后顾之忧。沃尔玛有4条退货准则：如果顾客没有收据——微笑，给顾客退货或退款；如果你拿不准沃尔玛是否出售这样的商品——微笑，给顾客退货或退款；如果商品售出超过一个月——微笑，给顾客退货或退款；如果你怀疑商品曾被不恰当地使用过——微笑，给顾客退货或退款。

沃尔玛的工作与顾客的需求是相辅相成的，所以及时跟进、在日落之前将事情做好是沃尔玛的准则。无论是跨国公司的电话，还是卖场内顾客的求助，沃尔玛都要求员工在第一时间内予以帮助解决，并且争取超出顾客的期望。例如，在卖场内，如果有顾客询问某商品在哪个货架，沃尔玛要求员工不能说我很忙、没有时间及其他借口来回绝顾客，要亲自将顾客带到该商品所在区域。

顾客下午茶。相信很多关注沃尔玛的顾客都知道顾客下午茶。沃尔玛定期邀请社区顾客到店里做客，喝茶聊天的同时征询顾客对沃尔玛的意见和建议。沃尔玛非常珍视顾客的购物感受，只要是公司能做到的，都争取最短时间解决问题所在。曾经有顾客提出，沃尔玛寄包柜太少了，根本不够放，还有洗手间的牌子太不显眼了等，沃尔玛都一一解决了，并得到了消费者的一致好评。

200个满意。顾客的满意是沃尔玛顾客服务的基本标准，200个满意是沃尔玛的超出期望之举。2005年10月，一对夫妇与媒体记者共同到沃尔玛世贸店，要求就在海鲜部购买的黄鱼"变臭"一事进行处理。沃尔玛的管理层亲自接待了顾客，并详细了解了事情经过，发现该顾客在沃尔玛购买了冰冻黄鱼后并未立即烹煮，也未采取冰冻等保鲜措施，6个小时之后发现黄鱼出现异味。事实如此，沃尔玛并没有把责任推给顾客，而是在详细做出解释后，给顾客道歉并及时换货。顾客对沃尔玛200个满意的卓越服务非常满意。

免费大巴。每个沃尔玛都有3~4辆的免费大巴，到达不同的目的地，给到沃尔玛的顾客提供方便；定时定点的停开，给社区的家庭主妇等购物群减轻了负担。

来源：张帆. 市场营销学. 西北工业大学出版社，2008

热点讨论：
1. 综合以上的案例，谈谈零售业创造顾客满意的措施有哪些。
2. 分析以上案例是如何提高顾客满意度的。

顾客价值理论认为，企业只有提供比其他竞争者更多的价值给客户，才能造就顾客满意和顾客忠诚，才能建立竞争优势。因此，顾客价值被视为竞争优势的来源。

有代表性的顾客价值理论有以下几种：①菲利普·科特勒（Philip Kotler）的顾客让渡价值理论；②Jeanke、Ron、Onno的顾客价值模型；③Woodruff的顾客价值层次模型。本章主要介绍顾客让渡价值理论。

所谓顾客让渡价值，是指总顾客价值与总顾客成本之差。总顾客价值就是顾客从某一特定产品或服务中获得的一系列利益，它包括产品价值、服务价值、人员价值和形象价值等。顾客总成本是指顾客为了购买产品或服务而付出的一系列成本，包括货币成本、时间成本、精神成本和体力成本。顾客在购买产品时，总希望用最低的成本获得最大的价值，以使自己的需要得到最大限度的满足，即顾客让渡价值最大化。

（一）顾客购买总价值

1. 产品价值

产品价值是由产品的功能、特性、品质、品种与式样等产生的价值。它是顾客需要的中心内容，也是顾客选购产品的首要因素。一般情况下，它是决定顾客总价值大小的关键和主要因素。因此，企业要不断推出新产品，突出产品特色，增强产品适应性。

2. 服务价值

服务价值是指伴随产品实体的出售，企业向顾客提供的各种附加服务，包括产品介绍、送货、安装、调试、维修、技术培训、产品保证等所产生的价值。优质的服务会让

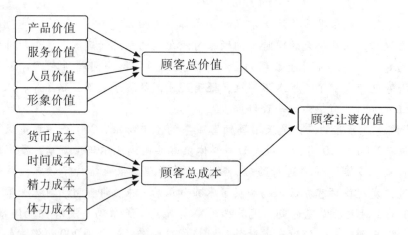

图3-3 顾客让渡价值模型

消费者得到更多的附加值。因此,向消费者提供更完善的服务已成为现代企业竞争的新焦点。

3. 人员价值

人员价值是指企业员工的经营思想、知识水平、业务能力、工作效益与质量、经营作风、应变能力等产生的价值。高素质的员工会为顾客创造更多的价值,从而创造更多的满意顾客。对企业而言,高度重视员工综合素质和能力的培养至关重要。

4. 形象价值

形象价值是指企业及其产品在社会公众中形成的总体形象所产生的价值。包括有形形象、行为形象、理念形象所产生的价值。形象价值是产品价值、服务价值、人员价值综合作用的反映和结果。企业应重视自身形象的塑造,为顾客带来更大的价值。

(二)顾客购买总成本

1. 货币成本

货币成本是构成总成本大小的主要和基本因素。

2. 时间成本

顾客等候购买的时间越长,花费的时间成本越大,越容易引起顾客的不满,中途放弃购买的可能性亦会增大。

3. 精力成本(精神与体力)

精力成本是指顾客购买产品时,在精神、体力方面的耗费与支出。

(三)顾客让渡价值的意义

(1)顾客让渡价值的多少受顾客总价值与顾客总成本两方面的影响。同时,顾客总价值与顾客总成本的各个构成因素是相互作用、相互影响的。

(2)不同的顾客群对产品价值的期望与对各项成本的重视程度是不同的。企业应有针对性地设计和增加总价值、降低总成本。

(3)最根本的意义是通过满足顾客期望和减少顾客成本使顾客的需要获得最大限

度的满足。

案例阅读 3-8

关于宠物的消费者习惯及态度研究

调查地点：北京、上海、广州、武汉、成都、沈阳、郑州、西安
调查机构：零点公司

人们的生活益发紧张，人们之间的关系益发淡漠，情感的栖息点逐渐转移到宠物身上，与宠物为友，可以使人感受简单，使人的心情放松。零点公司2000年对北京、上海、广州、武汉、成都、沈阳、郑州、西安共8市4 509位普通市民的入户调查表明，有上述看法的人不到一半。实际上有略超过一半的人对养宠物这一行为表示反感。

三成多受访市民曾经养过或打算养宠物。在提到的宠物中，第一层级的是狗（54.4%）和猫（39.6%）；鱼（18.3%）和鸟（16.9%）处于第二层级；第三层级是乌龟（8.6%）和兔子（6.3%）；第四层级是鸡（1.3%）、小猪（0.2%）、蛇（0.2%）、松鼠（0.2%）、鸭（0.2%）、鹦鹉（0.2%）、鸽子（0.2%）、老鼠（0.2%）、蟋蟀（0.1%）和猴子（0.1%）。

谈及养宠物的原因，有超过一半的人养宠物或打算养宠物是出于好奇心，认为动物通人性、可爱、活泼、忠实；近两成的人认为养宠物可以做伴，和人是朋友，家人会比较喜欢；也有人认为养宠物可以陶冶情操，美化环境，可以作为情感寄托，给人欢乐；可以调节生活，娱乐，换个心情；可以解除工作疲劳，增进家庭成员的融洽感。对于养的最多的宠物猫和狗，有些人是因为猫可防地震、捉老鼠；狗可以看家、防小偷、吃剩食品。

宠物猫

调查显示，对养宠物的态度与自身是否养过宠物有显著关系。养过或打算养宠物的人中仅有二成反感，未养过也没有此打算养宠物的人中有近七成的人表示反感。

不同年龄的群体对养宠物态度有显著差异。年轻人喜欢养宠物。随年龄段增长，反感比例上升。18～25岁中31.8%的人反感养宠物；26～55岁中反感者比例为55.4%，56～70岁群体中为66.6%。

从事不同职业的群体对养宠物的态度也有很大差异。农、林、矿从业人员（26.9%），在校大学生（30.9%）、中学生（27.5%）、媒体工作者（29.6%）、民营及私营企业中层以上管理人员及个体业主（45.6%）对宠物反感比例较低。大学教师（71.4%）、离退休人员（65.9%）、党政机关社会团体中公务员以外的干部（63.2%）最为反感；在国有企业、集体企业就职的人员中有一半以上的人对养宠物表示反感；而三资企业、国内私营企业职员中这一比例相对较低。

反对养宠物原因各异，但本身对养宠物没有兴趣的人不到一成，他们提到的主要反

对理由包括:"养宠物与自己的年龄不符""动物应回归自然,人和动物的生活不协调""养宠物,不如献爱心""养宠物是追求时尚,崇洋媚外的表现""养宠物是有钱人空虚、消磨意志的表现"等。更多的反对理由集中在养宠物对家庭及公共卫生环境的破坏方面:有将近七成的人表示"养宠物太脏";有近两成的人认为"养宠物会带菌,传染疾病,不利于人的身心健康";有人认为"宠物妨碍交通、影响公共秩序和城市环境、增加社会负担";还有人觉得"养宠物太吵闹,影响睡眠";有14%的人是认为"养宠物是浪费时间、太麻烦"。

有人对养宠物本身不反感但拒绝养宠物,调查结果显示其中的主要原因集中在对养宠物的一些担心和"恐惧"上:"害怕宠物会咬人、害怕狂犬病""宠物死了会过于伤心""害怕宠物丢失";也有人表示是因为经济原因,养不起宠物或没有养宠物的空间。

看来并没有多少人讨厌猫狗等小动物本身,猫狗的可爱也让不少人平添几分乐趣。不少人反对养宠物或是出于对养宠物者的否定或出于养宠物对自己所处的生活环境带来的负面影响,正所谓"猫狗可爱,关乎其人"。

评价:

消费者行为不仅受到外部环境和社会文化的影响,还存在个体的差异性,这在本案例中得到了验证。虽然从外部环境的变化来看,宠物消费应具有广阔的市场。但是调查却发现,50%以上的消费者并不认同宠物消费,而这并不由于对宠物不感兴趣,事实上只有不到一成的人本身对宠物不感兴趣。由于个体的差异性,反对养宠物的原因多种多样,包括:"养宠物太脏""养宠物会带菌,传染疾病,不利于人的身心健康""宠物妨碍交通、影响公共秩序和城市环境、增加社会负担""养宠物太吵闹,影响睡眠""养宠物是浪费时间、太麻烦"等。同样地,养宠物的原因也多种多样,并且不同年龄、不同职业的群体对养宠物的态度有明显的差异性。这表明人口统计特征以及个体心理与行为的差异都是市场细分的有效指标,营销者应针对不同细分市场的差异性进行产品开发及针对性营销。

来源:市场营销学. 昆明理工大学. 精品课程

第二节 生产者市场

一、生产者市场的含义与特征

生产者市场又叫产业市场或企业市场,是指一切购买产品和服务并将之用于生产其他产品或劳务,以销售、出租或供应给他人而获取利润的单位和个人组成的市场。组成生产者市场的主要产业有工业、农业、林业、渔业、采矿业、建筑业、运输业、通讯业、公共事业、银行业、金融业和服务业等。与消费者市场相比,生产者市场有以下特征。

(一)从市场需求的角度看

生产者市场的需求有两个鲜明的特征:

一是需求的派生性,即生产资料的需求源于消费资料的需求,消费资料的需求情况决定生产资料的需求状况。例如,因为消费者对住房的需求,才导致建筑商购买钢材、水泥、砖等生产资料。

二是需求的弹性小,即在一定的时期内,需求的品种和数量不会因价格变动而发生很大变化。造成这种现象的主要原因是生产者市场的需求取决于生产工艺过程和生产特点,企业在短期内不可能很快变更其生产方式和产品种类。同时,生产资料有专门用途,需求量较固定,生产资料价格的高低对用户生产成本的影响不大。

(二) 从产品角度看

生产者市场的产品和服务均是用于制造其他产品或提供服务,属中间投入品,是非最终消费产品。

(三) 从购买的角度看

一是产品技术性强,购买者必须具备相关的商品知识和市场知识。无论是采购员,还是销售员,都必须是在产品专业技术知识和采购、推销方面训练有素的专业人员。如果卖方缺乏商品知识和市场知识,就不可能很好地介绍产品的性能,从而影响销售;如果买方缺乏相应的知识,就无法鉴定产品的好坏,造成采购的失误。

二是直接采购,生产资料的采购一般很少经过中间商(标准品除外),而是直接从生产厂商那里购买。

三是购买批量大、购买者少,由于企业的主要设备若干年才购买一次,原材料、零配件则是根据供货合同定期供应,为了保证生产的顺利进行,企业总是要保证合理的储备,因此每次购买的量比较大。而且,在生产者市场上不仅购买产品总是少数几个购买者,或者主要是少数购买者,购买者的地区分布也有明显的相对集中性。

如在我国,工业客户主要集中在东北、华北、东南沿海一带。此外,影响生产购买决策的人比影响消费者购买决策的人更多。

案例阅读 3-9

同仁堂绝妙的采购法

河北省安国县的庙会是全国有名的药材集散市场。每年冬、春两季,各地药农云集于此。北京同仁堂的药材采购员在采购中使用了一连串的技巧,并善于积极反馈信息,所购的药材往往比较便宜。他们一到安国,并不急于透露自己需要采购什么,而是先注意收集有关信息。他们开始只是少量购进一点比较短缺的药材,以"套出"一些"信息"。例如,本来需要购进1 000斤黄连,他们开始却只买进100斤上等货,而且故意付高价。"价高招商客",外地的药商药农闻讯,便纷纷将黄连运到安国。这时同仁堂的采购员却不问津黄连。而是对市场上其他滞销但又必须购买的药材大量买进。等其他生意做得差不多时,再突然返回来采购黄连,而此时黄连由于大量涌进市场,已形成滞销之势。各地来的药商为了避免徒劳往返,多耗运输费用,或者怕卖不出去亏本,都愿意低价出售。经过这一涨一落，同仁堂就大量收购市场上各种滞销的药材。药商们吃了亏，影响到第二年药农的积极性，自然就会减少产量。同仁堂的采购员们又能够预测到明年的情况。这样一来，这些减产的药材第二年又会因大幅度减产而价格暴涨，而这时同仁堂的库存早已备足。

来源：陈伟. 现代市场营销学. 清华大学出版社，2012.5

二、生产者市场的购买对象

在生产者市场上，生产者购买的产品一般可分为原材料、主要设备、附属设备、零配件、半成品和消耗品。

（一）原材料

原材料指生产某种产品的基本原料，它是用于生产过程起点的产品。原材料又分为两大类：一类是自然形态的森林产品、矿产品与海洋产品，如铁矿石、原油等；一类是农产品，如粮、棉、油、烟草等。对于原材料这种产品，供货方较多，且质量上没有什么差别。因此，在营销上要根据各类产品的特点采取适当的措施，如对矿产品、海洋产品等自然形态的产品宜采取直接销售的方式，分配路线应尽可能短，运输成本应尽可能低。而对农产品则应加强保管，减少分销环节，有些产品还可以由商业收购网点集中供应给生产企业。

（二）主要设备

主要设备指保证企业进行某项生产的基本设备，主要设备直接影响企业的生产效率和生产出的产品质量。主要设备包括重型机床、厂房建筑、大中型电子计算机等。这类产品一般体积较大、价格昂贵、技术复杂。生产企业购买主要设备是一项重大决策，不仅要求产品性能先进、有效，而且希望有良好的服务，产品供应者则应注意产品性能的改进、宣传和售后服务工作，以使购买者对本企业产品建立良好的信任感。

（三）附属设备

机械工具、办公设备等均属附属设备。相对主要设备而言，附属设备对生产的重要性略差一些，价格也较低，供应厂家较多，产品标准化突出。采购人员可以自主做出购买决定，并能自由地从几家供应商处选购，而且在购买时比较注重价格比较。对这类产品的经营，要充分发挥价格机制和广告促销的作用，多采用间接销售的形式销售。

（四）零配件

零配件指已经完工、构成用户产品的组成部分的产品，如集成电路块、仪表、仪器等。零配件虽不能独立发挥生产作用，但它直接影响生产的正常进行。这类产品品种复杂，专用性强，及时和按标准供货是零配件购买者最基本的要求。零配件供应者可以通过订合同直接销售的方式，采取合理的订价策略，满足购买者的需求，提高市场占有率。

（五）半成品

半成品指经过初步加工，以供生产者生产新产品的产品。例如由铁矿砂加工成生铁，又由生铁加工成钢材等。半成品可塑性强，其质量、规格有明确要求，产品来源较多，供应者除确保供货及时外，还应加强销售服务，可以说，加强销售服务是半成品供应者最有利的竞争手段。

（六）消耗品

消耗品指为保证和维持企业生产正常进行所需消耗的诸如煤、润滑油、办公用品等产品。这类产品价格低，替代性强，寿命周期短，多属重复购买，购买者较注重购买是否方便。供应者要通过广泛的分销渠道，以价格的优惠、交货的及时实现营销目标。

三、影响生产者市场购买决策的主要因素

组织购买决策影响因素主要有环境因素、组织因素、人际因素和个人因素。

1. 环境因素

环境因素指组织无法控制的环境因素，包括经济发展状况，政治、法律制度，市场需求水平，技术发展，竞争态势等。

一个国家如果经济前景不佳，市场需求不振，产业购买者就不会增加投资，甚至减少投资，减少原材料采购量和库存量。另外，主要原材料资源缺乏也日益成为重要的环境因素，因此企业一般都愿意购买并储存较多的稀有原料，通常都寻求签订长期供货合同以获得可靠的供应，保证生产持续稳定发展。

2. 组织因素

组织因素是指与购买者自身有关的因素，包括采购组织的经营目标、战略、政策、程序、组织结构和制度等。

3. 人际因素

人际因素是指购买中心的各种角色间的不同利益、职权、地位、态度和相互关系。这些因素间关系的变化，会对组织购买决策产生影响。

4. 个人因素

个人因素是指购买决策中每个参与者都有个人动机和偏好，受年龄、收入、教育、专业、个性等因素的影响。

年轻的、受过高等教育的采购主管，对供应商的选择会非常苛刻，选择供应商之前经过周密的竞争性方案比较；而一些老资格的采购主管，则非常老练和有权术。因此，采购人员的个人好恶会影响企业对供应商的选择。

四、生产者购买的类型

与消费者市场相比，生产者市场的购买决策要复杂的多，其复杂程度首先取决于购买活动的不同类型，生产者市场的购买行为主要分为以下三种类型：直接重购、修正重

购型、全新采购。

在直接重购中,购销双方一般建立了比较经常的交换关系。对这种类型的营销,企业要保证产品的质量,备足存货,努力为购买者提供各种优惠条件和周到的服务,以稳定双方关系;尚待开拓市场的供给者,要先设法取得一些订单,提供优质服务,争取新的客户。

对于修正重购型的营销,供应企业要紧密跟踪市场变化和企业的生产需求,随时增加供应品种,以巩固老客户,扩大新客户。

由于全新采购是一种新的购买活动,供应企业应抓住各种机会,甚至成立专门的促销小组,研究买方企业中谁是决定购买的决策者、谁是主要影响者,从而采取相应的对策和措施,从产品特性、规格、质量、外观包装、售后服务等方面尽可能满足对方要求,以达成交易。

五、生产者购买决策中的参与者

为了更好研究生产市场的购买者的行为,应当了解谁参与购买决策过程,他们在购买决策过程中充当什么角色,起什么作用,以便采取相应对策。一般而言,企业参与购买决策过程的人员通常包括五种。

1. 使用者

如复印机的使用者办公室的秘书,使用者往往是最初提出购买建议的人,他们对采购商品规格的确定有重要的作用。

2. 影响者

他们经常提供评估决策的信息,并协助企业的决策者决定购买何种品种、规格等。企业的技术人员通常是最主要的影响者。

3. 采购者

采购者主要包括企业中负责采购工作的部门和人员。

4. 决策者

在标准品的例行采购中,采购者就是决策者;而在大型或复杂商品的采购中,企业的高级管理人员通常是决策者。

5. 信息控制者

能阻止卖方推销人员与企业采购中心成员接触,或控制外界与采购有关的信息流入企业的人,如采购代理人、接待员、秘书等。

六、组织市场购买决策过程

组织市场购买一般是先试购,然后再决定是否长期大批量在同一家供应商采购。经过试购以后,采购单位会提出品种、规格、价格、交货方式、付款条件等方面的修改意见,称之为修正重购。再经过一段时间,双方已没有什么异议,采购单位就会将向已确定的供应商采购看作是例行公事,称之为直接重购。

组织市场购买决策过程可以划分为八个阶段:

(1)觉察问题。下列因素是常见的原因:企业推出一种产品,对原材料和设备产生新的需要；设备出现故障，需要更新或采购配件以修复设备；采购的产品不尽如人意，需要寻找新的供应商；采购负责人认为还有可能找到更质优价廉的供应商，需要进一步寻找。

（2）决定需求要项。购买者确定欲购产品的特性与需求数量。

（3）决定产品规格。在确定了需求要项之后，就要具体确定产品规格。

（4）寻找供应商。利用各种媒体和信息渠道寻找供应商的信息。

（5）征求报价。采购单位会以电话、传真、信函、媒体广告等方式通知、邀请供应商提供报价。对重大设备和工程报价，采购单位也可能采用招标的方式征寻报价。

（6）选择供应商。在汇集了多家报价书之后，采购单位就要进行比较选择。选择的依据主要包括以下几点：①产品方面：功能、质量、款式、价格等；②履约能力方面：技术能力、生产能力、财务状况、组织与管理能力等；③信誉方面：履约的历史情况，其他用户口碑等；④服务方面：是否提供咨询、技术培训、维修服务等；⑤方便性方面：地理位置、交货及时性等。

（7）正式订购。在确定最终供应商后，双方就要拟定和签订合同。

（8）绩效评估。决定是修正重购，还是直接重购，或是寻找新的供应商。

经典人物

山姆·沃尔顿　伟大的开拓者

山姆·沃尔顿（1918.3.29—1992.4.6），沃尔玛的创始人，曾获布什总统颁赠的自由奖章，1992年逝世。

沃尔玛在短短几十年时间内迅速扩张。将沃尔玛在美国开办连锁店1 702家，超市952家，"山姆俱乐部"仓储超市479家；它在海外还有1 088家连锁店。2000年，沃尔玛全球销售总额达到1 913亿美元，甚至超过美国通用汽车公司，仅次于埃克森－美孚石油公司，位居世界第二。沃尔顿家族五人2001年包揽了《福布斯》全球富翁榜的第7～11位，五人的资产总额达到931亿美元，比世界首富比尔·盖茨高出344亿美元，成为世界上最富有的家族。

山姆·沃尔顿的风格和创新就是沃尔玛的风格和创新，山姆和沃尔玛是融在一起的，密不可分。山姆的奋斗史和成功史，也就是沃尔玛的奋斗史和成功史。

从1962年至1992年，他亲自执掌沃尔玛达30年。在此期间，他创造了沃尔玛的奇迹，也创造了有关他自己的神话——一个普通美国人梦想实现的神话。

山姆崇尚节俭的经营之道，相信由此带来的价格最低符合消费者的最大利益。从5分至1角钱商店开始，他始终采用大众化、低加价的零售经营方式，而这一点是通过日常管理中节省每一分钱达到的。例如，公司通常很少在店内或店外装饰上花钱，也很少登广告，对供应商则是一幅强硬的讨

山姆·沃尔顿

价还价者形象。而无论公司以多么低的价格购进商品,山姆坚持加价率绝不超过30%,即使比竞争者同样商品的价格低得多,也要坚持将此利益让给顾客,且决不放弃对顾客许下的"任何商品都比竞争者价格低"的诺言。

在用人上,山姆就是挑选那些精力充沛、乐于工作并忠于公司的人。沃尔玛用人并不太注重学历,很多员工包括经理都只是高中毕业。不少经理是从内部逐级提上来的,山姆相信个人的努力和诚意,并尽力保持与员工的大量个人接触,这也许是他在沃尔玛的员工中享有很高的个人威望的原因吧。山姆的个人魅力鼓励和维系了员工和顾客对公司的忠诚和赞扬。

不论是在生活上还是在事业上,山姆都保持着旺盛的斗志。20世纪80年代早期,他已60多岁,每天仍从早上4点30分开始工作,在清静的环境中进行思考和计划,直到晚上,偶然还会在某个凌晨4点0分访问一处配送中心,与员工一起吃早点喝咖啡。他常自己开着双引擎飞机,从一家分店跑到另一家分店,每周至少有4天时间花在这类访问上,有时甚至有6天。在周末的上午会前,他通常3点钟就到办公室准备有关文件和材料。70年代时,山姆保持一年至少对每家分店访问两次,他熟悉这些分店的经理和许多员工,认真聆听意见,通常他也会直接地提出他自己的一些看法。公司太大了,不可能遍访每家分店,但他尽可能地跑。

山姆的工作精神影响了沃尔玛中的每一位成员,为他们做出了榜样。事实上,山姆也的确给每一位经理的肩上都压上一副很重的担子,因为他深刻地认识到沃尔玛的快速拓展完全有赖于每一个成员尽心尽责地工作。他一方面对经理员布置高标准的工作任务,另一方面赋予其最大的权限和责任。鼓励他们在工作中保持激情和活力,他知道,只有这样才能最大限度地让每一个人把潜力释放出来,也只有这样,才能让每一个人为沃尔玛做到最好,不断繁荣沃尔玛的生命。

来源:人民网. http://www.people.com.cn/GB/paper53/9359/867352.html

本章小结

消费者市场又称最终消费者市场、消费品市场或生活资料市场,是指个人和家庭为了生活需要而购买产品和劳务的市场。

消费者的购买行为取决于他们的需要和欲望,而人们的需要与欲望以至消费习惯和行为,是在许多因素的影响下形成的。这些因素可以分为:社会文化因素、个人因素、心理因素和经济因素。多数情况下,营销人员不能控制这些因素,但却必须考虑这些因素。

生产者市场又叫产业市场或企业市场,是指一切购买产品和服务并将之用于生产其他产品或劳务,以供销售、出租或供应给他人,获取利润的个人和组织。从市场需求的角度,从产品角度和从购买的角度,生产者市场表现出与消费者市场不同的特征。影响生产者购买行为的各种因素概括为四个主要因素:环境因素、组织因素、人际因素和个人因素。

复习思考题

1. 我们研究消费者行为和组织购买行为的目的是什么?
2. 影响消费者行为的因素有哪些?
3. 在众多影响消费者行为的因素中,哪些是起主要因素,哪些是次要因素(请结合生活中的购买行为进行分析)?
4. 企业能否改造消费者行为?企业影响消费者行为的手段、方法有哪些?
5. 企业生产应市场导向、营销导向、消费者需求导向,这三者有何联系和区别?企业是否比消费者自己更了解消费者需要什么?
6. 组织客户对企业来说是大客户,根据80/20原则,企业应该高度重视大客户营销,大客户营销应该怎么做?

营销实战

有研究数据表明:大多数顾客进店后,先向右转,再反时针移动,而且约只有1/4的顾客会逛过超过一半的店面。

要求:请组建调查小组,选择一家超市或商场,观察消费者进店后的购买行为有什么规律性,并提出超市合理布局建议。

案例分析1　日清,智取美国快食市场

在我国方便面产销领域,品牌繁多,可是,令消费者真正动心的却寥寥无几,于是许多方便面企业感叹"人们的口味越来越挑剔了,真是众口难调"。

可是,日本一家食品产销企业集团——日清食品公司,却不信这个邪,始终坚持"只要口味好,众口也能调"的独特经营宗旨,从人们的口感差异性出发,不惜人力、物力、财力在食品的口味上下功夫,终于改变了美国人"不吃热汤面"的饮食习惯,使日清公司的方便面成为美国人的首选快餐食品。

日本日清食品公司在准备将营销触角伸向美中食品市场的计划制订之前,为了能够确定海外扩张的最佳"切入点"。曾不惜高薪聘请美国食品行业的市场调查权威机构,对方便面的市场前景和发展趋势进行全面细致的调查和评估。可是,美国食品行业的市场调查权威机构所得出的调查评估结论,却令日清食品公司大失所望——"由于美国人没有吃热汤面的饮食习惯,而是喜好'吃面条时干吃面,喝热汤时只喝汤',决不会把面条和热汤混在一起食用,由此可以断定,汤面合一的方便面,是很难进入美国食品市场的,更不会成为美国人一日三餐必不可少的快餐食品。"日清食品公司并没有盲目迷信这种结论,而是抢着"求人不如求己"自强自立的信念,派出自己的专家考察组前往美国进行实地调研。经过千辛万苦的商场问卷和家庭访问,专家考察组最后得出了与美国食品行业的市场调查权威机构完全相反的调查评估结论——美国人的饮食习惯虽呈现出"汤面分食,决不混用"的特点,但是随着世界各地不同种族移民的大量增加,

这种饮食习惯在悄悄地发生着变化。再者，美国人在饮食中越来越注重口感和营养，只要在口味上和营养上投其所好，方便面有可能迅速占领美国食品市场，成为美国人的饮食"新宠"。

日清食品公司基于亲自调查的结论，从美国食品市场动态和消费者饮食需求出发，确定了"四脚灵蛇舞翩跹"的营销策略，全力以赴地向美国食品市场大举挺进。

"第一脚"——他们针对美国人热衷于减肥运动的生理需求和心理需求，巧妙地把自己生产的方便面定位于"最佳减肥食品"，在声势浩大的公关广告宣传中，刻意渲染方便面"高蛋白，低热量，去脂肪，剔肥胖，价格廉，易食用"等种种食疗功效；针对美国人好面子、重仪表的特点，精心制作出"每天一包方便面，轻轻松松把肥减""瘦身最佳绿色天然食品，非方便面莫属"等具煽情色彩的广告语，挑起美国人的购买欲望，获得了"四两拨千斤"的营销奇效。

"第二脚"——他们为了满足美国人以叉子用餐的习惯，果敢地将适合筷子夹食的长面长加工成短面条，为美国人提供饮食之便；并从美国人爱吃硬面条的饮食习惯出发，一改方便面适合东方人口味的柔软特性，精心加工出稍硬又有劲道的美式方便面，以便吃起来更有嚼头。

"第三脚"——由于美国人"爱用杯不爱用碗"，于是日清公司别出心裁地把方便面命名为"杯面"，并给它起了一个地地道道的美国式副名——"装在杯子里的热牛奶"，期望"方便面"能像"牛奶"一样，成为美国人难以割舍的快餐食品；他们根据美国人"爱喝口味很重的浓汤"的独特口感，不仅在面条制作上精益求精，而且在汤味佐料上力调众口，使方便面成为"既能吃又能喝"的二合一方便食品。

"第四脚"——他们从美国人食用方便面时总是"把汤喝光而将面条剩下"的偏好中，灵敏地捕捉到了方便面制作工艺求变求新的着力点，一改方便面"面多汤少"的传统制作工艺，研制生产了"汤多面少"的美式方便面，并将其副名更改为"远胜于汤"，从而使"杯面"迅速成为美国消费者人见人爱的"快餐汤"。

挟此"四脚灵蛇舞翩跹"的营销策略，日清食品公司果敢挑战美国人的饮食习惯和就餐需求。他以"投其所好"为一切业务工作的出发点，不仅出奇制胜地突破了"众口难调"的产销瓶颈，而且轻而易举地打入了美国快餐食品市场，开出了一片新天地。

来源：马连福. 现代市场调查与预测. 首都经贸大学出版社，2002

分析：

1. 在本案例中，为了开发出合适的新产品，日清作了哪些准备？
2. 日清方便面在迎合当地消费者的口味方面作了哪些努力？

案例分析2 从豆浆到维他奶

一碗豆浆、两根炸油条，是三顿美餐中的第一餐。这是长期以来许多中国人形成的饮食习惯。豆浆，以大豆为原料是豆腐作坊的副食品，在中国已有两千多年的历史。它的形象与可乐、牛奶相比，浑身上下冒着土气。以前，喝它的人也多是老百姓。

但是现在，豆浆在美国、加拿大、澳大利亚等国的超级市场上都能见到，与可乐、七喜、牛奶等国际饮品并列排放，且价高位重，有形有派。当然，它改了名，叫维他奶。

豆浆改名维他奶，是香港一家有50年历史的豆品公司为了将街坊饮品变成一种国际饮品，顺应不断变化的价值和现代人的生活形态，不断改善其产品形象而特意选择的。"维他"来自拉丁文 Vita，英文 Vitamin，其意为生命、营养、活力等，而舍"浆"取"奶"，则来自英语 soybean milk（豆奶，即豆浆）的概念。50年前，香港人的生活不富裕，营养不良，各种疾病很普遍。当时生产维他奶的用意，就是要为营养不良的人们提供一种既便宜又有营养价值的牛奶代用品——一种穷人的牛奶。在以后的20年中，一直到70年代初期，维他奶都是以普通大众的营养饮品这个面貌出现的，是一个廉价饮品的形象。

可是到了70年代，香港人的生活水平大大提高，营养对一般人来说并不缺乏，人们反而担心营养过多的问题。如果此时还标榜"穷人的牛奶"，那么喝了不就"掉价"了吗？难怪豆品公司的职员发现，在马路边汽水摊前，喝汽水特别是外国汽水的人喝起来"大模大样"，显得十分"有派"，而喝维他奶的人，就大多站在一旁遮遮掩掩，唯恐人家看到似的，因而，豆品公司的业务陷入低潮。

70年代中期，豆品公司试图把维他奶树立为年轻人消费品的形象，使它能像其他汽水一样，与年轻人多姿多彩的生活息息相关。这时期的广告便摒除了"解渴、营养、充饥"或"令你更高、更强、更健美"等字眼，而以"岂止像汽水那么简单"为代表。1983年，又推出了一个电视广告，背景为现代化城市，一群年轻人拿着维他奶随着明快的音乐跳舞，可以说，这时期维他奶是一种"消闲饮品"的形象。

然而，到了80年代，香港的年轻人对维他奶怎么喝也喝不出"派"来了，于是，从1988年开始的广告便重点突出它亲切、温情的一面。对于很多香港人来说，维他奶是个人成长过程的一个组成部分，大多数人对维他奶有一种特殊的亲切感和认同感，它是香港本土文化的一个组成部分，是香港饮食文化的代表作，维他奶对香港人如同可口可乐对美国一样。由此，维他奶又开始树立一个"经典饮品"的形象。

在同一时期，维他奶开始进入国际市场。这一时期，太多的脂肪成了美国等国公民的一大问题。在美国，维他奶标榜高档"天然饮品"。所谓天然饮品，就是没有加入人工的成分，如色素和添加剂等，可以使消费者避免吸收太多的脂肪，特别是动物脂肪。标榜天然饮品，当然受美国人的欢迎。于是便出现了这样历史性的趣事：维他奶创始之初，标榜穷人的牛奶，强调它与牛奶的相似之处，并且价格比牛奶要低；今天在美国市场，维他奶强调的是与牛奶不同的地方（维他奶具有牛奶所有的养分，而没有牛奶那么多的动物脂肪），其价格也比牛奶高。

来源：百度百科．http://baike.baidu.com

分析：

从豆浆变成维他奶，直至国际饮品的过程，可以给我们哪些启示？

第四章 市场营销调研与预测

关键词：市场调研；市场预测；问卷调查；抽样统计；文案调查法；实地调查法；网络调查法；调研问卷；德尔菲法。

导入案例

一、经理捡纸条

在澳大利亚昆士兰州，许多远道而来的顾客，特别是生怕忘事的家庭主妇，在到商场购物前总喜欢把准备购买的商品名字写在纸条上，买完东西后则随手丢弃。一家大百货公司的采购经理注意到这一现象后，除了自己悄悄捡这类纸条外，还悄悄发动其他管理人员也行动起来。他以此作为重要依据，编制了一套扩大经营的独家经验，结果可想而知：许多妇女从前要跑很远的路才能购买到的商品，现在到附近分店同样也能买到。

二、龙形图案有学问

在我国的出口商品当中，龙形图案由于显示民族特点，具有东方特色，很受外商的欢迎。但是在采用龙形图案中也有学问，也要注意进口国消费者的风俗与爱好。例如，龙形图案地毯一直是我国出口的热门货。但同样是龙毯却有一部分卖不出去。原因在哪？外商说："在国外，尤其华侨中，流行着一种说法，认为龙分吉祥龙和凶龙，其区别在于龙爪不同。吉龙生五爪，生三爪、四爪的是凶龙，凶龙入宅，合家不安，谁会花钱买个凶龙回家？"经查看，果然未卖出的龙毯的绝大部分是三爪、四爪的龙形图案。这说明国际市场营销中对进口国社会文化环境因素的了解与掌握要细、要准，不能满足于一般。

来源：王秀村. 市场营销管理. 北京理工大学出版社，2009.8

思考：
从以上两个案例中你得到哪些启示？

"没有调查就没有发言权"，通过市场营销调研，企业可以获得真实、系统的市场信息，从而比较全面地了解环境，更好地进行营销决策。

第一节 市场营销调研

一、市场营销调研的含义

营销调研是指系统、科学地收集、整理和分析市场营销活动的各种资料或数据，用以帮助营销管理人员制定有效的市场营销决策。

市场调研的目的和作用：市场调研主要目的是为企业的决策问题和相关营销问题的解决提供信息依据，具体表现为：

（1）全面了解行业性的政策、经济、技术及文化特点所带来的机遇和挑战，了解本行业的市场容量、潜力及未来的发展趋势，为企业决策提供信息依据。

（2）全面了解本产品及主要竞争产品的销售现状，消费者消费行为和心理特征的变化趋势，为企业的市场细分、产品改造、新产品开发提供信息依据。

（3）全面了解本产品及主要竞争产品的广告、促销、公关、价格等营销策略，为公司营销策略的合理制订提供支持。

（4）全面摸清企业品牌在消费者中的知名度、渗透率、美誉度和忠诚度；了解不同层次消费者消费变化趋势，为调整品牌营销策略及进行品牌延伸提供科学依据。

（5）全面了解消费者的信息接受模式，相关媒体的收视率、主要节目的收视情况，为公司宣传策略的改进、产品信息的有效传播、企业形象的树立提供提供信息支持。

（6）全面了解目标地区的产品代理商、批发商和零售商的经营现状，查清本产品的销售网络状态、销售政策、销售管理状态及市场价格结构，为建立合理的渠道和销售政策，强化营销管理打基础。

市场调研的内容：市场调研分为内、外调研两个部分，其中外部调研的主要内容有：行业环境调查、消费者调查、产品调查、竞争对手的调查、渠道调查、媒体调查等。

调研组织：主要的市场调研组织有四种：计委、经委、统计局等国家综合机关的调研组织；经济主管业务部门附属的市场调研组织；企业的市场调研组织；独立的市场调研单位，包括市场调查公司、广告公司的调研组织、咨询公司或服务公司的调研组织。

案例阅读 4-1

"中国将出兵朝鲜"一字千金

在 20 世纪 50 年代，美国出兵朝鲜之前，美国兰德公司经过大量研究分析认为：如果美国向朝鲜出兵，中国也一定会出兵；若中国出兵，美国注定要失败。报告的主要结论只有寥寥数字："中国将出兵朝鲜"。在朝鲜战争爆发前，德林公司希望把这一研究成果以 500 万美元的价格卖给美国对华政策研究所，但美方认为价码太高而没买。

嫌贵的后果是什么呢？后来美国远东军司令长官麦克阿瑟将军讽刺美国政府：不愿花一架战斗机的价钱，却花掉了数艘航空母舰的代价打了这场预先可以避免的战争。朝鲜战争结束后，美国人为了吸取教训，仍花费了 280 万美元买回了德林公司的这项研究成果。

来源：凤凰资讯．http://news.ifeng.com/mil/history/detail

二、市场营销调研的内容

（一）行业市场环境调查

主要的调研内容有：
（1）目标市场的容量及发展潜力。
（2）行业的营销特点及行业竞争状况。
（3）政策、法律、经济、技术、地理、文化等市场环境对行业发展的影响。

（二）消费者调查

主要的调研内容有：
（1）消费者消费心理（习俗、同步、偏爱、经济、好奇、经济、便利、美观、求名等）和购买行为（习惯、理智、感情、冲动、经济、随意等）调研。
（2）消费者的媒介喜好状态。
（3）消费者对行业/产品了解程度（包括功能、特点、价格、包装等）。
（4）消费者对品牌的意识、对本品牌及竞争品牌的观念及行为差异。
（5）消费者分布（地域、行业等）及特性（年龄、收入、职业等）。

案例阅读 4-2

郑州生生项目消费者调研

生生公司的产品为胎儿营养素，目标消费者为孕妇，调研实施地点为郑州。在问卷的设计上，就要结合产品和地域的特点，灵活设计。问题应包括以下内容：调研对象的年龄、婚姻状况、收入状况、学历、职业等个人资料；用过哪些营养品、在哪里买、由谁买、有哪些影响因素、选择因素等购买行为资料；消费者对营养品的价格承受情况、期望价格、包装、促销等因素的喜好程度等。对某些问题还可以进一步展开，以便了解到更加全面、完整、细致的信息。

来源：作者根据相关资料整理而成

（三）经销商调查

主要的调研内容有：
（1）经销商对本行业及几大主要品牌的看法。
（2）经销商对本产品、品牌、营销方式、营销策略的看法、意见和建议。
（3）本产品的经销网络状态。
（4）本产品主要竞争者的经销网络状态。

案例阅读 4-3

佳力木业调研项目

佳力木业主要生产贴面板、地板等装饰材料，对经销商的调研就应包括：该经销商对贴面板行业及几个大型贴面板厂家的认识，对佳力木业的产品、企业、销售政策、营销策略等各个方面的看法、意见和建议，该经销商的覆盖区域、销售网络的建设，主要竞争对手的各项情况。

来源：作者根据相关资料整理而成

（四）零售店调查

主要的调研内容有：
（1）各品牌销售对象、成绩。
（2）各品牌进货渠道、方式。
（3）各品牌 POP 广告认知和态度。
（4）消费者的购买行为，品牌偏好。
（5）各品牌促销认知和态度。

案例阅读 4-4

佳力项目调研

佳力项目要对零售商需要了解以下情况：该店销售贴面板的主要品牌、品种及销售份额，各品牌的进货渠道、方式、价格，各品牌的广告和促销情况，消费者的构成情况（性别、年龄、收入、学历、职业）、消费者购买行为的决策和影响因素，消费者对广告和促销活动的认知情况，以及购买情况。

来源：作者根据相关资料整理而成

（五）媒体调查

媒体调查包括相关栏目播放内容、时间、相应费用；媒体覆盖范围、消费对象；收视率等效果测试。它可细分为以下内容：

1. 广告效果调查

主要调研内容：
（1）广告内容之意见。
（2）广告内容之反应。
（3）广告内容之信任程度。
（4）广告文案之记忆。

(5) 广告标题、商标之记忆。
(6) 广告图案之记忆。

2. 电视收视率调查
主要调研内容有：
(1) 家庭收入、成员开机率分析。
(2) 籍贯及地区开机率分析。
(3) 各台各节目收视率分析。
(4) 性别、年龄之收视率分析。
(5) 职业、教育之收视率分析。

3. 媒体接触率调查
主要调研内容有：
(1) 各媒体之接触率分析。
(2) 各媒体之接触动机分析。
(3) 各媒体之接触时间分析。
(4) 各媒体之接触阶层分析。
(5) 各媒体之内容反应分析。
(6) 各媒体之信任程度分析。

4. 报纸、杂志阅读率调查
要调研内容有：
(1) 阅读之注意率分析。
(2) 阅读之联想率分析。
(3) 阅读之精读率分析。
(4) 产品、厂牌了解程度。
(5) 标题、引句了解程度。
(6) 文句、图案了解程度。

（六）竞争者调查

主要的调研内容：
(1) 主要竞争者的产品与品牌优、劣势。
(2) 主要竞争者的营销方式与营销策略。
(3) 主要竞争者的市场概况。
(4) 主要竞争企业的管理模式。
(5) 主要竞争对手的促销手段和内容，从中吸取成功的经验和失败的教训。

（七）特殊对象调查

像一些半制成品，如钢材、装饰板材和一些特殊商品，药品、汽车、房地产等，它们往往要面对一些特殊渠道和涉及一些特殊对象，如医院、政府相关管理部门等。在对这些产品进行市场调研时，这些特殊对象必须予以考虑。

案例阅读 4-5

各类问卷纲要

一、消费者问卷

（一）观念及购买问题

1. 对商品、品牌评价及意见。
2. 与商品、品牌相关的生活习性。
3. 购买商品、品牌之特征。
4. 购买商品、品牌之名称。
5. 购买价格。
6. 购买量（数）。
7. 购买决策者。
8. 购买时期。
9. 购买场所。
10. 指名购买、推荐购买。
11. 购买频次。
12. 购买商品、选择品牌之原因。
13. 品牌忠实度。
14. 是否预定购买。
15. 对厂家期望值。
16. 对商品、品牌之促销方式。

（二）产品方面

17. 企业形象识别、印象。
18. 产品名称辨别。
19. 产品的品质喜好。
20. 产品的特点喜好。
21. 产品的功能喜好。
22. 购买动机之决策。
23. 认购成本（价格）。
24. 购买目的。
25. 不购买的原因。

（三）媒介喜好

26. 最多的媒介。
27. 电视台（名称、时间、内容）。
28. 报纸（名称、内容）。
29. 杂志（名称、栏目）。

（四）个人资料

30. 性别。

31. 年龄。

32. 职业。

33. 收入。

34. 学历。

35. 家庭成员。

二、经销商问卷

1. 产品宏观市场看法。

2. 曾代理商品、品牌名称。

3. 代理的商品特征、功能。

4. 代理渠道。

5. 月销售量、销售金额。

6. 畅销品牌之类别、规格、品种、数量、金额。

7. 代理效果。

8. 奖罚政策。

9. 销售最好时期。

10. 消费者购买年龄层次。

11. 消费者购买决策。

12. 消费者购买频次。

13. 消费者购买量。

14. 消费者购买品牌之类别、规格、品种。

15. 消费者购买对品牌忠诚度。

16. 产品名称（联想、喜好）。

17. 企业形象识别、印象。

18. 产品品质问题。

19. 代理意愿。

三、竞争对手问卷

1. 对手的名称、地址、主要负责人。

2. 产品范围、名称、价格、包装。

3. 对手的营销广告策略。

4. 生产情况、生产人员构成、生产实力。

5. 科研力量、发展趋势。

6. 对手的销售政策、销售网络、销售方式、销售成绩。

7. 在本行业的形象、综合实力方面的表现。

四、零售店问卷

1. 产品销量好坏及前景预测情况。

2. 对产品的促销、广告等推广活动的建议、看法。

3. 进货方式、与供货商的业务沟通方式。

4. 针对本公司产品的各种广告、促销活动的看法。

五、内部员工访谈问卷

1. 公司管理方面的调查。

A. 自己的本部门工作流程情况。

B. 对直属领导的专业技术、组织能力、品德方面的评价。

C. 个人的能力是否与收入待遇、职位相称,工作压力及在公司的奋斗目标。

D. 对公司的企业文化、行政、人事、财务、销售、生产方面存在的问题和有效解决办法。

E. 部门或公司的人员结构、来源、构成合理与否。

F. 与同行的关系、差异点。

2. 对产品的调查。把他们当作一个消费者来看待。如关于产品的包装、广告、促销方面的看法。

六、媒体问卷

001 报纸调研卷

1. 报纸名称。

2. 广告部负责人及联系方式。

3. 发行量,零售额。

4. 地区(该发行量前三位的地区)发行份数。

5. 读者层。该报主要读者是:

A. (15～35 岁年轻人、35～50 岁中年人、50 岁以上的老年人)

B. (单身、家庭)/(男性、女性)

C. (工人、初级职员、中高级人员、公务员或国家干部、个体户)

6. 该刊的最好的普通版与最好的专题版。

7. 受欢迎的栏目。(举 1～2 个即可)

8. 对该媒介的综合评价。

9. 一周内该媒介广告发布量百分比统计。(以发布频次及额度为例)

10. 该媒体的价目表。

002 电视台调研卷

1. 电视台名称。

2. 广告部负责人及其联系方式。

3. 估算每天观众人数。

4. 该电视台黄金(甲级)时间/该时间目前的广告;该电视台乙级时间/该时间目前的广告。

5. 该电视台覆盖区域/该区域人口总数。

6. 该电视台的著名栏目。

7. 该台黄金时段收视率最低/最高;该台乙级时间收视率最低/最高。

8. 该台日常电视剧受欢迎程度（高、中、低）。

9. 该电视台与公司产品有关的栏目。

10. 对该媒体的综合评价。

11. 附该电视台广告价目表。

003　广播调研问卷

1. 广播台名称。

2. 广告部负责人及其联系方式。

3. 估算收听人数。

4. 电台覆盖区域；总人口。

5. 该电台黄金（甲级）时间/目前的广告。

6. 该电台乙级时间/目前的广告。

7. 该电台的著名栏目。

8. 该台最高收听率/最低收听率。

9. 该台最受欢迎的主持人。

10. 该台与产品有关的栏目。

11. 该台广告价目表。

004　辅助媒体

1. 该地区常见辅助媒体，如车体广告。

2. 最常使用的是哪些？

3. 该地区辅助媒体的优缺点述评。

4. 同类产品最常使用的辅助媒体。

5. 价目单。

来源：百度百科. http://baike.baidu.com

三、市场营销调研资料收集方法

市场资料收集方法主要有三大类，分别是文案调查法、实地调查法和网络调查法。

（一）文案调查法

文案调查法又称间接调查法，是指通过各种手段收集二手资料的一种调查方法，主要用于搜集与市场调研课题有关的二手资料。

文案调查法的资料可以来自于企业内部，也可以来自于企业外部。内部资料来源主要包括企业内部统计资料、财务资料、业务往来资料、工作总结、顾客意见等。外部资料来源主要包括各级政府部门、各级统计部门发布的有关统计资料；行业协会或行业管理机构发布的本行业的统计数据、市场分析报告、市场行情报告、政策法规等数据和资料；各种信息中心和信息咨询公司提供的市场信息资料；各类研究机构的各类调研报告、研究论文集；等等。

文案调查的主要优点。资料收集过程比较简易，组织工作简便，二手资料比较容易得到，相对来说比较便宜，并能较快的获取。能够节省人力、调查经费和时间。

文案调查的主要缺点。二手资料是为原来的目的收集整理的，不一定能满足调研者研究特定市场问题的数据需求；二手资料主要是历史性的数据和相关资料，往往缺乏当前的数据和情况，存在时效性缺陷；二手资料的准确性、相关性也可能存在一些问题。因此，在使用二手资料之前，有必要对二手资料进行审查与评价。

二手资料的来源

（1）企业内部资料。企业的各种报表、客户档案、生产记录、销售记录、售后服务记录、用户来函、以往调研数据等，都能提供比较准确的信息。

（2）政府和行业出版物。政府和行业管理机构的公开出版物，如《中国统计年鉴》《中国人口年鉴》《中国汽车工业年鉴》等，发布的数据及有关信息有较高的真实性和参考价值。

（3）商业机构。向社会的市场调研公司、广告公司、管理咨询公司咨询或购买其完成的有关研究分析报告、资料汇编等。

（4）行业协会。行业协会定期发布的数据或有关信息具有参考价值。

（5）竞争对手。可从竞争对手的产品目录、产品说明书、年度报告、高层管理者的讲话以及新闻报道、行业展览会和展销会等多种途径获得竞争对手的信息。

（6）合作伙伴。注意定期从企业的供应商、中间商、物流代理商等合作伙伴中获取信息。

来源：作者根据相关资料汇编

（二）实地调查法

实地调查法包括电话访问法、计算机辅助电话访问、入户访问、拦截访问、焦点小组访谈和深度访谈等方法。

1. 电话访问法

市场调研人员通过电话对客户进行有条理的访问。电话访问的优点是成本低廉，缺点是消费者越来越讨厌接到影响其生活、工作的电话，使得电话访问越来越困难。

2. 计算机辅助电话访问

使用按计算机设计方法设计的问卷，用电话向被调查者进行访问。调查员坐在显示器前面，显示器代替了问卷、答案纸和铅笔。

3. 入户访问

入户访问指调查员到被调查者的家中或工作单位进行访问，直接与被调查者接触；然后利用访问式问卷逐个问题进行询问，并记录下对方的回答；或是将自填式问卷交给被调查者，讲明方法后，等待对方填写完毕或稍后再回来收取问卷的调查方式。这是目前国内最为常用的一种调查方法。调查单位都是按照一定的随机抽样准则抽取的。

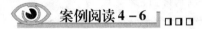
案例阅读 4-6

美国家庭里的日本客人

一次，一个美国家庭住进了一位日本人。奇怪的是，这位客人每天都在作笔记，记录美国人居家生活的各种细节，包括吃什么食物、看什么电视节目等。一个月后，日本人走了。

不久丰田公司推出了针对当今美国家庭需求而设计的价廉物美的旅行车，大受欢迎。例如，美国男士（特别是年轻人）喜爱喝玻璃瓶装饮料而非纸盒装的饮料，日本设计师就专门在车内设计了能冷藏并能安全放置玻璃瓶的柜子。直到此时，丰田公司才在报上刊登了他们对美国家庭的研究报告，并向那户人家致歉，同时表示感谢。

来源：作者根据相关资料整理而成

4. 拦截访问

拦截访问是指在某个场所拦截在场的一些人进行面访调查。这种方法常用于商业性的消费者意向调查中。拦截面访的好处在于效率高，但是，无论如何控制样本及调查的质量，收集的数据都无法证明对总体有很好的代表性。

5. 焦点小组座谈

焦点小组座谈是由一个经过训练的主持人仔细选择邀请一定数量顾客（一般 6～15 个为宜），以一种无结构的形式与一个小组的被调查者交谈，了解与客户的满意度、价值相关的内容。这种调研的优点是对客户的偏好和顾虑有全面深入的了解，便于与客户建立良好的关系。缺点是由于调研主持人的偏见而得到有曲解的结果，为了鼓励被调研者的参与每次小组座谈会的参与人数有限制，如果扩大抽样的人数所投入的成本就很高。

6. 深度访谈法

深度访谈法是一种无结构的、直接的、个人的访问，在访问过程中，一个掌握调研技巧的调查员深入地访谈一个被调查者，以揭示对某一问题的潜在动机、信念、态度和感情。深度访谈主要也是用于获取对问题的理解和深层了解的探索性研究。

（三）网络调查法

网络调查法又称网上调查或网络调研，是指企业利用互联网搜集和掌握市场信息的一种调查方法。网络调查法的调查成本低，调查范围广，调查周期短，收集资料客观性强。网络调查法的种类有站点法、电子邮件法、随机IP法、视频会议法、在线访谈法等。国内有一些专业的网络调查网站，如问卷星、第一调查网等。

2014年市场调查公司排名（前十名）

1. 益普索中国
2. TNS中国（北京特恩斯市场研究咨询有限公司）
3. 央视市场研究股份有限公司
4. AC尼尔森中国
5. 零点研究咨询集团
6. 慧聪研究
7. 达闻通用市场研究有限公司
8. 北京数字100市场咨询有限公司
9. 捷孚凯市场咨询（中国）有限公司
10. 英德知联恒市场咨询（上海）有限公司

来源：搜狐. http://roll.sohu.com/20140219/n395315171.shtml

四、市场营销调研的程序

营销调研是一项有序的活动，它包括准备阶段、实施阶段和总结阶段三个部分。

（一）调研准备阶段

这一阶段主要是确定调研目的、要求及范围并据此制订调研方案。在这阶段中包括三个步骤。

（1）调研问题的提出：营销调研人员根据决策者的要求或由市场营销调研活动中所发现的新情况和新问题，提出需要调研的课题。

（2）初步情况分析：根据调查课题，收集有关资料作初步分析研究。许多情况下，营销调研人员对所需调研的问题尚不清楚或者对调研问题的关键和范围不能抓住要点而无法确定调研的内容，这就需要先收集一些有关资料进行分析，找出症结，为进一步调研打下基础，通常称这种调研方式为探测性调研。探测性调研所收集的资料来源有：现有的资料，向专家或有关人员作调查所取得的资料。探测性调研后，需要调研的问题已明确，就有以下问题以待解决。

（3）制订调研方案：调研方案中确定调研目的、具体的调研对象、调研过程的步骤与时间等，在这个方案中还必须明确规定调查单位的选择方法、调研资料的收集方式和处理方法等问题。

（二）调研实施阶段

在这一阶段的主要任务是根据调研方案，组织调查人员深入实地收集资料，它又包括两个工作步骤：

（1）组织并培训调研人员。企业往往缺乏有经验的调研人员，要开展营销调研首先必须对调研人员进行一定的培训，目的是使他们对调研方案、调研技术、调研目标及与此项调研有关的经济、法律等知识有一明确的了解。

（2）收集资料。首先收集的是第二手资料也称为次级资料，其来源通常为国家机关、金融服务部门、行业机构、市场调研与信息咨询机构等发表的统计数据，也有些发表于科研机构的研究报告或著作、论文上。对这些资料的收集方法比较容易，而且花费也较少，我们一般将利用第二手资料来进行的调研称之为案头调。其次是通过实地调查来收集第一手资料，即原始资料，这时就应根据调研方案中已确定的调查方法和调查方式，确定好的选择调查单位的方法，先一一确定每一位被调查者，再利用设计好的调查方法与方式来取得所需的资料。我们将取得第一手资料并利用第一手资料开展的调研工作称为实地调研，这类调研活动与前一种调研活动相比，花费虽然较大，但是它是调研所需资料的主要提供者。本章所讲的营销调研方法、技术等都是针对收集第一手资料而言，也就是介绍如何进行实地调研。

（三）调研总结阶段

营销调研的作用能否充分发挥，它和做好调研总结的两项具体工作密切相关。

（1）资料的整理和分析：通过营销调查取得的资料往往是相当零乱，有些只是反映问题的某个侧面，带有很大的片面性或虚假性，所以对这些资料必须做审核、分类、制表工作。审核即是去伪存真，不仅要审核资料的正确与否，还要审核资料的全面性和可比性。分类是为了便于资料的进一步利用。制表的目的是使各种具有相关关系或因果关系的经济因素更为清晰地显示出来，便于作深入的分析研究。

（2）编写调研报告：它是调研活动的结论性意见的书面报告。编写原则应该是客观、公正、全面地反映事实，以求最大程度地减少营销活动管理者在决策前的不确定性。调研报告包括的内容有：调研对象的基本情况、对所调研问题的事实所作的分析和说明、调研者的结论和建议。

调研流程如图 4-1 所示。

第四章 市场营销调研与预测

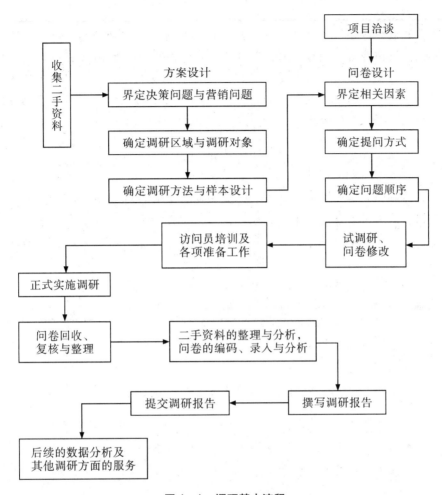

图 4-1 调研基本流程

市场调研的新变化

在未来几年中，成功的调研机构将会与客户开展更为亲密的合作。以前主要由客户公司内部营销人员来做的日常工作将外包给专业的代理机构，这就要求代理机构要更好地了解客户所要解决的问题，并针对该问题提供有效的调研方法。尽管数据收集仍然是基本工作，并且该工作也要恰当地组织和控制才能很好地完成，但调研机构已经不仅仅是一手资料的收集者了，他们的专业技能可为客户解决问题，并为制定决策提供帮助。了解如何获得有价值的信息，如何帮助客户理解数据所反映的情况，以及应当采取何种决策等都需要较高的技能和创造性。

> 数据收集方法也在发生变化，随着计算机辅助技术的应用，通过电子邮件和网络与消费者、顾客、零售商沟通越来越普遍。最近10年，公司内部市场调研部门被削减或合并到营销部门的趋势也在发生着变化。掌握专门技能的市场调研专家在逐渐受到重视，虽然大规模的市场调研部门不太可能再出现，但是，有实力的公司可能会建立小规模的、高水平的市场调研团队。这种团队在调研工作中扮演着专家角色，他们知道哪个部门能够利用调研信息，以及何时需要这些信息，他们在营销组织内部对信息的有效利用方面将发挥着重要的作用。
>
> 数据挖掘是市场调研人员的新口号。营销人员通过分析公司的客户数据库，便可勾画出大量消费者的生活方式。以生活方式和态度为基础的市场细分方法也由此产生。不仅如此，把研究成果直接运用到市场工作中的方式也更加快速有效。由于能快速地分析这些数据，从而使调研成本大大地下降了，市场调研机构因此便可以向小公司提供高质量的定制调研。
>
> 来源：百度文库．http://wenku.baidu.com，有删改

案例阅读 4-7

中国消费者需要什么样的快餐？

快餐不是一个新话题，快餐却是最近几年的一个热门话题。国外的快餐进入中国的特大城市、大城市、中等城市，如雨后春笋般飞速布点，安家落户。麦当劳、艾德雄、肯德基等西式快餐店雄心勃勃，说是要"从孩子抓起，彻底改变中国人的饮食习惯"。若果真如此，不仅中式快餐危在旦夕，就是素以"色、香、味"俱全获得全世界各国称道的中国菜有一天也会面临从中国人餐桌上消失的危险。

中国人自然对此不以为然，中国菜自然也不会消失。不过，城里的孩子对麦当劳和肯德基如数家珍，小朋友聚会要去，过节日要去，平时也要哭着闹着去。人们的生活节奏在改变，工作习惯也在变，一向被认为是"好习惯"的午休，也在一些部门被悄然取消。对生活庆典的追求似乎也在成为一种时尚。越来越多的人们开始在自觉不自觉中和快餐结了缘。

零点调查中心在北京、上海、广州、武汉、沈阳五城市对中国的快餐业做了一项深入调查。调查中心向每一个城市发放了300份问卷，有调查人员随机入户访问。调查结果显示：

- 常吃快餐的人中，吃中式开餐的是吃西式快餐的1倍。

  29.3%的人在过去一个月中没有吃早餐。

  8.3%的人说吃过，但实在记不得吃了几次和在哪吃的。

  对于剩下那些吃过早餐的人来说，在过去的一个月间平均吃过1.6次。

- 尽管西式快餐的声势强大，但是，人们最常吃的快餐还是米饭套餐。

  22.18%的受调查者说，他们首选米饭套餐。

西式的汉堡包位居第二,占 21.57%。

饺子、馄饨及其他类似面食占 18.52%。

中式小吃占 14.18%。

中式面条占 10.06%。

西式烤鸡占 5.03%。

中式烤鸡占 1.22%。

薯条占 2.06%。

西式面条占 0.53%。

比萨饼占 0.99%。

其他各类占 3.66%。

● 不同年龄段的人对快餐的选择同样不同,12～30 岁的青少年偏爱汉堡包、薯条、比萨饼等,尤其以 20 岁以下的青少年最为突出;60 岁以上的老年人坚守中式套餐中的面条、馄饨等,南方不爱吃面食的自然倾向于米饭类。

青年人和中年人多在中午和晚上吃快餐,而老年人宁愿在早上吃快餐。

最年轻的和最老的两类人似乎对下午的休歇附带快餐盒夜宵更感兴趣。

● 不同类型企业中供职的员工对快餐的选择居然也有一些差异,国有企业员工在早餐吃快餐的比例明显高于其他类型企业。

三资企业员工早餐吃快餐的最少。

三资企业和私营企业晚餐吃快餐的比例最高。

● 在受调查的 1 309 人中,喜欢西式快餐的达到 33.69%,其余喜欢中式快餐,不过,不同的城市还有一些区别。

北京市的受调查者有 58.67% 常吃西餐,其中男性比女性更爱吃西餐。

上海人 42.5% 的人首选西餐,而且 30 岁以下吃快餐的是 30 岁以上吃快餐的 1 倍,虽然按照人均寿命 73 岁,考虑中国五六十年代的生育高峰,30 岁以上的人口远远多于 30 岁以下的。

广州、武汉具有相似的特征,常吃西餐者占 27.50%,而且似乎收入的影响更加明显,吃快餐的人中年收入在 4 万元人民币以上的占到 62.7%。

沈阳人吃快餐的少一些,只有 16.12%。

● 消费者在选择过程中还会有一些侧重偏爱,94.46% 的人会较多考虑卫生程度。

75.38% 的人考虑口味。

62.56% 的人关心就餐环境。

51.17% 的人要求较好的服务水平。

40.6% 的人考虑价格。

13.03% 的人会把开餐和正餐分开,吃开餐并不影响适时的正餐。

来源:百度文库. http://wenku.baidu.com

五、市场营销调研问卷的设计

（一）市场营销调研问卷的定义

调研问卷也叫调查表，是一种以书面形式了解被访者的反应和态度，并以此获得资料和信息的载体。

（二）调研问卷的结构

问卷标题。主要说明研究的主题，如中国茶饮料市场调研问卷。

问卷说明。主要是向被访者说明研究的背景与目的，以征得被访者的同意。

被访者信息。主要是包括被访者姓名、住址、联系方式等在内的一些被访者的个人信息。

问卷主体。市场研究所要收集的信息的主体部分。

背景资料。主要是被访者的性别、年龄、收入等信息。

（三）常见的问题形式

（1）二项选择法。提出的问题仅有两种答案可以选择，只能在"是"或"否"、"有"或"无"中选择一个。这两个答案是对立的，互相排斥的，非此即彼。

（2）多项选择法。所提出的问题答案有两个以上，被访者可在其中选择一个或几个，但一般不要超过三个。这种题一般还要设置一个"其他"选项，以便被访者充分表达自己的意见。

（3）顺位题。顺位题也叫排序题，是研究者给出几个选项，由被访者根据重要性进行排序。

（4）回忆题。回忆题指通过回忆，了解被访者对不同商品质量、品牌等方面印象的强弱。如："当我一提到家具商城，您首先想到的是某某商城，其次是某某家具城。"

（5）比较题。这种题一般是把若干可比较的事物整理成两两对比的形式，要求被访者进行比较并做出肯定的回答。

（6）态度量表。这种题主要是用来对被访者回答的强度进行测量。如：请对某公司的下述各方面做出评价：

公司形象：非常好；比较好；一般；比较差；非常差。
广告宣传：非常好；比较好；一般；比较差；非常差。

有时为了便于对数据进行处理，往往把定性问题定量化，即对答案中的每个选项按重要程度赋分，如：5（非常好）、4（比较好）、3（一般）、2（比较差）、1（非常差）。

（四）问卷设计中应注意的问题

（1）确定问题的必要性。问卷中的每个问题都要对所需要的信息有所贡献，或服务于某些特定的目的，如果一个问题得不到可以满意的使用数据，那么这个问题就应该取消。

（2）确定问题对所获取的信息的充分性。有时候，为了明确地获取所需要的信息，往往需要同时询问几个问题。

（3）答案要穷尽。要把问答题的所有答案尽可能地罗列出来，使每个被访者都能有答案可写。

（4）答案要互斥。要避免两个答案之间出现交叉和包容的现象，这样才能使被访者做出正确的回答。

（5）敏感问题的设计。对于一些涉及个人隐私的敏感性问题，往往放到后面，而且把答案进行定距化。

（6）跳问。有些问题需要跳问时，应该在题目后面给以注明，并注意问题的逻辑顺序。

（7）问卷中问题的安排应先易后难。

（8）调查问卷要简短。一般而言答题时间不应超过15分种，以免因时间过长而引起填卷人的厌烦，以至因时间过长而敷衍了事，影响调查的效果。

（9）调查问句要有亲切感，并要考虑答卷人的自尊。

例：请问您没有购买音响的原因是＿＿＿＿＿＿。

A．买不起　　　　B．式样不好　　　　C．住房拥挤　　　　D．会使用

这种生硬，易引起反感的提问方式可以改成＿＿＿＿＿＿。

A．用外不大　　　B．价格不满意　　　C．准备买　　　　D．式样不合适

E．住房不允许

案例阅读 4-8

广州市某化妆品市场研究调查问卷

1. 请随意举出您所知道的三个化妆品品牌的名称。
2. 请问您最近一次购买的化妆品是什么品牌？
3. 请问您在最近的一年当中一直使用这个品牌吗？（　　）
   （1）是　　　　　（2）否
4. 您一直使用这个品牌是因为喜欢它的哪些方面呢？（　　）（多选）
   （1）适合皮肤　　（2）质量好　　　（3）价格合适
   （4）包装吸引人　（5）时尚　　　　（6）广告促销　　　（7）其他
5. 您是通过什么途径认知该品牌的化妆品的？（　　）（多选）
   （1）人员推销　　（2）电视广告　　（3）报纸广告　　　（4）电台广告
   （5）户外广告　　（6）网络广告　　（7）微信微博论坛　（8）其他
6. 请问您一般在什么地方购买您所需要的化妆品？（　　）
   （1）专卖店　（2）网店　（3）超市　（4）专卖店　（5）便利店　（6）其他
7. 请问您一般多长时间去购买一次？（　　）
   （1）半个月以内　　　　（2）半个月到一个月　　（3）一个月到一个半月
   （4）一个半月到两个月　（5）两个月到两个半月　（6）两个半月到三个月

(7) 三个月以上

8. 请问您所购买的化妆品一般为:(   )
   (1) 20 元以下   (2) 21～50 元   (3) 51～100 元   (3) 101～150
   (4) 151～200   (5) 201～250   (6) 251 元以上

9. 您购买化妆品是为了:(   )(多选)
   (1) 保护皮肤   (2) 工作需要   (3) 环境使然   (4) 抗衰老   (5) 其他

10. 有人认为女性购买和使用化妆品是因为恐惧和攀比,您比较赞同哪一种说法?
    背景资料:这些问题主要用于统计分析,我们保证为您保密!

11. 请问您的年龄:(   )
    (1) 18 岁以下   (2) 19～24   (3) 25～30   (4) 31～36
    (5) 37～45   (6) 46 以上

12. 请问您的婚姻状况:(   )
    (1) 已婚   (2) 未婚

13. 请问您的文化程度:(   )
    (1) 小学及以下   (2) 初中   (3) 高中   (4) 大学   (4) 研究生   (6) 其他

来源:百度百科. http://baike.baidu.com

案例阅读 4-9

YY 食品集团公司广告效果电话调查

YY 食品集团公司系外商投资企业,YY 集团公司主要生产销售蛋黄派、薯片、休闲小食品、果汁饮料、糖果 XX、果冻、雪饼等系列产品,目前形成具有 1000 余个经销点的强大销量网络,年销售收入逾 5 亿元。2001 年,公司通过并全面推行 ISO 9001: 2000 国际质量管理体系,将公司的管理水准推上一个新台阶。

2004 年初,YY 集团公司的新产品"XX 派"出现在电视广告中,为了分析新产品的电视广告效果,集团公司委托一家市场研究公司进行电视广告效果的市场研究。

一、调研目的

1. 了解 YY 牌"XX 派"食品在全国主要目标市场(城市)的品牌认知度、品牌美誉度、品牌忠诚度。

2. 了解 YY 牌"XX 派"近段时间的(电视)广告认知度。

3. 分析 YY "XX 派"的广告效果:包括广告认知效果、消费者的心理变化效果和唤起消费者购买效果的分析,从而提高产品销售额。

4. 消费者媒介接触习惯与背景资料研究,为 YY 公司下一步调整广告投放策略提供参考。

5. 消费者对"派食品"的消费(食用)习惯与需求研究,为调整产品的营销策略提供依据。

二、研究内容

1. 消费者对 YY 牌"XX 派"的广告认知率(接触率)。

2. 消费者对 YY 牌"XX 派"的广告内容评价。
3. 消费者对"派食品"的消费动机。
4. 消费者购买/食用 YY 牌"XX 派"的考虑因素及原因（动机）。
5. 消费者不购买/食用 YY 牌"XX 派"的主要因素。
6. 消费者日常媒介接触习惯。

三、调查方法

电话随机访问。

四、抽样方法

将各城区电话号码的全部局号找到，按所属区域分类排列，此为样本的前三位或四位电话号码，后四位电话号码则从计算机随机抽取出来，前三位或四位电话号码跟后四位电话号码相互交叉汇编组成不同的电话号码。

例如：XX 城市的电话号码局域号有 781、784、786、789……后四位电话号码库有 1976、5689、9871、0263、1254……则抽样出的电话号码为 7811976、7815689、7819871、7810263、7811254、7841976、7845689、7849871、7840263、7841254……以此类推。

1. 样本配额要求

在所有城市的产生样本中，要求每个城市至少产生 37.5 样本（所有城市至少有 300 个样本）在最近 1～2 个月内接触过 YY 牌"XX 派"的电视广告。如果达不到这个样本数，必须追加样本，最终将增加总样本量。

目的：在于对这其中 300 个或以上有接触过电视广告的消费者中进行深入分析，挖掘其"广告直接与间接效果"等。

2. 样本配额控制方法

计算每个城市每个区域应做的样本量，将每类问卷的样本数按各区的人口比例进行分配，计算出每区应做的样本量。在进行电话访问的同时，记录被访者所在的区域，由负责督导进行统计并随时进行管控（因电话号码的局号是不受区域限制的，有可能同一局号跨越两个行政区），确保各区样本量的准确性。

五、调查结论

本调查项目至实地调查结束时，YY 牌"XX 派"的电视广告已连续播放两个多月，从消费者接触到广告内容，到对 YY 牌"XX 派"的了解，产生购买动机，到最终促进消费者的购买行动，每个环节都是近期两个多月以来电视广告投放产生的效果。从总体来讲，这段时间的广告活动应该是相对比较成功的，对于提高 YY 牌"XX 派"的品牌知名度、促进 YY 牌"XX 派"的销售量都起到相当大的进步。

……

在产品的广告宣传上：虽说前段时间的广告投放得到一定的效果，但在媒介选择上需要重新调整，每个城市以当地收视率最高的电视媒介为主，可以不考虑卫视台，多数地方的消费者收看电视以地方电视台为主，较少收看外地台。而且，从现有的调查结果看，虽说卫视台的辐射面较广，但"派食品"地域差异性较大，每个地方消费者对"派食品"的品类需求不同。

来源：四川电大网. http://www.scopen.net

六、市场营销调研报告的撰写

市场调查报告有较为规范的格式,其目的是为了便于阅读和理解。为此美国市场营销协会曾为市场调查报告拟定过标准大纲,其结构包括导言、报告主体及附件等三部分。与美国相比,我国的市场调查报告的格式略有差异,一般说来,我国现有的市场调查报告包括标题、前言、主体、结尾、附录五个部分。

(一) 标题

标题即报告的题目。有直接在标题中写明调查的单位、内容和调查范围的,如《某智能手机在国内外市场地位的调查》;有的标题直接揭示调查结论,如《智能手机市场进入饱和期》,等等。

(二) 前言

前言部分用简明扼要的文字写出调查报告撰写的依据,报告的研究目的或是主旨,调查的范围、时间、地点及所采用的调查方法、方式。

除此之外,有的调查报告为了使读者迅速、明确地了解调查报告的全貌,还在前言里极简要地列出一个报告的摘要。

(三) 主体

主体部分是报告的正文。它主要包括三部分内容。

1. 情况部分

这是对调查结果的描述与解释说明。可以用文字、图表、数字加以说明。对情况的介绍要详尽而准确,为结论和对策提供依据。该部分是报告中篇幅最长和最重要的部分。

2. 结论或预测部分

该部分通过对资料的分析研究,得出针对调查目的的结论,或者预测市场未来的发展、变化趋势。该部分为了条理清楚,往往分为若干条叙述,或列出小标题。

3. 建议和决策部分

经过调查资料的分析研究之后,发现了市场的问题,预测了市场未来的变化趋势后,应该为准备采取的市场对策提出建议或看法。这就是建议和决策部分的主要内容。

(四) 结尾

这是全文的结束部分。一般写有前言的市场调查报告,要有结尾,以与前言互相照应,重申观点或是加深认识。

(五) 附录

附录包括附属图表、公式、附属资料及鸣谢等。

调研报告撰写的原则:

在具体的调研报告撰写中,一般应遵循以下原则进行:

1. 态度必须客观

调研是市场信息的一种客观、科学的收集与分析工作,其结论是建立在客观的事实与数字的基础上的,因此也要求报告撰写人员以客观的态度来阐述调研结果。

2. 结论必须鲜明

由于调研结论是调研科学性的直接反映,因此,含糊、模棱两可的结果只能说明调研设计的不科学及调研实施的控制不力。

3. 论证必须充分

结论的论证一般程序是论据→论点→结论。其中的论据一般为调研所得的客观事实或数字。

4. 语言必须精练

由于调研报告的信息量较大,因此以最简短、精练、明晰的语言对调研结果进行表述,将有利于减少客户进行分析时的工作量。

5. 层次必须明晰

它是就两方面而言的,一是论据、论点、结论之间的层次必须是明晰的;二是对调研问题的阐述必须是层次分明的,问题的阐述可以根据方案中调研问题设置的层次来进行写作。

案例阅读 4-10

成都市喹诺酮类药物市场调研

诺酮类药物自上市以来深受欢迎,成为世界各大制药企业竞相开发的重点。现以我国目前常用的第三代喹诺酮类药物为代表,就成都的市场情况报告如下。

1. 调查对象

以医院为主,其次为药品经营单位,进行典型性抽样调查。医院选取本市有代表性的 15 家大、中、小型医院,经营单位选取成都市经营药品品种全面、以新特药为重点的成都市医药公司新特药部。其中,大型医院(800 以上床位数)有 4 个,占 28.5%;中型医院(500~800 床)有 4 个,占 28.5%;小型医院(<500 床)有 3 个,占 21.42%;职工医院 2 个,占 14.3%;专科医院 1 个,占 7%。

2. 调查方法

对药品经营单位的调查主要通过与业务主管面谈询问的方式,对医院则通过对内、外科以及药剂科的医师药师进行问卷调查。

3. 调查方案设计

调查分以下 5 个方面:①该类品种在成都市上市情况;②该类药品在药品批发单位

的销售情况;③该类药品的临床使用情况;④该类药品进口与国产品种对比情况;⑤医药政策对该类药品销量的影响。

4. 调查结果

本次调查涉及15所大、中、小型医院,共发出调查表72份,回收有效答卷38份,回收率为48.65%。其中外科18人,内科16人,药剂科4人;相应职称为:副主任以上职称为14人(占36.8%),中级职称19人(占50%),初级职称5人(占13.2%)。

4.1 已上市的喹诺酮类药物品种(见表1)

表1 成都市喹诺酮类药物品种一览表

品名	剂型	产地	规格	无税批价(元/盒)
诺氟沙星	胶囊	国产	0.1×10	1.11
			0.1×12	1.33
			0.1×60	6.67
			0.1×24	2.67
	片剂	美国、日本	10×10	215.00
依诺沙星	胶囊	湖北	0.2×20	26.00
	片剂	日本	0.1×100	289.00
氧氟沙星	片剂	珠海	0.2×20	35.60
		成都	0.1×10	20.30
		湖北	0.1×10	18.00
		东北	0.1×25	24.00
		日本	0.1×100	252.00
			0.1×20	53.90
		印度	0.1×100	234.00
			0.1×20	46.20
	眼膏	日本	3.5g	27.50
	眼水	日本	5ml	27.50
	滴耳液	日本	5ml	27.40
环丙沙星	片剂	国产	0.25×6	9.92
		上海	0.25×10	16.00
		太原	0.2×10	12.80
		国产	0.2×12	17.80
		印度	0.25×100	248.00
		印度	0.25×20	49.60
	胶囊	丽珠	0.25×10	16.40
注射剂		广州	100ml	48.20
		印度	100ml	74.20

4.2 调查品种在药品批发单位的销售情况（见表2）

表2　喹诺酮类药物在药品批发单位的销售情况

药品名称	剂型	产地	规格(0.1g)	销量（盒） 1994	1995	1996
诺氟沙星	胶囊	国产	60	14967	4856	4712
	片剂	美国、日本	24		500	450
依诺沙星	胶囊	日本	100	201	300	320
氧氟沙星	片剂	珠海	20	549	378	350
		湖北	200			
		日本	100	469	900	879
		日本	20			
		印度	100	110	50	90
环丙沙星	片剂	印度		4292	3000	2188
针剂		广州		25000	20000	12416
		日本		2622	2030	2140

4.3 调查药物的临床评价

临床对诺氟沙星评价为优者占45.8%，为中等者占50.0%，差者占4.17%，其不良反应有呕吐、头昏、胃肠反应等；对依诺沙星评价为优者占50.0%，为中等者占50.0%，不良反应有呕吐、头昏；对氧氟沙星的评价优、中分别占50.0%、50.0%，主要不良反应为胃肠道反应；对环丙沙星评价为优、中分别占66.7%和33.3%，主要为神经系统及胃肠道不良反应。临床对上述品种的价格评价也有差异，其中对诺氟沙星的评价比价为100%，依诺沙星为85.7%，氧氟沙星为27.78%，环丙沙星为42.85%。

4.4 调查品种的国产进口情况对比

对进口品种疗效的认同率占65%，国产品种为35%；进口品种不良反应发生占40%，国产品种占60%；对价格评价进口品种的认同率占20%，国产品种认同率占80%；对包装评价进口品种认同率占85%，国产品种占15%；首选使用率进口品种35%，国产品种占65%。

4.5 医药政策对调查品种的影响

公费医疗改革对其影响，认为使用量上升的占41.9%，使用档次上升的占6.45%，认为使用量下降者占6.45%，使用档次下降者占3.23%，没有影响的占41.93%；现行公费医疗目录对此品种的影响，使用量上升的占25%，使用档次上升的占13.58%，使用量下降的占5.56%，使用档次下降的占5.56%，认为没有影响的占50.32%。

5. 讨论

由销量分析可以看出喹诺酮类药物中环丙沙星的销售规模较大，销量第一。分析特点如下：①环丙沙星疗效确切，其抗菌谱与氟哌酸相似，强于氟啶酸、氟嗪酸，体外抗菌活性为目前上市的同类品种中最强，且生物利用度最高。尤其对肠杆菌科、绿脓杆菌、流感嗜血杆菌、淋球菌、链球菌、军团菌、金葡菌的作用显著优于其他同类药物以及头孢菌素、氨基糖甙类抗生素。临床调研中66.7%的医生对其临床评价为优，为同类产品评价最高者。②价格合理,在相同计量单位下,环丙沙星的价格与依诺沙星相近,而为氧氟沙星的1/3。临床调研中显示42.85%的医生认为环丙沙星的价格适中。

另外,国产喹诺酮类品种多以1994年为销售高峰期,而1995年呈下降趋势,分析其原因可能是目前国内喹诺酮类药物生产和销售有宏观失控的趋势。如氟哌酸为我国"七五"重点开发产品,而到1990年就有32家药厂竞相生产,实际生产251吨,1991年产量达405吨,1992年达648吨,远远超过国内需求,致使厂家过多,供大于求,竞相降价让利销售,不可避免地使原来老牌生产单位的该产品受到冲击,局部呈现下降趋势。另外,在喹诺酮类药品生产纷纷上马的同时,其生产工艺产品质量并未有较大的突破,甚至一些新上市的产品质量还不如一些老牌的产品,而一味通过一些药品促销手段来达到销售的目的,前景令人担忧。如果国内的喹诺酮类药品的生产仅在原有基础上低水平地重复,必将造成人力、物力和财力的浪费,也使其产品销售走入恶性循环。

将目前世界上畅销的几个喹诺酮类品种与国内相同产品进行对比可以看出,进口品种具有疗效高、毒副作用低、包装评价高等产品本质上的优势,而国产产品主要占据了价格优势和国内政策的优势。另外,目前国内生产畅销的这几个品种多为仿制产品,随着知识产权保护的进一步加强,要研制和生产更高档的喹诺酮类药物将有较大的难度,而与此同时,国外许多在专利保护下的该类更新产品,如氟罗沙星,罗美沙星将进入中国市场,这将会对现有品种产生强有力的竞争。

国家医疗政策宏观地影响着喹诺酮类药品的生产销售。特别是在公费医疗逐步改革的今天,疗效确切、价格适中、毒副作用小的药品将受到医生和患者的青睐。所调查的几个品种收入公费医疗目录,因此在医院的临床调研中,临床医师多持乐观态度,40%以上的人认为使用量将上升,40%以上的人认为没有影响。由此可见,在近几年内,喹诺酮类药物的总销量将有所增大,但各个品种的销量将随其疗效质量、价格等因素略有差异。

来源:邓雪.成都市喹诺酮类药物市场调研.中国新药杂志.1997.2

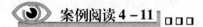
案例阅读 4-11

关于娃哈哈乳酸菌调研报告书

摘要

为了了解影响消费者购买哇哈哈乳酸菌饮品的因素、乳酸菌饮料在重庆的主要消费群体、乳酸菌市场近期的竞争情况,我们对重庆地区乳酸菌饮品的销售情况进行了大范围的调查。

我们采用人员访问的方法、网络调查方法、观察法、深入访谈法对重庆市合川区进行了问卷调查。针对消费者设计问卷,帮助我们收集相关资料。

一、主要调查结果

娃哈哈乳酸菌饮品消费者:

是否购买娃哈哈饮品与其每周购买的饮品数有关:每周购买饮品越多的消费者越愿

意购买娃哈哈乳酸菌饮品。

是否购买娃哈哈乳酸菌饮品与其品牌知名度有关：娃哈哈公司在国内饮品界占有广阔的市场，知名度高，口碑好，消费者们都愿意尝试娃哈哈乳酸菌饮品。

是否购买娃哈哈乳酸菌饮品与销售场所有关：大多数消费者都愿意在安全且品种齐全的大型超市购买，既能保障饮品的品质，也是有效维权的一种保障。

第一部分　市场调研方案

一、调查背景

我国乳酸菌饮品份额快速增长，乳酸菌饮品在中国有着巨大的生存空间和市场机遇。随着中国经济的快速崛起，消费者对自身健康需求的日益增长，对乳酸菌饮品的消费额也在不断的增加。娃哈哈在国内乳酸菌饮品市场占据着不小的份额，但是随着伊利等众多品牌的乳酸菌饮品冲击，娃哈哈乳酸菌的销售额却在下降。

二、调查目的

通过消费者对娃哈哈乳酸菌饮品的购买需求和竞争对手的调查，了解消费者在购买娃哈哈乳酸菌饮品时的影响因素及消费者购买娃哈哈乳酸菌饮品、饮用娃哈哈乳酸菌饮品的情况，找到影响娃哈哈乳酸菌饮品市场销售下滑的原因，为企业制定娃哈哈乳酸菌饮品市场营销策略提供依据。

课题一：辨别娃哈哈乳酸菌饮品在重庆的主要消费群体。

课题二：了解消费者在购买娃哈哈乳酸菌饮品时的重点关注因素。

课题三：了解消费者对娃哈哈乳酸菌饮品的看法和态度。

课题四：了解娃哈哈乳酸菌饮品饮用者满意程度。

课题五：实地了解娃哈哈乳酸菌饮品销售情况。

课题六：分析目前娃哈哈乳酸菌饮品与竞争对手竞争情况。

三、调查内容

通过了解调查者的个人信息，分析推断娃哈哈乳酸菌饮品在中国大陆市场的主要客户群，发现其市场发展潜力。通过了解消费者购买娃哈哈乳酸菌饮品时，对饮品本身的关注因素，分析娃哈哈乳酸菌饮品与竞争对手相比的优劣。了解消费者对娃哈哈乳酸菌饮品的态度和看法，分析娃哈哈乳酸菌饮品在营销宣传上可以改善的空间。通过对娃哈哈乳酸菌饮品和竞争对手在销量、促销方式上的不同，帮助我们分析娃哈哈乳酸菌饮品的竞争力。

四、调查对象

1. 主要为乳酸菌饮品的消费者。

2. 样本范围：重庆市合川区。

3. 样本年龄选择：10岁至30岁；样本总量：100人；样本分布：男性51人，女性49人。

4. 抽样地点：久长路步行街和重庆工商职业学院。

五、调查方法

采用人员访问方法和网络调查法对"娃哈哈乳酸菌饮品的销售情况"进行理性、客观、科学的调查。

(一) 问卷设计

针对消费者的问卷设计，格式上我们将所有问题分别归类为五个部分。

1. 甄别部分，甄别出对娃哈哈乳酸菌饮品有所了解（至少知道这个品牌）的消费者。
2. 消费者的个人信息，包括年龄、性别、职业等。
3. 消费者了解娃哈哈乳酸菌饮品的渠道。
4. 消费者购买娃哈哈乳酸菌饮品的影响因素和倾向，包括产品自身和产品外因素。
5. 娃哈哈乳酸菌饮品饮用者对娃哈哈乳酸菌饮品的评价及建议。

(二) 观察法

通过观察不同超市娃哈哈乳酸菌饮品柜架的顾客量以及顾客态度，辅助我们了解分析娃哈哈乳酸菌饮品的真实销售情况。

问卷设计我们始终遵循先难后易，先一般后细节，开放性问题置后，同性同类问题集中排列的设计原则进行设计。

第二部分 调研结果详细分析

2.1 影响娃哈哈乳酸菌饮品在中国大陆销售额的因素的分析

2.1.1 调查对象基本情况

本次调查选择了100位对娃哈哈乳酸菌饮品有所了解的消费者，消费者中18～28岁的消费者占所有消费者的73.3%，学生和上班族占82.3%，男性占调查总人数的51%，女性占调查总人数的49%。

2.1.2 消费者购买娃哈哈乳酸菌饮品的影响因素

2.1.2.1 饮品自身。

第一，从消费者最看重的饮品自身因素来看。

第二，从饮品包装对消费者影响大小来看。

第三，从消费者能接受的价格和娃哈哈乳酸菌饮品的价格比较上看。

2.1.2.2 饮品外因素。

促销手段的不同。

宣传手段的不同。

销售渠道的不同。

竞争对手。

第三部分 调查结论与建议

3.1 结论

3.1.1 重庆宣传营销力度影响销售额

调查小组通过二手资料收集和实地考证，发现娃哈哈广告投入相当低，使得娃哈哈知名度低于伊利、蒙牛等品牌。

3.1.2 重庆激烈的市场竞争影响销售额

乳酸菌饮品已成为饮品界的新宠，而近几年开始，除了伊利与蒙牛外，超市货架上，三元、养乐多、达能等诸多品牌的乳酸菌饮品在价格上有很大的优势，可谓竞争力十足。在这样的情况下娃哈哈乳酸菌饮品的销售业绩必然受到冲击。

3.1.3 饮品包装影响销售额

调查显示只有 18.3% 的消费者认为饮品包装对自己选购饮品有影响。而娃哈哈乳酸菌饮品虽然在营养上不输任何其他乳酸菌饮品,可是其外型单一,包装上不是很能吸引消费者的眼球。不免影响其销售额。

3.1.4 价格影响销售额

在我们的调查中,56.7% 消费者能接受的价格为 2.5~3.5 元,而娃哈哈乳酸菌饮品的价格一般高于这个价格,其价格也不比其他乳酸菌品牌价格低。

3.1.5 促销方式影响销售额

在调查的 100 名调查者中,有接近 60% 的消费者认为非常愿意通过打折促销的方式来购买娃哈哈乳酸菌饮品,但是饮品质量必须保证。

3.1.6 水货泛滥影响销售额

虽然乳酸菌饮品在年轻人群中有一定影响力,但其山寨货泛滥是个不小的问题,淘宝上的山寨价居然比超市货便宜 10~20 元以上。我们在调查过程中也发现消费者上当过的现象。

3.2 建议

3.2.1 提高渗透力。加强营销宣传力度

我们认为要打开中国市场首先必须打通营销渠道,同时加强宣传力度,通过加拍广告等打响更大的知名度。

3.2.2 加强技术攻关,保证产品质量

这一举动除了关乎价格品质以外,更可以一定程上抑制山寨货的泛滥,拉大山寨货和超市货的差距。

3.2.3 促销方式多样化,加强与经销商的合作

根据中国消费者所喜爱的促销方式,可以评估进行大型打折促销的可行性,针对娃哈哈乳酸菌饮品目前的消费群体,建议与经销商合作。达到促销目的同时也有宣传的作用。

3.2.4 饮品的外形和附加产品的设计生产

外形上的推陈出新十分必要,色彩上的丰富也是十分有潜力的,加上袋装纸巾等小赠品,我们认为从这个方面入手也不失为一个好的措施。

来源:市场营销调研报告. http://wenku.baidu.com

第二节 市场营销预测

一、市场营销预测的概念与分类

市场营销预测是指通过对市场营销信息的分析和研究,寻找市场营销的变化规律,并以此规律去推断未来的过程。市场营销预测方法很多,可以分为定性预测和定量预测两大类。在市场营销预测实际工作中,往往要求将两类方法结合运用。

案例阅读 4-12

营销预测 APP

2014年7月,Saleforce以3.5亿美元的价格收购了销售数据智能初创公司RelateIQ。实际上,这只是市场营销科技领域里面最近的一笔收购交易而已,在过去的几年时间里,该领域已经完成了许多高达数十亿美元的收购交易。它也暗示了未来的趋势:预测性APP。2013年Salesforce收购了ExactTarget,很大一部分资本投入到了预测性APP上面,它可以帮助品牌理解目前市场动态,而且可以预测未来的消费者注意力份额和市场份额。就拿Networked Insight来说吧,这款应用媒体都会分析5.6亿个社交媒体内容,目的就是为了预测三个月之后的消费者需求。

来源:中国创新网. http://www.chinahightech.com/html/

二、定性预测方法

定性预测方法也叫判断分析法,它是凭借人们的主观经验、知识和综合分析能力,通过对有关资料的分析推断,对未来市场变化发展趋势做出估计和测算。定性预测方法简便易行,时间快、费用省,因此得到广泛应用,特别是进行多因素综合分析时,效果更加显著。但是由于定性预测方法带有主观随意性,缺乏数量分析,使预测结果的准确性有时会受到影响。因此,在采用定性预测方法时,尽可能结合定量分析方法,使预测结果更加准确、科学,更符合实际情况。

(一)个人判断法

个人判断法是预测者根据所掌握的信息资料,根据自己的知识、阅历、经验,对预测对象的发展趋势做出符合客观实际的估计与判断。如果企业决策者具有丰富的预测经验和较强的分析判断能力,又对各方面的情况比较熟悉的话,就可以得到比较理想的预测结果。此方法的优点是可以最大限度地利用个人的创造能力,且预测过程简单、迅速;缺点是受预测者的个人素质影响较大。

案例阅读 4-13

诸葛亮未出茅庐已知天下三分

诸葛亮最为人津津乐道的就是"未出茅庐已知天下三分"的故事,在《隆中对》中为刘备做了天下竞争态势分析、预测和战略规划。

亮曰:"自董卓已来,豪杰并起,跨州连郡者不可胜数。曹操比于袁绍,则名微而众寡。然操遂能克绍,以弱为强者,非惟天时,抑亦人谋也。今操已拥百万之众,挟天子而令诸侯,此诚不可与争锋。孙权据有江东,已历三世,国险而民附,贤能为之用,此可以为援而不可图也。荆州北据汉、沔,利尽南海,东连吴会,西通巴、蜀,此用武之国，而其主不能守，此殆天所以资将军，将军岂有意乎？益州险塞，沃野千里，天府之土，高祖因之以成帝业。刘璋暗弱，张鲁在北，民殷国富而不知存恤，智能之士思得明君。将军既帝室之胄，信义著于四海，总揽英雄，思贤如渴，若跨有荆、益，保其岩阻，西和诸戎，南抚夷越，外结好孙权，内修政理；天下有变，则命一上将将荆州之军以向宛、洛，将军身率益州之众出于秦川，百姓孰敢不箪食壶浆以迎将军者乎？诚如是，则霸业可成，汉室可兴矣。"

来源：陈寿. 三国志·蜀志·诸葛亮传

评析：诸葛亮虽隐居茅庐，但时刻关心天下大势，具备极强的时事洞察力和预见力。

（二）集体意见法

集体意见法是集中企业的管理、业务等骨干等，凭他们的经验和判断，在广泛交换意见的基础上，共同讨论市场发展趋势，进而做出预测的方法。集体意见法参加会议的人数较多，拥有的信息量大，可避免个人判断的主观性、片面性。但是也有难以克服的缺点，主要是影响因素较多，如感情因素、个性因素、时间因素、利益因素等。

（三）德尔菲法

德尔菲法（Delphi），也称专家意见法或专家调查法。德尔菲是古希腊一座城的名字，该城有座太阳神阿波罗的神殿，因阿波罗善于预卜未来，故后人借用德尔菲比喻神的高超预见能力。

德尔菲法就是以匿名的方式，通过信函轮番征询专家意见，最后由主持者进行综合分析，确定市场预测值的方法。

其预测过程是：主持者选定与预测课题有关的专家，并与专家建立直接联系，联系方式以函询为主。通过信函向专家提出预测课题，并提供各种有关资料，要求专家背靠背地提出各自的预测意见，由主持者加以汇集、整理后，再匿名反馈给各位专家，再次征求意见。经过3～5轮征询以后，专家的意见大致趋向一致，最后经过统计处理得到预测值。德尔菲法既能发挥每个专家的经验和判断力，又能将个人的意见，有效地综合为集体意见。可以认为，它是一种科学性强，适用范围广，可操作性强，较为实用的定性预测方法。

三、定量预测方法

定量预测方法也叫统计预测法，是指根据已掌握的比较完整的历史统计资料，运用统计方法和数学模型近似地揭示预测对象的数量变化程度及其结构关系，并用来预测未来市场发展变化情况的方法。

定量预测方法主要是依靠数学模型和数理统计方法，对各种资料进行计算分析，从而对市场变化趋势做出预测。这类方法适用于历史统计资料准确、详尽，预测对象变化发展的客观趋势比较稳定的对象的预测。

1. 简单平均法

如果产品的需求形态近似于平均形态或产品处于成熟期，可用此法进行预测。将过去的实际销售量的时间序列数据进行简单平均，把平均值作为下一期的预测值。其计算公式为：

$$\text{预测销售量} = \frac{\text{过去各期实际销售之和}}{\text{期数}(n)}$$

简单平均法将远期销售量和近期销售量等同看待，没有考虑近期市场的变化趋势。所以，准确度较低，只宜用于短期预测。

2. 加权评价法

如果过去的实际销售量有明显的增长（或下降）趋势，则使用此法。即逐步加大近期实际销售量在平均值中的权数，然后予以平均，确定下期的预测值。计算公式是：

$$W = \frac{\sum_{i=1}^{n} C_i D_i}{\sum_{i=1}^{n} C_i}$$

式中，W——预测值（加权平均值）；

D_i——i 期的销售量；

C_i——i 期销售量的"权"数。

3. 指数平滑法

此法是美国企业普遍采用的预测方法之一，其计算公式为：

$$F_t = \alpha D_{t-1} + (1 - \alpha) F_{t-1}$$

式中，D_{t-1}——最近一期销售实际量；

F_{t-1}——最近一期预测值；

F_t——本期预测值。

α 为平滑化系数（$0 \leq \alpha \leq 1.0$）。系数的大小可根据过去的预测值与实际值差距的大小而定。即根据 D_{t-1} 与 F_{t-1} 的差距来确定。预测值与实际值差距大，则应大一些，差距小，则可取小一些。α 愈小，则近期的倾向性变动影响愈小，愈平滑。α 愈大，则近期的倾向性变动影响愈大。当 α 小于 0.3 时，则比较平滑。

4. 移动平均法

该方法是根据时间数列的各期数值做出非直线长期趋势线的一种比较简单的方法，连续地求其平均值，再计算相邻两期平均值的变动趋势，然后计算平均发展趋势，进行预测。这种方法较上述几种方法准确度高，实用性强。

5. 一元线性回归法

一元线性回归法就是处理自变量（X）和因变量（Y）两者之间线性关系的一种方法。其基本公式是：

$$Y = a + bX$$

式中，Y——因为量；

X——自变量；

a、b——回归系数。

a 是直线在 Y 轴上的截距，a 是利用统计数据计算出来的经验常数；b 是直线的斜率，也是利用统计数据计算出来的经验常数。X 与 Y 这两个变量，将在 a 和 b 这两个回归系数所限定的范围内，进行有规律的变化。我们的任务就是求出 a、b 的值，进而求出预测值 Y。

例3：某公司通过市场调查，发现其产品的销售量与广告支出相关，统计资料如表 4-1 所示。求当广告费支出为 9.5 万元时，该产品的销售量预测值。

表 4-1 产品的销售量预测值   单位：万元

数据点（n）	1	2	3	4	5	6	7	8	9	10
广告费支出（X）	3	3.4	4	4.2	4.8	5.5	6.5	7.9	8.5	9.2
销售量（Y）	128	131	150	140	160	170	150	162	170	185

$$b = \frac{9122.2 - 5.7 \times 1546}{369.04 - 5.7 \times 57} = 7.02$$

$$a = 154.6 - 7.02 \times 5.7 = 114.59$$

再将 a、b 代入回归方程：$Y = 114.59 + 7.02X$。

当广告费用为 9.5 万元时，该产品销售额预测值为：

$Y = 114.59 + 7.02 \times 9.5 = 181.28$（万元）

案例阅读 4-14

大数据预测

百度最近推出"百度预测"，目前提供针对世界杯、城市、景点和高考四大项目的预测。在高考方面，百度"基于海量作文范文和搜索数据"分析认为，2014 年高考作文题目将会出现在"时间的馈赠""生命的多彩"等六个领域之中，并且给出了各领域命中的精确概率。

来源：百度. http://trends.baidu.com/

经典人物

营销泰斗——班·费德雯

1912 年出生于美国。1942 年加入纽约保险公司。1969 年他缔造 1 亿美元的年度业绩，1984 年他获得颁罗素纪念奖。费德雯一生中售出数十亿美元的保单，这个金额比全美 80% 的保险公司的销售总额还高。

在这专业化导向的行业里，连续数年达到 10 万美元的业绩，便能成为众人追求的、卓越超群的百万圆桌协会会员（MDRT），而费德雯却做到近 50 年，平均每年的销售额达到近 300 万美元的业绩。

放眼寿险史上，没有任何一位业务员能赶上他。

而他的一切，仅是在他家住方圆40里内，一个人口只有1.7万人的东利物浦小镇中创造出来的。

1955年，没有人敢去想，一名寿险业务员的年度业绩竟能超过1 000万美元。

1956年，费德雯超过了。

1959年，2 000万美元的年度业绩被认为是遥不可及的梦，它是那样不可思议，以至于从业人员连想都没想过，除了费德雯以外。

1960年，他把梦想变成事实。

1966年，费德雯冲破了5 000万美元的大关。

1969年，他缔造1亿美元的年度业绩，往后更是屡见不鲜。

1984年，他获得颁罗素纪念奖，此为保险业的最高荣誉。

费德雯说："我并没有任何秘诀！"

其实他已把他的"秘诀"公诸于世了。多年来，他总是从早上到晚上，从周一到周日，从不间断地努力工作。

费德雯认为："对自己的生活方式与工作方式完全满意的人，已陷入常规。假如他们没有鞭策力，使自己成为更好的人，或使自己的工作更杰出，那么他们便是在原地踏步。而正如任何一位业务员会告诉你的，原地踏步就等于退步。"

费德雯29岁那年，进入纽约人寿保险公司。

第一年结束，费德雯共成交了168张保单，但是大多数的保单都是一些不足500元的小保单，总额加起来只有25.212 5万美元。费德雯形容当时自己的做法是因为自己眼光短浅，当然做的业务尽是小业务。

1944年中，费德雯向前迈进一大步，在过去的两个月里，他的收入超过50万美元。但是费德雯仍不满意。虽然平均保单从以前的1 300美元提到近2 000美元，但这离费德雯的自我要求远远不够。

费德雯请教当时他的经理安卓先生：

"安卓先生，我遇到了麻烦，想听一下你的宝贵意见。"

在仔细听完费德雯所有的麻烦之后，安卓对费德雯说：

"班，你想不想做一些事，那是我们公司在俄亥俄州从来没有人做过的事。"

"什么事？"

"12个月内成为百万圆桌的会员。"

费德雯听完后，感觉到不可思议："12个月要达到百万圆桌的资格？"自己的准客户都快用完了，而且还不晓得下一张保单从哪儿来。但费德雯心想，反正又没什么损失，于是说："要怎么做呢？"

"成为计划销售专家，打入小型企业保险领域。小型企业有无穷的潜力，但是你得先做好研究。你要追求更好、更大的业务。记住，用玩具气枪杀不死大象。"

安卓先生讲完后，费德雯思考了一下，他明白自己哪儿出了差错：因为以前自己眼光一直不够远大,也没有一个远大的目标。

这就是先前困绕费德雯的难题。这次,他有了目标后,他以旺盛的精力和体力,全力朝目标迈进。他的保单增加了3倍,并且在1945年6月成交了224件保单,保额达110万美元,首次达到百万圆桌会员的资格。

来源:百度百科. http://baike.baidu.com,有删改

本章小结

市场调研有广义和狭义之分,狭义的市场调研是指以科学的方法和手段收集消费者对商品的购买情况,包括对商品的购买和购买动机等活动的调查。广义的市场调研就是企业为了达到特定的经营目标,而运用科学的方法和通过各种途径、手段去收集、整理、分析有关市场营销方面的情报资料,从而掌握市场的现状及其发展趋势,以便对企业经营方面的问题提出方案或建议,供企业决策人员进行科学的决策时作为参考的一种活动。

市场调研的方法主要有:文案调查法、实地调查法、网络调查法。问卷又称调研表,它是以书面的形式系统地记载调查内容,了解调查对象的反应和看法,以此获得资料和信息的一种工具。

市场预测是指在市场调研的基础上,运用预测理论与方法,对决策者关心的变量变化趋势和未来可能的水平做出估计和测算,为组织决策提供依据的过程。市场预测一般分为定性预测方法和定量预测方法。

复习思考题

1. 市场调研的目的是什么?
2. 市场调研调查的内容是什么?
3. 有些观点认为,与其做市场调研,不如相信自己的"第六感""直觉"等,对此你怎么看?
4. 最近大数据很热门,有了大数据是否就不需要抽样统计调查了?
5. 怎样保证市场调研结论的信度和效度。

营销实战

项目
针对模拟公司主营业务进行消费者需求调研。

目的
① 掌握市场营销调研的基本方法。
② 学会市场营销调研问卷的设计。
③ 掌握市场营销调研报告的撰写。

内容及要求

① 各学习小组（模拟公司）进行调研工作策划并进行分工。

② 设计一份消费者需求调研问卷，问卷主要内容包括标题、问卷项目、调查者基本情况、调查内容、编码号、调查情况等。

其中，"调查内容"包括消费者数量、地区分布、购买动机、购买行为、品等编好、购买数量以及消费者对本企业产品（服务）的意见反馈与改进建议等。

③ 确定调查范围和调查对象，进行实地问卷调查，做好相关记录。

④ 对各类信息进行整理、加工和分析，撰写一份不少于3 000字的市场调研报告。

调研报告的主要内容包括调研的目的与方法，调研结果的分析，得出式结土、对策和建议，附件（有关的图表、附录等）等。

案例分析　女伯爵纸巾的市场调查

女伯爵纸巾公司为适应市场变化，委托专门从事市场调查公司对现有纸巾市场进行调查。经调查，目前市场女伯爵纸巾及其竞争对手的市场占有率见表1。

表1　女伯爵纸巾及其竞争对手的市场占有率对比表

纸巾牌子	市场占有率（80）
花　束	25
拉　迪	22
韦　拉	16
帝　王	12
软　巾	9
女伯爵	6

同时，纸巾行业还出现了将纸巾做成各种色彩柔和的有色纸巾，有的还在上面印上各种装饰性的图案，并且每隔一定长度打上孔洞，便于使用时撕下的发展趋势。这表明业内竞争加剧了，所以奥尔需要增加他们的研究项目，即在"吸水性"和"强度"之外，再加上"颜色"和"经济性"两项内容。

奥尔带领调查人员设计主要针对下列六个方面：①被调查者能够举出的第一种纸巾牌子（知名度）；②对喜欢的纸巾牌子做出评价（偏好及其理由）；③最近一次购买的纸巾牌子是什么（频率和随意度）；④在选择购买时以纸巾四种特征（吸水性、强度、颜色和价格）的重要性的分别判断；⑤根据能上能下四种特征对九个牌子的纸巾提出打分；⑥每个家庭在11项人口学内容上的构成情况。经过调查得到了下面的结果：

表2是六种纸巾的上述四种特性在顾客中的受欢迎程度。商品名称排列以调查期间（共18周）被调查人购买数量多少为序，满分为5，括号中数字为排队顺序。

表2　选购纸巾四种特性之重要性表（满分为5分）

特　性	满意度	标准偏差度
吸水性	4.50	0.75
强度	4.20	0.96
颜色	2.40	1.34
价格	4.07	1.03

表3表明了顾客对某一特性越重视，标准偏差就越小。表2则表明顾客对各种牌子的纸巾的满意程度很不一致，但"女伯爵"牌纸巾的四种特性分别排在第5、6、4、7位，只有颜色还差强意，而且颜色的重要性在表格"选购纸巾时四种特性之重要性"中反映出是四种特色的最后一位，所以可见顾客对这一品牌的纸巾接受程度是很低的。

表3　六种纸巾的四种特性在顾客中的受欢迎程度表

纸巾品牌	吸水性	强　度	颜　色	价　格
花　束	4.01（2）	3.84（3）	4.07（1）	3.39（3）
拉　迪	3.92（4）	3.86（2）	3.91（5）	3.46（2）
帝　王	3.78（6）	3.67（5）	3.97（3）	3.31（5）
韦　拉	3.66（7）	3.70（4）	3.73（6）	3.14（8）
软　巾	3.00（9）	2.82（9）	3.46（9）	3.57（1）
女伯爵	3.66（6）	3.66（6）	3.94（4）	3.23（7）

通过以上统计表中数据的对照比较，丹恩·奥尔领导的市场调查帮助北方纸品公司发现了一些急需改进的问题。根据调查结果，北方纸品公司调整了公司策略并采取系统的促销计划。这些帮助公司的"女伯爵"纸巾迅速提高了市场份额。

来源：张英奎．现代市场营销学．大连理工大学出版社，2007.8

案例点评： 市场调研不排斥经验主义，但用科学的方法进行调查得出的结论才有可行度，更能说服他人或影响他人。

分析：

1. "女伯爵"纸巾的市场调查设计特色是什么？
2. "女伯爵"纸巾是如何发现自身的问题的？
3. "女伯爵"纸巾的策略需要做出哪些改进？

第五章 目标市场营销策略

关键词：市场细分；目标市场；市场定位；差异性目标市场策略；无差异性目标市场策略；密集性目标市场策略；避强定位；对抗性定位；重新定位。

导入案例

百思买细分客户做精销售

作为美国最大的消费电子零售连锁商，百思买从 2005 年下半年开始了其"客户中心型"策略，将其在全美 700 家商店中超过一半的店铺实施转型。每家转型后的商店都将满足 5 个独特的客户群体中一到多个群体的需求。为此还有适当的配套设施，比如商务咨询台，以及相应的产品选择。

百思买于 2004 年在美国西海岸第一次推出"细分化"的商店转型计划。此前百思买进行了为期两年的客户研究和测试，最后识别出五大目标客户群：商业用户、早期应用的年轻男性客户、年长的成家男性客户、富有的职业人士和繁忙的郊区女性客户。每个分店都分到了这五大群体中的一部分群体，针对这些群体进行了各种标准化的商店装修，并对员工进行培训，让他们知道如何回应客户需求。

例如，在长岛比较富裕的亨廷顿市郊，百思买在其 Magnolia 品牌下，开设了一家"店中店"，这是一个铺上地毯的工作间，在这里可以试听最高档的家庭影院系统。该分店经过培训的员工还会到客户家中拜访，建议他们如何规划、安装家庭影院系统。针对"繁忙的郊区女性客户"的分店，则有个人导购员，他们接受提前预约，为客户提供采购建议。分店细分的效果立竿见影。

实施转型后，参与的商店销售增长了 9.4%，而未转型的分店销售增长仅为 3.5%。该公司商店转型计划负责人约翰·沃尔顿称，坦白地说，我们想不起来本公司过去有哪项举措是这么快见效的。高盛公司零售业分析师法斯勒预计，百思买在每家分店的转型上开支至少为 25 万美元，转型商店的销售增长应超过 4%，才能抵消这笔开支。

投资银行 Piper Jaffray 研究百思买业务的分析师凯瑟尔表示，百思买的模块化定制策略能很容易转移到其他领域。该策略可以应用在折扣店、体育用品店、宠物用品店、任何企业。百思买的新策略反映了美国零售业的趋势：运用现有的客户数据，对商店和员工进行调整，以满足本地市场的口味。

资料来源：何家庆. 百思买细分客户做精销售. 载《安徽商务信息》，2006

目标市场营销又称为 STP 营销，即市场细分（segmenting）、目标市场选择（targeting）、市场定位（positioning）。市场细分是目标市场选择和市场定位的必要前提，而目标市场选择和市场定位是市场细分的必然结果。

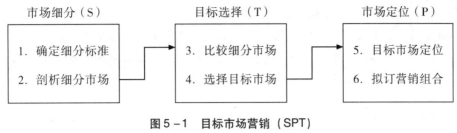

图 5-1　目标市场营销（SPT）

第一节　市 场 细 分

一、什么是市场细分

现代企业面临的是广阔、复杂、多变的市场，任何企业，无论其规模如何，都无法满足整体市场的不同需求，而只能根据企业的内部条件和素质能力，为自己的市场规定一定的范围，满足某种某部分的需求。为此，企业就必须进行市场细分，市场细分是1956年美国营销学家温德尔提出的，市场细分理论的提出被看作是营销学的"第二次革命"，是继以消费者为中心的观念提出后对营销理论的又一质的发展，它的出现使营销学理论更趋于完整和成熟。

市场细分（market segmentation）：根据消费需求的差异性，选用一定的标准，将整体市场划分成两个或两个以上具有不同需求特性的子市场的过程。

二、市场细分的作用

市场细分很快成为现代企业从事市场营销活动的重要手段，实践已证明，它是企业通向成功的阶梯。企业对市场进行细分的主要作用在于以下几个方面。

（一）市场细分有利于企业发现新的市场机会

如我国服装市场竞争较激烈，通过市场细分可以看出，竞争激烈的主要是青年服装市场和儿童服装市场，老年服装市场却很冷清。于是，有些服装企业把目标市场放在老年服装市场上，生产出各式各样的老年服装，结果大获成功。

案例阅读 5-1

对手表的不同要求

据美国市场调查，美国市场对手表的需求有三种不同的消费者群：
23%的消费者对手表的要求是：能计时、价格低廉。
46%的消费者要求是：计时基本准确、耐用、价格适中。
31%的消费者追求象征性价值，要求名贵、计时精确（名人名表）。
美国素有盛名的钟表厂商和瑞士手表，一向注重第三类细分市场31%的消费者群，着重经营名牌优质手表。这样,第一、二类细分市场近70%的消费者需求未得到充分满足。日本钟表公司发现了这个市场机会,迅速打进这两个细分市场,尤其是日本精工电子表款式新颖、价格便宜,并提供方便的免费修理,很快在美国市场上取得较大市场份额。目前,日本有一家企业专门生产那种外观漂亮而寿命只有9个月的纸质手表,价格在3.5美元左右,很快就打开了市场。

来源:作者根据相关资料整理而成

(二)有利于产品适销对路

不进行市场细分就无法确定目标市场。我国出口日本的冻鸡,原先主要面对消费者市场,以超市、专业食品店为主要销售渠道。随市场竞争加剧,销售量呈下降趋势。为此,我国重新对日本冻鸡市场进一步细分以掌握不同细分市场的需求特点。从购买者区分目标市场有三种类型:

第一,饮食业用户:对冻鸡的品质要求较高,但对价格的敏感度低于家庭主妇市场。

第二,团体用户:基本同于饮食业用户。

第三,家庭主妇:对冻鸡的品质、外观、包装均有较高要求,同时要求价格合理、挑选性强。

根据这些特点,我国出口冻鸡的企业重新选择了目标市场,以饮食业和团体用户为主要顾客,并据此调整了产品、渠道等营销组合策略,出口量大幅度增长。

(三)市场细分有利于企业扬长避短,发挥优势

每一个企业的营销能力对于整体市场来说,都是有限的。所以,企业必须将整体市场细分,确定自己的目标市场,把自己的优势集中到目标市场上。特别是有些小企业,更应该注意利用市场细分原理,选择自己的市场。

(四)能有效地与竞争对手相抗衡

通过市场细分,有利于发现目标消费者群的需求特性,从而调整产品结构,增加产品特色,提高企业的市场竞争能力,有效地与竞争对手相抗衡。如日本森永公司为增强其竞争力,研制出一种"高王冠"的大块巧克力,定价70日元,推向成人市场。明治公司也不甘示弱,通过市场细分,选择了三个子市场:初中学生市场、高中学生市场和成人市场,获得了成功。

(五)有利于企业提高经济效益

美国皮鞋市场,各种皮革制成的款式有上百种,面对这样一个整体市场,需要雄厚的资源与其竞争。而美国一家小鞋厂发现一部分消费者喜欢穿轻便舒适的皮便鞋,他们便以此作为自己的细分市场,利用充足的猪皮原料,专门生产薄猪皮便鞋,并起了一个吸引人的名字,叫"小狗乖",于是产品打入市场大为畅销。

三、市场细分的原则

(一) 独特性

独特性指不同的细分市场的特征可清楚地加以区分。比如女性洗发水市场可依据年龄层次和发质类型等变量加以区分。

(二) 可衡量性

各细分市场要有明显的区别：易识别的组成人员、共同的特征、标志或资料。

(三) 可盈利性

可盈利性指企业选定的细分市场的规模和购买力足以使企业有利可图，取得经济效益。

(四) 可进入性

应该是企业能够占领并能开展有效经营活动的市场。

(五) 稳定性

稳定性指构成一个细分市场的潜在顾客能够在相当长时间保持稳定的程度。

四、市场细分的标准

现代市场营销学所讲的市场细分，是依据市场需求的差异性来划分的，影响消费者需求的差异性的因素是多种多样的，大致可概括为四类，即地理环境、人口状况、消费心理和购买行为。每一类又包括一系列的细分因素。见表5-1。

表5-1 消费者市场细分的标准

细分标准	主要细分因素	具体特征（亚、子市场）
地理环境	国家区别	中国、美国、日本、英国、法国等
	方位区别	华北、华中、华东、华南等
	城乡区别	城市、乡镇、农村等
	气候区别	热带、亚热带、温带、寒带等
人口状况	性别	男、女
	年龄	婴幼儿、儿童、少年、青年、中年、老年等
	家庭收入（人均年收入）	1000元以下、1000～5000元、5000元以上
	民族	汉族、苗族、壮族、白族、回族等
	宗教	基督教、伊斯兰教、佛教等
	职业	工人、农民、学生、教师等
	文化程度	文盲、中小学、大学、硕士、博士等

续表 5-1

细分标准	主要细分因素	具体特征（亚、子市场）
消费心理	生活方式	奢侈型、简约型、新潮型、活泼型等
	性格	外向型、内向型、理智型、冲动型等
	购买动机	求廉、求美、求新、求名、求安等
购买行为	购买频率	高、中、低
	购买时间	白天、晚间、淡季、旺季、节假日
	寻求利益	价格、质量、品牌
	使用状况	从未、已经、准备、初次、再次
	品牌忠诚度	绝对、多、变换、非

1. 地理细分

处在不同地理位置的消费者对企业的产品各有不同的需求和偏好，他们对企业所采取的市场营销策略，对企业的产品、价格、分销渠道、广告宣传等市场营销组合各有不同的反应。

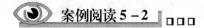
案例阅读 5-2

不同地区饮食习惯

例如，美国东部人爱喝味道清淡的咖啡，美国通用食品公司针对上述不同地区消费者偏好的差异而推出不同味道的咖啡。

又如，香港一家公司在亚洲食品商店推销其产品蚝油时采用这样的包装装潢画：一位亚洲妇女和一个男孩坐在一条渔船上，船里装满了大蚝，效果很好。可是这家公司将这种东方食品调料销往美国，仍使用原来的包装装潢，却没有取得成功，因为美国消费者不能理解这样的包装装潢设计的含义。后来，这家公司在旧金山一家经销商和装潢设计咨询公司的帮助下，改换了商品名称，并重新设计了包装装潢：一个放有一块美国牛肉和一个褐色蚝的盘子，这样才引起了美国消费者的兴趣。经过一年的努力，这家香港公司在美国推出的蚝油新包装装潢吸引了越来越多的消费者，超级市场也愿意经销蚝油了，产品终于在美国打开了销路。

2. 人口状况

人口状况构成比其他标准容易测量，而且直接影响到消费者的心理和行为，是市场细分的一个重要依据。具体可作为细分标准的人口因素包括：

（1）年龄。不同年龄段的消费者，由于生理、性格、爱好、经济状况的不同，对消费品的需求往往存在很大的差异。如儿童市场、青年市场、中年市场、老年市场等等。从事服装、食品、保健品、药品、健身器材、书刊等商品业务的企业，经常采用年龄变数来细分市场。

(2）性别。不少商品在用途上有明显的性别特征，如男装和女装、男表与女表。在购买行为、购买动机等方面，男女之间也有很大的差异，如妇女是服装、化妆品、小包装食品等市场的主要购买者，男士则是香烟、饮料、体育用品等市场的主要购买者。

（3）收入。收入高的消费者就比收入低的消费者购买更高价的产品，如钢琴、汽车、空调、豪华家具、珠宝首饰等；收入高的消费者一般喜欢到大百货公司或品牌专卖店购物，收入低的消费者则通常在住地附近的商店、仓储超市购物。因此，汽车、旅游、房地产等行业一般按收入变数细分市场。

（4）民族。我国是一个多民族的大家庭，除汉族外，还有55个少数民族。这些民族都各有自己的传统习俗、生活方式，从而呈现出各种不同的商品需求，如我国西北少数民族饮茶很多、回族不吃猪肉等。只有按民族这一细分变数将市场进一步细分，才能满足各族人民的不同需求，并进一步扩大企业的产品市场。

（5）职业。不同职业的消费者，其消费需求存在很大的差异。如农民购买自行车偏好载重自行车，而学生、教师则是喜欢轻型的、样式美观的自行车。

（6）教育状况。消费者受教育程度不同，对商品的文化要求则不一样。

（7）家庭人口。据此可分为单身家庭（1人）、单亲家庭（2人）、小家庭（2～3人）、大家庭（4～6人，或6人以上）。家庭人口数量不同，在住宅大小、家具、家用电器乃至日常消费品的包装大小等方面都会出现需求差异。

3. 心理细分

按心理因素细分，就是将消费者按其生活方式、性格、购买动机、态度等变数细分成不同的群体。

（1）生活方式。越来越多的企业，如服装、化妆品、家具、娱乐等行业，重视按人们的生活方式来细分市场。生活方式是人们对工作、消费、娱乐的特定习惯和模式，不同的生活方式会产生不同的需求偏好，如"传统型""新潮型""节俭型""奢侈型"等。

（2）性格。性格外向、容易感情冲动的消费者往往好表现自己，因而他们喜欢购买能表现自己个性的产品；性格内向的消费者则喜欢大众化，往往购买比较朴实的产品；富于创造性和冒险心理的消费者，则对新奇、刺激性强的商品特别感兴趣。

（3）购买动机。例如，有人购买服装为了遮体保暖，有人是为了美的追求，有人则为了体现自身的经济实力等。

4. 行为细分

行为细分是指根据消费者不同的购买行为来细分市场。其变量包括消费者进入市场的程度、购买和使用产品的时机、对品牌的忠诚程度、消费的数量、对质量和广告服务的信赖程度等。

（1）购买时机。许多产品的消费具有时间性，烟花爆竹的消费主要在春节期间，月饼的消费主要在中秋节以前，旅游点在旅游旺季生意最兴隆。

（2）寻求利益。美国曾有人运用利益细分法研究汽车市场，发现汽车购买者分为三类：大约25%侧重价格低廉，52%侧重耐用性及一般质量，23%侧重品牌声望。当时世界各著名汽车公司大多数都把注意力集中于第三类细分市场，从而制造出豪华昂贵汽车并通过4S店销售。唯有美国通用公司慧眼独具，选定第一、第二类细分市场作为目标市场，全力推出一种价廉物美的"别克"牌轿车并通过4S店和某些大型汽车贸易公司出售。

（3）使用状况。许多产品可按使用状况将消费者分为"从未用过""曾经用过""准备使用""初次使用""经常使用"五种类型，即五个细分市场。通常大公司对潜在使用者感兴趣，而一些小企业则只能以经常使用者为服务对象。

（4）使用率。可先划分使用者和非使用者，然后再把使用者分为小量使用者和大量使用者。例如，根据美国调查公司得到数据和结论，在100%的样本中，啤酒在总住户中有68%是非使用者，32%是使用者，其中小量使用者和大量使用者各为16%。但后者却占总销量的88%，而小量使用者只占12%。又据调查，啤酒的大量饮用者多数是劳动阶层，年龄在25～50岁之间。而年龄在25岁以下和50岁以上为少量饮用者。因此，许多企业自然把大量使用者作为自己的销售对象。

（5）忠诚程度。消费者对企业的忠诚和对品牌的忠诚程度，也可用来细分市场。如电脑市场有A、B、C、D四个品牌，按消费者的忠诚程度不同，可分为四类：①铁杆忠诚者。始终购买同一品牌，如A。②多品牌忠诚者。同时喜欢两种或两种以上的品牌，如交替购买A和B。变换型忠诚者。③转移的忠诚者。经常转换品牌偏好，不固定忠于某一品牌，如一段时间忠于A，又一段时间忠于B，或C、D。④非忠诚者。从来不忠于任何品牌，可能是追求减价品牌，或是追求多样化，喜新厌旧。

第二节　目标市场选择

一、目标市场

所谓目标市场（target market），就是指企业根据自身条件决定进入的细分市场，也就是企业准备投其所好，准备为之服务的顾客群。

市场细分与目标市场既有联系又有区别。市场细分是按一定的标准划分不同消费群体的过程；而目标市场则是根据自身条件选择一个或一个以上细分市场作为企业营销对象的过程。市场细分是目标市场选择的前提和基础；选择目标市场则是市场细分的目的和归属。

二、目标市场策略

企业在市场细分化的基础上，根据主客观条件选择好目标市场，目的在于不断拓展市场，一般可采用以下三种目标市场策略。

（一）无差异性目标市场策略

无差异性目标市场策略是指企业把整体市场看作一个大目标市场，不进行细分，用一种产品、统一的市场营销组合对待整体市场。也就是说，只注重消费者对这种商品需求的共同点，而不管其差异点。

可口可乐公司的营销活动就是无差异市场营销的典型例子。面对世界各地的消费者，可口可乐都保持同一的口味、包装，甚至连广告语也统一为"请喝可口可乐"。

（二）差异性目标市场策略

差异性目标市场策略指企业决定同时在几个子市场上进行经营活动，针对不同的目标市场，提供不同的商品及营销组合方案，以满足不同消费者的不同需求。如上海大众按不同消费者的爱好和要求，分别设计生产出 SUV、MPV、CUV 等多种类型的汽车。

（三）密集性目标市场策略

企业集中所有力量，以一个或少数几个子市场作为目标市场，集中企业的营销力量，实行专业化生产和经营，为的是在较小的市场上拥有较大的市场份额。

万向集团早在 1980 年选择进口汽车维修用万向节，并专注该业务，于 1983 年成为中国第一，2009 年销售收入已达 455.02 亿元。

三、选择目标市场

目标市场是企业打算进入的细分市场，或打算满足的具有某一需求的顾客群体。企业在选择目标市场时有五种可供考虑的市场覆盖模式。

表 5-3 企业目标市场营销模式特点

	概念	优点	不足
市场集中化	企业只选取一个细分市场，只生产一类产品，供应某一单一的顾客群	企业能够集中力量，在一个细分市场上，有较高的市场占有率，投资回报率高	企业具备在该细分市场从事专业化经营或取胜的优势条件；限于资金能力，只能经营一个细分市场
产品专业化	企业集中生产一种产品，并向各类顾客销售这种产品，如长虹主要只生产电视机产品	企业专注于某一类产品的生产，有利于形成和发展生产和技术优势，在该领域树立形象	当该领域被一种全新的技术与产品所代替时，产品销售量有大幅度下降的危险
市场专业化	专门经营满足某一顾客群所需要的各种产品。如农用机械企业专门向农户供应拖拉机、收割机、打谷机等	由于经营的产品类型众多，能有效分散经营风险，并在这一类顾客群体中树立良好声誉	由于集中于某一类顾客，当这类顾客的需求下降时，企业会遇到收益下降的风险
选择专业化	即企业选取若干个具有良好的盈利潜力和结构吸引力，且符合企业的目标和资源的细分市场作为目标市场	它可以有效地分散经营风险，即使某个细分市场盈利不佳，仍可在其他细分市场取得盈利	采用这种模式的企业应具有较强的资源和营销实力
市场全面化	企业生产多种产品去满足各种顾客群体的需求。宝洁公司在日用化工产品市场上采取市场全面化策略	能够满足多层次，多样化不同客户群体的需求	对企业的经营实力等要求都比较高

四、影响目标市场选择的因素

影响企业目标市场策略的因素主要有企业资源、产品的同质性、市场特点、产品市场生命周期和竞争对手营销策略五类。

（一）企业资源

资源有限——集中性营销。
资源雄厚——无差异营销或差异性营销。

（二）产品的特性

同质或相似产品——无差异营销。如石油、煤、天然气等。
异质产品——差异或集中营销。汽车、电器等产品。

（三）产品市场生命周期

投入期——无差异营销。
成长期或成熟期——差异或集中市场营销。
衰退期——集中性市场营销。

（四）市场特点

同质性高——无差异营销。
异质性高——差异或集中市场营销。

（五）竞争对手营销策略

（1）竞争对手采用无差异策略，本企业采用差异或集中策略与之竞争。
（2）竞争对手采用差异策略而且竞争力强，本企业采用对等的或更深层次的差异或集中策略。

> **案例阅读 5-3**
>
> **青宫影城一个座位一年挣 5.1 万元**

2015年4月8日，青宫影城开业已满十周年。这家位于广州市北京路的小影院，只有1 016座，又无IMAX巨幕，票价不高，但该影城2012年、2013年的上座率高达51.83%和52.66%，均获全国影院冠军；单座产值在2012—2014年连续三年获全国无巨幕影院的冠军。更惊人的是，2012年，该影城每个座位平均产出5.1万元，破了全国影院单座年产值的历史最高纪录。

这家广州小影院已成为全国著名的先进影院，为广东的文化建设，为广东的文化体制改革，为广东国企的改革，闯出了一条独特新路。该影院也被定为广东省属文化体制改革试点单位、广东省"省级广电系统青年文明号"单位。

抓观众心理，小片也能卖座

按照文化体制改革要求，要坚持把社会效益放在首位，努力实现社会效益和经济效益的统一。在这方面，青宫影城通过创新的营销策划，让主旋律的优秀国产小片"叫好又叫座"。有数据可以印证，反映云南少数民族农村姑娘创建舞龙队闯世界的《花腰新娘》，在青宫影城以外的广州数十家影院总共只收730元，在北京全市只收5 000元，而在青宫电影城一家影院可收4万元。反映八路军小团长陈锡联率部炸毁日军机场的《夜袭》，在青宫影城以外的广州数十家影院总共只收2.5万元，但在青宫电影城一家影院可收10万元。

"这跟我们营销人员眼光独到，平时认真研究广州观众的社会心理有关。"广州华影青宫电影城策划总监祁海道出其中的诀窍之一——广东年轻一代生活在开放地区，建功立业的上进心特别强。青宫影城推介《花腰新娘》《夜袭》，称剧中主人公是"年轻也能干大事、低学历也能干大事"的成功人士，换个说法，影片就成了"青春励志片"，能引起年轻观众共鸣。

在推介《1894：甲午大海战》时，青宫影城把主人公邓世昌的籍贯作为突破口。邓世昌是广州人，但多数广州人并不知道。广东人特别爱看歌颂广东人爱国的新闻和文艺作品。于是，青宫影城大力宣传邓世昌是广州人的骄傲，甚至邀请邓世昌的后人前来亮相，给作品注入广东元素。

一张传单，救活一部电影

"我们开辟了全国独一无二的'国产小片高产出试验田'。"青宫影城总经理翁晓健对此很是自豪。这样做，让国产影片可以在市场上占有更多份额，可以培育更多自己的国产片导演，也就是在培养国内的文化产业。

像1999年制作《大进军·大战宁沪杭》是一部主旋律的国产影片，在全国各地影院票房惨败。2006年，青宫影城将这部在片库积压七年的老片解放出来，为之想了不少办法，其中之一就是重新包装影片。翁晓健告诉记者，制片方提供的图文宣传品，如质量不理想，青宫影城绝不照搬照摆，而会重新设计。青宫影城聘请了一名专职美工，设计的海报独特，醒目抢眼。最后，仅花150元宣传费，该片在该影城的票房收入13万元，超过该影院同年上映的四部最新美国大片。

青宫影城位于广州北京路地段，观众多是年轻人，深沉的中老年人题材电影《归来》难以吸引年轻观众，而制片方提供的海报主体形象又是苍老土气的主人公。该影城因地制宜，重新设计一组《归来》海报，突出青春靓丽的女儿（配角），用迂回战术吸引年轻观众买票。

细化服务，培养忠实观众

近年来，影院数量猛增，竞争白热化。在广东省电影行业协会会长林西平看来，青宫影城在人性精细化服务方面下大力气，打出利民便民亲民的招数，培养和留住了一批忠实观众。

例如，在票价方面，青宫影城的票价总是比同等级影院低，平均票价才35元；坐轮椅的残疾人来影城看电影不方便，青宫影城就在扶梯口安装了电铃，残疾人一按电铃，影城服务员就下楼背残疾观众上楼，散场后再背残疾观众下楼。

此外，青宫影城在开展公益服务也有创造性，创建了全国第一支"外来工志愿放映队"。这支放映队用业余时间到广州的厂区、工地等地免费放电影，至今已放映100场。放映队还换位思考，选择适合外来工观看的电影。良好口碑产生品牌效应，许多外来工成为到青宫影城买票的零售票观众。

来源：黄宙辉，杨桁. 羊城晚报. 2015.4.9

第三节 市场定位

一、市场定位的概念

市场定位是在20世纪70年代由美国营销学家艾·里斯和杰克·特劳特提出的，是近年来现代市场营销学广泛重视和应用的新概念。

市场定位（market positioning），也称为产品定位或竞争性定位，是根据竞争者现有产品在细分市场上所处的地位和顾客对产品某些属性的重视程度，塑造出本企业产品与众不同的鲜明个性或形象并传递给目标顾客，使该产品在细分市场上占有强有力的竞争位置。例如提到汽车，凯迪拉克（Cadillac）以其豪华、宝马（BMW）以其功能、沃尔沃（Volvo）以其安全性而著称。

案例阅读 5-4

中国汽车出路

21世纪，是中国汽车市场分庭抗争，成功与风险并存的世纪。国外各大汽公司虎视眈眈中国汽车工业。只有分析竞争对手的市场定位策略，寻找市场的突破口，建立自身产品的独特市场定位，才能与竞争品牌保持抗衡。中国第一汽车集团公司作为"中国汽车工业摇篮"的龙头企业，通过市场细分和市场定位，现拥有解放、红旗、捷达、奥迪等诸多品牌，生产规模达45万辆。历史曾赋予"红旗"浓厚的政治色彩，但这个光环并不能保证它在市场经济的浪潮中迎风破浪、昂立潮头。一汽对"红旗"的市场定位作了重大调整和延伸，使其走下神坛，飞身下海。如今的红旗已驶出中南海，开进寻常百姓家，红旗轿车不仅满足了各级党政领导的公务用车，并且积极拓展出了商务车、出租车、检阅车、运钞车、旅游车等用车市场。

来源：百度百科. http://baike.baidu.com，节选

二、市场定位的步骤

市场定位的关键是企业要设法在自己的产品上找出比竞争对手更具有竞争优势的特性。因此，企业市场定位全过程可以通过识别本企业的竞争优势、准确地选择相对竞争优势、明确显示独特的竞争优势三个步骤实现。

（一）分析目标市场的现状，确认潜在的竞争优势

消费者一般都选择那些给他们带来最大价值的产品和服务。因此，赢得和保持顾客的关键是比竞争者更好地理解顾客的需要和购买过程，以及向他们提供更多的价值。通过提供比竞争者较低的价格，或者是提供更多的价值以使较高的价格显得合理。企业可以把自己的市场定位为：向目标市场提供优越的价值，从而企业可赢得竞争优势。

（二）准确选择竞争优势，对目标市场初步定位

选择竞争优势实际上就是与竞争者各方面相比较的过程。通过分析、比较企业与竞争者在经营管理、技术开发、采购、生产、市场营销、财务和产品等方面究竟哪些是强项，哪些是弱项，借此选出最适合本企业的优势项目，以确定企业在目标市场上所处的位置。

（三）显示独特的竞争优势和重新定位

主要是通过一系列的宣传促销活动，将其独特的竞争优势准确传播给潜在顾客，并在顾客心目中留下深刻印象。

三、市场定位的方式

市场定位作为一种竞争策略，显示了一种产品或一家企业同对手的竞争关系。定位方式不同，竞争态势也不同。目前有三种主要的定位方式。

（一）避强定位策略

该企业力图避免与实力最强或较强的其他企业直接发生竞争，将自己的产品定位于另一市场区域内，使自己的产品在某些特征或属性方面与最强或较强的对手有显著的差别。避强定位可以使企业迅速在市场上立住脚，并能在消费者心中树立一定形象，市场风险较小，成功率较高。但是避强往往意味着企业放弃了最佳的市场位置，很可能占据的是最差的位置。

（二）对抗性定位

对抗性定位是一种与在市场占据支配地位的、属最强的竞争对手"对着干"的定位方式。优点：能够激励企业奋发上进，一旦成功就会取得巨大的市场优势。如肯德基在某一个商业中心区选定店铺选址后，麦当劳总是会跟进，节约了大量的选址成本和时间。

（三）重新定位

重新定位指企业变动产品特色，改变目标顾客对其原有的印象，使目标顾客对其产品新形象有一个重新的认识过程。

案例阅读 5-5

万宝路重新定位

1924年,莫里斯推出万宝路"MARLBORO"其实是"Man Always Remember Lovely Because Of Romantic Only"的缩写,意为"男人们总是忘不了女人的爱"。其广告口号是"像五月的天气一样温和"。用意在于争当女性烟民的"红颜知己"。"万宝路"从1924年问世,一直至20世纪50年代,始终默默无闻。菲利普·莫里斯公司开始考虑重塑形象。

公司派专人请利奥-贝纳广告公司为"万宝路"作广告策划,以期打出"万宝路"的名气销路。"让我们忘掉那个脂粉香艳的女子香烟,重新创造一个富有男子汉气概的举世闻名的'万宝路'香烟!"——利奥-贝纳广告公司的创始人对一筹莫展的求援者说。一个崭新大胆的改造"万宝路"香烟形象的计划产生了。产品品质不变,包装采用当时首创的平开式盒盖技术,并将名称的标准字(MARLBORO)尖角化,使之更富有男性的刚强,并以红色作为外盒主要色彩。

广告的重大变化是:强调"万宝路"的男子气概,以吸引所有爱好追求这种气概的顾客。菲利普公司开始用马车夫、潜水员、农夫等具有男子汉气概的广告男主角。但这个理想中的男子汉最后还是集中到美国牛仔这个形象上:一个目光深沉、皮肤粗糙、浑身散发着粗犷、豪气的英雄男子汉,在广告中袖管高高卷起,露出多毛的手臂,手指总是夹着一支冉冉冒烟的"万宝路"香烟。这种洗尽女人脂粉味的广告于1954年问世,它给"万宝路"带来巨大的财富。

资料来源:淄博职业学院精品课程网,市场营销学,有删改

四、市场定位策略

(一)比附定位

比附定位就是攀附名牌,比拟名牌来给自己的产品定位,以借名牌之光而使自己的品牌生辉。比附定位的主要方法有三种:

一是甘居"第二"。就是明确承认同类产品中另有最负盛名的品牌,自己只不过是第二而已。这种策略会使人们对企业产生一种谦虚诚恳的印象,相信企业所说是真实可靠的,这样自然而然地使消费者能记住这个通常不容易为人重视和熟记的序位。

二是攀龙附凤。其切入点亦如上述,首先是承认同类产品中已有卓有成就的名牌,本品牌虽然自愧不如,但在某些地区或某一方面还可与这些最受消费者欢迎和信赖的品牌并驾齐驱,如:宁城老窖——塞外茅台。

三是奉行"高级俱乐部策略"。就是企业如果不能取得第一名,或攀附第二名,便退而采用此策略,借助群体的声望和模糊数学的手法,打出入会限制严格的俱乐部式的高级团体牌子,强调自己是这一高级群体的一员,从而提高自己的地位形象,如宣称自

己是某某行业的三大公司之一,50 强大公司之一,10 家驰名商标之一,等等。

(二) 特定使用者定位

特定使用者是指根据特定的产品使用客户群体来定位。例如,广东客家酿酒总公司把自己的"客家娘酒",定位为"女人自己的酒",突出这种属性对女性消费者来说就很具吸引力。因为一般名酒酒精度都较高,女士们多少无福享用,客家娘酒宣称为女人自己的酒,就塑造了一个相当于"XO"是男士之酒的强烈形象,不仅可在女士心目中留下深刻的印象,而且会成为不能饮高度酒的男士指名选用的品牌。

(三) 利益定位

根据产品能满足的需求或提供的利益、解决问题的程度来定位,通常可采用一种、二种或三种利益进行产品定位。如宝洁公司生产有 9 种类型的洗衣粉和洗调剂,宝洁公司认为,不同的顾客希望从产品中获得不同的利益组合。有些人认为洗涤和漂洗能力最重要;有些人认为使织物柔软最重要;还有人希望洗衣粉具有气味芬芳、碱性温和的特征。于是就利用洗衣粉的九个细分市场,设计了九种不同的品牌。

案例阅读 5-1

Nike 的利益定位

功能性利益	能够提供表现力,提供舒适而且技术含量高的运动鞋
情感性利益	运动表现杰出的快感、参与感、活跃感和健康感;因为欣赏职业运动员和大学生运动员脚穿"你的品牌"参加运动而产生的欣慰感,如果他们赢了,你觉得自己也赢了
自我表现利益	使用体育明星推荐的品牌令同事们知道你渴望竞争和获胜

(四) 市场空当定位

市场空当定位指企业寻找市场上尚无人重视或者未被竞争对手控制的位置,使企业推出的产品能适应这一潜在目标市场需求的策略。作出这种决策,企业必须对下列问题有足够的把握:①制造这种产品在技术上是可行的;②按既定计划价格水平,在经济上是可行的;③有足够的喜欢这种产品的购买者。如果上述问题的答案是肯定的,则可在这个市场空档进行填空补缺。

例如,美国的七喜汽水,之所以能成为美国第三大软性饮料,就是因为采用了这种定位策略,宣称自己是"非可乐"型饮料,是代替可口可乐和百事可乐的清凉解渴饮料,突出其与"两乐"的区别,因此吸引了相当部分的"两乐"品牌转移者。

(五) 质量/价格定位

质量/价格定位是指结合并对照产品的质量和价格的定位。劳斯莱斯汽车是富豪生活的象征，拥有这种车的顾客都具有以下特征：2/3 的人拥有自己的公司，几乎每个人都有几处房产；50% 的人有艺术收藏，40% 的人拥有游艇；平均年龄在 50 岁以上。可见，这些人买车并不是在买一种交通工具，而是在买一种豪华的标志。

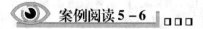
案例阅读 5—6

丽江悦榕庄的 STP 营销策略

悦榕集团在中国的旗舰店——丽江悦榕庄于 2007 年向游客正式开放，短短两年时间，消费者没有因为每晚 500 美元的房价望而止步，反而一期工程的 55 栋别墅平均入住率可达 70% 以上，旺季时甚至可以达到 90% 以上。丽江悦榕庄已成为中国富豪最青睐的十佳酒店之一。这些成就得益于丽江悦榕庄成功的 STP 营业策略。

悦榕庄集团总裁何广平在启动丽江悦榕庄项目时，并不是通过度假村分类来细分市场，而是通过划分不同的消费者群来细分市场。丽江悦榕庄根据消费者的需求、年龄、习惯、爱好的差异，把度假村市场划分成不同类型的消费者群，构成一个个细分市场。将消费者所能承受的房间价格分为三个档次：150～250 美元、250～500 美元、500～1000 美元。将消费者年龄分为三个档次：35 岁以下、35～45 岁、45 岁以上。还特别划分了消费者是否结婚。

在进行了正确的细分市场基础上，丽江悦榕庄进行市场选择。其选择的对象便是能承受房间价格在 250～500 美元、年龄在 35～45 岁之间、已婚的、追求浪漫与隐私的消费者群。这一消费群体具有足够购买力、相当的需求量和充分的发展潜力。同时，由于丽江悦榕庄是中国最美、最贵的度假酒店，其竞争市场几乎为零。丽江悦榕庄采用了密集性市场营销，即以一个特定的上述细分市场为目标，集中营销优势，充分满足这一消费者群的需要，以开拓市场。这样使得丽江悦榕庄既可以迅速的扩大市场占有率，又可以极大的增强其品牌知名度，一炮打响。

丽江悦榕庄选择目标市场后，就要面临是否近如市场的问题。他们根据所选目标市场的竞争还不激烈和自身初步创业的特征，通过为自己的服务创立鲜明的特色、个性及形象、塑造其在市场的位置，以适应顾客的需求与偏好。这种服务的特色、个性及形象在丽江悦榕庄表现得相当的明显。例如，丽江悦榕庄在建筑商均采用当地特有建材兴建而成，五彩石、纳西灰砖和取自于当地砖窑的传统红瓦屋顶，真实地重现了一个古代纳西村落，内部则是五星级的现代化酒店设施。最特别的是，整个设计依景而建，每栋别墅均面朝东北，确保每个客人躺在床上就可以观赏到海拔 5 600 米的玉龙雪山山顶。房价每晚 500 美元虽然昂贵，却没有奢华到让人窒息，相反，让旅客体会最深的是轻松和浪漫。丽江悦榕庄服务的细节无处不在，他们给客人提供的一项"特殊服务"就是客人不仅可以在任何一个餐厅、酒吧或自己的别墅内用餐，而且如果客人喜欢，服务生可以在度假村内的任何地方为客人临时摆放餐桌，如室外草坪、游泳池边、水疗馆内等，让客人倍感家的随意。客人在丽江悦榕庄，总能看到每一个服务人员的微笑和问候。同时，丽江悦榕庄推出与备受推崇的上海悦榕庄相同的天地五行（土，金，水，火，木）护理疗程，另外推出了特有的四季（春，夏，秋，冬）护理疗程，与中国五行相互辉映。所有的这些都是为了获得一种竞争优势，在目标市场上吸引更多的顾客。同时，丽江悦榕庄通过重新定位度假村旅游，特别注重度假村旅游的隐私性，获得了一种全新的度假旅游业务增长与活力。

来源：那薇等. 市场营销理论与实务. 北京大学出版社，2013

 经典人物

海尔创始人——张瑞敏

张瑞敏，山东莱州人，全球著名企业家，创建了全球白电第一品牌海尔，现任海尔集团董事局主席兼首席执行官。因其对管理模式的不断创新而受到国内外管理界的关注和赞誉。世界一流战略大师加里·哈默评价张瑞敏为互联网时代 CEO 的代表。张瑞敏连续当选第十六届、第十七届、第十八届中央委员会候补委员。

1984 年，张瑞敏临危受命，接任当时已经资不抵债、濒临倒闭的青岛电冰箱总厂厂长。28 年创业创新，张瑞敏始终以创新的企业家精神和顺应时代潮流的超前战略决策引航海尔，持续发展。2014 年，海尔集团全球营业额 2 007 亿元。根据世界权威市场调查机构欧睿国际发布 2014 年全球大型家用电器调查数据显示，海尔大型家电零售量第六次蝉联全球第一，并首次突破两位数的市场份额增长。

在海尔持续创新不断壮大的过程中，张瑞敏确立的以创新为核心价值观的企业文化发挥了重要作用。在管理实践中，张瑞敏将中国传统文化精髓与西方现代管理思想融会贯通，"兼收并蓄、创新发展、自成一家"，从"日事日毕、日清日高"的 OEC 管理模式，到每个人都面向市场的"市场链"管理，张瑞敏在管理领域的不断创新赢得全球管理界的关注和高度评价。"海尔文化激活休克鱼"案例被写入美国哈佛商学院案例库，张瑞敏也因此成为首位登上哈佛讲坛的中国企业家。

海尔集团首席执行官张瑞敏认为，没有成功的企业，只有时代的企业，所谓成功只不过是踏准了时代的节拍。在互联网时代，张瑞敏的管理思维再次突破传统管理的桎梏，提出并在海尔实践互联网时代的商业模式——人单合一双赢模式，让员工在为用户创造价值的过程中实现自身价值；通过搭建机会公平、结果公平的机制平台，推进员工自主经营，让每个人成为自己的 CEO。西方管理界和实践领域对海尔和张瑞敏的创新给予了较高评价，认为海尔推进的创新模式是超前的。2012 年 12 月，张瑞敏应邀赴西班牙 IESE 商学院、瑞士 IMD 商学院演讲人单合一双赢模式，收到热烈反响。因其在管理领域的创新成就，张瑞敏获得"全球睿智领袖精英奖""IMD 管理思想领袖奖"，并荣获"亚洲品牌永远精神领袖奖"。

到 2012 年为止，张瑞敏先后应邀到哈佛大学、南加州大学、瑞士洛桑国际管理学院、日本神户大学、香港科技大学、西班牙 IESE 商学院等做演讲，交流企业兼并、财务管理、企业文化等方面内容。世界一流战略大师加里·哈默评价张瑞敏为互联网时代 CEO 的代表，"竞争战略之父"迈克尔·波特评价其为"杰出的战略思想家"。

来源：百度百科. http://baike.baidu.com，有删改

本章小结

市场细分是根据消费者需求的差异性,把整体市场划分为若干具有共同消费需求的子市场的过程。对于消费者市场和生产者市场可以依据不同的标准进行分类。评估细分后的市场是否有效有五个条件,即独特性、可衡量性、可进入性、盈利性及相对稳定性。

目标市场选择是在市场细分的基础上决定企业要进入的最佳细分市场。目标市场选择的策略有无差异性市场营销策略、差异性市场营销策略和集中性市场营销策略三种,具体策略的运用还要考虑企业资源、产品特性、市场特点、产品生命周期和竞争对手营销策略等几个影响因素。

市场定位是塑造自己企业产品的特色以与竞争者相区别的过程。市场定位的策略有避强定位、迎头定位和重新定位三种。

复习思考题

1. 什么是市场细分?为何市场细分?
2. 细分消费者市场依据哪些主要变量?
3. 企业如何选择目标市场。
4. 什么是市场定位,主要有哪些市场定位的方法。
5. 举某一产品为例,说明其市场定位。

营销实战

项目
针对模拟公司主营业务进行市场细分,找准目标市场,实施市场定位策略。
目的
① 掌握市场细分的标准和方法,能够对整体市场进行细分。
② 学会分析并选择目标市场,确定目标市场战略。
③ 学会为企业及其产品(服务)选择恰当的市场定位战略。
内容及要求
① 各学习小组(模拟公司)在市场营销调研的基础上,对本公司主营业务进行市场细分。
② 分析各个细分市场,寻找本公司的目标市场,确定并描绘客户。
③ 当前客户:年龄段、性别、收入、文化水平、职业、家庭大小、民族、社会阶层、生活方式、购买频率、购买方式等。
④ 他们怎样了解你的企业?(网络、广告、报纸、广播、电视、口头或其他方式)
⑤ 他们对你的公司、产品、服务怎么看?(客户的感受)
⑥ 他们想要你提供什么?(他们期待你能够或应该提供的好处是什么?)

案例分析　麦当劳瞄准细分市场需求

麦当劳作为一家国际餐饮巨头，创始于50年代中期的美国。由于当时创始人及时抓住高速发展的美国经济下的工薪阶层需要方便快捷的饮食的良机，并且瞄准细分市场需求特征，对产品进行准确定位而一举成功。当今麦当劳已经成长为世界上最大的餐饮集团，在109个国家开设了2.5万家连锁店，年营业额超过34亿美元。

回顾麦当劳公司发展历程后发现，麦当劳一直非常重视市场细分的重要性，而正是这一点让它取得令世人惊羡的巨大成功。

市场细分是1956年由美国市场营销学家温德尔·斯密首先提出来的一个新概念。它是指根据消费者的不同需求，把整体市场划分为不同的消费者群的市场分割过程。每个消费者群便是一个细分市场，每个细分市场都是由需要与欲望相同的消费者群组成。市场细分主要是按照地理细分、人口细分和心理细分来划分目标市场，以达到企业的营销目标。

而麦当劳的成功正是在这三项划分要素上做足了功夫。它根据地理、人口和心理要素准确地进行了市场细分，并分别实施了相应的策略，从而达到了企业的营销目标。

一、麦当劳根据地理要素细分市场

麦当劳有美国国内和国际市场，而不管是在国内还是国外，都有各自不同的饮食习惯和文化背景。麦当劳进行地理细分，主要是分析各区域的差异。如美国东西部的人喝的咖啡口味是不一样的。通过把市场细分为不同的地理单位进行经营活动，从而做到因地制宜。

每年，麦当劳都要花费大量的资金进行认真、严格的市场调研，研究各地的人群组合、文化习俗等，再书写详细的细分报告，以使每个国家甚至每个地区都有一种适合当地生活方式的市场策略。

例如，麦当劳刚进入中国市场时大量传播美国文化和生活理念，并以美国式产品牛肉汉堡来征服中国人。但中国人爱吃鸡，与其他洋快餐相比，鸡肉产品也更符合中国人的口味，更加容易被中国人所接受。针对这一情况，麦当劳改变了原来的策略，推出了鸡肉产品。在全世界从来只卖牛肉产品的麦当劳也开始卖鸡了。这一改变正是针对地理要素所做的，也加快了麦当劳在中国市场的发展步伐。

二、麦当劳根据人口要素细分市场

通常人口细分市场主要根据年龄、性别、家庭人口、生命周期、收入、职业、教育、宗教、种族、国籍等相关变量，把市场分割成若干整体。而麦当劳对人口要素细分主要是从年龄及生命周期阶段对人口市场进行细分，其中，将不到开车年龄的划定为少年市场，将20～40岁之间的年轻人界定为青年市场，还划定了年老市场。

人口市场划定以后，要分析不同市场的特征与定位。例如，麦当劳以孩子为中心，把孩子作为主要消费者，十分注重培养他们的消费忠诚度。在餐厅用餐的小朋友，经常会意外获得印有麦当劳标志的气球、折纸等小礼物。在中国，还有麦当劳叔叔俱乐部，参加者为3～12岁的小朋友，定期开展活动，让小朋友更加喜爱麦当劳。这便是相当成功的人口细分，抓住了该市场的特征与定位。

三、麦当劳根据心理要素细分市场

根据人们生活方式划分,快餐业通常有两个潜在的细分市场:方便型和休闲型。在这两个方面,麦当劳都做得很好。

例如,针对方便型市场,麦当劳提出"59秒快速服务",即从顾客开始点餐到拿着食品离开柜台标准时间为59秒,不得超过一分钟。

针对休闲型市场,麦当劳对餐厅店堂布置非常讲究,尽量做到让顾客觉得舒适自由。麦当劳努力使顾客把麦当劳作为一个具有独特文化的休闲好去处,以吸引休闲型市场的消费者群。

通过分析,我们知道麦当劳对地理、人口、心理要素的市场细分是相当成功的,不仅在这方面积累了丰富的经验,还注入了许多自己的创新,从而继续保持着餐饮霸主的地位。当然,在三要素上如果继续深耕细作,更可以在未来市场上保持住自己的核心竞争力。

(1) 在地理要素的市场细分上,要提高研究出来的市场策略应用到实际中的效率。麦当劳其实每年都有针对具体地理单位所做的市场研究,但应用效率却由于各种各样的原因不尽如人意。如麦当劳在中国市场的表现,竟然输给在全球市场远不如它的肯德基,这本身就是一个大问题。麦当劳其实是输给了本土化的肯德基。这应该在开拓市场之初便研究过的,但是麦当劳一上来还是主推牛肉汉堡,根本就没重视市场研究出来的细分报告。等到后来才被动改变策略,推出鸡肉产品,这是一种消极的对策,严重影响了自身的发展步伐。

所以,针对地理细分市场,一定要首先做好市场研究,并根据细分报告开拓市场,注意扬长避短是极其重要的。

(2) 在人口要素细分市场上,麦当劳应该扩大划分标准。不应仅仅局限于普遍的年龄及生命周期阶段。可以加大对其他相关变量的研究,拓宽消费者群的"多元"构成,配合地理细分市场,进行更有效的经营。例如,麦当劳可以针对家庭人口考虑举行家庭聚会,营造全家一起用餐的欢乐气氛。公司聚会等也是可以考虑的市场。

(3) 对于心理细分市场,有一个突出的问题,便是健康型细分市场浮出水面。这对麦当劳是一个巨大的考验。如果固守已有的原料和配方,继续制作高热和高脂类食物,对于关注健康的消费者来说是不可容忍的。

首先应该仍是以方便型和休闲型市场为主,积极服务好这两类型的消费者群。同时,针对健康型消费者,开发新的健康绿色食品。这个一定要快速准确。总之,不放过任何一类型的消费者群。

其次,在方便型、休闲型以及健康型消费者群外,还存在体验型消费者群。麦当劳可以服务为舞台,以商品为道具,环绕着消费者,创造出值得消费者回忆活动的感受。如在餐厅室内设计上注重感官体验、情感体验或者模拟体验等。深入挖掘体验型消费者群,这应该是未来的一个方向。

来源:职业餐饮网. http://www.canyin168.com

分析:
1. 市场细分的标准有哪些?
2. 麦当劳是如何进行市场细分的?

第六章　市场竞争战略

关键词：竞争者；市场领导者；市场挑战者；市场追随者；市场利基者；成本领先战略；差异化战略；集中化战略。

导入案例

两青年一同开山，一个把石子卖给建筑商；另一个把石块卖给花鸟商，因为后者认为卖重量不如卖造型。三年后，他成为村上第一个盖瓦房的人。

后来，不许开山，于是这儿成了果园。这儿的梨，汁浓肉脆，纯正无比。就在村上的人为鸭梨带来的小康欢呼雀跃时，那青年卖掉果树，开始种柳。因为他发现，来这儿的客商不愁挑不到好梨，只愁买不到盛梨子的筐。5年后，他成为第一个在城里买房的人。

再后来，一条铁路从这儿贯穿南北。小村对外开放，果农也开始谈论果品加工。就在这时候，那个青年在他的地头砌了一垛3米高、百米长的墙。坐火车经过这儿的人，在欣赏盛开的梨花时，会突然看到四个大字：可口可乐。据说这是500里山川中唯一的广告。那垛墙的主人每年有了4万元额外收入。

丰田公司亚洲区代表山田信一来华考察，听到这个故事，他被主人公罕见的商业头脑震惊。当山田找到这个人时，他正在自己店门口与对门店主吵架，因为他店里的一套西装标价800元的时候，同样的西装对门标价750元；他标价750元的时候，对门就标价700元。一月下来，他仅卖出8套西装，而对门却批发出800套。

山田信一非常失望。但当他弄清真相之后，立即决定以百万年薪聘请他，因为对门的那个店也是他的。

来源：张卫东. 营销策划：理论与技艺（第2版）. 电子工业出版社，2010

思考：
结合案例谈谈战略规划对于企业成功营销的重要意义。

清朝的著名学者郑观应曾经把商业竞争形象地称之为"商战"。商场如战场，现代市场竞争就是一场没有硝烟的战争。在激烈的市场竞争中，企业仅仅了解顾客是不够的，还必须了解竞争者，孙子兵法曰："知彼知己，百战不殆。"在商场上也同样必须既把握自己，也必须了解竞争者，才能取得竞争优势。

在当前激烈市场竞争环境下，仅了解自己的顾客是远远不够的，尤其是20世纪90年代以后，为了制定有效的竞争性市场营销策略，企业必须在分析自身竞争能力的同时，尽可能多地了解竞争对手的有关资料，经常与那些实力相当的竞争者在产品、价格、渠道和促销上做比较。这样，企业才能找出自己潜在的优势与劣势，做到知己知彼，才能给竞争对手施以更有效的市场营销攻击，同时也能够防御较强竞争者的"攻击"。

第一节　市场竞争者分析

竞争或称为市场竞争，在同一市场上如果存在两个以上的企业生产同一性的或可替代产品，就会存在竞争。在有多个厂家生产同一性产品的时候，购买者在市场上就可以有多种选择，这就迫使竞争者为了自己的生存和发展进行较量和争夺顾客，市场就进入不断"优化"的过程，这是市场经济活力的来源。

分析和了解竞争对手，是企业制定竞争战略和策略的前提。企业对竞争对手的分析要明确以下5个方面的问题：自己的竞争对手是谁；他们的营销战略和策略是什么；他们的营销目标是什么；他们的优势和劣势是什么；他们对竞争的反应模式如何。在了解、掌握上述问题的基础上，企业就可以正确选择自己的对策。

一、识别竞争者

企业在开展市场营销活动的进程中，仅仅了解顾客是远远不够的，还必须了解竞争者。知己知彼才能取得竞争优势。竞争者一般是指那些与本企业提供的产品或服务相类似，并且有相似目标顾客和相似价格的企业（如长虹与康佳、海尔与小天鹅都互把对方看作竞争者）。但从市场竞争的核心来看，竞争者是指所有与本企业争夺同一目标顾客的企业。

例如，美国可口可乐公司把百事可乐公司作为主要竞争者；通用汽车公司把福特汽车公司作为竞争对手。通常可以从产业和市场两个方面来识别企业的竞争者。

识别竞争者的关键是，从产业和市场两个方面将产品细分和市场细分结合起来，综合考虑。识别竞争者的关键是确定竞争者战略的与目标。

二、竞争者的战略和目标分析

竞争者的目标即了解每个竞争者的重点目标是什么？

竞争者的战略。必须注意：各企业之间所采取的战略越相似，它们之间的竞争越激烈。根据战略群体的划分，可以归纳为两点：一是进入各个战略群体的战略难易程度不同，一般小型企业适合进入投资和声誉都较低的群体，因为这类群体比较容易进入。二是当企业决定进入某一战略群体时，首先要明确谁是主要的竞争对手，然后决定自己的竞争战略。

企业不仅要识别主要竞争者的战略，还必须了解它们的目标。竞争者最终目标是获取利润，但不同公司对于长期与短期利润的重视程度不同：有的公司注重长期利润，有的重视短期利润；有的公司重视利润最大化，有的只重视适度利润。

企业不仅应识别竞争者总的目标，还要了解其目标组合，诸如目前获利的可能性、市场份额增加、现金流量、技术领先和服务领先等，从中了解企业对各类竞争者进攻作何种反应。

竞争者的目标是由多种因素确定的，即公司的规模、历史、目前的经营管理和经济状况。

 **案例阅读6-1**

现代竞争观念

竞争观念就是指企业需要从顾客观点来看待竞争，因此，应该将所有能够满足顾客某种真正需要的企业都看成是竞争对手。

具备这种竞争观念，可以使企业真正把握竞争的本质——竞争真正目的是为了不断提高社会进步，提高社会成员福利水平。同时，也能使企业具有广阔的竞争视野，能够始终从顾客要求出发来确定竞争战略，把握市场竞争的主动权。

如洗衣机生产企业，提供顾客的产品是满足顾客"清洁"的需要，因此，洗衣机的清洁功能就可以不仅限于衣服类用品，还可以包括对食品、物品的清洁。这样，任何提供给消费者清洁食品、其他家庭用品产品的企业，都是洗衣机企业的竞争对手。如果洗衣机企业能够增加洗衣机这类功能，则企业不仅为产品找到了更广阔的市场，同时也使消费者需要满足水平被极大提高。海尔集团就是按照这样的竞争思路设计出为顾客需要的、功能更多的洗衣机产品的。

来源：作者根据相关资料整理而成

三、竞争者的市场反应

当企业采取某些措施或行动后，竞争者一般会产生不同的反应：

从容不迫竞争者——指对某些特定的攻击行为没有迅速反应或强烈反应。

选择性竞争者——竞争者可能只对某些类型的攻击做出反应，而对其他类型的攻击视而不见。例如，竞争者会对削价做出积极反应，防止自己市场份额减少（我国目前家电市场上就是这种情况，对于价格极为敏感，只要有一家降价，其他竞争对手都会不约而同做出反应）。他们可能对对手大幅增加广告费不予理睬，认为这并不能构成实质性威胁。

凶猛型竞争者——指对所有的攻击行为都做出迅速而强烈的反应。如美国保洁公司就是一个强劲的竞争者，一旦受到挑战就会立刻发起猛烈的反击。例如宝洁公司（P&G）绝不会允许一种新洗涤剂轻易投放市场。

随机型竞争者——指对竞争攻击的反应具有随机性，有无反应和反应强弱无法根据其以往的情况加以预测。

如何选择企业应采取的对策的最好办法是分析竞争对手的强势和弱势，然后就决定：进攻谁？回避谁？

第二节 竞争战略的一般形式

战略（strategy）一词源于军事用语，指军事方面事关全局的重大部署，是如何赢得一场战争的概念。现在,战略已成为一般用语,广泛应用于经济、经营管理、市场营销等领域。战略即为各领域事关全局性、长期性、方向性和外部性的重大决定和计划方案。

一、战略与战术

(1) 战略与战术的含义。"战略"一词源于希腊语,意为"将军的艺术"。《孙子兵法》是我国历史上最早的一部专门研究军事战略的巨著。全书共13篇,篇篇讲的都是"兵权谋"——即战略。战略由计划(plan)、政策(policy)、模式(pattern)、定位(position) 和观念(perspective) 组成,换而言之,战略由上述5P组成。

(2) 战略与战术的区别。战略是如何赢得一场战争的概念,而战术则是如何赢得一场战役的概念。

每个企业在市场竞争中都会有自己相对的优势和劣势,要获得竞争胜利,当然必须以一定的竞争优势为基础。企业为增强竞争能力,以争取竞争优势,市场竞争基本战略主要有三种:低成本战略、差别化策略和集中化战略。如图6-1所示。

图6-1 市场竞争基本战略

(一) 成本领先战略

成本领先战略又称为低成本战略,指企业以低成本作为主要的竞争手段,企图使自己在成本方面比同行业的其他企业占有优势地位。

优点:只要成本低,企业尽管面临强大的竞争力量,仍可以在本行业中获得竞争优势。

缺点:投资较大,企业必须具备先进的生产设备,才能高效率地进行生产,以保持较高的生产率;忽视顾客对产品差异的兴趣。

实现成本领先战略需要一整套具体政策:经营单位要有高效率的设备、积极降低经验成本、紧缩成本开支和控制间接费用以及降低研究与开发、服务、销售力量、广告等方面的成本。

成本领先战略的实施必须做到:
(1) 市场具有较高的价格弹性。
(2) 生产具有较高的规模效应。

(3) 产品处于一个高速成长的阶段。

实现成本领先战略要降低各种成本，但不能忽视质量、服务及其他一些领域工作，尤其要重视与竞争对手有关的低成本的任务。

案例阅读6-2

格兰仕，总成本领先战略的成功典范

格兰仕自进入微波炉行业以来，咬定青山不放松，从未游离于这一战略。在坚持总成本领先战略的前提下，格兰仕每次降价活动都配合着大量的媒体宣传，使降价事件尽人皆知。

格兰仕降价的特点之一是消灭游兵散勇的目标十分明确。当自己的规模达到125万台时，就把出厂价定位在规模为80万台的企业的成本价以下。此时，格兰仕还有利润，而规模低于80万台的企业，多生产一台就多亏一台。当规模达到300万台时，格兰仕又把出厂价调到规模为200万台的企业成本线以下，结果规模低于200万台的且技术无明显差异的企业陷入亏本的泥潭。

格兰仕降价的特点之二是狠，价格不降则已，要降就要比被人低30%以上。格兰仕的绝对低价不仅令消费者趋之若鹜，同时又对竞争对手有足够的威慑力。打破暴利垄断，创造微利时代，走平民化路线，这是格兰仕的口号。

来源：搜狐. http://roll.sohu.com/20130426/n3735212

（二）差异化战略

差异化战略也称特色经营战略。差异化战略是指通过发展企业别具一格的营销活动，争取在产品或服务等方面独具特色，以差异优势产生竞争力的竞争战略。企业采用差异化战略，利用产品设计、使用功能、外观、包装、品牌、服务、推销方式等途径，形成在同行业中别具一格的企业形象。

优点：利用顾客对其特色的偏爱和忠诚，避开价格竞争；顾客对产品的忠诚性，增加了其他企业进入障碍。

缺点：需要广泛的研发、设计，以高成本为代价；不一定所用顾客都愿意支付产品差异所形成的较高价格。

实行差异化战略必须具备：
(1) 独特性。
(2) 创新能力。
(3) 营销能力。

案例阅读6-3

洗衣粉差别化

宝洁公司设计了九种品牌的洗衣粉，汰渍、奇尔、格尼、达诗、波德、卓夫特、象牙雪、奥克多和时代。宝洁的这些品牌在相同的超级市场上相互竞争。但是，为什么宝洁公司要在同一品种上推出好几个品牌，而不集中资源推出单一领先品牌呢？答案是不同的顾客希望从产品中获得不同的利益组合。以洗衣粉为例，有些人认为洗涤和漂洗能力最重要；有些人认为使织物柔软最重要；还有人希望洗衣粉具有气味芬芳、碱性温和的特征。

宝洁公司至少发现了洗衣粉的九个细分市场。为了满足不同细分市场的特定需求，公司就设计了九种不同的品牌。这九种品牌分别针对如下九个细分市场：

1. 汰渍。洗涤能力强，去污彻底。它能满足洗衣量大的工作要求，是一种用途齐全的家用洗衣粉。"汰渍一用，污垢一无"。

2. 奇尔。具有"杰出的洗涤能力和护色能力，能使家庭服装显得更干净、更明亮、更鲜艳"。

3. 奥克多。含有漂白剂。它"可使白色衣服更洁白，花色衣服更鲜艳。所以无需漂白剂，只需奥克多"。

……

可见，洗衣粉可以从职能上和心理上加以区别，并赋予不同的品牌个性。通过多品牌策略，宝洁已占领了美国更多的洗涤剂市场，目前市场份额已达到55%，这是单个品牌所无法达到的。

来源：百度百科．http://baike.baidu.com

（三）集中化战略

集中化战略是指企业把经营的重点目标放在某一特定的细分市场上集中企业的主要资源，来建立企业的竞争优势及其市场地位，实行专业化经营，走小而精、小而专的道路。目标集中战略通俗地说，就是"不在大海里与人抢大鱼，而是小河里抓大鱼"，该战略实施的结果就是企业不在较大的市场获得一个较小的市场份额，而是在一个较小的细分市场里获得一个较大的市场份额。

实行战略关键在于企业拥有产品或技术是某一特定目标市场必备的需求，企业在这一特定细分市场上有能力占领极大市场占有率。

优点：经营目标集中，可以集中企业所有资源于某一特定战略目标上；熟悉产品的市场、用户情况，可以全面把握市场。尤其适用于资源有限中小企业。

缺点：此战略风险比较大，一旦市场发生变化，对企业威胁很大。

案例阅读6-4

非常小器·圣雅伦

所谓"隐形冠军"，是指在不起眼或不引人瞩目的"狭窄市场"上称雄的企业。这些企业的规模往往并不大，都是属于中小型企业，但在各自的领域中却是不折不扣的地区或全国甚至世界冠军。从整体上看，它们凝聚在一起能够构成一国经济的强大竞争力。隐形冠军拥有全球细分市场的领袖地位，它们甚至常常拥有各自所在市场60%～90%的全球市场份额。"隐形冠军"这个概念最早由世界著名管理大师赫尔曼·西蒙提出。中山聚龙集团董事长梁伯强先生和他的圣雅伦公司就是其中的佼佼者。

圣雅伦将一个小小的指甲钳做到了中国第一，世界第三，年销售额人民币1.6亿元。圣雅伦巧妙地将指甲钳的真实属性隐藏起来，以丰富的外观设计和精良的制造工艺打破了指甲钳笨重、不方便携带的历史，变身为爱美人士追逐的时尚用品。聚龙正推出世界指甲钳生产基地计划：第一步，在小榄镇打造全球最大的指甲钳制造基地，新建6条现代化生产线，年销售额过数亿元；第二步，与品牌推广公司中山圣雅伦、香港圣雅伦、中国小商品集散地、全国物流中心浙江义乌大盘商结成战略结盟；第三步，着手组建中国指甲钳集团，在全球打造指甲钳"聚龙制造"基地。将"非常小器·圣雅伦"做成一个世界品牌。

来源：个人图书馆. http://www.360doc.cn/article.aspx?id=913896

二、三种基本战略的关系

（1）总成本领先和差异化战略的市场范围宽泛，而集中战略则是独霸一方，市场范围狭窄。

（2）总成本领先战略主要凭借成本优势进行竞争；而差异化战略则强调被顾客认识的唯一性，通过与众不同的产品特色形成竞争优势；集中战略则强调市场的集约和目标、资源的集中，以便在较小的市场上形成优势。

第三节　市场竞争战略

企业在进行市场分析之后，还必须明确自己在同行业竞争中所处的位置，进而结合自己的目标、资源和环境以及在目标市场上的地位等来制定市场竞争战略。现代市场营销理论根据企业在市场上的竞争地位，把企业分为四种类型：市场主导者、市场挑战者、市场跟随者和市场利基者。

一、市场主导者战略

市场主导者是指相关产品的市场占有率最高的企业。根据蓝契斯特法则，他们的市场占有率应该在41.7%～73.88%，如美国汽车市场的通用公司（市场上的占有率在59%）、电脑软件市场的微软公司、照相机行业的尼康公司、推土机市场的卡特比勒公司、软饮料市场的可口可乐公司、剃须刀市场的吉列公司以及快餐市场的麦当劳公司等，中国家电市场的海尔集团、烟草行业的红塔集团、电脑行业的联想集团等。这种领先者几乎各行各业都有，它们的地位是在竞争中自然形成的，但不是固定不变的。

市场主导者如果没有获得合法的垄断地位，必然会面临竞争者的无情挑战，因此必须保持高度的警惕并采取适当的战略，否则，就可能丧失领先地位而降到第二位或第三位，为了保持自己的领先地位，通常可采取三种战略：

一是扩大市场需求总量。例如，宝洁公司劝说消费者使用海飞丝香波洗发时，每次将使用量增加一倍效果更佳。

二是保护市场占有率。例如，可口可乐公司要防备百事可乐，柯达公司要提防富士公司，吉列公司要警惕毕克公司，丰田公司要小心日产公司等。这些挑战者都很有实力，领先者不注意就可能被取而代之。

三是提高市场占有率。美国的一项研究表明，市场占有率是与投资收益率有关的最重要的变量之一。市场占有率越高，投资收益率也越大。市场主导者设法提高市场占有率，也是增加收益、保持领先地位得一个重要途径。例如，日本精工电子表，以精湛的工艺和2000多种款式分销到世界各地，给各钟表大国都造成全方位的威胁。

案例阅读6-5

开辟新用途

开辟新用途，可扩大需求量并使产品销路久畅不衰。

美国杜邦公司的尼龙最先应用于军用产品，"二战"后转为民用。每一种新用途都使该产品进入新的生命周期：降落伞的合成纤维—女性丝袜—男女衬衣原料—汽车轮胎、沙发椅套—地毯、窗帘，由此使产品久畅不衰。

凡士林最初问世时是用作机器润滑油，之后，一些使用者才发现凡士林还可用作润肤脂、药膏和发胶等。

来源：作者根据相关资料整理而成

二、市场挑战者战略

市场挑战者是指在市场上处于次要地位（如第二）的企业。例如汽车行业的福特汽车公司、软饮料行业的百事可乐公司等。这些亚军公司如欲争取市场领先地位，向竞争者挑战，即市场挑战者。市场挑战者首先必须确定自己的战略目标和挑战对象，然后还要选择适当的进攻战略。

攻击市场领导者：即找到领导者的弱点和失误，作为自己进攻的目标。这是一个既有高度风险又有潜在的高报偿的战略。芭比娃娃在市场上已经40多年经久不衰，早已成为一个世界知名品牌，而"专为亚洲女性设计"为口号的靳羽西推出羽西娃娃与之挑战，仅一款"中国新娘"价值就在2 888元。

攻击与自己实力相当者：挑战者对一些与自己势均力敌的企业，可选择其中经营不善发生亏损者作为进攻的对象，设法夺取它们的阵地。

攻击地方性小企业：地方性小企业中经营不善、财务困难者，可夺取它们的顾客，甚至吞并这些小企业。

三、市场追随者战略

市场追随者战略指在行业中占据第二及以后位次，但在产品、技术、价格、渠道和促销等大多数营销战略上模仿或跟随市场领导者的公司。他们的市场占有率应该在 9.33%～26.12%。克莱斯勒公司在美国市场上的占有率在 13%。

市场跟随者与挑战者不同，它不向领先者发动进攻，而是跟随在领先者之后自觉地维持共处局面。这种"自觉共处"状态在资本密集且产品同质的行业（钢铁、肥料、化工等）非常普遍，因而市场占有率相当稳定。

产品模仿与市场跟随在很多情况下，做一个跟随者比做挑战者更加有利：一是让市场主导者和挑战者承担新产品开发、信息收集和市场开发所需的大量经费，自己坐享其成，减少支出风险；二是避免承受向市场主导者挑战可能带来的重大损失，许多居于第二位及后面位次的公司往往选择跟随而不是挑战。

四、市场利基者战略

市场利基者战略又叫市场补缺者战略，这种有利的市场位置在西方称之为"Niche"（利基），即空隙，小的空白市场。市场利基者是指精心服务于市场的某些细小部分，而不与主要的企业竞争，只是通过专业化经营来占据有利的市场位置的企业。他们最喜欢对无人注意或无暇顾及的市场采取侵进策略，拾遗补缺。

例如，美国汽车公司、王安电脑公司、荣冠可乐公司、卡斯尔快餐公司等，他们的市场占有率应该在 1%～9.33%，美国汽车公司在美国市场上的占有率为 2%。又如，在亚洲的啤酒市场上，真正领先的是本地的企业，如菲律宾的生力公司、新加坡的虎啤公司和韩国的东方公司等。由于这一市场日趋繁荣和复杂，外国啤酒公司只得寻求适合自己的补缺市场。

市场利基者的特征：利基市场不仅对于小企业有意义，而且对某些大企业中的较小业务部门也有意义，它们也常高潮寻找一个或多个既安全又有利的利基市场。理想的利基市场具备以下特征：

（1）具有一定的规模和购买力，能够盈利。
（2）具备发展潜力。
（3）强大的公司对这一市场一般不感兴趣。
（4）本公司具备向这一市场提供优质产品和服务的资源和能力。
（5）本公司在顾客中建立了良好的声誉，能够抵御竞争者入侵。

市场利基者的主要战略是专业化市场营销，为取得利基基点而在市场、顾客、产品或渠道等方面实行专业化。市场利基者要完成三个任务：创造利基市场、扩大利基市场、保护利基市场。

经典人物

竞争战略之父——迈克尔·波特

迈克尔·波特（Michael E. Porter, 1947—）是当今世界上少数最具影响力的管理学家之一，同时也是当今全球第一战略权威，是商业管理界公认的"竞争战略之父"，在 2005 年世界管理思想家 50 强排行榜上位居第一。迈克尔·波特在世界管理思想界被誉为"活着的传奇"。

1947 年出生于密歇根州的大学城——安娜堡，毕业于普林斯顿大学，学的是机械和航空工程，随后转向商业，获哈佛大学的 MBA 及经济学博士学位。32 岁即获哈佛商学院终身教授之职，拥有瑞典、荷兰、法国等国大学的 8 个名誉博士学位。

在学术界和商业界获奖无数，先后获得过"大卫·威尔兹经济学奖""亚当·斯密奖""市场战略奖"，五次获得"麦肯锡奖"等众多奖项。他甚至还获得通常授予战斗英雄或异常杰出运动员的公民勋章。作为国际商学领域最备受推崇的大师，至今已出版了 18 种著作及 70 多篇文章。其中最具影响力的有《品牌间选择、战略及双边市场力量》（1976）、《竞争战略》（1980）、《竞争优势》（1985）、《国家竞争力》（1990）等。

波特博士获得的崇高地位缘于他所提出的"五种竞争力量"和"三种竞争战略"的理论观点。波特认为，在与五种竞争力量的抗争中，蕴涵着三类成功型战略思想，这三种思路是：①总成本领先战略；②差异化战略；③专一化战略。波特认为，这些战略类型的目标是使企业的经营在产业竞争中高人一筹。

来源：中华励志网. http://www.zhlzw.com

本章小结

企业进行市场营销，不可避免地要遇到竞争对手的挑战：争夺顾客、争夺市场份额、争夺资源。竞争不仅来自于国内，也来自于国外。对竞争对手进行分析是企业正确制定竞争战略的前提。竞争者一般会表现不同的反应：①随机型竞争者；②从容不迫竞争者；③选择性竞争者；④凶猛型竞争者。

企业面对同行业的竞争对手可以选择的竞争战略有 3 种：①总成本领先战略；②差异化战略；③目标集中战略。

根据企业在市场上的竞争地位，可把企业分为 4 种类型：市场领先者、市场挑战者、市场跟随者和市场利基者。不同地位的企业应选择与之相适应的营销策略。

复习思考题

1. 按企业在市场竞争中的地位来划分,可将企业划分成哪四种类型,四种不同市场地位的企业具有哪些特点?
2. 举例说明成本领先战略运用。
3. 什么叫差异化战略?有何优缺点?
4. 当企业处于市场领导者地位时,应如何确定自己的营销策略?
5. 市场挑战者可以选择哪几种进攻战略?

营销实战

背景:

选择大学生熟悉的产品,诸如手机、饮料或者运动服饰等,假定你是该产品的生产企业,现在计划让此产品进入校园市场,作为营销者应该做出哪些方面的决策?

要求:

小组为单位,各组选定一项产品,采取小组讨论的方式,讨论内容包括该产品在校园市场中所针对的顾客对象、顾客群体的特征、校园市场的特点、与其他同类产品的差异化、产品的特色等。

通过讨论说明该产品进入校园市场,作为营销者应做出的具体营销决策并递交形式书面报告。

案例分析 太阳雨的营销战略

现在的太阳能产品市场,可以用狄更斯的经典名言"这是一个最好的时代,也是一个最差的时代"来形容。随着能源危机日益严重和国家政策的扶持,预计太阳能产业会形成3 000亿元以上的蛋糕。而现实中,5 000多家企业混战市场(不包括无品牌企业),带来的却是诸多问题,甚至出现了"劣币驱逐良币"的不正常现象。

首先,太阳能产业5 000多家企业中,年销售额过亿元的企业不足20家,品牌企业整体销售额占不到市场总额的17%。众多厂商仍然是小规模、小区域作战,家庭作坊、小工厂占有较大比例,甚至出现个别不良企业,以劣质低价产品冲击市场,在产品出现问题后,换一个商标继续危害市场的现象,导致消费者对太阳能行业产生不信任感。

其次,产品同质化现象严重。产品技术同质化、产品外观同质化,缺乏科技含量,价格掩盖价值。同质化的直接恶果就是价格战,产品价值因此贬值,行业缺乏强势品牌。

面对困局,太阳雨正是依靠差异化和聚焦的营销战略打造了太阳雨品牌。

一、差异化战略:没有差异就没有品牌

整合营销大师刘国基先生说"没有差异就没有品牌",差异化成为太阳雨品牌成功的利器。

1. 品牌属性差异化。在鱼龙混杂的太阳能发展乱世,太阳雨"诚信"的品牌属性成为太阳雨最具差异化的特征,也成为品牌快速发展的最有力武器。对消费者诚信,消费者会用货币的投票权捧起品牌,对相关利益者(经销商和供货商)诚信,他们会诚信相待,鼎立支持。同样,对经销商和供货商的"言必行,行必果",承诺必兑现的新风气,短时间内就让太阳雨快速布局,并拥有了一批与品牌同成长的经销商、供货商。

2. 企业管理差异化。当下些太阳能企业还是家庭作坊、小工厂,大多数企业还没重视企业管理时,管理体系就让太阳雨品牌与众不同。太阳雨聘请了一个优秀的管理团队,建立了规范、完善的管理流程。以车间管理为例,太阳雨在行业内率先建立了全面的质量管理体系,从班组、工段到车间,层层建立质量保证体系,所有上岗员工必须取得质量培训证书。质量管理点标识牌、首件产品控制台、随处可见的以员工命名的小发明、小创造,以及每月评选明星的管理制度,让前来参观经销商、消费者感觉到太阳雨与其他企业的差异。

3. 营销差异化。营销体现了太阳雨品牌的差异化。①产品差异化。太阳雨在研究消费者的基础上,发明了"保热墙"技术,并在全球范围内首家推出了"有保热墙的太阳能"。这个技术成为了太阳雨品牌独有主张,成功地实现了品牌区隔,获得了消费者的认同,与此同时,大规模的营销推广活动,使太阳雨从一个区域品牌迅速扩张为全国性品牌。随后,产品差异化仍在继续,2008年太阳雨又推出了解决太阳能热水器真空管保热的"南极管"技术。同样,在国际市场上,依据各国家的气候以及地理特征、人文习惯,太阳雨设计出了不同产品以满足不同用户的需求。②互动体验差异化。21世纪是娱乐的世纪,也是互动的世纪。太阳雨在行业内首家推出"动力伞"飞行,在终端使用"保热墙"体验式道具,还成立"心连心"艺术团在全国范围内进行巡回演出,配合太阳雨的各地促销活动。在演出节目上,还会把企业产品等内容融入其中,并邀请观众上台参与互动。这些演出,不仅丰富了居民的假日生活,更重要的是精心设置的一个个体验性细节,带给消费者以亲身感受。③公关事件差异化。事件营销是撬动品牌的"阿基米德支点"。当众多企业关注奥运会时,太阳雨却成为残奥会助威团的全程合作伙伴。真件营销差异化思想体现得淋漓尽致:首先,抢占了奥运的热门,可以吸引消费者(包括经销商和最终消费者,下同)的关注。其次,太阳雨成为太阳能行业首家为残奥会做贡献的企业,也是迄今为止首家全力以赴宣传残奥会、关注残疾人事业的企业。这样,就形成了营销差异化。再次,"最美丽的火炬手"金晶成为太阳雨太阳能残奥助威团形象大使,更容易引发消费者关注。更重要的是太阳雨还启动了"太阳雨太阳能残奥助威团全球海选"活动,消费者既可以进行网上报名,也可以在太阳雨全球各销售终端参加活动,这样就有机会亲临残奥会开幕式现场。通过这样的活动,太阳雨不但达到了销售的目的,更重要是让品牌达到了新的高度。

4. 经营市场差异化。当中国太阳能企业还在国内厮杀的时候,太阳雨领先一步,率先开拓国际市场,以"国际化"的战略,走在了其他品牌之前,实现出口80多个国家和地区,然后反过来开拓国内市场,更是游刃有余,并赋予了品牌国际化的形象。

二、聚焦战略：集中所有资源

1. 广告投放集中。"如果你系错了第一个扣子，就不可能系对其余的扣子。"这说明了选择媒体投放广告的重要，但是，在丰富多彩的传播工具中，哪一种可以达到最佳效果？企业在广告投放上要理性投放，善于聚焦。①理性广告：太阳雨的几乎所有广告直接阐产品诉求，强调"有保热墙的太阳能冬天才好用"。这样，避免了更多时间浪费。②理性选定：经常听到企业老总说："我知道广告费浪费了一半，但我不知道被浪费的是哪一半"。这其中，就有媒体选择的原因。经过调查，太阳雨发现二线、三线市场消费者喜欢看央视的天气预报，就将1 000多万的费用集中投放在中央电视台天气预报栏目。另外，根据销售潜力，太阳雨也适当选择了一些地方电视台，其原则仍然是最佳、集中。

2. 战略落地要集中。比如，太阳雨在推广"保热墙"战略时，无论是促销活动、促销道具、物料、导购说辞、公关传播，还是营销会议，都集中在"保热墙"上面，在企业资源有限的情况下，最大程度保证了战略的落地，从而推动品牌的快速发展。任何竞争战略都是经营之"术"。差异化和聚焦化战略的背后正是太阳雨"诚信超越，持续成长"的品牌之道。

来源：吉林工商学院. 市场营销. 精品课程. http://scyxjpk.jlbtc.edu.cn/

分析：

1. 通过案例分析太阳雨品牌快速成长的原因。
2. 企业实行差异化战略的条件有哪些？

第七章　产品策略

关键词：产品；产品整体概念；产品线；产品组合；产品生命周期；新产品；品牌；包装。

导入案例

美国一个摄制组想拍摄一部反映中国农民生活的纪录片。于是他们来到中国某地的一个农村，找到一位柿农说要买他 100 个柿子，谈好的价钱是 100 个柿子给 20 美元。这位柿农很高兴地同意了。于是他找来一个帮手，一人爬到柿子树上，用绑有弯钩的长杆，看准长得好的柿子用力一拧，柿子就掉了下来。下面的人从草丛里把柿子拾起来放到一个竹筐里。美国人觉得这很有趣，就把采摘和储存柿子的过程全拍了下来。美国人付了钱准备离开，那位收了钱的柿农问这些美国人："你们怎么不把买的柿子带走呢？"美国人说，不需要了，他们买这些柿子的目的已经达到了。柿农望着美国人的背影感叹说："没想到世界上还有这样的傻瓜！"

可是，柿农不知道，他的 100 个柿子虽然原地没动就卖了 20 美元，但那几位美国人拍的他们采摘和储存柿子的纪录片拿到美国去却可以卖更多的钱。柿农不知道那些柿子并不值钱，值钱的是他的那种独特、有趣的采摘、储存柿子的方式。柿农更不知道，一个柿子在市场上只能卖一次，但如果将采摘柿子的方式制成"信息产品"，一个柿子就可以卖 1000 次，10000 次。

来源：张卫东. 营销策划：理论与技艺（第 2 版）. 电子工业出版社，2010

产品是企业市场营销组合中的一个最重要因素。在现代市场上，企业之间的激烈竞争是以产品为中心的，企业其他营销因素也是围绕产品策略进行的。

第一节　产品及产品分类

一、产品及产品整体概念

（一）产品

在现代市场营销学中，产品是指通过交换而满足人们需要和欲望的因素或手段，包括提供给市场、能够满足消费者或用户某一需求或欲望的任何有形物品和无形产品。

学术界曾用三个层次描述产品，即核心产品、形式产品、延伸产品。但近年来，菲利普·科特勒等学者更倾向于用五个层次描述产品的整体概念。

(二) 产品整体概念

1. 核心产品
核心产品即产品的实用价值（基本效用），它能为消费者提供直接的利益，以某种使用价值满足消费者的需要。对于旅馆来说，它的核心产品是休息与睡眠。

2. 形式产品
形式产品即核心产品借以实现的形式，由五个特征所构成，即品质、式样、特征、商标及包装。对于旅馆来说，形式产品是床/衣柜/毛巾/洗手间等。

3. 期望产品
期望产品指购买产品时期望得到的与产品密切相关的一整套属性和条件。对于旅馆来说，期望产品是干净的床/新的毛巾/清洁的洗手间/相对安静的环境。

4. 延伸产品
延伸产品指产品附带的各种利益的总和，包括保证、维修、送货、技术培训等所有服务项目。对于旅馆来说，延伸产品是宽带接口/鲜花/结账快捷/免费早餐/优质的服务。

5. 潜在产品
潜在产品指现有产品可能发展成为未来最终产品的潜在状态的产品，指出了现有产品可能的演变趋势和前景。如彩色电视机可能发展为录（放）映机、电脑终端机等等。对于旅馆来说潜在产品是家庭式旅馆的出现。

由此可见，市场产品的含义十分广泛，它是指向消费者提供一个整体性的满足。例如，当咖啡被当作普通的产品卖时，一杯可卖 5 元；当咖啡被包装为商品时，一杯就可以卖一二十元钱；当其加入了服务，在咖啡店中出售，一杯最少要几十元钱；但如能让咖啡成为一种香醇与美好的体验，一杯就可以卖到上百元甚至是好几百元钱。

案例阅读 7-1

如何做好客户服务

（1）售前服务

① 通过广告宣传使顾客知晓。通过广告宣传向顾客传递有关产品的功能、用途等方面的信息，使客户了解产品并能诱发客户的购买欲望，还有利于扩大企业的知名度，树立企业良好的形象。

② 提供良好的购货环境。销售场所的环境卫生、通道设计、铺面风格、招牌设计、内部装饰、标志设置、灯光色彩、商品摆放、营业设备等因素综合而构成的整体购货环境会给客户留下不同的印象，由此引发客户不同的情绪感受，从而在很大程度上左右客户的购买决策。

③ 为顾客提供便利。如为客户提供技术培训、免费咨询指导，商店设立问事处、服务台、试衣室、休息室、储蓄所等。

④ 服务电话。开通业务电话，可以使企业的触角伸入原本未进入或难进入的市场，

挖掘潜在客户，扩大销售机会。

⑤ 免费咨询。向潜在客户宣传介绍商品，回答客户提出的相关问题。

⑥ 复杂产品提供客户培训。对复杂产品通过为客户开设各种培训班，提供技术咨询和技术指导。

(2) 售中服务

① 帮助顾客了解产品。向客户介绍有关产品的性能、质量、用途、造型、品种、规格等方面的知识。

② 帮助顾客挑选产品。做好参谋，正确地引导客户，达成交易。

③ 满足顾客的合理要求。尽最大努力满足客户的合理要求，提高客户的满意度，增强客户对销售人员的信任，促成交易。

④ 提供代办业务。提供代办托运、代购零配件、代办包装、代办邮寄等业务。

⑤ 现场操作。让商品现身说法，真实体现商品在质量、性能、用途等方面的特色，引发客户的兴趣，激发客户的购买欲望。

(3) 售后服务

① "三包"服务。提供包修、包换、包退服务。

② 送货上门。对购买较笨重、体积较大，不易搬运的商品或一次性购买量多、携带不便或有特殊困难的客户，提供送货上门服务。

③ 安装服务。对技术含量高、安装和使用比较复杂的产品提供上门安装、调试服务。

④ 提供咨询和指导服务。帮助客户正确掌握产品的使用和操作方法。

⑤ 包装服务。在包装物上印刷本企业的名称、地址、标志等，可起到广告宣传作用。

⑥ 电话和人员回访。通过回访服务，及时了解客户使用产品的情况，解答客户可能提出的问题，提高客户的满意度和忠诚度，同时也可直接收集客户的意见，帮助企广行产品和服务的改进。

⑦ 建立客户档案。一方面可以跟踪客户的使用和维修情况，及时主动地提供相应的指导；另一方面，有利用保持与客户的长期联系，向客户推介新产品，提高客户的重复购买率。

⑧ 妥善处理客户的投诉。对发生的投诉现象，要及时、妥善予以处理，提高客户的满意度。

来源：杨晶. 如何做好客户服务. 市场营销文摘卡 2008 (1)

二、产品分类

在市场营销中，要根据不同产品制定不同的营销策略。而要科学地制定有效的营销策略就必须把产品进行科学的分类。产品的分类有多种方法。

(1) 按照产品是否耐用和是否有形，可分为非耐用品、耐用品和服务。

(2) 按照产品的使用用途分类，可分为生活资料和生产资料。

(3) 按照消费者的购买习惯分类，分为便利品、选购品、特殊品、非渴求物品，如图 7-1、图 7-2 所示。

第七章 产品策略

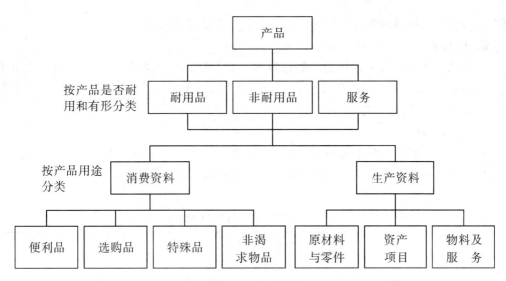

图7-1 产品分类层次

便利品 　购买决策迅速/购买频率高 　低价，大众广告 　摆放在很多地方 　例如：糖果、报纸	选购品 　购买频率低，较高的价格 　摆放的地方不多，在商店之间比较 　例如：服装、汽车、家具
特购品 　特别的购买精力 　高价，独一无二的特点 　有品牌识别特征，很少的摆放地点 　例如：兰博基尼、劳力士	非渴求物品 　新发明的，消费者不愿考虑 　需要较多的广告和人员推销 　例如：人寿保险、献血活动

图7-2 按消费者购买习惯分类的产品

第二节 产品组合

企业根据市场需要和自身能力，决定生产经营哪些产品，并明确各产品之间的配合关系，对企业的兴衰有着重要的影响。

一、产品组合及其相关概念

（一）产品组合、产品线和产品项目

1. 产品组合

产品组合指企业生产经营的全部产品的有机结合方式，是一个企业提供给市场的全

部产品线和产品项目的组合或结构,即企业的业务经营范围。

2. 产品线

产品线又称产品大类,是指产品在技术上和结构上密切相关,具有相同的使用功能、规格不同而满足同类需求的一组产品。如某家电生产企业生产的产品系列有电视机、电冰箱、洗衣机、空调机,那么该公司就有四条产品线。如表7-1所示。

3. 产品项目

产品项目是指产品线中各种不同的品种、规格、质量、价格、技术结构和其他特征的具体产品,企业产品目录上列出的每一个产品都是一个产品项目。

表7-1 吉列的产品线和产品组合

	产品组合的宽度			
	剃须刀和刀片	化妆品	写字用品	打火机
产品线的深度	超感	系列	纸伴侣	光明正大
	追踪Ⅱ	装饰	天赋	S.T.杜邦
	安拉	托尼		
	双面超级调节器	丝根丝		
	女款吉列	柔爽		
	超速	泡沫		
	泰迈	干爽观念		
	三片	强刷		
	刀片			

(二)产品组合的宽度、长度、深度与关联度

通常人们从产品组合的宽度、长度、深度和关联度四个方面来描述企业的产品组合情况。

1. 产品组合的宽度

产品组合的宽度,亦称广度,是指企业所拥有的产品线的数量。产品线越多,说明企业的产品组合就越宽,否则就越窄。

2. 产品组合的长度

产品组合的长度是指企业所有产品线中所包含的所有产品项目的总和。以产品项目总数除以产品线数目即得出产品线的平均长度。

3. 产品组合的深度

产品组合的深度是指每一条产品线中每一品牌所包含的具体的花色、品种、规格、款式的产品的数量。如某品牌的汽水有3种规格,2种味道,则该品牌产品的深度就是6。

4. 产品组合的关联度

产品组合的关联度,是指各条产品线之间在最终用途、生产条件、分销渠道以及其他方面相互关联的程度。其关联程度密切,说明企业的产品线之间具有一致性;反之,则缺乏一致性。例如某家企业生产电冰箱与空调,产品组合的关联性就较强,因为这些产品都是家用电器,而且都依托制冷技术,在最终使用、生产条件和分销渠道有密切联系。

案例阅读 7-2

海尔产品线

海尔集团现有家用电器、信息产品、家居集成、工业制造、生物制药和其他 6 条产品线,表明产品组合的宽度为 6。海尔集团的彩电产品线下有宝德龙系列、美高美系列等 17 个系列的产品,而在宝德龙系列下,又有 29F8D-PY、29F9D-P 等 16 种不同型号的产品,这表明海尔彩电的深度是 17,海尔宝德龙系列彩电的深度是 16。海尔集团所生产的产品都是消费品,而且都是通过相同的销售渠道,就产品的最终使用和分渠道而言,这家公司产品组合的关联度较大。

来源:中国零售网.www.youyuanw.com

(三) 产品组合决策

产品线是决定产品组合宽度、长度和关联度的基本因素,动态的最优产品组合正是通过及时调整产品线来实现的,因此,对产品线的调整是产品组合策略的基础和主要组成内容。

1. 扩大产品组合策略

扩大产品组合策略即增加产品组合的宽度和深度,也就是增加产品线或产品项目,扩展经营范围,生产经营更多的产品以满足市场需要。

鄂尔多斯羊绒集团为增强产品竞争力,提高经济效益,引进日本、意大利等国先进设备,增加了羊绒大衣、围巾、衬衫、披巾等产品线(宽度);在增加了产品宽度的同时,也增加了产品项目总数(长度),有不同规格、色泽、款式等;又开发出绒+棉、绒+麻、绒+丝、绒+纤等系列。

2. 缩减产品组合策略

缩减产品组合策略即取消一些产品线或产品项目,集中力量生产经营一个系列的产品或少数产品项目,实行高度专业化。

(1) 缩减产品线,只生产经营某一个或少数几个产品系列。

(2) 缩减产品项目,取消一些低利产品,尽量生产利润较高的少数品种规格的产品。

3. 产品线延伸策略

产品线延伸是指企业把产品线延长而超出原有范围。产品线延伸策略有三种形式。

(1) 向上延伸。即在原有产品线内增加高档产品项目。

（2）向下延伸。即在高档产品线中增加低档产品项目，如五粮液→五粮醇→五粮春→金六福→京酒等。

（3）双向延伸。生产中档产品的企业在市场上可能会同时向产品线的上下两个方向扩展。

4. 产品线现代化策略

产品线的现代化可采取两种方式实现：一是逐项更新；二是全面更新。

案例阅读 7-3

丰田公司的产品延伸

丰田公司对其产品线采取了双向延伸的策略。在其中档产品"卡罗纳"牌的基础上，为高档市场增加了"佳美"牌，为低档市场增加了"小明星"牌。该公司还为豪华汽车市场推出了"凌志"牌。这样，"凌志"的目标是吸引中层经理，"卡罗纳"的目标是吸引基层经理，而"小明星"的目标是手里钱不多的首次购买者。对于丰田公司来说，顾客选择了低档品种总比选择竞争者的产品好。另外，为了减少与丰田的联系、降低自相残杀的风险，"凌志"并没有在丰田的名下推出，它也有与其他型号不同的分销方式。

来源：中国国际市场营销网. www.intermarketing.com

第三节 产品生命周期

产品生命周期（Product Life Cycle，缩写为 PLC）指某产品从进入市场到被淘汰退出市场的全部运动过程。典型的产品生命周期分为：导入期、成长期、成熟期和衰退期四个阶段。（见图 7-3）。

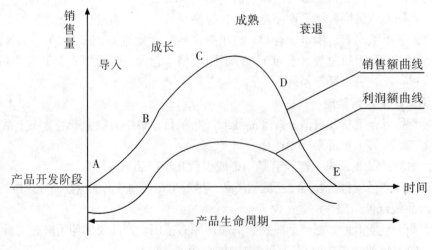

图 7-3 产品生命周期

(1) 产品生命周期与产品使用寿命期不同。

产品使用寿命期：指产品的耐用时间，也就是产品从投入使用到损坏报废为止的时间。

有些产品使用寿命期很短，但市场寿命期很长（最典型的是肥皂、鞭炮）；有些产品市场寿命期很短，但使用寿命期很长，如时尚服装、呼拉圈等。

(2) 产品市场寿命期是指产品品种的市场寿命期，而不是指产品种类。

汽车作为代步工具从未被淘汰，具有强盛的市场寿命期，但有的款式或型号则被淘汰。

(3) 通过市场的产品才有市场寿命期，不通过市场买卖的产品就没有市场寿命期。

一、导入期

(一) 导入期的特点

导入期指新产品首次正式上市后销售呈缓慢增长状态的阶段。其主要特点：①产品设计尚未定型，生产批量小，单位生产成本高，广告促销费用高；②消费者对产品不熟悉；只有少数追求新奇的顾客可能购买；③销售网络还没有全面、有效地建立起来，销售渠道不畅；④由于销量少成本高，企业通常获利甚微，甚至发生亏损；⑤同类产品的生产者少，竞争者少。

(二) 导入期的营销策略

导入期企业的营销重点一般有四种可供选择的策略。

1. 快速撇脂策略

采用高价格、高促销费用的方式推出新产品，以求迅速扩大销售量，取得较高的市场占有率，快速收回投资。企业采取这种策略应具备的条件是：①新产品有特色、有吸引力，优于市场原有同类产品；②有较大的潜在市场需求；③目标顾客的求新心理强，急于购买新产品，并愿意为此付高价；④企业面临潜在竞争的威胁，需及早树立名牌。

2. 缓慢撇脂策略

以高价格低促销费用推出新产品。应具备的条件：①市场规模相对较小，现实的和潜在的竞争威胁不大；②新产品具有独特性，有效地填补了市场空白。

3. 快速渗透策略

采用低价格、高促销费用的方式推出新产品，迅速占领市场，取得尽可能高的市场占有率。应具备的条件：①产品的市场容量很大；②消费者对产品不了解，且对价格十分敏感；③企业面临潜在竞争的威胁；④单位生产成本可随生产规模和销量的扩大而大幅度下降。

4. 缓慢渗透策略

采用低价格、低促销费用的方式推出新产品。低价可以促使市场迅速接受新产品，低促销费用则可以降低营销成本，实现更多的利润。应具备的条件：①产品的市场容量大；②消费者对价格十分敏感；③企业面临潜在竞争的威胁。

二、成长期

（一）成长期特点

成长期是指某种产品在市场上已打开销路后的销售增长阶段。在此阶段产品在市场上已被消费者所接受，销售额迅速上升，成本大幅度下降，企业利润得到明显的改善。其主要特点：①花色品种增加，生产批量增大；②消费者对新产品已经熟悉，销售量迅速增长；③建立了较理想的销售渠道；④由于销量增长，成本下降，利润迅速上升；⑤同类产品的生产者看到有利可图，进入市场参与竞争。

（二）成长期营销策略

在产品的成长期，可以采取以下营销策略：
（1）提高产品质量，增加新的功能、特色和款式。
（2）开拓新市场和增加新的分销渠道。
（3）加强品牌宣传。广告宣传要从介绍产品转向树立产品形象，争取创立品牌。
（4）选择适当时机调整价格，提高本企业产品的竞争力。

三、成熟期

（一）成熟期特点

成长期指某种产品在市场上普遍销售以后的饱和阶段，销售额从显著上升逐步趋于缓步下降。通常成熟期在产品生命周期中持续的时间最长。主要特点：
（1）产品销售量逐步达到最高峰，然后缓慢下降。
（2）销售利润也从成长期的最高点开始下降。
（3）市场竞争非常激烈，各种品牌、各种款式的同类产品不断涌现。

（二）成熟期营销策略

成熟期企业宜采取的营销策略有三种。

1. 市场改良

市场改良也叫市场多元化策略，就是开发新市场、寻求新用户。一是寻求新的细分市场；二是刺激现有顾客，增加使用频率；三是重新定位，寻求新的买主。

2. 产品改良

（1）品质改进策略：增加产品功能。
（2）特性改进策略：增加产品新特性（高效性、安全性、方便性）。
（3）式样改进策略：基于美学观点进行改变。
（4）服务改进策略：提供更好的服务。

美国一家咨询公司在调查中发现，顾客从一家企业转向另一家企业，70%的原因是服务。他们认为，企业员工怠慢了一个顾客，就会影响40名潜在顾客。"在竞争焦点上,服务因素已逐步取代产品质量和价格,世界经济已进入服务经济时代。"正是基于这样的认识,美国 IBM 公司公开表示自己不是电脑制造商,而是服务性公司。该公司总裁说:"IBM 并不卖电脑,而是卖服务。"

3. 市场营销组合改良

市场营销组合改良即通过对产品、定价、渠道、促销四个市场营销组合因素加以综合改革,刺激销售量回升。

四、衰退期

(一)衰退期特点

衰退期是指产品销量急剧下降,产品开始逐渐被市场淘汰的阶段。主要特点:①产品销量和利润迅速下降,价格下降到最低水平;②市场上出现了新产品或替代品;③多数竞争者被迫退出市场,继续留在市场上的企业减少服务,大幅度削减促销费用,以维持最低水平的经营。

(二)衰退期营销策略

1. 继续策略

沿用过去的营销组合策略,把销售维持在一个低水平上,待适当时机退出市场。

2. 集中策略

集中策略即把企业能力和资源集中使用在最有利的细分市场、最有效的销售渠道和最易销售的品种、款式上。

3. 收缩策略

收缩策略即大幅度降低销售费用,以增加眼前利润,通常作为停产前的过渡策略。

4. 放弃策略

当机立断,放弃经营,转向其他产品。

第四节　新产品开发

一、新产品的种类

新产品是相对老产品而言的,目前尚无世界公认的确切定义。在结构、材质、工艺等某一个方面或几个方面对老产品有明显改变,或采用新技术原理、新设计构思,从而显著提高产品的性能、或扩大了使用功能的产品称之为新产品。

因此,新产品可以包括以下的几种类型。

(一)全新产品

全新产品指应用新的技术、新的材料研制出的具有全新功能的产品。全新产品也可以说是一种发明。如相对于传统的 BP 寻呼机,手机的发明就属于一种全新产品。

（二）换代产品

换代产品指在原有产品的基础上，全部采用或部分采用新技术、新材料、新工艺研制出来的新产品。如手机网络从2G手机网络发展到3G手机网络再到4G手机网络；电视机由黑白发展到彩色、液晶、等离子等。

（三）改进产品

改进产品指对老产品的性能、结构、功能加以改进，使其与老产品有较明显的差别。如装有鸣笛的开水壶，各式新款服装等。

（四）仿制新产品

仿制新产品，是指企业仿照市场上已有的产品生产的新产品。如我国国内市场上出现的各种新型款式的手机等大都是模仿三星和苹果已有的产品生产的；各种服装，用途上没有改变，但在面料、款式、颜色和风格上作了少许的改变。

（五）重新定位产品

可以对现有产品开发出新的用途，或者为现有产品寻找到新的消费群，使其畅销起来。

案例阅读7-4

3M的产品创新战略

3M公司营销60 000多种产品。公司的目标是：每年销售量的30%从前4年研制的产品中取得（公司长期以来的目标都是5年内25%，最近又前进了一步），这是令人吃惊的。但是更令人吃惊的是，它通常能够成功。每年3M公司都要开发200多种新产品。它那传奇般的注重革新的精神已使3M公司连续成为美国最受人羡慕的公司之一。

新产品并不是自然诞生的。3M公司努力创造一个有助于革新的环境。它通常要投资7%的年销售额，用于产品研究和开发，这相当于一般公司投资研究和开发费用比例的两倍。

3M公司鼓励每一个人开发新产品。公司有名的15%规则允许每个技术人员至少可用15%的时间来"干私活"，即搞个人感兴趣的工作方案，不管这些方案是否直接有利于公司。当产生一个有希望的构思时，3M公司会组织一个由该构思的开发者以及来自生产、销售和法律部门的志愿者，组成的冒险队。该队培育产品，并保护它免受公司苛刻的调查。队员始终与产品呆在一起，直到它成功或失败，然后回到原先的岗位上或者继续和新产品呆在一起。有些冒险队在一个构思成功之前尝试了3次或4次。每年3M公司都会把"进步奖"授予那些新产品开发后三年内在美国销售量达200多万美元或在全世界销售达400多万美元的冒险队。

在执着追求新产品的过程中，3M公司始终与其顾客保持紧密联系。在新产品开发的每一时期,都对顾客偏好进行重新估价。市场营销人员和科技人员在开发新产品的过程中紧密合作,并且研究和开发人员也都积极地参与开发整个市场营销战略。

3M 公司知道为了获得最大成功,它必须尝试成千上万种新产品的构思。它把错误和失败当作是创造和革新的正常组成部分。事实上,它的哲学似乎成了"如果你不犯错,你可能不再做任何事情。"但正如后来的事实所表明,许多"大错误"都成了 3M 公司最成功的一些产品。

比如,关于 3M 公司科学家西尔维的故事。他想开发一种超强黏合剂,但是他研制出的黏剂却不很黏。他把这种显然没什么用处的黏剂给其他的 3M 公司科学家,看看他们能找到什么方法使用它。过了几年一直没有进展。接着,3M 公司另一个科学家遇到一个问题,因此也就有了一个主意。这位博士是当地教堂的唱诗班成员,他发现很难在赞美诗中做记号,因为他夹的小纸条经常掉出来。他在一张纸片上涂点西尔维的弱粘胶,结果这张纸条很好地黏上了,并且后来撕下来时也没有弄坏赞美诗集。于是便诞生了 3M 公司的可粘便条纸,该产品现已成为全世界办公设备畅销产品之一。

来源:费朗.营销一点通.中国商业出版社,2002

二、新产品开发的必要性

创新是企业生命之所在。
(1)新产品开发是维护企业发展的利器。
(2)新产品开发是保证市场竞争的重要条件。
(3)新产品开发是增强企业活力的条件。

三、新产品开发程序

新产品开发程序一般包括创意构思、筛选构思、产品概念成型、制订营销计划、商业分析、产品开发、市场试销、商业化等步骤。

(一)寻求创意

所谓创意,就是指开发新产品的设想,真正好的构思来自于灵感、勤奋和技术。新产品创意的主要来源有:顾客、科学家、竞争对手、推销员、经销商、企业高层管理、市场研究公司、广告公司等。

(二)创意筛选

一是该创意是否与企业的策略目标相适应。
二是企业有无足够的能力开发这种创意。

(三)产品概念形成

经过筛选后的构思仅仅是设计人员或管理者头脑中的概念,离产品还有相当的距离,还需要形成能够为消费者接受的、具体的产品概念。产品概念的形成过程实际上就是构思创意与消费者需求相结合的过程。

例如，某知名化妆品公司要生产一种满足消费者美白需要的化妆品，这是一种产品构思。为了形成具体的产品概念，化妆品公司要解答一些问题，如何人、何时、何处使用、如何使用？对产品的原料、形状、规格、包装等，也要进行详细地描述。

（四）商业分析

企业市场营销管理者要复查新产品将来的销售额、成本和利润估计，看是否符合企业目标，如果符合就可以进行新产品开发。

（五）产品研制

通过营业分析，研究与开发部门及工程技术部门就可以把产品概念转变为产品，进入试制阶段，只有在这一阶段，文字、图表及模型等描述的产品设计才能变为确实的物质产品。

（六）市场试销

商品在小范围内进行销售实验，直接调查消费者对试销商品的反映和喜爱程度，并以此调查资料为依据进行市场预测。

（七）商业化

新产品试销成功后，就可以正式批量生产，全面推向市场。在产品正式上市阶段，企业需要作出如下决策：①何时上市；②何地上市；③产品卖给谁；④怎样上市。

> **案例阅读 7—5**
>
> #### 海尔的新产品开发
>
> 海尔集团按照不同的消费心理、不同的消费习惯和不同的消费层次开发新产品的策略为其成功起到了巨大作用。例如每年5—8月是洗衣机销量的淡季，因为夏天人们出汗多，不是不需要用洗衣机洗衣服，而是现售的洗衣机容量太大，多数为5公斤型，换下一件衬衣扔到功能为5公斤的洗衣机里，要浪费很多水，所以手搓一搓就算了。
>
>
>
> 针对这一点，他们开发了"小小神童"：1.5公斤容量，3个水位，最小水位洗2双袜子。这种洗衣机的开发和上市，开拓了淡季洗衣机市场。在这个季节，当其他洗衣机产销量下降时，海尔"小小神童"的销量却直线上升。1996年，他们总共开发了86个产品，申请了300多项专利，平均每星期推出2个新产品，每天1项专利。在开发新产品方面海尔比外国厂商更有优势，因为他们更熟悉国内各地区人民的生活方式和消费需求，从而开发出新产品的针对性强，成功率高。

第五节 品牌策略

一、品牌

（一）品牌的概念

品牌的本意是用来区别不同生产者的产品。事实上，英文中的"品牌"（brand）一词源于古挪威语的"brandr"，意思是"打上烙印"。古人最初就是通过在牛身上打上不同的标记来表明其主人的。渐渐地，这种以特殊标记表明物品所有权的方法便广泛应用于区分各种私有物品，如各种牲畜、器物乃至奴隶。

随商品经济范围的进一步扩展，采取独特的标记标明生产者的做法得到广泛的应用，并发展成为某一生产者的产品起一个独特名称的做法。中国大多百年老字号，如"张小泉""茅台""王致和""致美斋""同仁堂"等著名品牌都源于此。

品牌（brand）俗称牌子，是用以识别某个销售者或某群销售者的产品或服务，并使之与竞争对手的产品或服务区别开来的商业名称及其标志，通常由文字、标记、符号、图案和颜色等要素或这些要素的组合构成。品牌是一个集合概念，包括品牌名称、品牌标志、商标。就其实质来讲，它代表着销售者对交付给买者的产品特征、利益和服务的一贯性的承诺。

图 7-4 麦当劳

品牌名称：品牌中可用语言称谓表达的部分——李宁、可口可乐、耐克。

品牌标志：指品牌中可被认出、易于记忆但不能用言语称呼的部分。它包括专门设计的符号、图案、色彩或字体。例如，麦当劳欢乐餐厅的金黄色的 M 标记和身上五颜六色的小丑主要产生视觉效果。

（二）品牌的内涵

品牌作为特定企业及其产品的形象标识，具有以下六个层次的含义：

1. 属性

属性是指品牌所代表的产品或企业的品质内涵，它可能代表着某种质量、功能、工艺、服务、效率或市场位置。比如，"奔驰"代表了高贵、精湛、耐用；"海尔"代表了适用、质量及服务。

2. 利益

从消费者的角度去理解各种属性对自身所带来的功能和情感利益。购买"耐用"这一属性，是因为产品可以使用更长时间；"昂贵"带给消费者的是受人羡慕的情感利益；"技术先进"带来的是超凡的舒适及便利性。

3. 价值

顾客不是在买属性而是买利益，这就需要属性转化为功能性或情感性的利益。

4. 文化

一种产品的品牌还可能代表着一种特定的文化,从奔驰汽车给人们带来的利益等方面看,奔驰品牌蕴含着有组织、高效的德国文化。

5. 个性

不同的品牌会使人们产生不同的联想,这是由品牌个性所决定。如"可口可乐"追求的"尽情享乐"的个性,就迎合了许多青年消费者追求自由和快乐的需要。

6. 用户

品牌暗示了购买或使用产品的消费者类型。比如,"奔驰"的使用者大多是事业成功人士;"娃哈哈"的使用者最早界定在少年儿童。

二、品牌与商标

企业在政府有关主管部门注册登记以后,就享有使用某个品牌名称和品牌标志的专用权,这个品牌名称和品牌标志受到法律保护,其他任何企业不得仿效使用。商标是企业的无形资产,驰名商标更是企业的巨大财富。

在企业的营销实践中,品牌与商标的基本目的也都是为了区别商品来源,便于消费者识别商品,以利于竞争。但品牌并不完全等同于商标,它们的联系和区别主要表现在以下几个方面。

(1)商标属于法律范畴,品牌属于营销概念。

(2)商标是品牌的一部分。

(3)商标掌握在企业手中,而品牌则是由消费者决定的。

三、品牌的作用

正是品牌所包含的丰富的内容,决定了品牌对于消费者、生产者所具有的重要的作用。

(一)对于消费者的作用

(1)有助于消费者识别产品的来源或产品的制造厂家,更有效地选择或购买商品。

(2)借助品牌,消费者可以得到相应的服务便利,如更换零部件、维修服务等。

(3)品牌有利于消费者权益的保护,如选购时避免上当受骗,出现问题时便于索赔和更换等。最佳品牌就是质量的保证。品牌实质上代表着卖者交付给买者的产品特征、利益和服务的一贯性的承诺。

(4)有助于消费者避免购买风险,降低购买成本,从而更有利于消费者选购商品。

(5)好的品牌对消费者具有很强的吸引力,有利于消费者形成品牌偏好,满足消费者的精神需求。

(二)对于生产者的作用

(1)有助于产品的销售和占领市场。品牌知名度形成后,企业可利用品牌优势扩大市场,促成消费者对于品牌的忠诚。

(2)有助于稳定产品的价格,减少价格弹性,增强对动态市场的适应性,减少未来的经营风险。

(3)有助于细分市场,进而进行市场定位。

(4)有助于新品的开发,节约产品投入成本。借助成功或成名的品牌,扩大企业的产品组合或延伸产品线,采用现有的知名品牌,利用其一定知名度或美誉度,推出新品。

(5)有助于企业抵御竞争者的攻击,保持竞争优势。

营销视野

2014年胡润最具价值品牌排行榜

排名	品牌	总部所在城市	主要行业	品牌价值(亿元)
1	腾讯	深圳市	网站	2 080
2	中国工商银行	北京市	银行	2 060
3	中国移动	北京市	通信服务	2 030
4	百度	北京市	搜索引擎	1 900
5	淘宝	杭州市	购物网	1 850
6	中国建设银行	北京市	银行	1 730
7	中国银行	北京市	银行	1 250
8	中国农业银行	北京市	银行	950
9	中华	上海市	烟草	940
10	中国平安	深圳市	保险、银行	690

来源:买购网.http://www.maigoo.com/news/395682.html

四、品牌策略

品牌策略涉及的方面较多,企业在制定品牌策略时可侧重在以下几个方面作出策略选择。

(一)品牌有无策略

使用品牌对大部分商品可以起到很好的促销作用,但并非所有的商品都必须使用品牌,以下情况可以不使用品牌:

(1)商品本身并不具有因制造者不同而形成的特点。

(2)消费者习惯上不是认牌购买的商品等。

(3)生产简单,没有一定的技术标准,选择性不大的商品。

(4)临时性或一次性生产的商品。

近年来，美国的一些日用消费品和常用药品出现了"无品牌"倾向。

（二）品牌归属策略

生产者和经销商在采用哪家品牌的问题上，各有不同的抉择。

1. 生产者的抉择

生产企业为了获取品牌利益，便于新产品市场开发，特别是生产者品牌有望出名，经销商也乐意接受时，一般都选择使用生产者品牌。但是，那些资金薄弱、市场经营经验不足的小企业，为了有效地集中力量和资源组织生产，宁可使用信誉高、有影响力的经销商品牌分销自己的产品，而不必或暂时不必设计和使用自己的品牌。

2. 经销商的抉择

经销商是否自立品牌，要根据品牌利益、花费代价和承担的风险综合考虑决定。实力雄厚的经销商，为创造自己的特色，获取自己的品牌利益，而选用自己的品牌，如沃尔玛、家乐福、宜家等；大部分经销商，都没有能力保持产品的适度品质并推广品牌，同时考虑到利用生产者品牌简便省力，费用又低，便乐于沿用生产者品牌。也有一些经销商，把生产者品牌与经销商品牌联用，以生产者品牌的声誉，带动经销商品牌，提高其市场地位，争取顾客信任，如屈臣氏、娇兰佳人等。

（三）品牌名称策略

一个企业生产和经营多种产品，根据不同情况，可在统一品牌策略和个别品牌策略中做出选择。

1. 统一品牌

统一品牌是指企业将生产和经营的全部产品，统一使用一个品牌。当企业能维持产品线的所有产品的适当品质时，即可用此种策略。使用这种策略，可使新产品的推广费用降低，不必为创制新品牌和宣传新品牌而增加开支。

2. 个别品牌

个别品牌是指企业对各种不同的产品分别使用不同的品牌。当高档产品的生产经营者发展低档产品线时，一般都采用这种策略。其好处是可避免低档产品对高档产品声誉的影响；也便于为新产品寻求新的品牌。同时，还有利于企业的不同产品适应市场上的不同需要，争取更多买主。个别品牌与多品牌策略有所不同，多品牌是企业同时为一种产品设计两种以上相互竞争的品牌。如宝洁公司的洗发水有潘婷、海飞丝和飘柔等，它们相互竞争，是典型的多品牌策略的运用。

如果使用统一品牌或个别品牌均不适宜，也可采用个别式统一品牌，即同类产品统一品牌；不同类别的产品，品牌不同，使不同品牌代表不同的品质水准。

（四）多重品牌策略

多重品牌策略是指企业在同类产品中同时使用两种或两种以上品牌的策略。首创这种品牌策略的是美国宝洁公司。

案例阅读 7-6

"娃哈哈"的防御性品牌注册

坐落于杭州西子湖畔的全国著名的娃哈哈集团,自 1987 年靠 3 个人、14 万贷款起家,由一个校办工厂成为拥有 23 家合资或控股子公司、员工近万名、资产 28 亿元的大型综合性食品工业集团。杭州娃哈哈集团成功的成因固然有很多,但不管怎样,成功的"娃哈哈"品牌运营是其重要原因。1998 年,"娃哈哈"被国家定为驰名商标,品牌资产达 22.48 亿元。

"娃哈哈"的国际注册

经济全球化发展的高涨,国内外市场的对接,"娃哈哈"品牌在国内市场运营的成功,使决策者开始将眼光瞄向国内市场。随着集团公司的快速发展,产品市场不断扩展。企业认识到仅在国内进行商标注册已远远不够,为了进一步扩展市场,有效开展对外贸易,开拓国际市场,争创世界名牌商标,维护自己在国际市场的合法权益,在国外进行商标注册已迫在眉睫。

于是,娃哈哈集团公司于 1992 年 4 月通过国家工商局商标局向世界知识产权组织国际局提出"娃哈哈"商标的国际注册申请,并指定了法国、德国、意大利、波兰、俄罗斯联邦 5 国申请领土延伸。1992 年 5 月 29 日,国际局正式对娃哈哈集团公司的 5 件商标注册申请进行受理,1993 年 8 月获准"娃哈哈"商标有 5 国注册,保护期均为 20 年。与此同时,"娃哈哈"公司还分别向香港、日本、韩国、美国等国家和地区进行了逐一注册申请。

来源:市场营销学. 淄博职业学院. 精品课程

第六节 包 装 策 略

一、产品包装的概念和分类

(一) 产品包装的概念

所谓产品包装,包含两层含义:一是指采用不同形状的容器或物品对产品进行包容或捆扎;二是泛指盛装产品的容器或包装物。在实际工作中,二者往往难以分开,故统称为产品包装。

包装作为产品整体概念中的一个重要组成部分,其重要性远远超出了作为容器保护商品的本身。有道是"佛要金装,人要衣装""货卖一张皮",人们把包装比喻为"沉默的推销员",而有些营销学者甚至将包装(package)称为 4P's 后的第 5 个 P,就充分说明了包装在现代市场营销活动中的重要作用,它已成为企业开展市场营销时,刺激消费需要,开展市场竞争的重要手段。

（二）包装的分类

（1）运输包装（外包装或大包装）——主要用于保护产品品质安全和数量完整。

（2）销售包装（内包装或小包装）——实际上是零售包装，不仅要保护商品，更重要的是要美化和宣传商品，便于陈列，吸引顾客，方便消费者认识、选购、携带和使用。

二、包装的作用

保护产品；便于储存；促进销售；增加盈利。

案例阅读 7-7

商品包装是商品的"沉默推销员"

据西方国家对消费者购买行为研究，有60%的人在购买商品时，是受到包装装潢的吸引才决定购买的。英国市场调查公司报道，一般上超级市场购物的妇女，由于精美包装品牌的吸引，所购物品通常超过出门时打算购买数量的45%。资料表明，美国超级市场的顾客，平均每人在陈列63 000种商品的店里逗留27分钟。也就是说，每个人浏览每种商品的平均时间1/4秒。

来源：作者根据相关资料整理而成

三、包装的设计

（一）包装的设计内容

1. 包装材料的选择

一是要考虑方便用户使用；二是要考虑节省包装费用；三是外观装饰要考虑符合人们的审美情趣；四是包装材料的选用要考虑有利于环保。

2. 包装标签的设计

包装标签是指附着或系挂在商品销售包装上的文字、图形、雕刻及印制的说明。一般应包括：制造者或销售者的名称和地址、商品名称、商标、成分、品质特点、包装内商品数量、使用方法及用量、编号、储藏应注意的事项、质检号、生产日期和有效期等内容。

3. 包装标志的设计

包装标志是在运输包装的外部印制的图形、文字和数字以及它们的组合。一般主要有运输标志、指示性标志、警告性标志三种。

（二）包装的设计原则

包装设计是一项技术性和艺术性很强的工作，总的原则是美观、实用、经济。企业在设计产品包装时，应遵循如下原则：
(1) 包装的造型要美观大方。
(2) 包装的质量与产品的价值相一致。
(3) 包装要能显示产品的特点和独特风格。
(4) 包装设计应适应消费者心理。
(5) 包装设计应尊重消费者的宗教信仰和风俗习惯。
(6) 符合法律规定。

三、包装策略

（一）类似包装策略

类似包装策略指企业生产的各种产品，在包装上采用相同的图案、相近的颜色，体现出共同的特点，也叫产品线包装。

（二）等级包装策略

(1) 不同质量等级的产品分别使用不同包装，表里一致：高档优质包装，普通一般包装。
(2) 同一商品采用不同等级包装，以适应不同购买力水平或不同顾客的购买心理。

（三）配套包装策略

配套包装策略指企业将几种相关的商品组合配套包装在同一包装物内。例如，化妆盒里的配套化妆品，唇彩、粉底、爽肤水、眼霜、眉笔等。

（四）再使用包装策略

再使用包装策略指包装物内商品用完之后，包装物本身还可用作其他用途。比如饼干盒、糖果盒可用来装文具杂物，药瓶作水杯用等。

（五）分类包装策略

对同一种产品采用不同等级的包装，以适应消费者的不同购买目的。如购买产品用做礼品，则可采用精致包装；若购买者自己用，则可采用简单包装；对儿童使用的，可配以色彩和卡通形象。

（六）附赠品包装策略

附赠品包装策略是指在包装物内附有赠品以诱发消费者重复购买的做法。如小浣熊干脆面在包装中附赠小玩具；有些商品包装内附有奖券，中奖后可获得奖品；如果是用累积获奖的方式效果更明显。

（七）改变包装策略

改变包装策略指企业的包装策略随市场需求的变化而改变的做法。可以改变商品在消费者心目中的地位，进而收到迅速恢复企业声誉之佳效。

案例阅读 7-8

改变包装带来的利润

以前四川人在销售其"拳头"产品——榨菜时，一开始是用大坛子、大篓子将其商品卖给上海人；精明的上海人将榨菜倒装在小坛子后，出口日本；在销路不好的情况下，日本商人又将从上海进口的榨菜原封不动地卖给了香港商人；而爱动脑子、富于创新精神的香港商人，以块、片、丝的形式分成真空小袋包装后，再返销日本。从榨菜的"旅行"过程中，各方商人都赚了钱，但是靠包装赚"大钱"的还是香港商人。而今四川榨菜的包装已今非昔比，大有改观，极大地刺激市场需求，企业的利润也大幅度增长。

来源：作者根据相关资料整理而成

案例阅读 7-9

张裕用心良苦做市场

烟台张裕集团有限公司的前身烟台张裕葡萄酿酒公司创办于1892年，至今已有107年历史。她是国内第一个工业化生产葡萄酒的厂家，也是目前中国乃至亚洲最大的葡萄酒生产经营企业。主要产品有白兰地、葡萄酒、香槟酒、保健酒、中成药酒和粮食白酒六大系列数十个品种，年生产能力8万余吨，产品畅销全国并远销世界20多个国家和地区。

一、百年张裕，历经坎坷创辉煌

1892年（清光绪十八年），著名华侨巨商张弼士先生在烟台创办张裕酿酒公司。张裕之命名，前袭张姓，后借"昌裕兴隆"之吉。经过十几年的努力，张裕终于酿出了高品质的产品。1915年，在世界产品盛会——巴拿马太平洋万国博览会上，张裕的白兰地、红葡萄、雷司令、琼瑶浆（味美思）一举荣获四枚金质奖章和最优等奖状，中国葡萄酒从此为世界所公认。

改革开放后，社会经济环境为其提供了前所未有的发展机遇。张裕产品凭借其卓越的品质，多次在国际、国内获得大奖，成为家喻户晓的名牌产品。然而，名牌不等于市场，金字招牌对于张裕来说是一个极大的优势，但是，这个优势却不足以使张裕在市场上所向披靡。在改向市场经济的头两年中，由于市场观念差，企业缺乏适应市场竞争的能力，盲目生产，等客上门，受到了市场的惩罚：1989年，张裕的产值较上一年下降了2.5%，产量下降了26.2%，6条生产线停了4条，1/4的职工没有活干，近一半的酒积压在仓库里，累计亏损400多万元，生存和发展都面临着严峻的挑战。关键时刻，张裕人并没有躺在历史上顾影自怜。在积极反思失败原因，努力摸索市场规律，下功夫钻研营销后，公司树出了"市场第一"的经营观念和"营销兴企"的发展战略，实现了两个根本性转变：

一是企业由"销售我生产的产品"转变为"生产我销售的产品"，一切围绕市场转；二是由"做买卖"转变为"做市场"，从"推销"变成"营销"。

这两个转变使企业的经营不再是单纯的生产和推销问题，而是以市场为导向的调研、决策、实施、监控的有机结合，在满足消费者利益的同时为企业创造最佳效益。在正确营销观念的指导下，1997年、1998年连续两年产销量、销售收入和市场占有率均高居同行业榜首；在1998年度全国产品市场竞争力调查中，荣获"消费者心目中的理想品牌""实际购买品牌"和"1999年购物首选品牌"三项第一。

二、群雄逐鹿，红酒市场竞风流

葡萄酒具有多种保健养生功能。葡萄发酵时能产生十几种人体所需的氨基酸，可以缓解氧化反应、清理动脉、防止动脉粥样硬化和其他心脏疾病。同时，葡萄酒还有助于消化，并含有丰富的维生素B1、B2、B6、B12和多种矿物质，可以使人容颜丰润。

近几年来，随着国人饮食健康观念的增强，葡萄酒也因其本身所具有的多种保健功能倍受青睐起来，其消费骤然升温，成为酒类市场的新宠。10多个国家的100多个洋品牌和400多个国内生产厂家和品牌在我国市场汇聚，一竞风流，市场竞争的激烈程度可想而知。目前，国内葡萄酒生产年产量达万吨的企业已经超过20个，称得上葡萄酒生产巨头的企业只有张裕、长城、王朝3家。据统计，实力雄厚的3个企业的市场占有率分别为：张裕19.35%、长城16.09%、王朝15.57%。消费者对3个品牌的熟悉程度分别为张裕73%、长城35%、王朝30%；消费者最常喝的葡萄酒品牌张裕占43%、长城占19%、王朝占15%。其中，我国驰名商标张裕葡萄酒是消费者最熟悉又最常喝的品牌。

在经历了一场与洋酒的生死较量后，国产葡萄酒尤其是国产干红凭借其优良的品质和低廉的价格取得了实质性的胜利。据统计，1996年国内干红酒的消费近4万吨中，国产干红超过2万吨，而洋品牌酒只有约1万吨。自1998年起，张裕、长城、王朝三家就占据了60%左右的市场份额，而野力、龙徽等十几种品牌则成长第二梯队，占据了剩下的绝大多数市场份额。杂牌洋酒组装厂家、小企业、小作坊则生存艰难，几乎没有市场。1998—1999年，倒闭葡萄酒厂上百家。

三、培育市场

1998年底，张裕营销公司的市场调研部，在分析全国各地反馈回来的市场信息时发现沿海地区和中西部城市的葡萄酒的终端消费者结构存在较大差异。沿海地区葡萄酒个人消费比例很高，市场销量比较稳定；内地城市主要为公款消费（占70%以上），市场销量起伏也较大。同时对终端消费者的心理调查表明：沿海地区消费者看重的是葡萄酒的保健功能及文化品位，而内地消费者则看重的是身份标志和时尚。这表明沿海地区的葡萄酒进入理性消费阶段，步入速度减缓的市场成熟期，而内地城市则处在感性消费阶段，处在市场上升期。但因为我国葡萄酒的主要消费区域在沿海地区，故而可以推测：1999年的葡萄酒市场增长速度将放慢，张裕公司必须相应调整营销的策略，加大市场培育和开发的力度。

张裕很清楚：与啤酒、白酒比，葡萄酒的市场规模实在太小，整个产业的市场规模充其量不到 100 亿元。现在平均每个中国人葡萄酒年消费量只有 0.3 升，仅占世界平均水平的 1/20。而国人以白酒为主的酒类消费习惯是历史发展中逐渐形成的，是中国饮食业的一大特色，短期内很难改变，引导消费须下大功夫。假如每个中国人每年消费 2 瓶葡萄酒（1.5 升），那么就需要 195 万吨葡萄酒，市场规模即可达到 780 亿元。这表明中国葡萄酒市场还存在着巨大的发展空间，关键在于市场的培育和开拓。

为了培养消费者，张裕着力于"沟通"。受价格因素限制，经常性的葡萄酒消费者，主要是中高收入阶层，另外，行政管理层人士也是不可忽视的主流消费群；偶尔性消费者，则以年轻人为主。张裕沟通的主要对象就是这些人，即将经常性消费者巩固下来，让偶尔性消费者逐渐转向经常性消费者，同时开拓新的大量新生性消费者。针对不同的消费层次，它们采用了不同的沟通方式。

对经常性消费者而言，张裕通过一系列目标明确的整合传播，主要展示葡萄酒的健康、自然及其文化内涵——葡萄酒的品味和格调。它们通过对经常性消费者主要的信息来源，如高品位杂志、体育节目、酒店等，进行"润物细无声"的文化渗透，提高葡萄酒在这些消费者心目中的亲和力，同时通过一系列品牌策略，树立起张裕东方红酒经典形象，以"传奇品质，百年张裕"作为主题，也使对葡萄酒的系统传播得到了较好的效果。

对偶尔性消费者而言，张裕则侧重于诉展葡萄酒本身的时尚色彩，通过对大众传媒的控制性传播，传达各种葡萄酒的时尚资讯，营造出一种氛围，即把葡萄酒作为一种身份的象征进行推广，使其成为时尚潮流中一部分。如在报纸上开辟醒目的葡萄酒消费专栏，在电视台黄金时间插播葡萄酒的各类专题，举办各种葡萄酒知识讲座等。通过日积月累的渗透式传播，让消费者开始树立这么一种心态：选择葡萄酒就是在选择一种更好的生活方式。事后的调查表明：很多消费者都受到了这种传播的影响，并逐渐喜欢上了葡萄酒。

从 1998 年起，张裕通过一个声势巨大的全国性活动，为其找到了很多新生性消费者：这就是它近两年在全国各地举行的"中国葡萄酒文化展"。百年张裕有着深厚的文化底蕴，中西合璧的张裕在市场开拓中越来越强调一种文化认同，即强调自己的东方个性。基于中国传统文化的"中国葡萄酒文化展"，利用大量的图片和史实，详细介绍了中国葡萄酒 2 000 多年的悠久历史。

新千年，张裕对 1999 年市场的预测得到了证实，葡萄酒开始进入消费平台期。但整个张裕仍然保持了很好的发展势头，销售收入超过 13.61 亿元，比 1998 年上升了 36%。在 2000 年张裕的营销策略中，最核心的部分仍然是：培育市场，培养消费者，且一如既往"用心良苦"。张裕表示：这种培育市场的工作他们将一直做下去，力争在未来两年内把销售网络延伸到县一级，市场占有率再提高 10 个百分点。

来源：汤定娜等．中国企业营销案例．高等教育出版社，2001

分析：

1. 张裕公司是在什么情况下转变观念的？在这方面你还有没有什么建议？

要点： 在受到市场惩罚的情况下转变观念。文章有一段正好说明了这个：在改向市场经济的头两年中，由于市场观念差，企业缺乏适应市场竞争的能力，盲目生产，等客上门,受到了市场的惩罚:1989年,张裕的产值较上一年下降了2.5%,产量下降了26.2%,6条生产线停了4条,1/4的职工没有活干,近一半的酒积压在仓库里,累计亏损400多万元,生存和发展都面临着严峻的挑战。

建议:先对市场环境进行分析,了解消费者的需求(即消费习惯和消费心理)。同时结合自身的条件进行对比分析列出SWOT,给自己做好定位。然后细分市场,针对市场制定营销目标和方案。

2. 如何看待葡萄酒产品的前景?葡萄酒与其他酒之间有无替代关系?

要点:葡萄酒的市场是非常可观的,它的前景也是巨大的。随时人们的消费水平的上升,对于高端有品位的东西需求越来越大。葡萄酒本身具有的两大特点会让消费者对它的追捧越来越高。

特点一:葡萄酒现在成为高贵身份的一种象征。无论是它本身的历史文化,还是电视剧中的高贵形象都深深地刺激的消费者。

特点二:葡萄酒还有助于身体健康,很多医学界专家都曾指出葡萄酒有软化血管等作用。根据葡萄酒的两大特点,使葡萄酒与其他酒之间的替代关系也可以分为部分替代和不可替代两种,部分替代指葡萄酒的有助于身体健康,这一点其他酒只要掌握到一定的量也是可以的。不可替代则指的是它本身的文化传承和它高贵的身份象征。在很多特殊场合喝红酒是特定的,其他酒是无法替代的!

3. 张裕培育市场的做法的依据是什么?有何可取之处?还有哪些需要改进的?

要点:根据之前所做的市场调研。可取之处则是通过市场调研可以准确的细分市场、定位目标市场。对产品的定位等方面都可以做出正确的决策。同时还是企业做长期战略的重要依据。改进的地方我觉得应该针对市场环境做出相应的营销策略。比如促销。

4. 张裕在新的一年提高市场占有率10%的目标能否实现?如果让你来完成这个任务如何实现?

要点:能。市场的培育起着很关键性的作用。除了在上面所描述的传播体植入外,还应该涉足网络和电视剧。选择网络的原因是因为网络的传播速度快,覆盖面更广。进一步扩大消费群体。而电视剧则是植入形式,消费群体通过在看电视剧的时候,无形当中也接受了红酒文化,而这种植入方式用户接受度高,电视剧中的情景也会被用户群体模仿。县级城市的扩张则先用渠道方式打开销售市场,然后硬性的媒体广告植入,扩大品牌影响力。当然针对县级做一次市场调研,再结合消费群体的消费习惯和消费水平来重新开发一款张裕红酒的产品。在这些因素的影响下提高10%的市场占有率是能实现的。

经典人物

世界第一推销大师——乔·吉拉德

乔·吉拉德,(Joe Girard,1928.11—),美国著名的推销员。他是吉尼斯世界纪录大全认可的世界上最成功的推销员,从1963—1978年总共推销出13 001辆雪佛兰汽车。乔·吉拉德是世界上最伟大的销售员，连续12年荣登世界吉尼斯记录大全世界销售第一的宝座，他所保持的世界汽车销售纪录：连续12年平均每天销售6辆车，至今无人能破。

乔·吉拉德也是全球最受欢迎的演讲大师，曾为众多世界500强企业精英传授他的宝贵经验，来自世界各地数以百万的人们被他的演讲所感动，被他的事迹所激励。

生于贫穷：1928年处于美国大萧条年代；父辈是四处谋生的西西里移民。

长于苦难：为了生计9岁就开始擦皮鞋、做报童；遭受父亲的辱骂；遭受邻里的歧视。

自强不息：在父亲辱骂他一事无成时下决心，要证明父亲错了；受到歧视时和别人拼命；母亲的关爱使他始终坚信自己的价值。

不懈奋斗：坚持上学直到高中；做过40多种工作；破产、背负巨额负债也没有灰心；做销售努力改掉自己的口吃；对待顾客坚持诚信，恪守公平原则；不墨守成规，不断创新自己的方法，超越自我。

创造了伟大的传奇：

(1) 连续12年被《吉斯尼世界记录大全》评为世界零售第一。

(2) 连续12年平均每天销售6辆车——至今无人能破。

(3) 被吉斯尼世界记录誉为"世界最伟大的销售员"——迄今唯一荣登汽车名人堂的销售员。

乔·吉拉德创造了5项吉尼斯世界汽车零售纪录：

1. 平均每天销售6辆车。
2. 最多一天销售18辆车。
3. 一个月最多销售174辆车。
4. 一年最多销售1 420辆车。
5. 在15年的销售生涯中总共销售了13 001辆车。

乔·吉拉德的12条成功要诀

1. 要有条不紊记下所有客人的约会，做好准备。
2. 工作时工作，要与一些对你有帮助的人一起吃饭，而不要只懂跟同事吃饭。
3. 视乎场合及对象穿着合适衣履。
4. 严守"不要"戒条：不抽烟、不抽雪茄、不咬烟丝或口香糖、不喷古龙水、不说低俗笑话，还有男人在工作时不要戴耳环。
5. 用心聆听。
6. 展示微笑。
7. 保持乐观。
8. 紧记"马上回电"。
9. 千万别撒谎：所谓"一次不忠百次不容"。

10. 切忌过高收费。
11. 支持你所卖的产品。
12. 从每一项交易中学习。

来源：百度文库．http://wenku.baidu.com

本章小结

产品是指提供给市场，用于满足人们某种欲望和需要的任何事物。整体产品由核心产品、形体产品、期望产品、延伸产品和潜在产品五个层次组成。产品可以根据多种不同的标准进行分类，对不同类别的产品需采用不同的营销策略。

产品组合是指企业生产或经营的全部产品线和产品项目的有机结合方式。对产品组合的分析可以从广度、长度、深度和关联度等四个维度进行。产品组合的优劣将直接关系到企业的销售额和利润水平。

产品生命周期是指产品的市场生命周期，即产品从进入市场到退出的过程。包括引入、成长、成熟和衰退四个阶段。研究意义在于根据各阶段企业应制定相应的营销策略。

新产品不仅指科技发展所推动的全新产品，更主要指在整体产品中任何部分的创新、变革，改进的产品包括全新产品、换代新产品、改进新产品、仿制新产品和品牌新产品。

在现代市场竞争中品牌竞争是提高企业核心竞争力的重要手段。品牌策略是企业产品营销策略的重要组成部分，也是培育名牌的根本途径。商品经过包装才能进入流通领域，实现其价值和使用价值。良好的包装不仅可以保护商品，还可以增加商品的价值，有利于消费者挑选、携带和使用。

复习思考题

1. 什么是产品，什么是产品整体概念，它们有什么区别和联系？
2. 什么是产品组合、产品线和产品项目？
3. 什么是产品生命周期，它有几个阶段，每个阶段的营销特点是什么？
4. 什么是新产品，新产品开发的程序有哪些？
5. 什么是品牌，品牌和商标有什么区别和联系？
6. 包装策略如何运用？

营销实战

项目：

模拟公司产品（服务）方案策略。

目的：

① 学会分析和判断产品处于生命周期的哪个阶段，并选择恰当的营销策略。

② 学会创立品牌与保护品牌，并选择恰当的营销策略。

③ 掌握进行产品组合策略的能力。

内容及要求：

各学习小组（模拟公司）对本公司主营业务进行分析，针对其竞争和营销现状提出改进意见，形成不少于 2 000 字的书面方案。

方案内容包括产品整体概念可以怎样表达、该产品（服务）处于生命周期的什么阶段、该产品（服务）有何进一步开发的机会、该产品（服务）的品牌策略和包装策略应如何选择等。

案例分析　宝洁娇娃的问世

宝洁公司以其寻求和明确表达顾客潜在需求的优良传统，被誉为在面向市场方面做得最好的美国公司之一。其婴儿尿布的开发就是其中的一个例子。

1956 年，该公司开发部主任维克·米尔斯在照看其出生不久的孙子时，深切感受到有篮篮脏尿布对家庭主妇的烦恼。洗尿布的责任给了他灵感。于是，米尔斯就让手下几个最有才华的人研究开发一次性尿布。

一次性尿布的想法并不新鲜。事实上，当时美国市场上已经有好几种牌子了，但市场调研显示：多年来这种尿布只占美国市场 1%。究其原因主要是价格太高。但专家们认为这种尿布的市场潜力巨大，美国和世界许多国家正处于战后婴儿出生高峰期。将婴儿数量乘以每日平均需换尿布次数，可以得出一个大得惊人的潜在销量。

宝洁公司产品开发人员用了一年的时间，力图研制出一种既好用又对父母有吸引力的产品。产品的最初样品是在塑料裤衩里装上一块打了褶的吸水垫子。但 1958 年夏天现场实验结果，除了父母们的否定意见和婴儿身上的痱子以外，一无所获。于是又回到图纸阶段。

1959 年 3 月，宝洁公司重新设计了它的一次性尿布，并在实验室生产俩 37 000 个样子相似于现在的产品，拿到纽约州去做现场实验。这一次，有 2/3 的试用者认为该产品胜过布尿布。行了！然而接踵而来的问题是如何降低成本和提高新产品质量。为此要进行的工序革新，比产品本身的开发难度更大。一位工程师说它是"公司遇到最复杂的工作"。生产方法和设备必须从头搞起。不过，到 1961 年 12 月，这个项目进入了能通过验收的生产工序和产品试销阶段。

公司选择地处美国最中部的城市皮奥里亚试销这个后来被称定为"娇娃"（Pampers）产品，发现皮奥里亚的妈妈们喜欢用"娇娃"，但不喜欢 10 美分一片尿布的价格。因此，价格必须降下来。降多少呢？在 6 个地方进行的试销进一步表明，定价 6 美分一片，就能使这类新产品畅销，使其销售量达到高零销售的要求。宝洁公司的几位制造工程师找到了进一步降低成本的解决办法，并把生产能力大幅度提高。

"娇娃"尿布终于成功推出，直至今天仍然是宝洁公司的拳头产品之一。他表明，企业对市场真正需求的把握需要通过直接的市场调研来论证。通过潜在用户的反映来指导和改进新产品开发工作。企业各职能部门必须通力合作，不断进行产品试用和调整定价。最后，公司做成了一桩全赢的生意：一种减轻了每个做父母的最头疼的一件家务的产品，一个为宝洁公司带来了收入和利润的重要新财源。

宝洁公司开发一次性尿布的决策充分证明企业进行产品开发和时常营销活动必须真正理解和把握市场需求，而对市场需求的把握和确认则必须以科学且充分的市场调研为基础。

来源：吴健安．市场营销学（第2版）．高等教育出版社，2003

分析：
1. 宝洁公司开发一次性尿布是属于何种产品类型？它有什么特点？
2. 宝洁公司产品开发过程是否表明它把握了现代市场营销的基本精神？

第八章 价格策略

关键词：成本导向定价；需求导向定价；竞争导向定价；撇脂定价；渗透定价；声望定价；心理定价；地区定价。

导入案例

攻心致胜——烧画催生高价

在比利时的一间画廊里，一位美国画商正和一位印度画家在讨价还价，争辩得很激烈。其实，印度画家的每幅画底价仅在 10～100 美元之间。但当印度画家看出美国画商购画心切时，对其所看中的 3 幅画单价非要 250 美元不可。美国画商对印度画家敲竹杠的宰客行为很不满意，吹胡子瞪眼地要求降价成交。印度画家也毫不示弱，竟将其中的一幅画用火柴点燃，烧掉了。

美国画商亲眼看着自己喜爱的画被焚烧，很是惋惜，随即又问剩下的两幅画卖多少钱。印度画家仍然坚持每幅画要卖 250 元。从对方的表情中，印度画家看出美国画商还不愿意接受这个价格。这时，印度画家气愤地点燃了火柴，竟然又烧了另一幅画。至此，酷爱收藏字画的美国画商再也沉不住气了，态度和蔼多了，乞求说："请不要再烧最后这幅画了，我愿意出高价买下！"最后，竟以 800 美元的价格成交。

来源：百度文库. http://wenku.baidu.com

价格策略的制定和执行是市场营销活动中很重要的部分，价格对市场营销组合中的其他策略会产生很大影响，并与其他营销策略相结合共同作用于营销目标的实现。价格是企业参与竞争的重要手段，其合理与否会直接影响企业产品或服务的销路。

第一节 影响定价的主要因素

价格既是一门科学，又是一门艺术。出于价格的形成极其复杂，受多种因素的影响，所以企业定价时必须全面分析各种影响因素。一般而言，产品定价上限一般取决于市场需求，下限取决于产品成本。在上限和下限内如何制定价格，取决于企业定价目标、政府政策和竞争对手的价格。

一、定价目标

企业定价应考虑的因素较多，定价目标也多种多样，不同企业可能有不同的定价目标，同一企业在不同时期也可能有不同的定价目标，企业应当权衡各个目标的依据及利弊，谨慎加以选择。一般来讲，企业可供选择的定价目标有以下五大类。

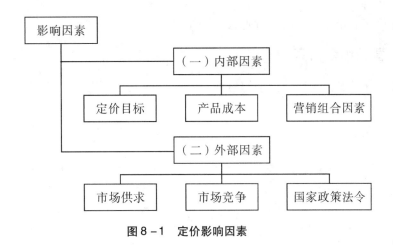

图 8-1 定价影响因素

（一）利润最大化

这一目标的侧重点是短期内获得最大利润和投资回报率。其前提为以下 3 点。
（1）企业的生产技术和产品质量是在市场上居领先地位。
（2）同行业中竞争对手的力量较弱。
（3）商品供不应求。

（二）销量最大化

这一目标的着眼点是在于追求长期利润，取得控制市场的地位。

（三）竞争导向

竞争导向指企业主要着眼于在竞争激烈的市场上以应付或避免竞争为导向的定价目标。在市场竞争中，大多数竞争对手对价格都很敏感，在定价以前，一般要广泛搜集信息，把自己产品的质量、特点和成本与竞争者的产品进行比较，然后制定本企业的产品价格。

（四）产品质量最优

以产品质量领先，优质优价，辅以优质服务。

（五）维持基本生存

如果企业产量过剩或面临激烈的竞争，只要其价格能够弥补可变成本和一些固定成本，企业的生存便可得以维持。

二、产品成本

产品的价格主要由成本、税金和利润构成，因此产品的最低价格取决于生产这种产品的成本费用。从长远看，任何产品的销售价格都必须高于成本费用，才能以销售收入来抵偿生产成本和经营费用，否则就无法经营。

三、营销组合因素

还要充分考虑影响产品价格的另外一个重要的、最难捉摸的因素——市场状况，主要包括市场产品供求状况、市场需求特性。

（一）市场产品供求状况

当产品供不应求时，产品价格就会上涨；当产品供过于求时，产品价格就会下跌。供求影响价格，价格调节供求。

（二）产品需求特性

（1）对高度流行或对品质具有很高要求的产品，价格属次要因素。
（2）购买频率大的日用品，有高度的存货周转率，适宜薄利多销。
（3）价格弹性。

四、竞争者的产品和价格

企业在进行定价时，必须考虑竞争者的营销战略，采取适当的方式，了解竞争者所提供产品的质量、价格、对手的实力等信息。

例如，一个正在考虑美的冰箱的消费者会把美的的价格和质量与其竞争产品如海尔、小天鹅的进行比较。如果美的采取高价格、高利润的策略，它就会引来竞争。而低价格、低利润的策略可以阻止竞争者进入市场或者把他们赶出市场。

五、政府的政策和法规

价格是国家调控经济的一个重要参数，国家通过税收、金融、海关等手段间接地控制价格，同时对垄断价格进行限制，因此企业定价的自由度要受政策因素影响。

例如，德国政府通过严格的租金控制法将房租控制在较低价格，将牛奶等控制在较高价格；南非政府将宝石的价格控制在较低价格，将面包控制在较高价格；我国工商总局为反暴利对国外的进口汽车价格进行了指导和限制等。

第二节 定价的方法

一、成本导向定价法

以产品成本为定价基本依据，按卖方意图的定价策略。特点是简便、易用。

长虹与海尔两家企业的具体战略完全不同，但他们归根到底都是追求规模经济以实现低成本优势。长虹的特点是以低价快速复制生产线形成规模经济，加上内地较低的劳动力成本，从而实现明显的低成本优势。海尔走的是另一条战略途径，即以大规模销售服务，促进大规模生产（含多元化经营），再逐步提高技术水平的这样一种循环发展道路。

（一）成本加成定价法

成本加成定价法就是按照单位成本加上一定百分比的加成决定价格。加成的含义就是一定比率的利润。公式为：

$$P = C(1 + R)$$

式中，P——单位售价；
　　　C——单位成本；
　　　R——加成利润。

假设一双皮鞋的单价成本是 20 美元，加上 20% 的利润，那么售价 $(P) = 20(1 + 20\%) = 24$（美元）。

西方国家的零售业，大都采用加成定价法。它们对各种商品加上预先规定的不同幅度的加成。比如，百货商店一般对烟类加成 20%，照相机加成 28%，书籍加成 34%，衣物加成 41%，珠宝饰品加成 46%，女帽类加成 50%，等等。

（二）目标收益定价法

目标收益定价法又称投资收益定价法，是根据企业的总成本或投资总额、预期销量和目标收益额来确定价格的一种定价方法。其基本公式为：

$$单位产品价格 = (总成本 + 目标收益额)/预期销量$$

例如，某服装企业预计其产品的销量为 20 万件，总成本为 1000 万元，决定完成利润目标为 200 万元，则：

$$单位产品价格 = (1000 + 200)/20 = 60(元)$$

美国通用汽车公司就是这样定价，它以总投资额 15%～20% 作为每年的目标收益率，摊入汽车售价中。

（三）边际成本定价法

边际成本定价法也称边际贡献定价法，即仅计算变动成本，略去固定成本，而以预期的边际贡献补偿固定成本并获得收益。边际贡献是指企业增加一个产品的销售，所获得的收入减去边际成本的数值。如边际贡献不足以补偿固定成本，则出现亏损。其公式为

$$单位产品价格 = 单位产品变动成本 + 单位产品边际贡献$$

（四）盈亏平衡定价法

盈亏平衡定价法又称量本利分析法，它利用收入、成本和利润之间的关系，来分析确定盈亏平衡点并以此确定价格。当一个企业的全部收入恰好等于全部成本时就达到了盈亏平衡。为了计算盈亏平衡点（也称保本点），企业需要掌握产品的单位价格、变动成本和固定成本。其基本公式如下：

$$单位产品价格(P) = 固定总成本(FC) \div 销量(Q) + 单位变动成本(VC)$$

例如，某企业年固定成本为 10 000 元，单位产品变动成本为 20 元/件，年产量为 5 000 件，则该单位产品价格 = 10000 ÷ 5000 + 20 = 22（元）。

以盈亏平衡点确定价格只能使企业的生产耗费得以补偿，而不能得到收益。因此，在实际中均将盈亏平衡点价格作为价格的最低限度，通常在加上单位产品目标利润后才作为最终市场价格。有时，企业为了开展价格竞争或应付供过于求的市场格局，会采用这种定价方式以取得市场竞争的主动权。

二、需求导向定价法

需求导向定价法是根据消费者对产品和劳务的需求强度来确定产品价格的方法。需求强度大时取高价，需求强度小时取低价。其中常用的有以下两种。

（一）顾客感知价值定价法

以消费者对产品价值的感受及理解程度作为定价的基本依据。在超市上一瓶娃哈哈的纯净水是1.5元，而在高铁上则可定价5元。由于服务场所和稀缺提高了产品的附加价值，使顾客愿意支付那么高的价格。

感受价值定价法关键在于：企业要正确估计消费者所承受的价值，否则定价过高或过低都会给企业造成损失。

西门子的冰箱定价为4 000元，虽然竞争者的同类产品定价只有2 000元，但该公司的冰箱却比竞争者具有更大的销售量。

为什么顾客愿意多支付2 000元来购买该公司的产品？

该公司作出如下解释：

（1）2000元——所产冰箱与竞争产品相同的价格。
（2）800元——能有更长的使用寿命。
（3）700元——提供更优良的服务所带来的溢价。
（4）500元——有更长的零配件保用期所带来的溢价。
（5）4000元——该公司所产冰箱的价值。

（二）反向定价法

反向定价法是企业根据消费者能够接受的最终销售价格，计算自己从事经营的成本和利润后，逆向推算出产品的批发价和零售价。

案例阅读 8-1

"随你给多少"

美国有个叫罗西的人，经营了一家家庭餐馆。餐馆菜单上的菜单无标价，广告牌上有五个字："随你给多少。"他规定："让顾客根据饭菜和服务的满意程度自定价格，给多给少，悉随尊便；若不满意，也可分文不付。"罗西这一绝招，使好奇的食客们闻风而至，罗西餐馆顿时顾客爆满，应接不暇，收入大增。许多食客心甘情愿的付出比实际价格高许多的价款。虽然难免有个别无赖之徒和饕餮之客。但对餐厅的整体经营却不伤筋骨，最终使他腰缠万贯。

来源：中国零售网．www.youyuanw.com

三、竞争导向定价法

企业定价以竞争对手的价格为依据来制定价格的方法。其中常用的有两种：

（一）随行就市定价法

随行就市定价法指企业按照行业的平均现行价格水平来定价。一般能为企业带来合理、适度的盈利。

（二）投标定价法

投标定价法指采购机构在报刊上登广告或发出函件，说明拟采购商品的品种、规格、数量等具体要求，邀请供应商在规定的期限内投标，采购机构从中选择报价最低、最有利的供应商成交。

经常被用于土地、承包工程、公路投标等。

四种最基本的拍卖型态

1. 英式拍卖（English Auction）

购物者彼此竞标，由出价最高者获得物品。当前的拍卖网站所开展的拍卖方式以"英式拍卖"为主，以这种方式进行拍卖的物品有二手设备、汽车、不动产、艺术品和古董等，Egghead.com网站和e-Bay网站都是采用英式拍卖的网站。

2. 荷兰式拍卖（Dutch Auction）

荷兰式拍卖也叫降价式拍卖，卖方将要拍卖物品的价格公布到网站上，买方则选择价格最低的卖方。荷兰阿姆斯特丹的花市所采用的便是这种运作方式，通用电器公司的"交易过程网络"（Trading Process Network）也是如此。

3. 标单密封式拍卖（Sealed-bid Auction）

这是一种招标方式，在这种拍卖方式中，拍卖商是唯一能看到"各投标者投标价格"的人。举例来说，如果有一家公司想要建立工厂，它会请有意投标的厂商前来进行标单密封式投标，这种方式可让各投标者不知道他人的出价究竟是多少。目前，在中国国内各大城市相继展开的药品招标活动所采取的也是这种方式。

4. 复式拍卖（Double Auction）

众多买方和卖方提交他们愿意购买或出售某项物品的价格，然后通过电脑迅速进行处理，并且就各方出价予以配对。股票市场便是复式拍卖的典型范例，在股票市场上，许多买方和卖主聚集在一起，供需状况随时会发生变化。

来源：新经济时代的定价策略．中国营销传播网．http://www.emkt.com.cn

第三节 定价的策略

在实践中,企业还需要利用灵活多变的定价策略,修正或调整产品价格。

一、新产品定价策略

新产品定价是企业定价的一个重要方面,也是一个棘手的问题。新产品定价没有借鉴的对象,它的合理与否不仅关系到新产品能否顺利进入市场和占领市场,还关系到产品的命运和企业的前途。新产品是运用科学技术新发明生产出来的具有新技术、新材料、新品质和新工艺等特征的产品。这类产品一般有专利保护,处于产品生命周期的导入期,其定价目标一般包括两方面:一是尽快被消费者采用,迅速扩大市场,占领市场;二是尽快收回成本,提高企业的经济效益。为此,企业多采用撇脂定价和市场渗透定价策略。

(一)撇脂定价策略

这就犹如从牛奶中撇取奶酪一样,在新产品上市之初就制定高价,以便在产品生命周期的开始阶段尽快收回投资和获取最大利润,等竞争者进入市场或市场容量萎缩时,再逐渐降低价格的策略。美国的苹果公司就是撇脂定价策略的典型代表,该公司在首次推出 iPhone 手机时,根据其新产品的独一无二的系统、设计、外观等优势,定下了最高的价格;当初中期的销售额下降之后,它适当降低了价格以吸引另一层对价格敏感的消费者。如原子笔在 1945 年发明时属于全新产品,其成本 0.5 美元一支,可是发明者却利用广告宣传和求新求异心理,以 20 美元销售仍然旺销。

(二)渗透定价策略

渗透定价策略指使用低价位将产品投向较大的市场,一开始就以低价迅速而深入地渗透市场,以便很快地吸引大量购买者并赢得较大的市场占有率。例如美国的 DELL 电脑就创造了渗透定价策略的成功范例,当 IBM 在美国电脑售价在 900 美元时,DELL 仅以 530 美元的低价进入美国市场,很快从竞争对手的手里抢了很大的市场份额。

二、折扣定价策略

折扣定价策略是企业为了鼓励顾客及早付清货款、大量购买、淡季购买而酌情降低基本价格的策略。

(一)数量折扣

根据购买数量的多少分别给予大小不同的折扣,以鼓励大量购买。如在某百货商店的服装专柜一次性消费满 1 000 元就可以享受额外 9 折优惠。

（二）现金折扣

企业对在规定的时间内提前付款或用现金付款的消费者，所给予的一种价格折扣。其目的是鼓励消费者尽早付款，加速企业资金周转。

在西方国家，典型的付款期限折扣表示为"5/30，Net 60"。其含义是在交易后30天内付款，消费者可以得到5%的折扣；超过30天，在60天内付款不予消费者折扣；超过60天付款消费者要加付利息。

（三）商业折扣

商业折扣也叫功能折扣，指企业根据中间商的不同类型和不同分销渠道所提供的服务不同，给予不同的折扣。功能折扣的比例，主要考虑中间商在分销渠道中的地位、对生产企业产品销售的重要性、购买批量、完成的促销功能、承担的风险、服务水平、履行的商业责任，以及产品在分销中所经历的层次和在市场上的最终售价，等等。功能折扣的结果是形成购销差价和批零差价。

例如，一家制造商可能允许零售商从建议的零售清单价格中提一个20%的商业折扣，以抵消零售功能成本并获取利润。同样，制造商可能允许批发商给出一种低于建议零售价20%和10%的连锁折扣即100/20/15。在这个例子中，零售价100元，零售商拿到的价格是80元，批发商拿到的价格是65元。

（四）季节折扣

季节折扣指对在销售淡季购买产品的客户提供的价格优惠。

例如，旅行社和航空公司，在旅游淡季通常都给顾客一定的折扣优待。目的是使自己的设备能够充分利用，提高经济效益。

（五）价格折让

这是另一种类型的价目表价格的减价。折让的形式有以下3种。

（1）回收折让：指消费者可以用同类的旧产品来抵消一部分产品价格，例如空调和洗衣机等。

（2）免费服务折让：指在销售有形产品的同时，向消费者提供免费的服务，例如送货上门、安装、维修等。

（3）促销折让：一家零售商在电视上刊登某个牌子的服装广告，这家服装厂因此为它支付一定比例的广告费用。

案例阅读8-2

新加坡的"半价中心"

在新加坡，有一家名叫"半价中心"的百货商店。与其他百货商店相比，半价中心的商品定价有其新招术：对每次购物100元以上的顾客实行半价优惠。由于实行如此优惠，使得该商店的生意兴隆。目前，该商店已发展到 15 家分店，并计划在短期内进军澳大利亚等国。

半价中心的定价策略，实际上是鼓励顾客一次性大量购买。对顾客来讲，与其买 70～80 元的商品，不如买 100 元的商品，因为 100 元的商品只需花 50 元。因此，顾客要么购买 50 元以下的商品，要么购买 100 元以上产品，在这种情况下，商店可以从大批量的销售中，获取理想的利润。

尽管半价中心的商品一年到头都以半价出售，但赢利并没有因利润微薄而受影响，其原因主要是由于该中心的商品进货成本比较低，即使以半价出售，商店仍可以赚钱。而该中心的商品进货价格之所以低，主要有以下原因：① 直接大批量从工厂进货，尽量降低商品价格；② 设立自己的工厂，实现从制造到销售一条龙，从而加强对成本的控制；③ 想方设法买到工厂的大批库存，这些由于各种原因造成的积压产品，在价格上很便宜。

除了进货价格低廉以外，半价中心在进货品种也有所选择。该中心出售的几乎都是日用品，因日用品市场较大，且不会过时。即使是服装，也是日常经常要穿的，如 T 恤衫、牛仔裤及衬衫等，而不是赶潮流的时装。由于所售的产品不存在短期内被市场所淘汰的问题，因此，实行半价也就更具诱惑力。

资料来源：陈兆祥. 国内外商家常用的花招与智术. 市场营销文摘，2008（4）

三、心理定价策略

运用心理学的原理，依据不同类型的消费者在购买商品时的不同心理要求来制定价格，以诱导消费者增加购买。

（一）整数定价策略

整数定价策略是把商品的价格定成整数，不带尾数，使消费者产生"一分钱一分货"的感觉。主要适应于高档消费者或消费者不太了解的某些商品。例如，一颗钻石戒指的定价为 11 000 元，而不是 9 999 元。

（二）尾数定价策略

尾数定价，也称零头定价或缺额定价，即给产品定一个零头数结尾的非整数价格。大多数消费者在购买产品时，尤其是购买一般的日用消费品时，乐于接受尾数价格。如 9.9 元、19.98 元等。消费者会认为这种价格经过精确计算，购买不会吃亏，从而产生信任感。同时，价格虽离整数仅相差几分或几角钱，但给人一种低一位数的感觉，符合消费者求廉的心理愿望。

有时候尾数的选择完全是出于满足消费者的某种风俗和偏好，如西方国家的消费者对"13"忌讳，日本的消费者对"4"忌讳。美国、加拿大等国的消费者普遍认为单数比双数少，奇数比偶数显得便宜。我国的消费者则喜欢尾数为"6"和"8"。

（三）分级定价策略

这是指在定价时，把同类商品分为几个等级，不同等级的商品其价格有所不同。这种定价策略能使消费者产生货真价实、按质论价的感觉，因而容易被消费者接受。

（四）声望定价策略

声望定价即针对消费者"便宜无好货、价高质必优"的心理，对在消费者心目中享有一定声望，具有较高信誉的产品制定高价。不少高级名牌产品和稀缺产品，如豪华轿车、高档手表、名牌时装、名人字画、珠宝古董等，在消费者心目中享有极高的声望价值。购买这些产品的人，往往不在于产品价格，而最关心的是产品能否显示其身份和地位，价格越高，心理满足的程度也就越大。

（五）招徕定价策略

一些超市为了招徕顾客，几种特价品制定非常低的价格，吸引顾客前来商场，其目的不是销售几种特价品，而是寄希望于顾客连带购买其他商品。

（六）习惯定价策略

许多商品，尤其是日用消费品，其价格一旦固定下来，习惯了这一价格的消费者在心理上会形成一种价格倾向。对这类产品的价格一般不宜轻易变动，否则，价高会引起"涨价"的社会反响，价低了会引起是否货美价实的怀疑。如必须变价时，则应同时采取加强宣传等配套措施。

案例阅读 8-3

"巴厘克"服装

"巴厘克"是印尼久负盛名的传统服装，某印尼服装厂设计师经过革新，在服装设计中将精美与典雅、娟秀与华丽并存，到日本展销，日本社会名流应邀光顾，却无人问津。调查发现，定价太低，贵妇们认为低价则脸上无光。

之后设计师改进设计，第二年又争取到日本展销，质量并无大变化，价格比上次高出3倍，却被抢购一空。调查发现，日本妇女认为，价格昂贵，又久负盛名，一定货高价实，购买这种服装能显示自己的身份和地位，因而争相购买。

来源：作者根据相关资料整理而成

四、地区定价策略

企业产品要运往不同的市场区域进行销售，其中发生的运输费用对产品的价格会产生显著的影响。

（一）FOB 原产地定价

FOB 是一种贸易条件，原产地定价（FOB）在国际贸易中习惯称为"离岸价"或"船上交货价格"。FOB 原产地定价指买方按照出厂价格购买某种产品，卖方只负责将产品运到产地某种运载工具上交货，由买方承担其后所发生的全部费用和风险。

（二）统一交货定价

统一交货定价，也称送货制价格，即卖方将产品送到买方所在地，不分路途远近，统一制定同样的价格。

（三）分区定价

根据顾客所在地区距离的远近，将产品覆盖的整个市场分成若干个区域，在每个区域内实行统一价格。

（四）基点定价

选定某些城市作为基点，然后按一定的厂价加上从基点城市到消费者所在地的运费来定价，而不管产品实际上是从哪个城市起运的。西方的制糖、水泥、钢铁和汽车等行业一直采用基点定价。

（五）运费免收定价

有些企业因为急于在某些地区开展市场，会选择由本企业负担全部或部分实际运费。

五、产品组合的定价策略

（一）产品线定价策略

几乎所有企业都生产或经营一种产品的不同类型和规格，各以不同价格出售。因为不同型的产品为不同的市场细分所欢迎，完整的产品线有可能扩大该产品的市场占有率。如三星手机将手机市场分为四个档次，分别定为低于 1 500 元、1 500～3 000 元、3 000～5 000 元、高于 5 000 元。顾客自然就会把这几种价格将三星手机产品分为低、中、中高和高等四个档次，有利于吸引更多的消费者。

（二）附带产品定价策略

第一种是非必须附带产品定价，许多企业在提供主要产品的同时，还提供一些与主要产品密切相关的附带产品，但是并不一定必须附带。例如，有的饭店饭菜的价格定得低，而酒水的价格定得较高，靠低价饭菜吸引顾客，以高价的酒水赚取厚利。另外是一种是连带产品定价，指必须与主要产品一同使用的产品。很多企业往往把主要产品的价格定的较低，而把连带产品价格定的较高，如柯达公司就是这样，照相机价格低，而靠胶卷来赚钱。

（三）副产品定价法

企业在生产过程中（石油、肉类、化工产品）往往有一些副产品，企业必须为这些副产品寻找市场。只要价格能抵偿副产品的储运费用开支即可。

（四）配套定价策略

这种方法是把有关的多种产品搭配成套，一起卖出。如卖剃须刀的企业将剃须刀、剃须刀片和剃须泡沫水合在一起销售等。采取这种策略，必须使价格优惠到有足够的吸引力，比单件购买便宜、方便，以促进销售。

第四节 价格调整及价格变动反应

企业处在一个不断变化的环境之中，为了生存和发展，有时需要主动降价或提价，有时又需要对竞争者的变价做出适当的反应。

一、企业降价与提价

（一）企业降价

企业降低价格的主要原因如下。

（1）生产能力过剩，出现库存积压，需要扩大销售，但又不能通过产品改进和加强销售等扩大市场，在这种情况下，企业就需要考虑降价。

（2）在强大竞争压力下，企业的市场占有率下降。例如，美国的汽车、电子产品、照相机、钟表等，曾经由于日本竞争者的产品质量较高、价格较低，丧失了一些市场份额，在这种情况下，美国一些企业不得不降价竞销。

（3）企业的成本费用比竞争者低，企图通过降价来控制市场或提高市场占有率，从而扩大生产和销售量，降低成本费用。

（二）企业提价

虽然提价会引起消费者、中间商和企业推销人员的不满，但是一个成功的提价策略可以使企业的利润大大增加。引起提价的主要原因如下。

1. 由于通货膨胀，物价上涨，企业的成本费用上升

这种条件下企业不得不提价。企业可以采用以下手段来应付通货膨胀：

（1）采用推迟报价的策略，即企业暂时不规定最终价格，等到产品制成或交货时才规定最终价格。在工业建筑和重型设备制造业中常用此策略。

（2）在合同中规定调整条款，即企业在合同上规定在一定时间内（一般到交货时为止）可以按照某种价格指数来调整价格。

（3）采取不包括某些服务的定价策略，即在通货膨胀、物价上涨的情况下，企业决定产品价格不动,但原来提供的某些服务另行计价,这样原来提供的产品价格实际上是提高了。

(4) 减少价格折扣,即企业决定削减正常的现金和数量折扣,并限制销售人员以低于价目表的价格拉生意。

(5) 取消低利润产品。

(6) 降低产品质量,减少产品特色和服务。采取这种策略可保持一定的利润,但会影响企业声誉和形象,失去忠诚的顾客。

2. 企业的产品供不应求,不能满足所有顾客的需要

在这种情况下,企业必须提价。提价方式包括直接提价、减少或取消价格折扣、在产品大类中增加价格较高的项目、对顾客实行配额等。

企业提价可以公开进行,但最好采用较为隐蔽的方式进行。例如,以便宜的配料代替价格上涨的配料,去掉产品的某些特色或服务,减少分量或改变包装等。在提价时,为了减少顾客的不满,企业应当向顾客说明提价的原因,并帮助顾客解决提价带来的问题,寻找节约的途径。

二、顾客对企业变价的反应

企业无论提价或降价,都必然影响到购买者、竞争者、中间商和供应商的利益,而且政府也会关心企业变价。这里先分析购买者对企业变价的反应。

对于产品降价,顾客可能会这样理解:

(1) 这种产品式样过时了,将被新型产品取代。

(2) 这种产品有某些缺点,销售不畅。

(3) 企业遇到财务、资金困难,难以继续经营。

(4) 价格还会下跌,等一等再买。

(5) 这种产品的质量下降了。

提价通常会影响销售,但顾客对某种产品的提价也可能这样理解:①这种产品很畅销,不赶快买就买不到了;②这种产品很有价值;③卖主想尽量取得更多利润。

一般来说,购买者对于价值高低不同的产品价格的反应有所不同。顾客对于那些价值高、经常购买的产品的价格变动较敏感,而对于那些价值低、不经常购买的产品,即使单位价格较高,购买者也不大注意。

此外,购买者虽然关心产品价格变动,但是通常更关心取得、使用和维修产品的总费用。因此,如果卖主能使顾客相信某种产品取得、使用和维修的总费用较低,就可以把这种产品的价格定得比竞争者高,以获得更多的利润。

三、竞争者对价格变动的反应

企业在考虑变价时,除了要重视购买者的反应,还必须关注竞争对手的反应。当某一行业中企业数目很少、产品同质性强、购买者颇具辨别力与知识时,竞争者的反应就愈显重要。

(一) 了解竞争者反应的主要途径

企业估计竞争者的可能反应至少可以通过两种方法:内部资料和统计分析。取得内部情报的方法有些是可接受的,有些则近乎刺探:例如,从竞争者那里挖来经理,以获得竞争者决策程序及反应模式等重要情报;雇用竞争者以前的职员,专门成立一个部门,其工作任务就是模仿竞争者的立场、观点、方法思考问题。类似的情报也可以由其他渠道(如顾客、金融机构、供应商、代理商等)获得,用统计分析方法来研究竞争者过去的价格反应,也可以得知其适应价格变化对策。必须指出,只有在竞争者的价格反应政策相当一致持久的情况下,统计方法才有意义。否则,就必须以不同的假设来分析,也就是假设竞争者在每次价格变动时所采取的反应都不相同。

(二) 预测竞争者反应的主要假设

企业可以从以下两个方面来估计、预测竞争者对本企业价格变动的可能反应。

(1) 假设竞争对手采取老一套办法对付本企业价格变动。在此情况下,竞争对手的反应是能够预测的。

(2) 假设竞争对手把本企业每一次价格变动都看作新的挑战,并根据当时的利益做出相应的反应。在此情况下,企业就必须断定当时竞争对手的利益是什么。企业必须调查研究对手目前的财务状况、近来的销售和产能情况、顾客的忠诚情况及企业目标等。如果竞争者的目标是提高市场占有率,就有可能随本企业的价格变动而调整价格;如果竞争者的目标是获得最大利润,就会采取其他对策,如增加广告预算、加强广告促销或提高产品质量等。总之,在实施价格变动时,企业应善于利用各种信息来源,观测竞争对手的意图,以便采取适当的对策。

案例阅读 8-4

没有降价 2 分钱不能抵消的品牌忠诚度

多年以前,丰田公司发现,世界上有许多人想购买奔驰车,但由于定价太高而无法实现。于是,丰田公司的工程师放手开发凌志汽车。丰田公司在美国宣传凌志时,将其图片和奔驰并列在一起,用大标题写道:用 36 000 美元就可以买到价值 73 000 美元的汽车,这在历史上还是第一次。经销商列出了潜在的顾客名单,并送给他们精美的礼盒,内装展现凌志汽车性能的录像带。录像带中有这样一段内容:一位工程师分别将一杯水放在奔驰和凌志的发动机盖上,当汽车发动时,奔驰车上的水晃动起来,而凌志车上的水却没有动,这说明凌志发动机行驶时更平稳。面对这一突如其来的挑战,奔驰公司不得不重新考虑定价策略。

但出人意料的是,奔驰公司并没有采取跟随降价的办法,而是相反,提高了自己的价格。对此,奔驰公司的解释只有一句话:奔驰是富裕家庭的车,和凌志不在同一档次。奔驰公司认为,如果降价,就等于承认自己定价过高,虽然一时可以争取到一定的市场份额,但失去市场忠诚度,消费者会转向定价更低的公司;如果保持价格不变,其销售额也会不断下降：只有提高价格，增加更多的保证和服务，例如免费维修6年，才可以巩固奔驰原有的地位。就这样，奔驰公司不是跟随和盲从，而是以超常思维和手段，化被动为主动，摆脱了来自凌志的挑战。在商业实践中，以超常思维改变定式，对于企业营销的成败具有非凡意义，其功效在于出其不意，独辟蹊径，而这恰恰是现代商人所应具备的思维品质。

资料来源：王效东. 市场营销理论与实务. 北京师范大学出版社，2009.8

四、企业对竞争者变价的反应

企业经常会面临竞争者变价的挑战。如何对竞争者的变价做出及时、正确的反应是企业定价策略的一项重要内容。

（一）不同市场环境下的企业反应

在同质产品市场上，如果竞争者降价，企业也必须随之降价，否则顾客就会转而购买竞争者的产品。如果某个企业提价，且提价对整个行业有利，其他企业也会随之提价；但是，如果有企业不跟随提价，那么最先发动提价的企业和其他企业就有可能不得不取消提价。

在异质产品市场上，企业对竞争者变价的反应有更多的选择余地。因为在这种市场上，顾客选择卖主不仅考虑价格因素，而且还要考虑质量、服务、性能、外观、可靠性等因素，因而对于较小的价格差异可能并不在意。

面对竞争者的变价，企业必须认真研究以下七个问题：

（1）为什么竞争者要变价？
（2）竞争者是暂时变价还是打算永久变价？
（3）如果对竞争者的变价置之不理，对本企业的市场占有率和利润会有何影响？
（4）其他企业是否也会做出反应？
（5）是否可以采用非价格竞争策略应对竞争者的变价？
（6）如果本企业也进行变价，应怎样进行？
（7）竞争者和其他企业对于本企业的每个可能的反应又会有怎样的反应？

（二）选择有效的价格竞争策略

当企业遇到竞争者降价时，可考虑采用下列价格竞争策略。

1. 维持价格不变

采取该策略的企业认为，如果降价就会减少利润收入，而维持价格不变，尽管对市场占有率有一定的影响，但以后还能恢复市场阵地。当然，维持价格不变的同时，还要改进产品质量、提高服务水平、加强促销沟通等，运用非价格手段来反击竞争者。许多企业的实践证明，采取这种策略比简单地降价和低利经营更有效。

2. 降价

采取这种策略是因为：① 降价可以使销售量和产量增加，从而使成本费用下降；

②市场对价格很敏感,不降价就会使市场占有率大幅下降;③市场占有率下降以后就难以恢复。但是,降价以后企业仍应尽力保持产品质量和服务水平,否则会影响企业在顾客心目中的形象,损害企业的长期利益。

3. 提价

企业可以在提价的同时致力于提高产品质量或推出新品牌,以便与竞争者争夺市场。

(三) 企业应变需要考虑的因素

受到竞争对手进攻的企业必须考虑:①产品在其生命周期中所处的阶段以及在企业产品投资组合中的重要程度;②竞争者的意图和资源;③市场对价格和价值的敏感性;④成本费用随着销量和产量的变化而变化的情况。

面对竞争者的变价,企业不可能花很多时间来分析应采取的对策。事实上,竞争者很可能花了大量的时间来准备变价,而企业又必须在几小时或几天内明确、果断地做出明智的反应。缩短价格反应决策时间的唯一途径是预料竞争者价格的可能变动,并预先准备适当的对策。

经典人物

日本推销之神——原一平

原一平(1904.9—1984.8),在日本寿险业是一个声名显赫的人物。日本有近百万的寿险从业人员,其中很多人不知道全日本20家寿险公司总经理的姓名,却没有一个人不认识原一平。他的一生充满传奇,从被乡里公认为无可救药的小太保,最后成为日本保险业连续15年全国业绩第一的"推销之神",最穷的时候,他连坐公车的钱都没有,可是最后,他终于凭借自己的毅力,成就了自己的事业。

原一平21岁于私立东京商业专科学校毕业,27岁进入明治保险公司,36岁业绩全国第一,59岁成为美国百万元圆桌会议会员。协助设立全日本寿险推销员协会,并担任会长至1967年。因对日本寿险学的卓越贡献,荣获日本政府颁赠"绀绶褒章"。1984年4月正式退休,8月15日因病逝世。

原一平25岁当实习推销员时,身高1.45米,又小又瘦,横看竖看,实在缺乏吸引力,可以说是先天不足。但他苦练笑容,并且获得成功。

工作是心中的一团火

尽管原一平功成名就,但他根本不愿意停下来,还要继续工作,他的太太埋怨说:"以我们现在的储蓄已够终生享用,不愁吃穿,何必每日再这样劳累地工作呢?"

原一平却不以为然地回答:"这不是有没有饭吃的问题,而是我心中有一团火在燃烧着,这一团永不服输的火在身体内作怪的缘故。"

原一平用自己一生的实践书写了作为一个伟大的推销员、一个优秀的推销员应该具有的技巧。他要把这些技巧告诉每一个普通人、每一个即将走向成功的人。为此，他在全世界各地开展了连续不断的演讲，把自己的思想推广开来。

工作心得

他定期举行"原一平批评会"，坚持6年，听取大家的意见，来检讨自我，改进自我。

他坚持每星期去日本著名的寺庙听吉田胜逞、伊藤道海法师讲禅，来提高自己的修养。

他对每一个客户都有一个详细清晰的调查表，建立了分类档案。

他把微笑分为39种，对着镜子苦练，曾经在对付一个极其顽固的客人时，用了30种微笑，他的微笑被人们誉为"价值百万美金的笑"。

他有坚强的毅力和信念，为了赢得一个大客户，他曾经在3年8个月的时间里，登门拜访70次都扑空的情况下，最终锲而不舍获得成功。

三恩主义：社恩、佛恩、客恩

在原一平奋斗史中，最受寿险推销人员推崇的是三恩主义：社恩、佛恩、客恩。

原一平是明治保险公司推销员，今日能成为保险巨人，并被尊称为"推销之神"，他并没有傲慢自大，反而谦冲为怀，口口声声感谢公司的栽培，没有公司就没有今日的他，原一平十分尊敬公司，晚上睡觉却不敢朝向公司之方向。这就是"社恩"。

原一平一生成长的历程，除了自己刻苦奋斗外，还有贵人串田董事长、阿部常董其功不可没。不过，他内心里最感谢的是启蒙恩师吉田胜逞法师、伊藤道海法师，因没有他们的一语道破及指点迷津，或许原一平还只是一名推销的小卒呢！这就是"佛恩"。

谈到"客恩"，就是对参加的客户心怀感谢之心。对每位客户有感谢的胸怀，才能对客户做无微不至的服务。据原一平自称：他的所得除10%留为己用外，其余皆回馈给公司及客户。

就是在这三恩主义的指导之下，原一平才取得了那么多的成就。推销是一条孤寂而寂寞的路，遭到的白眼和冷遇都远远超过其他行业，然而，独一无二的原一平用自己的汗水和勤奋、韧力和耐心走过了这条荆棘路，创造了世界奇迹，成为所有人为之敬佩的"推销之神"。这种精神，值得所有后来人学习和敬仰！

来源：百度百科. http://baike.baidu.com，有删改.

本章小结

价格是现代市场营销中的重要策略，定价既是一门科学，也是一门艺术。应综合考虑定价目标、产品成本、市场供求、政府的政策和法规、竞争者的产品和价格等诸多因素加以确定。

定价方法是根据定价目标确定产品基本价格范围的技术思路。常见的定价方法有成本导向、竞争导向、需求导向三种。

价格竞争是一种十分重要的营销手段，在市场营销活动中，企业为了实现自己的经营战略和目标，经常根据不同的产品，市场需求和竞争情况，采取各种灵活多变的定价策略，常见的价格策略主要有新产品价格策略、折扣定价策略、心理定价策略、地区定价策略、产品组合定价策略五大类。

复习思考题

1. 定价的影响因素有哪些？
2. 当竞争者采取降价手段，企业应该如何回应？
3. 什么是撇脂定价和渗透定价，它们有什么区别？
4. 企业利用价格竞争应该考虑哪些因素？
5. 主要有哪些定价方法和策略，它们有什么区别？

营销实战

项目
模拟公司产品（服务）定价方案策划。
目的
① 学会从产品成本、市场需求、竞争状况等方面分析各因素对企业产品价格的影响。
② 能够为企业选择恰当的定价方法。
③ 熟悉根据企业所处的内外营销环境，选择合适的价格策略。
内容及要求
各学习小组（模拟公司）对本公司主营业务策划一个科学、合理的定价方案，并撰写不少于2 000字的产品定价策划书。
策划书主要内容包括定价背景概述；定价依据和定价目标；定价方案；对定价方案的分析、评价等。

案例分析　苹果公司的新产品定价

苹果iPod是近几年来最成功的消费类数码产品之一。第一款iPod零售价高达399元美元，即使对于美国人来说，也是属于高价位产品，但是有很多"苹果迷"既有钱又愿意花钱，所以纷纷购买；苹果认为还可以"撇到更多的脂"，于是不到半年又推出了一款容量更大的iPod，定价499美元，仍然销路很好。这是为什么呢？

第一，市场上存在一批购买力很强、并且对价格不敏感的消费者。

第二，这样的一批消费者的数量足够多，企业有厚利可图。

第三，暂时没有竞争对手推出同样的产品，本企业的产品具有明显的差别化优势。

第四，当有竞争对手加入时，本企业有能力转换定价方法，通过提高性价比来提高竞争力。

第五，本企业的品牌在市场上有传统的影响力。

苹果 iPod 在最初采取撇脂定价法取得成功后，就根据外部环境的变化，而主动改变了定价方法。2004年，苹果推出了 iPod shuffle，这是一款大众化产品，价格降低到99美元一台。之所以在这个时候提出大众化产品，一方面市场容量已经很大，占据低端市场也能获得大量利润；另一方面，竞争对手也推出了类似产品，苹果急需推出低价格产品来抗衡，但是原来的高价格产品并没有退出市场，而是略微降低了价格而已，苹果公司只是在产品线的结构上形成了"高低搭配"的良好结构，改变了原来只有高端产品的格局。苹果的 iPod 产品在几年中的价格变化是撇脂定价和渗透式定价交互运用的典范。

在激烈的市场竞争中，采用撇脂定价法的风险增大，以高性价比迅速获得消费者的认可逐渐成为定价的主流。放弃撇脂定价法首先会从低端市场开始，这是应用撇脂定价法最薄弱的地方；高端市场的撇脂定价法会在最后被攻陷。例如，面向家庭的低端市场汽车价格下降得很快，在这个细分市场，几乎没有哪个企业还采用撇脂定价法，在高级汽车市场，奥迪、宝马等名车撇的脂也不像2000年以前那样"厚"了，价格逐渐向国际市场看齐。

在快速消费品和电子消费品行业，由于产品生命周期短，采取撇脂定价法的现象比耐用品行业要少得多，即使采取，撇脂时间也非常短，很快就改变为渗透性定价，所以，对企业推出新产品的速度就提出了很高要求，如果推出新产品速度快于竞争对手，就可以享受到一段难得的、短暂的撇脂时间，可以大幅获利，改善企业整体的赢利能力；如果推出新产品速度慢，每次推出时，都只能随行就市，企业的赢利情况就有可能恶化，奥林巴斯在2004年陷入巨亏，根本原因就是新产品推出速度慢，产品缺乏差别化优势。这些企业都由于无法享受到撇脂，同时又不能有效降低运营成本而陷入困境。

企业之间的竞争不仅是产品的竞争，也是定价模式的竞争。企业一方面要善于利用撇脂定价法、在新产品上市后的一段时期内尽量攫取丰厚利润，一方面要及时调整定价法，以适应竞争对手的步步紧逼。

调整撇脂定价的方法，不是简单地把价格降下来，而是要与推出的新产品相结合，通过丰富产品结构、推出更高性价比的产品的方式积极调整撇脂定价法，或者把产品和服务打包，在整体上降低客户的购买成本，而不是直接诉诸于低价，以保护自己的赢利能力。

来源：三亿文库

分析：
1. 苹果公司新产品主要采取了哪些定价方式？
2. 苹果公司在定价的时候需要考虑哪些因素？

第九章 分销策略

关键词：分销渠道；中间商；批发商；零售商；营销渠道设计；窜货。

导入案例

格力空调销售渠道

格力空调一直采取的是厂家/经销商/零售商的渠道策略，并在这种渠道模式下取得了较高的市场占有率。然而近年来，一批优秀的渠道商成长为市场上的一支非常重要的力量，以国美电器、苏宁电器为代表的大型专业家电连锁企业甚至公开与制造商叫板。

2004年2月，成都国美为启动淡季空调市场，在相关媒体上刊发广告，把格力两款畅销空调的价格大幅度下降，零售价原为1 680元的一匹挂机被降为1 000元，零售价原为3 650元的两匹柜机被降为2 650元。对此格力公司认为国美电器在未经自己同意的情况下擅自降低了格力空调的价格，破坏了格力空调长期稳定、统一的价格体系，导致其他众多经销商的强烈不满，并有损于其一线品牌的良好形象，因此要求国美立即终止低价销售行为。在交涉未果后，格力决定正式停止向国美供货，并要求国美电器给个说法。

2004年3月10日，四川格力开始将产品全线撤出成都国美6大卖场。

2004年3月11日，国美总部向全国分公司下达通知，要求各门店清理格力空调库存。

与一些家电企业很大程度地依赖国美、苏宁家电卖场渠道不同，格力电器坚持以依靠自身经销网点为主要销售渠道，格力只是把这些卖场当作自己的普通经销网点，与其他众多经销商一视同仁，因此在对国美的供货价格上也与其他经销商一样。

国美认为从中间商那里拿货增加了一道中间环节，必定要增加销售成本，因为中间商也要有它的利润。这直接导致了空调销售价格的抬高，同品质的空调，格力要比其他品牌贵150元左右。国美与制造商一般是签订全国性的销售合同，即通过大批量采购降低采购成本，并降低销售价格，实行的是厂家直接供货、薄利多销的大卖场模式。

来源：晁钢令. 市场营销学（第3版）. 上海财经大学出版社. 2009.2（有改编）

分销渠道是整个营销系统的重要组成部分，企业营销渠道的选择将直接影响到其他的营销决策，如产品的定价。分销策略同产品策略、价格策略、促销策略一样，也是企业能否成功开拓市场、实现销售及经营目标的重要手段。

在不少行业，有些公司因为渠道的成功合作而享受双赢的结果，也有公司由于渠道管理不善而被渠道逼到了墙角，企业和渠道始终在合作也在博弈。同时随着B2C电子商务及电子商务O2O模式的迅速发展，分销渠道及其管理挑战与机遇同在。

第一节 分销渠道与中间商

一、分销渠道的概念与功能

分销渠道也叫"销售渠道"或"通路",是指产品或服务从制造商流向消费者(用户)所经过的各个中间商联结起来的整个通道,包括生产者、商人中间商、代理中间商、最终消费者或用户。

生产企业使用分销渠道,是因为在市场经济条件下,生产者和消费者之间存在空间分离、时间分离、所有权分离等方面的障碍。因此,分销渠道的主要功能是在商流、物流、资金流、风险承担、服务等方面帮助生产企业促进商品流通,即分销渠道是连结生产者和消费者的桥梁和纽带。

案例阅读 9-1

柯达快速彩扩店扩张

当柯达决定集中精力主攻中国市场时,一口气在中国建立了 18 个办事处,同时启动了规模庞大的快速彩扩连锁店计划,短短几年间,就在全国 700 个城市建立 6 000 多个快速彩扩店,使柯达产品的市场占有率由 1993 年的 26% 迅速提高到了 63.5%,柯达在中国市场的迅速推进,说明他们充分开发了分销渠道的功能,发现并挖掘蕴藏其中的潜力和资源,使其实现增值。

来源:作者根据相关资料整理而成

二、分销渠道的分类

(一)直接渠道与间接渠道

按商品在流通过程中经过的流通环节的多少,分销渠道可以划分为直接渠道和间接渠道。

1. 直接渠道

直接渠道也称"零层渠道",是指没有中间商参与,商品由生产商直接销售给消费者和用户的渠道类型,如上门推销、电视直销和网络直销等。

优点:生产者直接向消费者销售产品,可以降低中间环节的流通费用并让利给消费者,也有利于生产者准确把握消费者需求,提高顾客服务水平和顾客满意度。

不足:生产商在销售、物流配送、售后服务上的各种投入大,缺乏实力的生产商难以将销售网络全面覆盖。

2. 间接渠道

间接渠道是指产品经由一个或多个商业环节销售给消费者的渠道类型。

优点：中间商着重扩大流通范围和产品销售，制造商可以集中精力于生产，社会分工有利于提高各自效率；可以利用中间商的各种资源，如资金、人员、仓储配送、社会关系等，减轻生产商在市场开拓投资方面的压力；中间商的市场覆盖面广。

不足：渠道成本压力大，各级分销商都需要获取利润，层次越多对生产商利润的蚕食越厉害，或者导致终端零售价格增高，削弱产品竞争优势。产品库存压力增加，各级分销商都需要保有一定的库存，层次越多，库存量越大。通常分销商库存都由厂商承担，也将导致厂商产品周转不灵，资金占用增大，增加成本的同时也加大风险；生产商远离客户和市场，无法及时把握客户需求和市场变化，供应链牛鞭效应对营销策划、新品开发都非常不利。

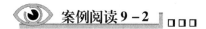

案例阅读 9-2

戴尔分销与直销左右互博

戴尔之所以能够取得今天的成就，其独特的直销模式起到了不可或缺的作用。戴尔直销模式的意义在于，其所有的电脑销售均不经过任何中间经销商，而是直接和最终用户发生交易。客户通过网络和直销电话与戴尔的业务代表建立联系，提出自己的配置要求，戴尔便可根据客户要求生成订单，再安排工厂根据订单进行生产。通过这种模式，戴尔可以实现"零库存"，既降低了成本，又可以满足客户的个性化需求。戴尔产品的库存周期（4天）是全球PC厂商中最短的。相比之下，受到分销体系拖累的惠普、联想的流通周期则要长出许多倍。正是凭借直销模式，戴尔从一家个人公司成长为上市公司。

但到了2006年，直销模式却面临着业绩的考验。2006年第三季度，戴尔16.1%的市场份额被惠普以0.2个百分点的优势超越，丢掉了保持3年之久的PC业老大宝座，且销售增长率落后于整体市场平均水平。2007年，在业绩压力下，戴尔创始人迈克尔·戴尔重新出山并开始尝试用更多的销售模式来弥补直销模式的不足。有分析认为，戴尔一直采取的"电话+网站"模式更加适合于大中型城市，为了向那些4～6级中小城市甚至乡村的消费者推销电脑，很有必要发展几家能够深入街头巷尾的代理商。

戴尔中国启动渠道分销，"双轮驱动"本应为戴尔的销售提供更大的动力，但一位戴尔渠道方面的人士透露，戴尔的渠道分销和直销之间始终未能协调运作，其"左右互博"之势已经影响到了戴尔中国的正常销售。多位戴尔渠道商人称他们在百度上的广告和关键词显示遭到了戴尔直销部门的"封杀"。

来源：改编自《每日经济新闻》

评析： 目前很多互联网企业希望O2O落地更接地气（O2O，Online to Offline），做传统分销的企业希望上网做B2C电子商务。直销与分销都是企业的营销渠道，并无优劣之分。对企业来说多条渠道多条路，只要能增加销量就是好事，困难的是如何处理分销、直销互搏问题，即多渠道如何协调。

（二）长渠道与短渠道

按商品在流通过程中经过的渠道级数的多少，分销渠道可以划分为长渠道和短渠道。所谓渠道级数，是用来表示渠道长度的一个概念，它是指生产者和消费者之间销售中间机构的多少。

1. 长渠道

长渠道指产品分销过程中经过两个或两个以上的中间环节。

2. 短渠道

短渠道是指企业仅采用一个中间环节或直接销售产品。

长渠道和短渠道具体包括以下四层：

（1）零级渠道，即由制造商——消费者。

（2）一级渠道，即由制造商——零售商——消费者。

（3）二级渠道，即由制造商——批发商——零售商——消费者，多见于消费品分销，或者是制造商——代理商——零售商——消费者，多见于消费品分销。

（4）三级渠道，即制造商——代理商——批发商——零售商——消费者。

因此，没有经过中间环节或只经过了一个中间环节是短渠道；否则是长渠道。

（三）宽渠道与窄渠道

按渠道的每个环节中使用同类型中间商数目的多少分为宽渠道和窄渠道。

1. 宽渠道

企业使用的同类中间商多，产品在市场上的分销面广，称为宽渠道。

2. 窄渠道

企业使用的同类中间商少，分销渠道窄，称为窄渠道。

采用宽渠道还是窄渠道与企业的分销策略密切相关。分销策略通常可以分为三种：密集分销、选择分销、独家分销。

（1）密集分销是一种最宽的分销渠道。当消费者要求能随时随地方便地购买时，则实行密集性分销。密集分销一般适用于便利品，如香烟、洗衣服、小吃和口香糖之类。分销渠道越密集，销售的潜力也就越大。

（2）选择分销渠道是指在市场上选择少数符合本企业要求的中间商经营本企业的产品。它是一种介于宽与窄之间的销售渠道。一般适用于消费品中的选购品和特殊品，以及专业性强、用户比较固定、对售后服务有一定要求的工业产品。

（3）独家分销渠道是指在特定的市场区域选择一家中间商经销其产品。这种渠道有利于维持市场、价格的稳定性。对于技术性强、使用复杂而独特、需要一系列的售后服务和特殊的措施相配套的产品，比较适合独家分销。

案例阅读 9-3

车美仕公司如何进行汽车销售

几年前，想买一辆旧车的人都会认为这是一件有风险的事；旧车的销售人员总是在那里喋喋不休。车美仕（CarMax）的出现改变了这个行业和这种境况。1993年，环路城公司，一个电子产品零售商，创办了车美仕公司，一个汽车超市。第一家汽车超市设立在弗吉尼亚州里士满。现在，它已在24个市场拥有50家旧车超市店。车美仕与当地的经销商共同开了12家新车特许经营商店。

车美仕有什么特别的地方吗？车美仕把它的汽车超市设立在市郊的靠近主要高速公路的地方，面积很大，每一个汽车超市中大约有500辆旧车。顾客们步入一个很吸引人的展览厅，当销售人员发现顾客在寻找某种类型的车时，他们会把顾客带到一个电脑售货亭前。利用计算机的触摸式屏幕，销售人员检索出库存中所有符合顾客标准的旧车清单。每一辆车子的彩照都可以被展示一番，同时还会为顾客展示车子的特性及其固定的售价。这家公司总共拥有15 000辆汽车，覆盖了几乎所有的汽车制造厂和汽车模型。

这里不能讨价还价。由于销售人员是根据所售车子的数量而不是根据所售车子的价值来获取佣金的，所以，他们也没有动力去说服顾客购买价格更高的车子，在选购旧车时，顾客知道车美仕的技工已经进行了一次110点的检查，并且进行了必要的修理。而且，购买旧车有5天不满意退款和30天的综合担保。如果顾客想通过融资贷款来购车，车美仕的销售人员会在20分钟内安排好这件事，整个过程不超过1个小时。

车美仕公司重点补缺旧车市场。首先，公司发现许多人愿意去买旧车以节约成本，尤其在当今汽车性能更好、使用寿命更长情况下。其次，汽车租赁业的巨大发展也使旧车的供给增加了许多。再次，银行也越来越愿意提供低成本的融资贷款给购买旧车的人，尤其是当他们发现购买旧车的人违约率要比购买新车的人的违约率低时。最后，经销商们反映销售旧车所赚取的净利润要高些，一辆旧车的利润比新车高100美元。

车美仕正在获取高的毛利：公司所售旧车的平均价格是15 000美元，毛利13%；而行业平均销售旧车的价格是13 650美元，毛利11%。由于毛利高，虽然新车制造厂的日子艰难，但车美仕在2003年度销售和赢利都很令人满意。

来源：新浪网. http://www.sina.com.cn

三、中间商

分销渠道的成员包括生产商、中间商、消费者和分销辅助商。中间商是介于生产者和消费者之间的经营者，是分销渠道的主要成员。

按服务对象分，中间商可以分为批发商和零售商；按照中间商是否拥有商品所有权可将其分为经销商和代理商。

（一）批发商

批发商是以中间性消费用户（商业、生产经营机构和其他组织）为销售对象的中间商类型。它大致有三种类型：

(1) 商人批发商。又称独立批发商，其经营特点是独立进货，取得所有权，批购批销。

(2) 代理批发商。一种在购销之间充当代理，促成交易业务、赚取佣金的批发商。

包括经纪人、销售代理商、采购代理商、进出口代理商、拍卖行等。

(3) 制造商设立的批发部门。包括办事处、销售部、销售公司等。

(二) 零售商

零售商是指将商品或服务直接销售给最终消费者用于非商业性消费的各种活动。我们把以零售为其主营业务的机构或个人，称之为零售商。零售商具有多种类型。以其经营或销售方式分，零售商有下列三大类：

(1) 商店零售商。包括百货商店（如街道上经常看到的某某百货）、专业商店（如耐克专卖店）、超级市场（如沃尔玛超市）、便利商店（如7-11）、折扣商店（如王府井上品折扣店）、仓储式超市（如麦德龙）等。

(2) 无店铺零售。包括电话电视网络直售、上门推销、自动售货（如自动售货机、自动柜员机、自动服务机等）等。

(3) 零售组织。包括自愿连锁店、零售商合作社、特许专卖店、消费者合作社、销售联合大企业等。

案例阅读 9-4

B2C 电子商务 PK 传统零售

以天猫、京东等为代表的网购冲击最大的是零售业。电商对实体店的冲击已经开始显现：北京的中关村IT卖场，近年来人流量日渐减少，部分卖场开始关门倒闭；而上海著名的徐家汇商圈，多家大型商场的销售额出现下滑。现在越来越多人喜欢网购，觉得网购价格要比实体店便宜，加之也很方便也不用出门，这就造成了实体店的门口罗雀。

电商不仅抢食零售市场的份额，同时网购模式也开始逐渐改变着消费者的生活习惯，影响着传统商业版图，零售业的生存空间被严重挤压已经是不争的事实。在网购市场迅速发展的大势下，各大商场、百货的实体商店尴尬地沦为"试衣间"。不少消费者已习惯于在商场试好型号和款式，然后网上下单，因为网上购物比实体店有着无法比拟的价格优势。

来源：改编自《赢商网》. http://www.winshang.com

点评：消费者选择网购的主要原因是：价格便宜、配送便利（送货上门）、商品品类多、购物方便（足不出户，且可以货比多家），但电商无法提供真实的购物体验。面对电商的冲击，传统零售商挑战与机遇并存。

第二节 分销渠道的设计与管理

一、影响分销渠道设计的因素

影响分销渠道设计的因素主要有市场因素、产品因素、企业自身因素、中间商因素、消费者因素和环境因素。

（一）市场因素

1. 市场范围
市场范围大的产品：需用中间商，即长渠道（日用百货）。
市场范围小的产品：生产者→用户（工业专用设备）。

2. 地理位置
市场较集中的产品宜采取直接渠道（生产资料），一般地区可采用传统渠道。

（二）产品因素

1. 体积和重量
体积大而笨重的产品选择短渠道，以节省运输、保管方面的人力、物力。

2. 性质和品种规格
日用消费品：需要面广，经批发商分配。
特殊品：销售频率不如日用品，交给少数中间商销售。
品种规格少而产量大的商品：交给中间商销售。
品种规格复杂的商品：生产者直接供应用户。

3. 式样
时尚程度高的商品（时装、玩具）尽可能缩短渠道。

4. 易毁性和易腐性
有效期短或易腐、易碎，应采取短渠道。

5. 技术性与售后服务
技术性强或需售后服务的商品应由生产者直接供应用户或极少数零售商供应。

6. 单位价值
越低：销售渠道越长，如大众化日用消费品。
越高：销售渠道越短，如价格昂贵的耐用品。

7. 定制品
有特殊规格和式样要求，生产者直接供应用户。

8. 标准品
有统一质量、规格和式样，需要中间商。

9. 新产品
应采取强有力的推销手段：① 利用原有的渠道；② 自己组织推销队伍直接向消费者销售；③委托代理商代销。

（三）企业自身因素

财力雄厚、渠道管理能力和经验丰富的、控制渠道愿望强的企业选择短渠道；财力不够、管理能力较低、管理愿望不强烈的企业只能依赖中间商，选择长而宽的渠道。

(四)中间商因素

中间商因素包括合作的可能性、合作费用、中间商服务水平等。如果中间商不愿意合作,只能选择短、窄的渠道。利用中间商分销的费用很高,只能采用短、窄的渠道。中间商提供的服务优质,企业采用长、宽渠道;反之,只有选择短、窄渠道。

(五)消费者因素

分布广泛,要求就近购买和随时挑选则用长渠道。高技术产品用户则用短渠道。比如,IBM公司在20世纪80年代依靠它的推销人员将它的PC个人电脑卖给商业用户,因为那个时代PC机很贵,普通消费者没有购买能力。后来,随着计算机成本的下降,伴随着销售价格的迅速下降,出现了大量的代理商、批发商和零售商以满足普通家庭的需求。

(六)环境因素

经济萧条、衰退时,企业往往采用短渠道;经济形势好,可以考虑长渠道。

二、分销渠道的设计

分销渠道设计应遵循低成本、高效率、易管理、易复制几个原则。一般按照如图9-1所示的几个步骤进行设计。

图9-1 分销渠道的设计

第一步:确定渠道模式。分销渠道设计首先在综合分析了市场因素、产品因素、企业因素、中间商因素和环境因素的基础上,决定采取什么类型的分销渠道,例如长渠道还是短渠道,宽渠道还是窄渠道。

第二步:确定中间商的数量。有三种可供选择的形式,如密集性分销、独家分销、选择性分销。

第三步:明确渠道成员彼此的权利和责任。在确定了渠道的长度和宽度之后,企业还要规定出与中间商彼此之间的权利和责任,如对不同地区、不同类型的中间商和不同的购买量给予不同的价格折扣,提供质量保证和退货保证,以促使中间商积极进货。还要规定交货和结算条件,以及规定彼此为对方提供哪些支持服务,如技术、广告、人员培训等。一般通过供应契约的形式约定以上内容。

案例阅读 9-4

确定渠道的宽度

（1）密集型分销，是使企业的产品在尽可能多的零售商店销售，多为日用消费品和通用性工业品厂家采用。

（2）选择型分销，从所有愿意经销本企业产品的中间商中挑选若干最合适的经销其产品。适合于选购品和特殊品。

（3）独家分销，是指在某一目标市场，在一定时间内，只选择一家最合适的中间商推销本企业的产品。适合于品牌声誉高的产品。

渠道长短和宽窄间的关系

	渠道宽度		
	密集分销	选择分销	独家分销
渠道长度	长	较短	短
中间商数目	很多	几家	一家
渠道费用	高	较高	较低
适用产品	便利品	选购品	特殊品

来源：作者根据相关资料整理而成

三、分销渠道管理

渠道在营销组合中的地位：产品是营销的基础，价格是营销的核心，渠道是营销的关键，促销是营销的手段。

渠道管理是指生产商为实现分销目标而对现有渠道进行管理，以确保渠道成员间、公司和渠道成员间相互协调和通力合作的一切活动。

分销渠道管理包括流程管理、渠道成员管理、关系管理等内容。

（一）分销渠道管理的重要性

（1）只有通过分销渠道，企业产品（或服务）才能进入消费领域，实现其价值。

（2）充分发挥渠道成员，特别是中间商的功能，是提高企业经济效益的重要手段。

（3）良好的渠道管理可降低市场费用，既为消费者（用户）提供合理价格的产品（服务），也为企业提高经济效益创造了空间。

（4）渠道是企业的无形资产，良好的渠道网络可形成企业的竞争优势。

（二）流程管理

渠道的流程是指渠道成员们顺序地执行的一系列职能，正是这一系列的流程将渠道中所有的组织成员联系在了一起。最基本的有六项流程：所有权流程，谈判流程，产品

流程，产品实体流程，资金流程，信息流程和促销流程。

（三）渠道成员管理

1. 选择渠道成员

选择中间商时需要评估中间商的优劣。评估因素包括中间商经营时间的长短、资金实力、合作意愿、社会关系及其声誉。

2. 培训渠道成员

生产商应对中间商进行培训，才能确保渠道成员帮助公司完成既定目标。

3. 激励渠道成员

中间商需要激励以尽其职，使他们加入渠道的因素和条件已构成部分的激励因素，但尚需生产者不断地督导与鼓励。

4. 评估渠道成员

生产商必须定期评估中间商的绩效是否已达到标准。如果中间商绩效低于标准，则应考虑造成的原因及补救的方法。

（四）关系管理

渠道成员依层次分为垂直关系、水平关系和交叉关系，在这些关系上，渠道成员有着合作、冲突和竞争三种不同的关系状态。渠道管理的核心目标是在渠道成员之间形成互惠互利、利益共享、风险共担的关系。

案例阅读 9-5

耐克的分销策略

耐克在六种不同类型的商店中销售其生产的运动鞋和运动衣：

（1）体育用品专卖店，如高尔夫职业选手用品商店。

（2）大众体育用品商店，供应许多不同样式的耐克。

（3）百货商店，集中销售最新样式的耐克产品。

（4）大型综合商场，仅销售折扣款式。

（5）耐克产品零售商店，设在大城市中的耐克城，供应耐克的全部产品，重点是销售最新款式。

（6）工厂的门市零售店，销售的大部分是二手货和存货。

来源：作者根据相关资料整理而成

四、窜货现象及其治理

窜货又称倒货或冲货，是指经销商置经销协议和生产商长期利益于不顾，进行产品跨地区降价销售。早在二千年前，司马迁在《史记·货殖列传》里描绘了商人对利益的追崇，"芸芸众生，皆为利来；熙熙攘攘，皆为利往"。窜货出现的根本原因，在于营销人员的利益驱使。

（一）窜货原因

(1) 某些地区市场供应饱和。
(2) 广告拉力过大，渠道建设没有跟上。
(3) 企业在资金、人力等方面的不足，造成不同区域之间渠道发展不平衡等。
(4) 企业给予渠道的优惠政策各不相同，分销商利用地区之间差价窜货。
(5) 由于运输成本不同引起窜货。

（二）窜货的危害

(1) 扰乱市场价格体系。
(2) 经销商对产品品牌失去信心。
(3) 混乱的价格会吞蚀消费者对品牌的信心。
(4) 导致价格混乱和渠道受阻，严重威胁品牌资产和企业的正常经营。

（三）窜货治理

许多海外著名的公司，已经在窜货控制方面为我们提供了可供借鉴的经验。这些经验集中到一点，便是经销管理到位、管理方法严谨、经销策略严密周到，特别是在对经销商、对市场的管理方面比较到位。

(1) 制订科学的销售计划。从窜货动机来看，不少窜货行为是由于经销商、业务员为完成高不可攀的销售任务而窜货。
(2) 合理划分经销区域，同时外包装区域差异化。
(3) 制定完善的销售价格体系。有不少窜货行为是由于价格政策不完善引起的，价格政策不仅要考虑出厂价，而且要考虑一批价、二批价、终端价。
(4) 制定合理的奖惩措施：①交纳保证金。通过保证金提高经销商的违法成本。②对窜货行为的惩罚进行制度化。企业可选择下列惩罚方式：警告、扣除保证金、取消相应业务优惠政策、罚款、货源减量、停止供货、取消当年返利和取消经销权。③奖励举报窜货的经销商，调动大家防窜货积极性。
(5) 建立监督管理体系。可采取定区、定人、定客户、定价格、定占店率、定激励、定监督。
(6) 发货车统一备案，统一签发控制货运单。

特许经营

现代特许经营在1852年起源于美国，到1911年特许经营已经成为美国重要的销售方式，而且迅速在世界各国发展起来。目前针对国内和国外业务，超过1 000个特许经营加盟商的国家大约有20个;有超过200个特许经营授权商于境内运作的国家大约有15个;有特许经营权协会的国家大约有50个。在美国,特许经营是发展最快和渗透性最高的商业模式,有40%~50%的零售业销售额来自特许经营商,特许经营企业的年销售量达10 000亿美元,现在大约75种工业品采用特许经营作为分销方式。

特许经营在国内起始于20世纪80年代,李宁公司是特许经营在中国创造的第一个神话。1993年全聚德集团成立后,开始探索用特许经营方式发展分店,随后华联、联华、东来顺、马兰拉面、荣昌洗染等企业都快速地发展了特许加盟店。

特许经营是指特许者将自己所拥有的商标(包括服务商标)、商号、产品、专利和专有技术、经营模式等以特许经营合同的形式授予被特许者使用,被特许者按合同规定,在特许者统一的业务模式下从事经营活动,并向特许者支付相应的费用。

特许方与受许方以特许合同为连锁关系的纽带基础,实现联合经营效益。所有受许方都是以独立的所有者身份加入的,在人事、财务、经营中保持自主性,但是在经营业务和方式上接受特许方的指导和监督。

特许方向受许方提供特许权许可、操作系统和支持,受许方为此支付一定费用(一般包括加盟费、特许权使用费及广告基金等费用,一旦特许方接受申请,受许方就可使用特许方的商标、商号、产品、专利、专有技术及经营模式,并在合同有效期内持续得到特许方的支持,以便尽快走上正轨,获得收益。

特许经营是一种销售商品和服务的方法,在其经营过程和方法中有以下四个共同特点:

(1) 特许人对商标、服务标志、独特概念、专利、经营诀窍等拥有所有权。

(2) 权利所有者授权其他人使用上述权利。

(3) 在授权合同中包含一些调整和控制条款,以指导受许人的经营活动。

(4) 受许人需要支付权利使用费和其他费用。

(5) 每一个成功的经营都遵循着相同单向循环:吸收顾客—保留顾客—继续成长—吸引顾客,从而达到"占领最大的市场份额"这一经营目的,特许经营就是建立在这一循环基础之上的商业模式之一。然而,特许经营商业模式又具其独特的特点,从而形成了招募体系、加盟商管理体系、培训体系、支持体系、监督管理体系、视觉形象体系、特许经营组合推广体系七大必备体系,也就是说七大体系有机组合和有效协调共同形成了特许经营这一商业模式。

资料来源:赵开华. 市场营销. 中国经济出版社, 2010.1

经典人物

阿里巴巴集团创始人——马云

马云,男,1964年9月10日生,杭州人,祖籍浙江嵊州(原嵊县)谷来镇;中国著名企业家,阿里巴巴集团、淘宝网、支付宝创始人。

现任阿里巴巴集团董事局主席、中国雅虎董事局主席、杭州师范大学阿里巴巴商学院院长、TNC(大自然保护协会)中国理事会主席、华谊兄弟传媒集团董事、菜鸟网络董事长等职务,是中国IT企业的代表性人物。

在福布斯中文网发布的2014中国富豪榜中,马云以195亿美元身家名列第一。

胡润研究院2014年10月28日发布的《2014胡润慈善榜》显示,中国首富——阿里巴巴的马云以145亿元捐赠额刷新中国慈善记录,成为新一届"中国最慷慨的慈善家",同时成为"2014大中华区最慷慨的慈善家",也超越最近一年的美国首善Facebook的马克·扎克伯格(70亿元捐赠额)。

2014年12月,马云荣登《时尚先生》杂志12月刊封面大片"年度先生特辑"。2014年12月9日,入选美国《时代》周刊"2014年度人物"的最终候选人。

2014年12月11日更新的彭博亿万富翁指数(Bloomberg Billionaires Index)显示,现年50岁的马云身家反超盘踞亚洲首富榜2年半之久的李嘉诚3亿美元,成为新的亚洲首富。

2014年12月20日,当选为福布斯中文版2014年度商业人物。

2015年1月,马云作为亚洲和大洋洲地区唯一的私营部门代表,当选全球互联网治理联盟委员会成员。

2015年2月13日,入选"2014中国互联网年度人物"活动获奖名单。

2015年4月03日,马云回到母校杭州师范大学,捐赠1亿元人民币,设立"杭州师范大学马云教育基金"。

来源:百度百科. http://baike.baidu.com,有删改

本章小结

分销渠道是营销组合之一,任何产品的生产者向消费者的转移都是通过一定的分销渠道实现的,分销渠道决策是企业必须做出的最复杂和最具挑战性的决策之一。每种渠道系统会产生不同水平的销售额和成本,对营销组合中的其他因素将产生巨大的影响,同时,营销组合中的其他因素影响选定的营销渠道。

每个企业都要寻求能够达到市场的多种方式,从采用直接渠道到使用一个中间商或者两个、三个甚至更多的层次。根据中间商的多少,分销渠道有长短、宽窄之分,短宽

化是当前分销渠道的发展趋势。

中间商最常见的是批发商和零售商,批发商是专门从事批发交易,以进一步转卖或加工生产为目的的整批买卖货物或者服务的组织或个人。零售商是指将货物或服务售予最终消费者用于生活消费的组织和个人。直销和通过互联网销售的商品份额越来越大。

复习思考题

1. 分销模式与直销模式各有什么优缺点?企业采用分销还是直销,决策的依据是什么?
2. 随着 B2C 电子商务的蓬勃发展,分销模式遇到了极大的挑战,请分析电子商务与传统分销模式各自的优缺点。
3. 有观点认为随着 O2O 电子商务的发展,零售店可能沦落为网店的试衣间,你怎么看?零售店该怎么应对?
4. 啤酒与汽车分销渠道设计各自考虑的主要因素是什么?
5. 生产商希望分销商多进货,分销商希望少进货,生产商应该采用什么方法让分销商多进货?
6. 窜货的原因是什么?在电子商务环境下如何防止窜货?

营销实战

目的

通过实训帮助学生提高分销渠道模式的分析能力并掌握设计分销渠道技能,培养学生团队合作精神。

组织和要求

将班级分成若干小组,每组选择一个熟悉的食品生产品牌;分析该公司的营销渠道是属于哪种基本模式,该模式的现状、存在问题及创新对策;同时运用分销渠道策略知识,考虑分销渠道的长度、宽度,设计新的合理的分销渠道,制定出分销渠道方案,并对该分销渠道分析并评估。以文字叙述为主,适当插入表格与图片,800~100 字。

内容

① 选择分析渠道的产品和公司

由学生自己确定所要分析渠道的产品,要考虑自己较熟悉的产品和容易获取相关信息的公司。

② 分析产品的分销渠道

学生在充分调研的基础上,分析分销渠道的特点、优势、问题和解决对策。

③ 设计分销渠道

在实地调研的基础上,运用设计分销渠道的相关知识,为该产品设计出新的分销渠道。

④ 制定分销渠道方案

根据所学的渠道方案的知识,将制定的新的分销渠道写成方案。

案例分析　乐华彩电：渠道激变酿悲剧

在不停的价格战攻势下，家电行业飞速进入战国时代。家电行业通过激烈的价格战，形成了专业家电连锁终端商，规模厂家出现，导致行业整体利润率不断下降，行业进入微利时代。这时候，在大厂家和强势终端的共同挤压下，中小家电厂家的日子愈发艰难。

怎样降低成本，怎样更多获取利润就成了家电行业需要迫切解决的问题。曾为本土家电厂家建功立业的自建渠道就成了它们"不能承受之重"，渠道变革遂提上日程。

2002年乐华彩电扮演了彩电渠道变革的急先锋。乐华渠道改革的核心是全面推行"代理制"。为了完成从渠道自营制到代理制的根本转变，乐华首先对企业结构进行了调整，做好必要调整后，乐华开始了疾风暴雨式的渠道革命。

乐华一口气砍掉旗下30多家分公司以及办事处，同时乐华对其选定的代理商提出了严格要求："现款拿货"。从理论上分析，全面推行代理制后，厂家集中精力搞研发、品牌，代理商做渠道、分销、售后服务，因为现款现货，厂家提高了现金流转速度，还能够节省一大笔自营渠道的运营支出；可谓益处多多。

然而是否有经销商愿意加盟呢？对代理商来说，他们没有账期、没有了厂家的终端和市场支持，风险和压力大增。这样，代理制能否推行下去，就取决于企业的品牌和实力。而作为二线彩电品牌，乐华彩电并不具备吸引经销商的足够实力和品牌资源。

从公开资料上看，乐华也估计到了这种情况。乐华在调整渠道前预想，可以借助国内新出现的强力家电连锁终端进行销售，继而争取专业代理商加盟。在这种思路下，乐华匆匆砍掉了自己自建渠道，从全国各大商场、超市中撤柜，并大量裁撤售后服务人员。

乐华的渠道激进很快让自己尝到了苦果。强力家电连锁终端主要集中在一类、二类城市，在这些城市中间，乐华彩电因为不具备强大品牌、对消费者吸引力不强，因此其销售额直线下降。因为乐华彩电大量裁撤其售后服务人员，致使正常的售后服务不能提供，以广州为例，最多的时候，广州消费者协会一周就能接到消费者40多个对乐华彩电的投诉。

销量锐减切断了乐华彩电的现金流，售后问题则直接打击了消费者和终端商对乐华彩电的信心。2002年11月，曾被乐华彩电寄予厚望的连锁家电销售商对乐华彩电丧失信心，北京国美率先对乐华撤柜，至此，乐华彩电无力回天。从5月到11月，半年内乐华彩电就轰然坍塌。

乐华渠道变革失败的原因是，乐华推行的渠道革命太过激进，对于市场形势、代理商的反应、自身实力缺乏准确估计。

来源：铂策划. 2002年十大营销失利案例. 中国营销传播网. http://www.emkt.com.cn

点评：没有比稳定的渠道更重要的了。调整渠道失败比一次不成功的广告攻势风险要大得多，如果渠道不能不变，那么就必须保证在可行的前提下去逐步改变，而不应该推进激进的"休克疗法"。

分析：
1. 乐华渠道全面推行"代理制"为什么会走向失败？
2. 从这个案例中中国家电企业应该得到哪些教训？

第十章 促销策略

关键词：促销；促销组合；广告；人员推销；公共关系；营业推广；推动策略；拉引策略。

导入案例

利用总统销书

美国一出版商有一批滞销书迟迟不能脱手，他想了一个主意：送给总统一本，并三番五次去征求意见。忙于政务的总统不愿与他多纠缠，便回了一句："这本书不错。"于是出版商便大做广告："现有总统喜爱的书出售。"大多数人出于好奇，争相抢购，书被一抢而空。

不久，这个出版商又有书卖不出去，又送了一本给总统，总统上过一次当，这次吸取教训想奚落他，就说："这本书糟透了。"出版商又大做广告："现有总统讨厌的书出售。"不少人出于好奇又争相购买。

第三次，出版商将书送给总统，总统接受前两次的教训，便不做任何答复，出版商却乘机大做广告："现有总统难以下结论的书，欲购从速。"结果书居然又被一抢而光。总统哭笑不得，出版商大发其财。

来源：金泽灿. 方法比努力更重要. 内蒙古文化出版社，2009

第一节 促销与促销组合

一、促销的含义

促销（promotion）是促进产品销售的简称，指企业通过人员和非人员的方式，沟通企业与消费者之间的信息，引发、刺激消费者的消费欲望和兴趣，使其产生购买行为的活动。促销具有以下几层含义。

（一）促销的实质是沟通信息

一方面，企业作为商品的供应者或卖方，可以通过广告传递有关企业及产品的信息；通过各种营业推广方式加深顾客对产品的了解、注意和兴趣，进而促使其购买；通过各种公共关系手段改善企业及产品在公众心目中的形象；还可以派推销员面对面地说服顾客购买产品。也就是说，企业可采取多种方式来加强与顾客之间的信息沟通。另一方面，在促销过程中，作为买方的消费者，又把对企业及产品或服务的认识和需求动向反馈给企业，促使企业根据市场需求进行生产。由此可见，促销的信息沟通不是单向式沟通，而是一种由卖方到买方和由买方到卖方的不断循环的双向式沟通。

（二）促销的目的是引发、刺激消费者产生购买行为

在消费者可支配收入既定的条件下，消费者是否产生购买行为主要取决于消费者的购买欲望，而消费者购买欲望又与外界的刺激、诱导密不可分。促销正是针对这一特点，通过各种传播方式把产品或劳务等有关信息传递给消费者，以激发其购买欲望，使其产生购买行为。

（三）促销的方式有人员促销和非人员促销

人员促销也称直接促销或人员推销，是企业运用推销人员向消费者推销商品或服务的一种促销活动。它主要适合于在消费者数量少、比较集中的情况下进行促销。非人员促销又称间接促销或非人员推销，是企业通过一定的媒体或活动传递产品或服务等有关信息，以促使消费者产生购买欲望，发生购买行为的一系列促销方式，包括广告、公关和销售促进等。

二、促销的作用

促销在企业经营中的重要性日益显现，具体来讲有以下几方面。

（一）提供信息，疏通渠道

产品在进入市场前后，企业要通过有效的方式向消费者和中间商及时提供有关产品的信息，以引起他们的注意，激发他们的购买欲望，促使其购买。同时，要及时了解中间商和消费者对产品的意见，迅速解决中间商销售中遇到的问题，从而密切生产者、中间商和消费者之间的关系，畅通销售渠道，加强产品流通。

（二）诱导消费，扩大销售

企业针对消费者和中间商的购买心理来从事促销活动，不但可以诱导需求，使无需求变成有需求，而且可以创造新的欲望和需求。当某种产品的销量下降时，还可以通过适当的促销活动，促使需求得到某种程度的恢复，延长产品生命周期。

（三）突出特点，强化优势

随着市场经济的迅速发展，市场上同类产品之间的竞争日益激烈。消费者对于不同企业所提供的许多同类产品，在产品的实质和形式上难以觉察和区分。在这种情况下，要使消费者在众多的同类产品中将本企业的产品区别出来，就要通过促销活动，宣传和介绍本企业的产品特点，以及能给消费者带来的特殊利益，增强消费者对本企业产品的印象和好感，从而促进购买。

（四）提高声誉，稳定市场

在激烈的市场竞争中，企业的形象和声誉是影响其产品销售稳定性的重要因素。通

过促销活动,企业足以塑造自身的市场形象,提高在消费者中声誉,使消费者对本企业产生好感,形成偏好,达到实现稳定销售的目的。

三、促销组合及促销策略

（一）促销组合的含义

图 10-1　促销组合

所谓促销组合也称营销沟通组合,就是企业根据产品的特点和营销目标,把人员促销和非人员促销两大类中的人员推销、广告、营业推广和公共关系等具体形式有机结合起来,综合运用,形成一个整体的促销策略。促销组合的基本原则是促销效率最高而促销费用最低。

现代市场营销学认为,促销的方式包括人员促销和非人员促销两大类,具体分为人员推销、广告宣传、公共关系、营业推广四种方式。

1. 人员推销

人员推销是一种既传统又现代的促销方式,是指企业通过派出销售人员与一个或一个以上可能成为购买者的人交谈,作口头陈述,以推销商品,促进和扩大销售。人员推销由于直接沟通信息,反馈意见及时,可当面促成交易。因此,它的作用不是仅仅出售现有货物,而是要配合企业的整体营销活动来发现顾客需求、满足顾客需求,把市场动向和顾客需求反馈回来,并据此调整企业生产经营范围、结构,增强企业竞争能力。

2. 广告宣传

广告宣传是指工商企业通过一定的媒介物,公开而广泛地向社会介绍企业的营销形式和产品品种、规格、质量、性能、特点、使用方法以及劳务信息的一种宣传方式。它是商品经济的产物,是随着商品经济的发展而逐渐发展起来的,特别是随着我国经济体制改革的不断深化,市场经济体制的建立,工商企业作为独立的商品生产者和商品经营者,科学地运用广告宣传,对传播信息、促进生产、引导消费、扩大销售、加速商品流通和提高经济效益都有着十分重要的作用。

3. 公共关系

公共关系是指企业为改善与社会公众的关系,促进公众对组织的认识、理解及支持,达到树立良好组织形象、促进商品销售的目的而进行的一系列公共活动,从而为企业创造一种良好的舆论环境和社会环境。公共关系的核心是交流信息，促进相互了解，宣传企业的经营方针、经营宗旨、经营项目、产品特点和服务内容等，提高企业的知名度和社会声誉，为企业争取一个良好的外部环境，以推动企业不断向前发展。

4. 营业推广

营业推广是指工商企业在比较大的目标市场中，为刺激早期需求而采取的能够迅速产生鼓励作用、促进商品销售的一种措施。营业推广的形式很多，大致可以分为三类：

第一类是直接对消费者的，如展销、现场表演、赊销、消费信贷、现场服务、有奖销售、赠予纪念品或样品等。

第二类是属于促成交易的，如举办展览会、供货会、订货会、物资交流会、购货折扣、延期付款、补贴利息、移库代销等。

第三类是鼓励推销人员，如推销奖金、红利、接力推。

(二) 企业制定促销组合时应考虑的因素

在实际工作中，企业应根据以下几个因素来决定促销组合：

1. 促销目标

促销的总目标是通过向消费者的宣传、诱导和提示，促进消费者产生购买动机，影响消费者的购买行为，实现产品由生产领域向消费领域的转移。不同企业在同一市场，同一企业在不同时期或不同市场环境下所进行的特定促销活动，都有其具体的促销目标。促销目标是制约各种促销形式具体组合的重要因素，促销目标不同，促销组合必然有差异。

例如，迅速增加销售量（扩大市场份额）与树立或强化企业形象（为赢得有效的竞争地位奠定有利基础）是两种不同的促销目标。前者强调近期效益，属于短期目标，促销组合往往更多地选择使用广告和营业推广；后者则较注重长期效益，需要制定一个较长远的促销方案，建立广泛的公共关系和强有力的广告宣传显得特别重要，但后者的广告宣传从手段到内容与前者都要有很大差别。

2. 产品的性质

不同性质的产品，购买要求和使用特点不同，需要采取不同的促销组合。一般按产品的不同性质把产品划分成工业品和消费品两大类。消费品与工业品比较，消费品更多地使用广告，工业品则更多地使用人员推销。无论是工业品还是消费品，营业推广、公共关系这两种形式几乎可以被工商企业随时采用。如图10-2所示。

3. 产品的市场生命周期

在产品生命周期的不同阶段，所选择的促销手段也应有所不同。如在产品的导入期，扩大产品的知名度是企业的主要任务。在各种促销手段中，应以广告宣传为主，因为广告以其广泛的覆盖面，有可能在短时间形成较好的品牌效应。而一旦产品进入了成长期，单有广告就不够了，营业员和推销人员的积极推销，往往能更深入宣传产品的特点，并能争取那些犹豫不决的购买者，迅速扩大产品的销量。在产品成熟期，为巩固产品的市场地位，积极的公共关系宣传并辅之以一定的营业推广手段，往往能有效地巩固和扩大企业的市场份额，增强企业的竞争优势。而产品到了衰退期，随着企业营销战略

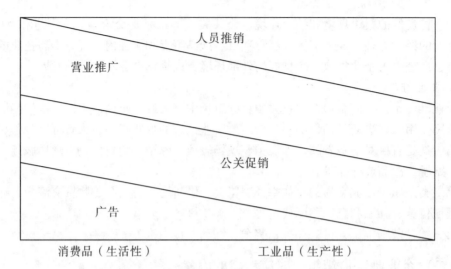

图 10-2 生活消费品与生产性工业品的不同促销组合

重点的转移，对于剩余的产品，一般则采取以营业推广为主的促销手段，以求迅速销售产品，回收资金，以投入新的产品的生产。

4. 市场状况

一般来说，目标市场的消费者比较集中，规模较小，应以人员推销为主，但向较分散的大规模的目标市场如全国市场或国际市场进行促销时，则多偏重于广告等非人员促销。

5. 企业状况

企业的规模与资金状况不同，应该运用不同的促销组合。一般情况下，小型企业资金力量弱，支付大量的广告费用比较困难，这样就应该以人员推销为主；大型企业有规模效应，产品数量多，资金雄厚，有能力使用大量的广告箱给广泛的消费者施加影响，所以就应该以广告促销为主，人员推销为辅。

（三）促销的基本策略

从运作的方向来区分，所有的促销策略可以归结为两种基本类型：推式策略和拉式策略。如图 10-3 所示。

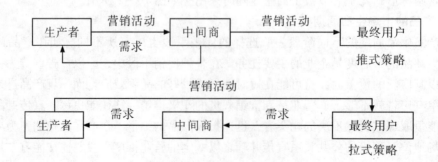

图 10-3 促销策略的主要形式

推式策略是指企业运用人员推销的方式,将产品推向市场,即从生产企业推向中间商,再由中间商推给消费者,故称人员推销策略。推式策略一般适合于单位价值较高的产品,性能复杂、需要做示范的产品,根据用户需求特点设计的产品,流通环节较少、流通渠道较短的产品,市场比较集中的产品等。推式策略中企业主要面向的推销对象是批发商或零售商,主要采取人员推销和利益诱导的营业推广方式。

拉式策略是指企业运用非人员推销方式将消费者拉过来,使其对本企业的产品产生需求,以扩大销售,也称非人员推销策略。拉式策略一般适合于价值较低的消费品,流通环节较多、流通渠道较长的产品,市场范围较广、市场需求较大的产品。拉式策略中企业主要面向的推销对象是消费者,主要采取大量的广告方式。

第二节 人员推销

一、人员推销的概念和特点

所谓人员推销,就是指企业派出或委托推销人员,亲自上门向目标顾客介绍和推销产品的方法。人员推销的核心问题是说服,即说服目标顾客,使其接受其推销的产品或服务。人员推销有三个基本要素:推销人员、推销品、推销对象。

人员推销既是一种最古老的促销手段,同时也是现代市场营销的一种重要促销方法,它与其他促销手段相比,人员推销主要具有以下特点。

(一)方式灵活

推销人员与顾客面对面交谈,能随时观察顾客的反应,及时调整对策,通过自己的言辞、声音、形象、动作或样品、图片等,当场解答用户的问题和提供多种服务,达到说服成交的目的。

(二)针对性强

采用广告等非人员促销方式,面对的是范围较广泛的公众,他们可能是该产品的潜在顾客,同时也有可能不是。人员推销多数是个别进行,作业之前往往要调查研究,选择和了解潜在顾客,利于有的放矢,减少浪费,提高绩效。

(三)及时成交

人员推销的直接性,大大缩短了从促销到采取购买行动的时间间隔。采用非人员促销手段,顾客即使收到信息,也有一个思考、比较、认定以及到店购买的过程,时间久了还可能放弃购买。面对面的人员推销,能够尽快消除顾客疑虑,定夺购买。

(四)发展关系

在推销人员与顾客反复交往的过程中,买卖双方往往会培养出亲切友好的关系。一方面,推销人员帮助顾客选择称心如意的产品,解决使用过程中的种种问题,会使顾客对推销人员、产品和企业产生亲切感、信任感;另一方面,顾客对推销人员的良好行为予以肯定和信任,会积极地宣传企业的产品,帮助拓展业务。

(五) 反馈信息

人员推销是一种双向信息交流过程,推销人员在与顾客交往中,能够收集到所需的各种市场信息,并将推销过程中所了解的有关信息及时传递给企业,以利于企业改进产品和市场营销战略、战术。

人员推销也有一些不足之处。例如,在市场广阔、顾客分散时,建立庞大的推销队伍等会导致推销成本上升;推销人员的管理较难;理想的推销人也很难觅得。

案例阅读 10-1

推销人员沟通技巧

一对夫妇走进一家家用电器商场,打算看看电冰箱。售货小姐以亲切态度接待了他们,在做了恰当说明后,似乎发现这对夫妻有购买意向。于是,她便抓住时机发动攻势。

售货小姐问道:"先生府上有几口人?"先生回答说有五口人。售货小姐再转过身来问太太:"太太是隔日买菜呢,还是每天都上市场?"太太笑而未答。售货小姐再问:"听说有人一个星期买一次,有人3天买一次,他们以为3天买一次,菜色不会有变化,太太你喜欢哪一种买法呢?"太太说:"我想3天买一次比较好。"售货小姐再问:"府上常来客人吗?"太太答道:"有时候。"这时先生一面蹲下来查看冰箱门的下方放啤酒的地方,一面估量大概可放多少瓶啤酒。小姐随机应变,马上对先生说:"先生,听说爱喝啤酒的人是这样的,一次买上一打,早上摆进一两瓶,晚上下班即可享受一番。嘿!男人们的福气可真不小。"

这时,3个人已谈得很融洽,售货小姐指一个小型的冰箱又问太太:"太太,您看这个够不够?"太太摇摇头,售货小姐再指着一个大型的冰箱问太太:"您再看看这个可以容纳3天的鱼肉蔬菜吗?"太太笑道:"刚刚好。"售货小姐又问:"太太,您打算把冰箱放在什么地方,是客厅里,还是厨房里?"太太说:"厨房太小,没意思。"售货小姐附和道:"是,我也是这么想。"于是售货小姐再说:"夏天的啤酒、西瓜、软包装饮料冷冰冰的,解暑可口,就是冬天的冰淇淋,也别有一番风味,更不要说随时可取出又青又嫩的蔬菜和新鲜如故的鱼肉。尤其是,用上电冰箱可以节约很多买菜的时间,也可以省下不少的菜钱,还可以从容不迫地招待那些突然登门的客人,真是一举数得啊!"

正当夫妻俩为售货小姐一番动人的美言所自我陶醉,售货小姐又问道:"先生府上在哪儿,离这很远吗?"先生答:"不太远,就在附近。"售货小姐又问:"那么今天马上送到好呢,还是明天一早给你送去好?""噢,明天吧。"

来源:中国营销传播网。http://www.emkt.com.cm

二、人员推销的步骤

按照"程序化推销"理论，人员推销分为七个步骤。

（一）识别潜在顾客

推销工作的第一步就是找出潜在顾客。如通过现有满意顾客的介绍，或查阅工商企业名录、电话号码等发掘潜在顾客。

（二）事前准备

在出去推销之前，推销员必须具备三类知识：①产品知识——关于本企业、本产品的特点及用途等；②顾客知识——包括潜在顾客的个人情况或所在企业情况等；③竞争者知识——竞争对手的产品特点、竞争能力和竞争地位等。

（三）接近

接近是指与潜在顾客开始进行面对面的交谈。此时推销人员的头脑里要有三个目标：①给对方一个好印象；②验证在准备阶段所得到的全部情况；③为后面的谈话做好准备。同时，要选择最佳的接近方式和访问时间。

（四）介绍

介绍阶段是推销过程的中心。对有形产品可通过影响顾客的多种感官进行介绍，其中顾客的视觉效果是最重要的，因为在人所接受的全部印象中，通过视觉得到的信息占最大比重。对无形产品（如保险等服务）可以用一些图表、小册子加以说明。要注意的是在介绍产品时必须着重说明该产品能给顾客带来什么好处。

（五）应付异议

推销人员应随时准备应付不同意见。一个有经验的推销人员应当具有与持有不同意见的顾客洽谈的技巧，随时有准备对付反对意见的适当措词和论据。

（六）成交

成交即推销人员接受对方订货购买的阶段。多数推销人员认为，接近和成交是推销过程中两个最困难的步骤。在洽谈过程中，推销人员要随时给对方以成交的机会，对有些顾客不需要全面介绍，在介绍过程中一旦发现对方有愿意购买的表示，应立即抓住时机成交。这时，推销人员还可以提供一些优惠条件，促成交易。

（七）事后跟踪

事后跟踪是推销人员确保顾客满意并反复购买的重要一环。推销人员应认真执行定单中所保证的条款，如交货期和安装、维修等。跟踪访问的直接目的在于了解买主是否对选择感到满意，发掘可能产生的各种问题，表示推销员的诚意和关心，以促使顾客做出对企业有利的购后行为。

案例阅读 10-2

眼见为实的推销

有一次，塑料厂推销员老于出差到天津，看到一位服务员正在给顾客用塑料袋装包子，那塑料袋被热包子烫得当时就漏了，顾客小心翼翼地放进包里才好歹拿走了。老于马上找到这家包子铺的老板，拿出自己厂生产的塑料袋样品，直截了当地说："我厂新产品——背心袋，无毒、无味、结实，最适合装你们店的包子。"老板一看，这塑料袋很薄，有些将信将疑。老于马上叫他往塑料袋里装热包子。装好之后，老于叫人们让开，就开始轮了好几圈。塑料袋完好无损。然后，老于又叫厨师往袋里装入热汤，还是没事。这回，老板和店员们都服了，这家包子铺一次定了10万只塑料袋。

来源：韩冰. 财富讲义. 一分钟袖珍故事. 未来出版社，2008

案例阅读 10-3

十块钱卖两张名片

秘书恭敬地把名片交给董事长，一如预期，董事长不耐烦地把名片丢回来。很无奈地，秘书把名片退回给立在门外一脸尴尬的业务员。业务员不以为然地再把名片递给秘书。

"没关系！我下次再来拜访，所以还是请董事长留下名片。"

拗不过业务员的坚持，秘书硬着头皮，再进办公室。董事长火大了，将名片撕成两半，丢回给秘书。

秘书不知所措地愣在当场，董事长更生气，从口袋里拿出十块钱："十块钱买他一张名片够了吧！"

当秘书把名片和钱递给业务员时，业务员却很开心地高声说："请你跟董事长说，十元钱可以买我两张名片，我还欠他一张。"随即再掏出一张名片递给秘书。

突然，办公室里传来一阵大笑，董事长走了出来："这样的业务员不和他谈生意，我还找谁谈呢？"

来源：陈海龙. 培训故事全书. 海天出版社，2007

三、人员推销的方法

人员推销的方法较多，主要有直接推销法、应用推销法、关系推销法、连锁推销法、优惠推销法等。

（一）直接推销法

直接推销法是企业营销人员直接对不确定的销售对象所进行的一种推销方法，这种推销方法比较简单，多为新营销人员所使用；一些老营销人员到新市场去推销产品，有时也使用之。使用这种推销方法，又可采用两种形式：一是营销人员选择某一地区，挨家挨户进行访问推销。二是营销人员对完全不熟悉的对象，进行询问式或叫喊式的随意推销。

（二）应用推销法

应用推销法是企业营销人员采用现场表演、现场试用、现场操作等手法向人们推销产品的一种方法。这种销售方法虽较古老，但能收到很好的效果。

（三）关系推销法

关系推销法是企业营销人员利用各种人际关系，通过曲线手法向人们推销产品的一种方法。每一个人都有一定的人际关系，推销人员在工作中也可通过人际介绍，从而获得较多的推销对象。

（四）连锁推销法

连锁推销法是利用营销人员建立起来的基本客户介绍新用户的推销方法，也称滚雪球式推销。营销人员在使用这种方法时，应注意两个问题：一个是与基本客户要建立起十分信赖的关系。为此，平时营销人员除要同这些客户保持经常的业务往来外，还要进行适当的感情投资；二是请基本客户连锁介绍新客户时，要相机行事，不能操之过急，更不能强人所难。

（五）优惠推销法

优惠推销法是企业营销人员在向用户推销产品时，采用适当的优惠手法，促使产品成交的推销方法。例如，可根据用户购买数量的多少，采用一定的折扣优惠；可根据用户的爱好，采用一定的馈赠优惠；可根据国内外的民族习惯，采用一定的节日优惠，等等。优惠推销法是利用消费者的实惠心理、求廉心理、喜庆心理，以取得消费者欢心的有效的推销方法。

四、推销人员的管理过程

（一）推销人员的素质

人员推销是一个综合的复杂过程。它既是信息沟通过程，也是商品交换过程，又是技术服务过程。推销人员的素质决定了人员推销活动的成败。推销人员一般应具备以下素质：

1. 态度热忱，勇于进取

即服务精神好。了解顾客的需要，解决顾客的困难，当好顾客的顾问，创造推销的机会。

2. 求知欲强，知识广博

广博的知识是推销人员做好推销工作的前提条件。应具备以下知识：

（1）企业知识：历史和现状、地位、规划、利润目标、产品及定价策略。

（2）产品知识：产品性能、用途、用法、维修及管理程序。

（3）用户知识：购买动机、习惯、时间、地点、方式。

（4）市场知识：现实用户和潜在用户数量、需求量及趋势、市场竞争情况。

3. 文明礼貌，善于表达

推销人员推销产品的同时也是在推销自己。这就要求推销人员要注意推销礼仪，讲究文明礼貌，仪表端庄，热情待人，举止适度，谦恭有礼，谈吐文雅，口齿伶俐；在说明主题的前提下，语言要诙谐、幽默，给顾客留下良好的印象，为推销获得成功创造条件。

4. 富于应变，技巧娴熟

尽可能解答顾客的疑难问题；善于说服顾客；善于选择时机，掌握良好的成交机会，并善于把握易被他人忽视或不易发现的推销机会。

案例阅读 10-4

真诚的推销员

乔·吉拉德被誉为世界上最伟大的推销员，他在15年中卖出13 001辆汽车，并创下一年卖出1 425辆（平均每天4辆）的记录，这个成绩被收入《吉尼斯世界大全》。那么你想知道他推销的秘密吗？他讲过这样一个故事：

记得曾经有一位中年妇女走进展销厅，说她想在这儿看看车，打发一会时间。闲谈中，她告诉我她想买一辆白色的福特车，就像她表姐开的那辆，但福特车行的推销员让她过一小时后再去，所以她就先来这儿看看。她还说这是她送给自己的生日礼物："今天是我55岁生日。"

"生日快乐！夫人。"我一边说，一边请她进来随便看看，接着出去交待了一下，然后回来对她说："夫人，您喜欢白色车。既然您现在有时间，我给您介绍一下我们的双门式轿车，也是白色的。"

我们正谈着，女秘书走了进来，递给我一打玫瑰花。我把花送给那位妇女："祝您长寿，尊敬的夫人。"

显然她很感动，眼眶都湿了。"已经很久没有人给我送礼物了，"她说，"刚才那位福特推销员一定是看我开了部旧车，以为我买不起新车，我刚要看车他却说要去收一笔款，于是我就上这儿来等他。其实我只是想要一辆白色车而已，只不过表姐的车是福特，所以我也想买福特。现在想想，不买福特也可以。"

最后，她从我这儿买走了一辆雪佛来，并写了一张全额支票，其实从头到尾我的言语中都没有劝她放弃福特而买雪佛来的词句。只是因为她在这里感到受了重视，于是放弃了原来的打算,转而选择了我的产品。

真诚是推销员的第一步,真诚而不贪婪,是推销员的第一准则。记住,当你给予别人好处的时候,影响就会像滚雪球一样越滚越大,你的钱包自然会渐渐鼓起来。

来源:商业故事.2011年02期

(二) 推销人员的甄选与培训

由于推销人员素质高低直接关系到企业促销活动的成功与失败,所以推销人员的甄选与培训十分重要。

1. 推销人员的甄选

甄选推销人员,不仅要对未从事过推销工作的人员进行甄选,使其中品德端正、作风正派、工作责任心强的且能胜任推销工作的人走入推销人员的行列,还要对在岗的推销人员进行甄选,淘汰那些不适合推销工作的推销人员。

企业甄选推销人员的途径有两种:一是从企业内部选拔,即把本企业内部德才兼备、热爱并适合做推销工作的人选拔到推销部门工作;二是从企业外部招聘,即企业从高等院校的应届毕业生、其他企业或单位等群体中物色合格人选。无论哪种选拔途径,都应经过严格的考核,择优录用。

2. 推销人员的培训

对甄选合格的推销人员,还需经过培训才能上岗,使他们学习和掌握有关知识与技能。同时,还要对在岗推销人员每隔一段时间进行培训,使其了解企业的新产品、新的经营计划和新的市场营销策略,进一步提高素质。

推销人员培训的内容通常包括企业知识、产品知识、市场知识、心理学知识和政策法规知识等内容。

培训推销人员的方法很多,常采用的方法有三种:

一是讲授培训。这是一种课堂教学培训方法。一般是通过举办短期培训班或进修等形式,由专家、教授和有丰富推销经验的优秀推销员来讲授基础理论和专业知识,介绍推销方法和技巧。

二是模拟培训。它是受训人员亲自参与的、有一定实战感的培训方法,具体做法有实例研究法、角色扮演法和业务模拟法等。比如,由受训人员扮演推销人员向由专家教授或有经验的优秀推销员扮演的顾客进行推销,或由受训人员分析推销实例等。

三是实践培训。实际上,这是一种岗位练兵。让甄选的推销人员直接上岗,与有经验的推销人员建立师徒关系,通过传、帮、带,使受训者较快地熟悉业务,成为合格的推销人员。

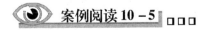

营销人员的社会责任

张先生和朋友去一个海边热闹地区度假时得到一个灵感,即"当发现一种需求时就应该满足它"。张先生观察到当人们感到又热又渴时,很长一段海岸线上却没有任何商店。张先生决定从事出售货物的工作,他获得许可在岸边经销冰淇淋、雪糕、冷饮和快餐,张先生从他的生意中获得了很大的收入,而他每年只需工作4个月。

但是当地市政组织开始找他的麻烦了,因为他的顾客把冰淇淋纸杯、草帽、纸袋和其他废物扔得遍地都是,张先生不得不把所经销的商品都相应提高了价格,以转嫁政府征收的各种费用,很多顾客对于涨价表示极为不满,因而人们都抱怨他。张先生有可能因此被吊销执照。

来源:吴健安. 市场营销学——学习指南与练习. 高等教育出版社,2009

分析:

1. 张先生对当地居民是否负有社会义务?如有,这些义务是什么?

张先生对于当地居民负有社会义务,通过各种形式告知顾客爱护环境卫生,促进全社会利益的共同增长。如在所出售的商品包装物上印制严禁乱扔废弃的包装物的提示,也应设置足够数量的专门收集废物的设备,并做出醒目的标识,以方便顾客。

2. 张先生的经营行为是否有悖于应承担的社会义务甚至触犯法律法规?

由于张先生在旅游度假区开设商店而导致顾客随地乱扔垃圾和废弃包装物,污染了旅游区的环境卫生,因而违犯了环境保护及旅游资源保护方面的法律法规;张先生自作主张,随意提高所售物品的价格,触犯了价格方面的法律法规。

3. 张先生作为经营者是否只需要关心他的顾客?

张先生除了要关心他的顾客外,还必须关心"政府公众"和"媒介公众"。尽管张先生的经营满足了消费者的需求,也使张先生赚到了钱,但却破坏了旅游景区,造成环境污染,牺牲了本地区及旅游者的利益。因此,张先生必须关注政府这一特殊的公众。

(三)推销人员的考核与评价

为了对推销人员进行有效的管理,企业必须对推销人员的工作业绩建立科学而合理的考核与评估制度,并以此作为分配报酬的依据和企业人事决策的重要参考指标。

1. 考评资料的收集

收集推销人员的资料是考评推销人员的基础性工作。全面、准确地收集考评所需资料是做好考评工作的客观要求。考评资料的获得主要有四个途径:

(1)销售工作报告。销售工作报告一般包括销售活动计划和销售绩效报告两个部分。销售活动计划报告作为推销人员合理安排推销活动日程的指导,可展示推销人员的地区年度推销计划和日常工作计划的科学性、合理性。销售绩效报告反映了推销人员的工作实绩,从中可以了解销售情况、费用开支情况、业务流失情况、新业务拓展情况等许多推销绩效。

(2)企业销售记录。因企业的销售记录包括顾客记录、区域销售记录、销售费用支出的时间和数额等信息,从而使其成为考评推销业绩的重要基础性资料。通过对这些资料进行加工、计算和分析,可以得出适宜的评价指标,如某一推销人员一定时期内所接订单的毛利等。

（3）顾客及社会公众的评价。推销人员面向顾客和社会公众开展推销活动，决定了顾客和社会公众是鉴别推销人员服务质量最好的见证人。因此，评估推销人员理应听取顾客及社会公众的意见。通过对顾客投诉和定期顾客调查结果的分析，可以透视出不同的推销人员在完成推销产品这一工作任务的同时，其言行对企业整体形象的影响。

（4）企业内部员工的意见。企业内部员工的意见主要是指销售经理、营销经理和其他非销售部门有关人员的意见。此外，销售人员之间的意见也可作为考评时的参考。依据这些资料可以了解有关推销人员的合作态度和领导才干等方面的信息。

2．考评标准的建立

在评估推销人员的绩效时，科学而合理的标准是不可缺少的。绩效考评标准的确定，既要遵循与基本标准的一致性，又要坚持推销人员在工作环境、区域市场拓展潜力等方面的差异性，不能一概而论。当然，绩效考核的总标准应与销售增长、利润增加和企业发展目标相一致。

制定公平而富有激励作用的绩效考评标准，客观需要企业管理人员根据过去的经验，结合推销人员的个人行为来综合制定，并需要在实践中不断加以修订与完善。

3．考评的方法

（1）横向比较法。横向比较法是将各推销人员之间的工作业绩进行比较。这种比较必须建立在各区域市场的销售潜力、工作量、竞争环境、企业促销组合等方面大致相同的基础上。应注意的是，销售量不是衡量推销人员工作业绩的唯一标准，还要对能反映推销人员工作绩效的其他指标进行衡量，如顾客的满意度、成本的耗费、产品的销售结构、资金的周转速度等。

（2）纵向比较法。纵向比较法是将同一个推销人员现在的业绩和以前的业绩进行比较，包括销售额、毛利率、销售费用、顾客变更情况等。这种考评方式可以衡量推销人员工作的改善情况，以把握推销人员的业务能力和思想动态的变化情况。

4．推销人员的奖励

对推销人员的奖励，实际上是推销人员通过在促销活动中从事推销工作而获得的利益回报，一般包括工资、津贴、福利、保险、佣金和分红奖金等。可以说，公平合理的奖励既是对推销人员辛勤劳动的补偿，也是激励推销人员努力工作实现销售目标的最有效工具之一。奖励推销人员既有利于激励推销人员积极努力，保证企业销售目标的顺利实现，也有利于建设高素质的销售团队。

奖励推销人员的方式主要有单纯薪金制、单纯佣金制和混合奖励制三种。

（1）单纯薪金制。单纯薪金制亦称固定薪金制，是指在一定时间内，无论推销人员的销售业绩是多少，推销人员获得固定数额报酬的形式。具体说来就是"职务工资＋岗位工资＋工龄工资"。

（2）单纯佣金制。单纯佣金制是指与一定期间的销售业绩直接相关的报酬形式，即按销售基准的一定比率获得佣金。单纯佣金制的具体形式又有单一佣金和多重佣金、直接佣金和预提佣金之分。

（3）混合奖励制。混合奖励制兼顾激励性和安全性的特点。当然，混合奖励制有效的关键在于薪金、佣金和分红的比率。一般来说,混合奖励中的薪金部分应大到足以吸引有潜力的推销人员;同时,佣金和分红部分足以大到刺激他们努力工作。

除了上述三种奖励形式以外,还有特别奖励,就是在正常奖励之外所给予的额外奖励,包括经济奖励和非经济奖励。非经济奖励包括给予荣誉、表扬记功、颁发奖章等。特别奖励的具体形式有业绩特别奖、销售竞赛奖等。

案例阅读 10-6

东方销售女神——柴田和子

柴田和子出生于日本东京,从东京"新宿高中"毕业后,进入"三洋商会株式会社"就职。后因结婚辞职回家做了4年家庭妇女。

1970年,31岁的柴田和子进入日本著名保险公司——"第一生命株式会社"新宿分社,开始其充满传奇色彩的保险行销生涯,创造了一个又一个辉煌的保险行销业绩。

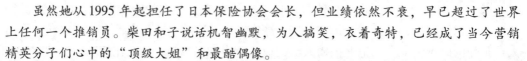

在柴田和子进入"百万圆桌会议(简称MDRT)"之前,日本只有一个人——原一平达到入会要求。1978年,柴田和子首次登上"日本第一"的宝座,此后一直蝉联了16年日本保险销售冠军,荣登"日本保险女王"的宝座。

1988年,她创造了"世界寿险销售第一"的业绩,并因此而荣登"吉尼斯"世界纪录,此后逐年刷新纪录,至今无人打破。她的年度成绩能抵上800多名日本同行的年度销售总和。

虽然她从1995年起担任了日本保险协会会长,但业绩依然不衰,早已超过了世界上任何一个推销员。柴田和子说话机智幽默,为人搞笑,衣着奇特,已经成了当今营销精英分子们心中的"顶级大姐"和最酷偶像。

在全球寿险界,谈到寿险销售成绩的时候,人们常常说:"西有班·费德雯,东有柴田和子"。

来源:百度百科. http://baike.baidu.com

第三节 广告策略

"商品如果不做广告,就好像一个少女在黑暗中向你暗送秋波。"西方流行的这句名言充分表现了广告在营销中的独特地位。

一、广告的定义、作用与原则

广告(advertising)一词源于拉丁语(adventure),有"注意""诱导""大喊大叫"和"广而告之"之意。市场营销学中的广告是指企业或个人通过支付费用的形式,借助一定的媒体,把产品的有关信息传递给目标顾客,以达到增加信任和扩大销售的目的。其基本要点包括：①有明确的广告主，必须由特定的企业或个人进行；②必须支付一定的费用；③必须通过一定的传播媒体；④具有明确的针对性和目的性。广告的最大优点是能在同一时间内向广大目标顾客传递信息，因而是一种强有力的促销手段。

（一）广告的作用

广告是商品经济的必然产物。现代的广告，是在综合运用经济学、社会学、心理学、伦理学和行为科学等理论知识的基础上形成的。广告有文字、图像、实物展示、操作示范等多种形式。

随着市场经济的发展，广告在促进生产、扩大流通、指导消费、活跃经济、方便人民生活方面起着越来越大的作用。

1. 传递信息，沟通供需

广告的基本职能是把商品信息通过广告媒介传递给可能的买主，使其认识和了解商品的商标、性能、用途、生产厂家、购买地点、购买方法、价格等内容，起到沟通供需的作用。

2. 激发需求，扩大销售

广告运用艺术手段，有针对性地向顾客介绍产品，诱导消费者的兴趣和情感，激发起消费者的购买欲望，可促成其购买行为的实现，起到扩大流通和促进销售的作用。

3. 介绍知识，指导消费

广告通过简明扼要、形象有趣和富有哲理的语言及图象，向消费者介绍产品的基本知识，使其了解产品的性能和结构，掌握产品的使用方法和保养方法，起到售前服务的作用。

案例阅读 10-7

没有感觉呀

大多数博士伦广告的诉求点都是戴博士伦后的舒服感觉，而何阳为一家博士伦厂家策划的广告情景则是，一个母亲给一个孩子戴隐形眼镜后，问他的感觉是否舒适；孩子眨了眨眼睛说："没有感觉呀！"这是一种相反的广告手法，因为没有感觉，比任何感觉都重要。

4. 扩大企业影响，增强竞争能力

通过广告宣传和诱导，企业不仅表明了扩大销售的目的，而且影响着用户对厂家和产品的态度。为企业开拓市场、占领市场，创造了有利条件。比如可口可乐，每年的巨额广告费平均分摊到每一个顾客身上只有 0.3 美分，但如果用人员推销成本则需 60 美元。据统计，在发达国家，投入 1 元广告费，可收回 20～30 元的收益。

（二）广告促销的原则

在企业市场营销活动过程中，广告既然具有如此重要的作用，那么我们必须注意充分发挥，而且进行广告活动时必须注意遵守广告促销原则，包括真实性、合法性、艺术性、效益性。

二、广告的类型

广告的形式多种多样，根据不同的标准分为不同的类型。

1. 按广告的覆盖面分类

广告的覆盖面与所采用的广告媒体有关，一般可分为全国性广告、地方性广告和地区性广告。

全国性广告是指在全国性的报纸、杂志、电台、电视上所作的广告，目的在于将产品或劳务推向全国各地。

地方性广告一般是配合差异性营销策略使用，宣传对象多为地方性产品，销量有限，而且选择性强。地区性广告，是在地区性广告媒体上所作的广告，传播面更小，这类广告多是为配合集中性营销策略而使用的。

2. 按广告的目的和内容分类

（1）开拓性广告。主要是介绍产品的用途、性能和使用方法，以及企业的有关情况和所能提供的服务。在产品的试销期，这类广告的作用最显著，所以又称开拓性广告。

（2）说服性广告。主要是通过产品间的比较，突出本企业产品的特点，强调给消费者带来的利益，加强消费者对产品品牌和厂家的印象，从而说服消费者购买本企业的产品，因而又称竞争性广告。

（3）提示性广告。旨在提醒消费者注意企业的产品，加深印象，刺激其重复购买。主要适用于产品的成熟期。

3. 按广告媒体分类

任何广告都要借助一定的媒体。广告媒体多种多样，除电视、广播、报纸、杂志外，还有路牌广告、招贴广告、交通广告、灯光广告、邮寄广告等。

三、广告媒体的选择

所谓广告媒体，就是指在企业与广告宣传对象之间起连接作用的媒介物。例如印刷媒体、电子媒体、户外流动媒体、户外媒体、展示媒体、邮寄媒体、网络媒体、其他媒体等。

不同的媒体具有不同的特点、适用范围和效果，随着科学技术和广告业务的发展，可供选择的广告媒体越来越多，要取得满意的广告效果，实现促销的目的，企业应根据广告目标的要求，正确、合理地选择广告媒体。

（一）广告媒体的种类及其特性

广告媒体的种类很多，不同类型的媒体有不同的特性。目前比较常用的广告媒体有以下几种：

表 10-1　各类媒体及特性

广告媒体	优　点	缺　点
报纸	灵活、及时、广泛、可信	不易保存、表现力不高
杂志	针对性强、保存期长	传播有限、不及时
广播	速度快、传播广、成本低	只有声音、不易保存
电视	感染力强、触及面广	针对性不足、成本较高
互联网	信息量大、交互沟通、成本较低	浏览者对广告心存抵触
直接邮寄	选择性强	可能造成滥寄、成本高
户外广告	展露时间长、反复宣传	缺乏创新
黄页	本地覆盖面大、成本低	高竞争、创意有限
新闻信	选择性强、交互机会多	成本不易控制
广告册	灵活性、全彩色	成本不易控制
电话	触及面广	用户可能不接受

（二）广告媒体的选择

不同的广告媒体有不同的特性，这决定了企业从事广告活动必须对广告媒体进行正确地选择，否则将影响广告效果。正确地选择广告媒体，一般要考虑以下影响因素：

1. 产品的性质

不同性质的产品有不同的使用价值、使用范围和宣传要求。生产资料和生活资料、高技术产品和一般生活用品、价值较低的产品和高档产品、一次性使用的产品和耐用品等都应采用不同的广告媒体。通常，对高技术产品进行广告宣传，应面向专业人员，多选用专业性杂志；而对一般生活用品进行广告宣传，则适合选用能直接传播到大众的广告媒体，如广播、电视等。

2. 消费者接触媒体的习惯

选择广告媒体时，还要考虑目标市场上消费者接触广告媒体的习惯。一般认为，能使广告信息传到目标市场的媒体是最有效的媒体。例如，对老年用品进行广告宣传，宜选报纸作为媒体；对儿童用品进行广告宣传，选用儿童喜欢的电视节目，其效果较好。

3. 媒体的传播范围

媒体传播范围的大小直接影响广告信息传播区域的宽窄。适合全国各地使用的产品，应以全国性的报纸、杂志、广播、电视等作为广告媒体；属地方性销售的产品，可通过地方性报刊、电台、电视台、霓虹灯等传播信息。

4. 媒体的影响力

广告媒体的影响力是以报刊的发行量和电视、广播的视听率高低为标志的。选择广告媒体应把目标市场与媒体影响程度结合起来，能影响到目标市场每一个角落的媒体是最佳选择。这样一来，既能使广告信息传递效果最佳，又不会造成不必要的浪费。

5. 媒体的费用

各广告媒体的收费标准不同，即使同一种媒体，也因传播范围和影响力的大小而有价格差别。考虑媒体费用时，应该注意其相对费用，即考虑广告促销效果。

总之，要根据广告目标的要求，结合各广告媒体的优缺点，综合考虑上述各影响因素，尽可能选择使用效果好、费用低的广告媒体。

案例阅读 10-8

广告中的黄金、白银法则

所谓黄金法则即 3B 法则，即指 Beauty——美女，Beast——动物，Baby——婴儿；而白银法则则是指名人效应。

3B 法则中运用最多的无疑为 Beauty——爱美之心人皆有之，且美女广告利于操作，又最能引发人们的注意——吸引住眼球就等于成功了一半。你只要稍加注意，就能发现，广告中 50% 以上都是美女的面孔。

Beast——基于人对大自然的亲近渴望，由动物来做广告容易消除受众与广告诉求之间的隔阂，让人产生亲近感，进而加强沟通，达到预期的效果。动物的活泼可爱通常能让消费者开心一笑，记住它最后就买它。

Baby——世界上最伟大的爱就是母爱，而广告人也抓住这一点，让母爱的伟大也延伸到商品上。

Selebrity——名人广告不仅是时尚且是古已有之。《战国策》记载古有一卖马商人，一马立于市，三晶无人问津，后请伯乐看了一眼，马不仅立刻卖了，而且价格比原来高十倍。都是同一匹马呀，可见名人效应之大。广告中运用了艺术学、美学、逻辑学、行为科学、商品学等，但运用最多的是心理学。名人效应打的就是心理战，利用消费者对名人之名的信赖或是大众对名人的崇拜，对名人生活方式的向往，从而被名人的广告说服而购买。

来源：韦佩珊. 广告中的黄金白银法则. 中外管理. 2002 年 11 期

四、广告效果测定

广告效果是指广告通过广告媒体传播之后所产生的影响，或者说媒体受众对广告宣传的结果性反应。这种影响可以分为两个方面：①广告的心理效果，即对消费者的心理活动过程产生的影响；②广告的经济效果，即对广告主的经营活动的影响。好的广告作品，应同时具有良好的心理效果和经济效果，所以在对广告的效果进行评估时，应从这两方面出发，加以综合衡量。

（一）广告心理效果的测定

广告心理效果是最基本的因素，没有心理效果的提高，经济效果的提高是不可能的。在心理效果的测定中，可以将广告效果分为认知效果、态度效果和行为效果，并分别用不同的指标加以衡量：

1. **认知效果的测量**

认知效果反映的是广告信息发布之后，公众对广告内容的知晓程度。在测定广告的认知效果时，常用的指标有：公众对广告的注目率、广告的阅读率、广告的收视率、知晓率、记忆率、理解率等。

2. **态度效果的测量**

态度效果就是公众看了广告之后，对广告主存在的误解和偏见等负态度的消除程度，以及偏爱、肯定、喜欢、接受、信服等正态度的发展程度和行为倾向的表现程度，常用的测量指标有：美誉度、忠诚度等。

3. **行为效果的测量**

广告的行为效果就是公众对广告主的排斥性、否定性的行为量的减少和程度的减弱，以及合作性、支持性的行为量的增加和程度的增强。行为效果的测量过程中，常用的指标有试用情况、购买欲望、索要介绍资料和样品的情况、购买和消费咨询的情况等。

案例阅读 10-9

世界经典广告语

雀巢咖啡：味道好极了

这是人们最熟悉的一句广告语，也是人们最喜欢的广告语。简单而又意味深远，朗朗上口。

M&M 巧克力：只溶在口，不溶在手

这是著名广告大师伯恩巴克的灵感之作，堪称经典，流传至今。它既反映了 M&M 巧克力糖衣包装的独特 USP，又暗示 M&M 巧克力口味好，以至于我们不愿意使巧克力在手上停留片刻。

百事可乐：新一代的选择

在与可口可乐的竞争中，百事可乐终于找到突破口，它们从年轻人身上发现市场，把自己定位为新生代的可乐，邀请新生代喜欢的超级歌星作为自己的品牌代言人，终于赢得青年人的青睐。

大众甲克虫汽车：想想还是小的好

60 年代的美国汽车市场是大型车的天下。伯恩巴克提出"think small"的主张，拯救了大众的甲克虫，运用广告的力量，改变了美国人的观念，使美国人认识到小型车的优点。

耐克：Just do it

耐克通过以 Just do it 为主题的系列广告，和篮球明星乔丹的明星效应，迅速成为体育用品的第一品牌。

来源：摘自中国零售网．www.youyuanw.com

（二）广告经济效果的测定

广告的目的是促销，所以经济效果是衡量广告效果的最主要、最直接的指标。在测量经济效果时，常用的方法有：

1. 广告费用比率法

广告费用比率即广告费用和广告后的销售总额之间的比率，反映的是广告费用支出和销售额之间的对比关系，广告费用比率越小，说明广告的经济效果越好。广告费用比率的计算公式如下：

$$广告费用比率 = 广告费用 / 广告后销售总额 \times 100\%$$

2. 广告效果比率法

广告效果比率反映的是商品的销售额或利润额的增长率与广告费的增长率之间的比率，这一指标越大，说明广告的经济效果越好。广告效果比率的计算公式如下：

$$广告效果比率 = 销售额增加率 / 广告费增加率 \times 100\%$$

3. 市场占有率法

市场占有率法即通过测量企业的产品在广告前后市场占有率的变化来分析广告的经济效果，常用产品的市场占有率的扩大率来反映。市场占有率计算的公式是：

$$市场占有率扩大率 = 广告后的市场占有率 / 广告前的市场占有率 \times 100\%$$

案例阅读 10-10

统一润滑油广告的成功思路

2003年3月21日，伊拉克战争爆发，中央电视台进行了前所未有的大规模直播报道。统一润滑油迅速做出反应，在战争开始的当天，停掉了正在热播的"众人篇"，而改为播放一则5秒的广告片。

广告片没有任何画面，只有一行字并配以雄浑的画外音："多一些润滑，少一些摩擦"。这则广告紧贴在《伊拉克战争报道》之后，将产品与伊拉克战争报道相结合，与新闻浑然一体，非常有震撼力。这则广告的妙处就在于既准确地诉求了"多一点润滑"的产品特点，又一语双关道出了"少一些摩擦"的和平呼声，含蓄、隽永、耐人寻味。统一为这则广告每天投入25万元，共播出10天。

广告播出后，各大媒体纷纷对这次营销事件发表评论，认为统一"多一些润滑，少一些摩擦"的广告，创造了小预算、大效果的神话（制作这个广告仅花1万8千元）。统一公司自己的网站点击率提高了4倍，而且还经常有人打公司的服务电话与统一公司讨论战争进展的情况和"战争与和平"的话题，统一润滑油的品牌影响已经远远超出了产品销售和使用的范围。

广告播放后，很多经销商给统一打来电话，他们认为这条广告才像是高端产品品牌的广告，许多原来不卖统一产品的零售店主动联系，给经销商以足够的信心。

来源：淄博职业学院网，市场营销学，精品课程

第四节 营业推广

营业推广是与人员推销、广告、公共关系相并列的四种促销方式之一,是构成促销组合的一个重要方面。

一、营业推广的概念与特点

(一) 营业推广的概念

营业推广又称销售促进,是指企业在短期内刺激消费者或中间商对某种或几种产品或服务产生大量购买的促销活动。典型的营业推广活动一般用于短期的促销工作,其目的在于解决目前某一具体的问题,采用的手段往往带有强烈的刺激性,因而营业推广活动的短期效果明显。营业推广活动可以帮助企业渡过暂时的困境。

(二) 营业推广的特点

1. 非规则性

营业推广大多用于短期和临时的促销工作,是一种非定期和非例行的促销活动,与广告等促销手段相比,它更注重刺激顾客采取直接的购买行为。如果说广告提供了购买的理由,营业推广则提供了购买的刺激。

2. 灵活多样性

常用的营业推广方式有:样品、优惠券、赠品、免费试用、购买折扣、有奖促销、产品展示等多种形式,它们各具特点。企业在开展营销活动时,应根据自己企业的具体情况灵活选择。

3. 起效快

只要企业恰当地选择营业推广的方式,其效果可以很快在企业的推销工作中显示出来,而广告、公共关系的效果要在较长时间里才能显示出来。

4. 易逝性

营业推广在销售中引起的反应虽然比广告等促销手段快,但由于营业推广主要吸引的是追求交易优惠的顾客,因此,它不易产生稳定长期的购买者,且这种做法容易使人感到卖主有急于求售心理。

二、营业推广的种类和具体形式

营业推广的方式多种多样,一个企业不可能全部使用,这就需要企业根据各种方式的特点、促销目标、目标市场的类型及市场环境等因素选择适合本企业的营业推广方式。

(一) 针对消费者的营业推广种类

向消费者推广,是为了鼓励老顾客继续购买、使用本企业产品,激发新顾客试用本企业产品。其方法主要有以下几种:

1. 样品派发

免费向顾客发送样品供其试用，是效果最好而成本最高的一种营业推广方式，一般主要用于新产品推广阶段。

2. 送赠品

赠送便宜商品或免费品，使顾客得到实惠，又可刺激顾客的购买行为。馈赠的物品主要是一些能够向消费者传递企业有关信息的精美小物品。

3. 优惠券

给持有人一个证明，证明他在购买某种商品时可以免付一定金额的钱。专家认为，优惠率达15%～20%效果较好。

4. 减价优惠

减价优惠是指在特定的时间和特定的范围内调低产品的销售价格，此种方式因最能与竞争者进行价格竞争而深受消费者的青睐。

5. 退款优惠

退款优惠即在消费者购买产品后向其退部分货款。这种方法通常用于汽车等单价较高的商品。

6. 趣味类促销

趣味类促销是指利用人们的好胜、侥幸和追求刺激等心理，举办竞赛、抽奖、游戏等富有趣味性的促销活动，吸引消费者的参与兴趣，推动销售。

7. 以旧换新

以旧换新是指消费者凭使用过的产品，或者使用过的特定产品的证明，在购买特定产品时，可以享受一定抵价优惠的促销活动，这类方式一般由生产企业使用。

8. 联合推广

两个或两个以上的企业进行营业推广方面的合作，以扩大各自产品的销售额或知名度。如：某饮料厂和某快餐店联合开展"光顾快餐店有机会获得免费饮料"活动。

案例阅读 10-11

奔驰车的服务促销

世界名车——奔驰车，在服务促销上想了很多很妙的方法。他们打出一句举世闻名的广告语："如果有人发现奔驰车发生故障被中途拖走，我们将赠你10 000美元。"以证实其质量上乘。

奔驰车共有3 700种型号，任何不同的需要都能得到满足。不同色彩、不同规格乃至车里安装什么样的收录机等千差万别的要求也都能一一给予满足。厂里在未成型的汽车上挂有一块块牌子，写着顾客的姓名、车辆型号、样式、色彩、规格和特殊要求等。来取货的顾客驱车离去时，"奔驰"还赠送一辆可作孩子玩具的小小奔驰车，使车主的下一代也能对奔驰车产生浓厚的兴趣，争取一代一代都作为奔驰车的客户。

来源：新浪网．http://www.sina.com.cn

（二）针对中间商的营业推广方式

向中间商推广，是为了促使中间商积极经销本企业产品；同时能有效地协助中间商开展销售，加强与中间商的关系，达到共存共营的目的。其推广方式主要有：

1. 折扣鼓励

折扣鼓励包括现金折扣和数量折扣。现金折扣是指生产企业对及时或提前支付货款的经销商给予一定的货款优惠；数量折扣是指生产企业对大量进货的经销商给予一定额外进货量的优惠。

2. 经销津贴

为促进中间商增购本企业产品，鼓励其对购进产品开展促销活动，生产企业给予中间商一定的津贴，主要包括新产品的津贴、清货津贴、降价津贴等。

3. 宣传补贴

有的生产企业需要借助经销商进行一定的广告宣传，为了促进经销商进行宣传的积极性，经销商可以凭借进行了宣传的有关单据获得厂家一定数额的补贴。

4. 陈列补贴

随着终端竞争的激烈，生产企业为了给产品在终端获得一个较好的销售位置，往往给予中间商一定的陈列补贴，希望经销商维护产品在终端竞争中的位置优势。

5. 销售竞赛

销售竞赛是指生产企业为业绩优秀的中间商进行特殊鼓励，包括货款返还、旅游度假、参观学习等。

6. 展览会

展览会是指企业利用有关机构组织的展览和会议，进行产品和企业的演示，通过这种形式，可以让经销商获知本行业的市场发展和行业发展情况，有利于增加其业务能力和市场信息。

（三）针对销售人员的营业推广形式

1. 销售奖金

销售奖金是为了刺激销售人员的工作积极性，对于能够完成任务的销售人员给予一定的物质奖励。

2. 培训进修

培训进修是为了提高销售人员的业绩，对其进行业务技能和技巧方面的培训。

3. 会议交流

会议交流是定期或不定期召集销售人员对工作经验和工作方法以及工作中的得失开展交流，促进销售人员的共同提高。

4. 旅游度假

旅游度假是企业为了表彰先进，增强企业内部凝聚力，对销售业绩和素质表现良好的销售人员给予国内外旅游度假的奖励。

案例阅读 10-12

七匹狼 失意"皇马中国行"

案例主体： 七匹狼实业股份有限公司

市场地位： 从 2000 年开始，七匹狼在中国休闲男装市场占有率屡居第一，是国内率先导入特许经营专卖的服装品牌之一。

失败关键： 1. 营销控制力、执行力差——失去了很多场外公关和媒体关注的机会，没有达到预期的品牌宣传效果。

2. 将体育营销等同于事件营销——只得到了短期促销的效果，并没有达到提升品牌价值和品牌文化的长期目的。

3. 被阿迪达斯偷袭成功——广告中球星穿上了其他品牌的运动服，花巨额的赞助费和广告费，为他人做了嫁衣裳。

市场结局： 七匹狼花费了 400 万元却没有得到相应的品牌宣传效果，倒是帮阿迪达斯做了免费广告。

案例背景： 2003 年 8 月 2 日，北京工人体育场上演了令中国球迷期盼的西班牙皇家马德里队与中国健力宝龙之队的比赛。由于皇马云集了贝克汉姆、罗纳尔多、齐达内、劳尔、菲戈等七大巨星，这场备受瞩目的比赛吸引了中国 7 亿电视观众的眼球，可谓是中国商家难得的商机。

红塔、健力宝、西门子、七匹狼是这次活动最大的买单者，其中七匹狼品牌付出了 400 万元的赞助费成为"皇马中国行"第一场"龙马之战"的唯一指定服装赞助品牌，拥有了皇马球队集体形象使用权、"2003 皇家马德里中国之旅"标识使用权和指定产品权，以及球星登长城独家冠名权。

"皇马中国行"期间，七匹狼在媒体上刊登的广告是七位巨星的大幅照片，画面上打出了七匹狼的广告语——"七匹狼男装，相信自己，相信伙伴"。但是令人啼笑皆非的是，这七位巨星身着的竟然是阿迪达斯的运动服。

难怪很多人笑称，七匹狼是出大价钱帮阿迪达斯做了广告。

七匹狼"皇马中国行"体育营销败笔解析：

虽然在皇马绝尘而去之后，大家对几大赞助商的营销效果褒贬不一，但七匹狼却被公认是吃了大亏。

败笔一：营销控制力、执行力差

当七匹狼夺得"皇马中国行"唯一指定服装赞助商时，确实赢得了不少叫好声。七匹狼休闲男装的主流顾客是 25～40 岁、月收入 2 000 元以上的年轻男性，正好是"皇马中国行"的主要观众。而且，七匹狼虽然是休闲服装，但是其拼搏奋斗、永做强者的品牌形象，和皇马的风格非常吻合。皇马七大巨星的阳刚形象正好和"七匹狼"不谋而合，而其中的贝克汉姆和劳尔的形象更是为"七匹狼"增值不少。这次营销活动如果操作得好的话，能大大提升"七匹狼"的品牌形象。

按照七匹狼和活动承办方高德集团的合同，400 万元的赞助费除了获得皇马球队集体形象使用权等外,七匹狼还可以在比赛球场比较理想的位置摆放一个广告牌,皇马球星在王府井购物游览时将进入七匹狼专卖店参观,皇马球星登长城时会在七匹狼广告牌前停留并留影等。

其实,因为"龙马之战"是一场实力悬殊、没有悬念的比赛,所以"皇马中国行"在球场外所引起的关注要远远大于比赛本身。但是,高德集团对"七匹狼"在赛场外的这些承诺却一项都没有兑现。七匹狼向高德集团"讨说法"的维权行动也一直没有结果。这虽然主要是中国体育营销市场不规范造成的,但是七匹狼集团在事先对营销活动准备不充分、对活动全程的控制力和执行力差则是造成这个后果的主观原因。

败笔二:将体育营销做成了短期炒作

在本刊2003年第9期刊载的《体育营销四大认识误区》一文中提到过:很多企业认为体育营销就是一种炒作,只是利用体育赛事造势,达到了促销的目的,是一种目光短浅、浪费资源的行为。

七匹狼这几年来非常热衷于体育营销,2002年足球世界杯期间和海尔品牌合作,在零售终端推出"买七匹狼T恤,得海尔彩电,品国足精神"的促销活动,在销量上火过一把。2003年除了赞助"皇马中国行"以外,还赞助了"厦门国际马拉松大赛""2003中国警察汽车拉力赛"等体育赛事。但是,在营销手段上并没有得到相应的提高,仍然只是把体育赛事当成了一次促销机会和炒作机会。

在"皇马中国行"前后的一个月时间里,七匹狼推出了"七匹狼皇马购物月"活动,并制作了一批"皇马中国行纪念T恤""休闲运动帽"等纪念品进行赠送,借助当时媒体的关注,在销售上达到了一个小小的高潮。

但是,一旦"皇马中国行"的热度很快过去了以后,七匹狼的这次事件营销并没有在消费者心目中树立长期的品牌形象和品牌文化,400万元的花费并没有带来巨大的回报。

英国沃达丰集团的全球营销总监大卫·海恩斯是体育营销的专家。他说:"每次体育营销活动之前我们都要制定科学清晰的战略,这不仅包括详细的短期媒体、零售、广告、公关回报,更包括活动的长期商业目标。"

败笔三:被阿迪达斯偷袭成功

此次七匹狼赞助"皇马中国行"最大、最弱智的败笔,就是被阿迪达斯偷袭营销成功。本刊2003年第12期曾经刊登过国际上惯用的偷袭营销的几种手段,阿迪达斯正是漂亮地"偷袭"了七匹狼一回。

七匹狼虽然是这次比赛的唯一指定服装赞助品牌,但是在镜头前,皇马球星却几乎从来没有穿过"七匹狼"品牌的休闲装。倒是因为阿迪达斯是皇马队和贝克汉姆等几位巨星的服装赞助商,球星们不仅在赛场上穿的是阿迪达斯的运动服,就连任何活动都齐齐身着阿迪达斯的运动服,上演了一场阿迪达斯的运动服装秀。这样的情形不由让人怀疑,七匹狼凑这次"皇马中国行"的热闹有什么意义?

更加可笑的是,七匹狼在各大媒体和自己专卖店及网站上刊登的广告上,配合七匹狼的广告语——"七匹狼男装,相信自己,相信伙伴",七位巨星身着的竟然是阿迪达斯的运动服。阿迪达斯本身的品牌知名度,再加上运动服和足球明星的高关联度,让七匹狼花费了400万元赞助费和昂贵的媒体购买费，为阿迪达斯在中国好好地做了一次免费广告。

其实，就算无法让巨星们脱下阿迪达斯，穿上七匹狼作秀，但是在广告上作一定的技术处理，不要让受众看到别的同类品牌，还是能够做到，也不会违反规定的。固然此次阿迪达斯为七匹狼补上了体育营销中的"偷袭战术"一课，但无论如何，400万天价的学费还是过于高昂了。

来源：王卓．成功营销．2004.2

第五节　公 共 关 系

案例阅读10－13

借花送佛法国白兰地巧入美国市场

法国白兰地品质优良，长期享誉法国境内并畅销不衰，却得不到美国市场的认同。如何突破美国市场障碍，成为法国白兰地需要解决的头等问题。在大量调研的基础上，厂商决定抓住美国总统艾森豪威尔67岁生日的机会，大作美国市场营销的文章。

通过各种公关途径，他们向美国传达这样的信息：法国人民将向美国总统馈赠两桶极其名贵的窖藏长达67年的白兰地作为生日贺礼，以表达法国人民对美国总统的友好情意。该礼品将由专列送到美国，并在总统寿诞之日，由四名身着法兰西传统宫廷侍卫服装的法国青年抬酒步入白宫。

美国公众在总统寿诞一个月前通过各种信息传播媒介接触到了以上信息，霎时，法国白兰地成为美国街头巷尾热论的话题。在艾森豪威尔生日当天，华盛顿主要干道两边竖起巨型路牌，大书："欢迎您，尊贵的法国客人！"

路边的售报亭悬挂美法两国的精致小国旗，交相呼应。当两桶法国白兰地极品如期亮相时，围观的美国人民群情鼎沸，欢歌四起，至此，法国白兰地的造势活动达到高潮，借此公关活动，毕其功于一役，白兰地顺利进入美国市场。

来源：百度文库．http://wenku.baidu.com

一、公共关系的含义

公共关系源自英文"public relations"，意思是与公众的联系，因而也叫公众关系，简称公关。从市场营销的角度来谈公共关系，只是公共关系的一小部分，即是指企业为了使社会广大公众对本企业商品有好感，在社会上树立企业声誉，选用各种传播手段，向广大公众制造舆论的公开宣传促销活动。

它具有以下几个基本特征：

（1）公共关系本身是指企业与其相关的社会公众之间的联系，个人之间的所谓人际关系不属于公共关系的范畴。

（2）公共关系是一种信息沟通活动，它只能运用信息沟通的手段来协调组织与公众的关系，因而公共关系的活动是有限度的。

（3）公共关系的目的主要是树立和保持企业及企业产品的信誉和形象，因此，企业的各项策略和措施要尽可能符合公众和社会利益，坦诚面对社会公众，并以自身良好的实践行动，作为交流的基础，以求得社会公众的理解和支持。

（4）公共关系是管理职能发展的结果，公共关系活动是企业整体营销活动的重要组成部分。

二、公共关系的作用

公共关系促销，就是将公共关系运用到促进销售中去，从而达到促进产品销售的目的。公共关系在企业市场营销活动中的作用主要体现在以下几个方面。

（一）建立企业信誉，维护企业形象

企业形象就是社会公众和企业职工对企业整体的印象和评价。公共关系的主要任务就是建立企业的良好形象，通过采取恰当的措施，如提供可靠的产品，维持良好的售后服务，保持良好的企业之间关系等，树立企业的良好形象。

（二）加强信息沟通，增加产品创意

企业必须有计划地、长期地向企业公众传递企业的信息，为了使传播取得预期的效果，必须讲究传播技巧。要善于向企业内外公众，通过适当的传播媒介、传播方式，传递适当的信息内容。同时，也要随时监视环境的变化，对外界的信息进行收集和反馈。反馈中，既要报喜，也要报忧，了解消费者对本企业及其产品的意见及消费需求的变化趋势，及时加以改进和调整，从而生产或销售确实能够满足消费者需求的产品，增强企业及产品的市场竞争力。

（三）改变公众误解，传播正确信息

企业被公众误解时，良好的公共关系工作能够帮助企业消除形象危机，比较容易地渡过难关。

（四）增强内在凝聚力，协调内外关系

良好的公共关系有利于企业人员积极性、智慧和创造性的发挥。同时，企业还要与外界公众不断联络和协调，为企业创造良好的外部环境。而良好的公共关系有利于企业取得外界公众的理解与协作，与外界环境平衡发展。

三、公共关系的原则

企业开展公共关系，应遵循以下行为准则：①真实性原则；②平等互利原则；③整体一致原则；④全员公关原则。

四、公共关系促销方式

公共关系促销方式很多,归纳起来,主要有以下几种。

(一) 发布新闻

新闻是对最近发生的事情的报道。凡是对社会和公众有重要影响,能引起读者、听众、观众兴趣的事件,都可以构成新闻。如新厂动建或投产、重要合同签订、新产品开发、企业荣誉、厂庆纪念日、领导人来访、社会公益活动的举办等都可以称为新闻的素材。

(二) 企业刊物

企业刊物是企业与公众进行沟通的最有效的媒介之一。这种刊物受企业控制,能够根据企业的公共关系方案,进行经常的、有计划的、有步骤的宣传。它以直接报道企业的信息为主要内容,针对性强,读者稳定,印刷方便,成本低廉,为大中企业所广泛采用。

(三) 记者招待会

新闻舆论界是影响社会舆论的权威性机构,是整理信息、传播信息的专门组织,是企业与公众间信息交流的加速器,是企业公关促销活动的有效支持者。企业与新闻舆论界建立良好关系的一条重要途径;是召开记者招待会。

(四) 社会赞助

社会赞助是指企业以不计报酬的捐赠方式出资或出力支持某一项社会活动或某一种社会事业。社会赞助富有公益性,有利于企业搞好同社区、政府部门和一般公众的关系,培养社会各界对企业的良好感情,提高企业的知名度和美誉度。社会赞助的种类很多,一般包括赞助体育活动、赞助文化活动、赞助教育事业、赞助福利事业、赞助学术理论活动等。

(五) 公关广告

公关广告是一种为树立企业形象,提高企业的知名度和美誉度,求得社会公众对企业的了解,赢得公众支持和帮助、信任与合作的广告。其特点:一是公关广告在宣传内容上应能唤起人们对企业的注意、好感和信赖,树立企业形象;二是公关广告在宣传方式上应取悦公众和争取公众理解。所以,其公众性、社会性较浓,商业性较淡。

五、公共关系的工作程序

开展公共关系活动,其基本程序包括调查、计划、实施、检测四个步骤:

1. 公共关系调查

公共关系调查是公共关系工作的一项重要内容,是开展公共关系工作的基础和起点。通过调查,能了解和掌握社会公众对企业决策与行为的意见。据此,可以基本确定企业的形象和地位。

2. 公共关系计划

公共关系是一项长期性工作,合理的计划是公关工作持续高效的重要保证。在制订公关计划时,要以公关调查为前提,依据一定的原则来确定公关工作的目标,并制订科学、合理、可行的工作方案。

3. 公共关系的实施

公关计划的实施是整个公关活动的核心内容。为确保公共关系实施的效果最佳,正确地选择公共关系媒介和确定公共关系的活动方式是十分必要的。企业公关宜根据企业的自身特点、不同发展阶段、不同的公众对象和不同的公关任务来选择最适合、最有效的活动方式。

4. 公共关系的检测

公关计划实施效果的检测,主要依据社会公众的评价来进行。通过检测,能衡量和评估公关活动的效果,发现新问题,为制定和不断调整企业的公关目标、公关策略提供重要依据。

公共关系是促销组合中的一个重要组成部分,企业公共关系的好坏直接影响着企业在公众心目中的形象,影响着企业营销目标的实现,如何利用公共关系促进产品的销售,应该引起企业相关部门的重视。

案例阅读 10-14

欧莱雅的中国市场竞争策略

一、企业背景

法国欧莱雅集团,财富500强之一,由发明世界上第一种合成染发剂的法国化学家欧仁·舒莱尔创立于1907年。历经近一个世纪的努力,欧莱雅从一个小型家庭企业跃居为世界化妆品行业的领头羊。2002年11月13日,欧莱雅集团荣获《经济学人》(The Economist)评选的"2002年欧洲最佳跨国企业成就奖"。2003年初,欧莱雅荣登《财富》评选的2002年度全球最受赞赏公司排行榜第23名,在入选的法国公司中名列榜首。欧莱雅集团的事业遍及150多个国家和地区,在全球拥有283家分公司及100多个代理商,2002年销售额高达143亿欧元。欧莱雅集团在全球还拥有5万多名员工、42家工厂和500多个优质品牌,产品包括护肤防晒、护发染发、彩妆、香水、卫浴、药房专销化妆品和皮肤科疾病辅疗护肤品等。

1996年,欧莱雅正式进军中国市场;1997年2月,欧莱雅正式在上海设立中国总部。目前,欧莱雅集团在中国拥有约3 000名员工,业务范围遍布北京、上海、广州、成都等400多个城市。

二、企业现状及产品市场状况

巴黎欧莱雅进入中国市场至今,以其与众不同的优雅品牌形象,加上全球顶尖演员、模特的热情演绎，向公众充分展示了"巴黎欧莱雅，你值得拥有"的理念。目前，已在全国近百个大中城市的百货商店及超市设立了近400个形象专柜，并配有专业美容顾问为广大中国女性提供全面的护肤、彩妆、染发定型等相关服务，深受消费者青睐。

欧莱雅集团在中国的品牌主要分为大众品牌（巴黎欧莱雅、美宝莲、卡尼尔）、高档品牌（兰蔻、赫莲娜）、专业美发产品（卡诗、欧莱雅）以及活性健康化妆品（薇姿、理肤泉）。

三、市场竞争状况

2001年中国化妆品市场销售总额为400亿，2002年我国化妆品销售增长速度为14%~15%，实际销售总额为450亿~460亿。2003年我国化妆品行业发展速度将保持稳定增长，增幅不低于15%，销售总额将达到500亿元。国内生产企业已达2 500家，品种3万余种，市场总额居亚洲第二位，在全世界范围内而言已经成为一个美容大国。

因此，世界名牌化妆品一致看好中国大陆的消费潜力，几乎无一遗漏地抢滩大陆，进驻中国市场，并且受到中国广大消费者的青睐，在中国市场上大放异彩。

目前欧莱雅集团在中国的主要竞争对手也是国际名牌化妆品，主要有雅芳（Avon）、雅诗兰黛（Este'e Lander）、倩碧（Clinique）、P&G公司的玉兰油（Oil & Ulan）、Cover girl、SKII系列、露华侬（RevLon）、圣罗兰（YSL）、克里斯汀·迪奥（Christian Dior）、歌雯琪（Givenchy）、旁氏（Ponds）、凡士林（Vasekine）、克莱伦丝（Chrins）、妮维雅（Nivea）、威娜（Wella）、花牌（Fa）、资生堂（Shiaeibo）等。这些品牌在国内都具有极高的知名度、美誉度和超群的市场表现，如日本的资生堂（Shiaeibo）具有127年的悠久历史，又深谙中国人的美容习性及文化传统，在国内拥有一批忠实的消费者，对任何的化妆品公司而言，日本资生堂（Shiaeibo）绝对是一个难以跨越的对手；虽然欧莱雅集团的美宝莲是世界领先的王牌彩妆品牌，但是同处美国的露华侬就是其可怕的竞争对手之一，露华侬旗下唇膏有157种色调，仅粉红就有41种之多；在护肤品方面，欧莱雅集团号称拥有60年的专业护肤经验，但同样面临着巨大的竞争，如P&G公司的玉兰油（Oil & Ulan）在国内的市场占有率就达到10.9%。因此，在国内欧莱雅集团旗下的各种品牌无一不是遭到各世界级品牌的攻击和挑战，竞争极为激烈。

除了世界品牌在国内的混战外，欧莱雅集团还面临着国内本土品牌的袭击和进攻。化妆品市场的巨大利润，吸引了国内一拨一拨的掘金者顽强地杀入，希望能够分得一杯羹。国产品牌实施薄利多销，控制中低档市场，使得国内市场呈现各踞一方的局面。虽然欧莱雅集团旗下的各种品牌已经几乎覆盖了全部的空间，但是国内的大宝、小护士、羽西（合资）、上海家化依然占有不少的护肤市场份额，此外，经过与外资品牌的多年较量，国产品牌在市场营销能力上已经与国外品牌不相上下，甚至更胜一筹，形成了自己的品牌价值，他们不断成熟、虎视眈眈，伺机抢占地盘，令世界各大品牌防不胜防，头痛不已。

所以，目前国内的化妆品市场可以说是处于战国时代，群雄逐鹿，市场竞争极度的惨烈，不时有品牌从市场上消失或者被其他公司吞并。为此，各化妆品公司无不如履薄冰,不敢大意。

四、欧莱雅集团的竞争策略

面对中国化妆品市场的激烈竞争,欧莱雅集团丝毫不敢有所大意。为了尽可能地争取最大的份额,欧莱雅集团一方面在产品设计方面苦下功夫,保持了欧莱雅集团产品高质、独特、领先、丰富的文化内涵。高质是世界名牌化妆品的心脏,独特是世界名牌化妆品的大脑,领先是世界名牌化妆品的性格,文化是世界名牌化妆品的气质。

而随着化妆产品原料构成的越来越一致性,化妆品公司的竞争重点已悄悄地发生了转移:由原来的产品竞争转为市场营销竞争。

欧莱雅集团为了抢夺中国化妆品市场,主要采取了以下的营销竞争策略:

1. 市场定位策略。

由于欧莱雅集团属于世界顶级品牌,所以欧莱雅集团引入中国的品牌定位于中高档,主要分为大众品牌和高档品牌。随着竞争的加剧,欧莱雅集团的大众品牌价格开始有意识地下调,使得大众品牌中又分为不同档次,其最低价格已经接近国内品牌化妆品的价格,从而开始了中低市场的争夺。而高档品牌则继续高品位策略,稳定压倒一切。

通过市场定位策略,实际上欧莱雅集团在国内的化妆品市场上已经是无孔不入,不放过任何一个定位,最大可能地攫取市场份额,挤跨其他对手。

2. 细分市场策略。

第一,从产品的使用对象进行细分,有普通消费者用化妆品、专业使用的化妆品。专业使用的化妆品主要是指美容院等专业经营场所所使用的产品。

第二,按照化妆产品的品种进行细分,有彩妆、护肤、染发护发等。并进一步对每一品种按照化妆部位、颜色等进行细分。如彩妆又按照部位分为口红、眼膏、睫毛膏等,而就口红而言,又按照颜色细分为粉红、大红、无色等,按照口红的性质又分为保湿、明亮、滋润等。如此步步细分,光美宝莲口红就达到150多种,而且基本保持每1~2个月就推出新的款式。所以化妆品的品种细分已经达到了极限了。

第三,按照地区进行细分。由于南北、东西地区气候、习俗、文化等的差异,人们对化妆品的偏好具有明显的差异。如南方由于气温高,人们一般比较少做白日妆或者喜欢使用清淡的装饰,因此较倾向于淡妆;而北方由于气候干燥以及文化习俗的缘故,一般都比较喜欢浓妆。同样东西地区由于经济、观念、气候等的缘故,人们对化妆品也有不同的要求。所以欧莱雅集团敏锐地意识到了这一点,按照地区推出不同的主打产品。

第四,其他细分。如按照原材料的不同有专门的纯自然产品;按照年龄细分;等等。

3. 品牌策略。

为了充分满足欧莱雅集团在中国的竞争布局,欧莱雅集团在中国引进了十个主要品牌,分别分布于不同的市场细分和定位,使得集团的竞争策略能够顺利地进行。所以,精确的品牌布局是欧莱雅集团最为关键的策略了。没有恰到好处的品牌布局,就没有欧莱雅集团今天在中国大放异彩的成功。

其次，对品牌的延展性、内涵性、兼容性作出了精确的定位和培养，是欧莱雅集团品牌在中国取得成功的又一秘密。

4. 广告策略

由于化妆品的激烈竞争和越来越强的无差异趋势，如何提高自身的知名度和认可度，就成为了化妆品公司挖空心思的问题了。化妆品的日新月异和人们对流行的追随，让消费者对某一款式或品牌的忠诚度大打折扣。如果某个公司在某年度忘记了广告，那么他的化妆产品也就被人们忘记了。可见广告对化妆品的重要性。

欧莱雅集团自然不会忘了使用这一最有力的营销武器。针对每一品牌的不同定位和内涵，欧莱雅集团有区别地进行分别的宣传，以达到最佳的效果。

5. 公共沟通策略

由于广告的局限性，大量的广告有时反而容易引起消费者的反感、抵触情绪，所以在运用广告之余，充分把握和利用一些公共沟通方式，往往可以起到意想不到的效果。欧莱雅集团正是这方面的高手之一。

利用文艺、选美、模特赛事、体育等活动，展现产品的特点，宣传品牌。如美宝莲1998年、1999年连续赞助"世界精英模特大赛中国选拔赛"，鼓励中国女性走向世界，展示东方女性独特的韵味，吸引了不少人的"眼球"；2000—2002年连续在全国高校举办"Beauty Night校园巡回展示活动"，帮助在校大学生更好地理解内心美、塑造外形美，美宝莲首席化妆师为女大学生进行现场个人形象设计，引起轰动。

通过与权威机构合作办理公益事项，扩大品牌效应。如和国际组织共同设立"欧莱雅——联合国教科文组织世界杰出女科学家成就奖"和"联合国教科文组织——欧莱雅世界青年女科学家奖学金"，每年评选一次，极大地提高了公司的地位和可信赖度。

利用社会焦点，吸引消费者的注意。如国际护士节之日，欧莱雅（中国）有限公司总裁盖保罗先生、欧莱雅（中国）有限公司公共关系与对外交流部总监兰珍珍女士以及公司其他高层人员正式通过上海市卫生局有关领导，将价值超过人民币100万元、且符合医护人员特殊需求的健康护肤品赠送给了保卫上海市人民生命安全的"非典"一线医护人员。

参与权威机构的评选，提高产品的知名度。如参与国家工商行政管理总局和国家商标局等机构共同举办的第三届"中国商标大赛"，并被评为"2002年中国人喜爱的十大外国商标"之一。同属于欧莱雅集团的"美宝莲"品牌由于其唇膏销量占2002年中国市场第一而荣获"2002年最具市场竞争力的第一唇膏品牌"以及"2002年唇膏市场上最受欢迎的品牌"。

通过积极地使用公共沟通策略，欧莱雅集团成功地让其各种产品每天24小时尽可能地出现在人们的视野、阅读中，无形中让消费者不断地认识或加深了对欧莱雅集团各个品牌的印象和好感。

充分的使用各种市场营销手段，欧莱雅集团在中国大陆化妆品市场越来越潇洒自如，独占鳌头，雄视各方。

五、欧莱雅集团竞争策略的分析

从以上欧莱雅集团的竞争策略，我们看到作为一家国际超级化妆品公司，欧莱雅集团非常熟悉市场的脾性，从品牌设计、品牌的引进和管理、市场定位和细分、市场份额的抢占和防御、直接营销手段和间接公共沟通策略、体验营销和渠道管理到人才管理、产品的研发等等，无不展现出了欧莱雅集团对各种市场营销手段的得心应手，甚至是妙笔生花，让人眼花缭乱。

通过研究欧莱雅集团在中国的成长经历和经营方式，让我们如临其境，受益匪浅，也更加认识到市场营销刺激惊险的一面，同时更加认识到做市场艰难。

但是，我们也看到，由于实施多品牌策略，加上对东方文化的理解以及人种等的不同，欧莱雅集团在市场营销方面依旧存在不少的缺陷。

首先，欧莱雅集团应该梳理产品，控制各品牌的界限和外延。如同属于大众品牌的欧莱雅和美宝莲，价格非常相近，品种又有交叉，这样就容易导致自有品牌之间的残杀，而这从整体来说，并没有提高收益，反而由于大量的广告支出造成不必要的损失。所以，为了更好地规范品牌，有必要对各品牌所属的产品进行一个彻底的梳理，重新调整各品牌的外延、广度。如美宝莲品牌，应该彻底放弃仅剩的几种护肤产品，完全做彩妆系列；而巴黎欧莱雅品牌则侧重于护肤和染发系列产品，逐步退出彩妆产品。这样分工，则集团同属的大众定位级别上的两个品牌就可以很好地进行配合而又不至于发生相互的内耗了，同时集团的研发力量也可以得到有效的整合，发挥出最佳力量。

其次，适当实行统一的广告支持。目前，欧莱雅集团旗下各个品牌实行自主管理、自主经营的方式，各品牌的广告也是自成一体，互不干涉。虽然这对保持不同品牌自有的特点和文化内涵十分重要，但是同时也导致许多重复性的浪费，更糟糕的是，使得集团品牌各自为阵，没有形成一股合力。如到目前为止，相当多的消费者甚至不知道美宝莲是属于欧莱雅集团旗下的一个品牌。这实在是极大的资源浪费，令人可叹。因此，欧莱雅集团应该对大陆的各个品牌实施适当的统一广告，让人们对欧莱雅集团的实力有更加形象而实在的认识，增加消费者的信赖和自豪感。

第三，进一步完善产品的市场细分，挖掘潜在的细分市场。化妆品市场的一个特点就是变化，每年都有不同的流行，随时都有新的美容概念。所以，细分策略无处、无时不在。但是，必须注意的是，细分策略也不是一味的细分。如欧莱雅集团的大众品牌中，特别开辟了一个细分品牌——卡尼尔，专门作为天然化妆品牌。虽然卡尼尔拥有极大的知名度，并在欧洲的天然化妆品市场成为当之无愧的顶尖产品，但是在大陆市场，有没有必要专门使用这个品牌生产各个系列的化妆品，而不是将"天然"概念融入欧莱雅和美宝莲之中呢？

对欧莱雅集团的市场营销策略，虽然还存在不少的缺陷，但是，或许这也正是他们的机会，一旦他们把这些小的问题都弥补过来了，那其他公司岂不唯有"望洋兴叹"的份了？

来源：陈开贵．中国营销传播网．http://www.emkt.com.cm，2003－07－04

经典人物

全球捐股第一人——牛根生

牛根生，1958年生于内蒙古，蒙牛乳业集团创始人，老牛基金会创始人、名誉会长，"全球捐股第一人"。1999年离开伊利并创立蒙牛，后用短短8年时间，使蒙牛成为全球液态奶冠军、中国乳业总冠军。2002年"中国十大创业风云人物"之一。2011年6月11日，蒙牛乳业在港交所发布公告称，其创始人牛根生辞任董事会主席一职。

牛根生的职业生涯与许多传统中国老板相似，大起大落。其超常规的快速发展让人惊讶和赞叹，其陨落之快也同样让人扼腕。有媒体人说，比尔·盖茨做慈善是因为赚钱赚到手软，不想再赚了。老牛做慈善，则更多的是大厦将倾、无力回天。蒙牛从民企转投中粮阵营必将成为管理学教科书中进行长期研究的话题。

1999年，牛根生创立蒙牛，后用短短8年时间，使蒙牛成为全球液态奶冠军、中国乳业总冠军。蒙牛集团被全世界视作中国企业顽强崛起的标杆，"蒙牛现象"成为经济界最热门的专有名词之一。蒙牛产业链上联系着百万奶农、千万股民、数亿消费者，被誉为西部大开发以来"中国最大的造饭碗企业"，并被评为首届中国企业社会责任调查"最具社会责任感的企业"。2006年，《财富》杂志首次发布"最受赞赏的中国公司"排行榜，海尔、联想、宝钢、蒙牛位列前四位。2007年，在"新浪网络盛典年度评选"中，蒙牛被评为"中国最具影响力的两大品牌"之一。2007年，蒙牛被中国企业文化促进会命名为"首家全国企业文化示范基地"。2009年，在节能减排20佳企业评选活动中，蒙牛位列中国节能减排20佳企业第二位。

牛根生的座右铭："小胜凭智，大胜靠德"，信奉"财聚人散，财散人聚"的经营哲学。牛根生和安南在1999年至2005年担任蒙牛总裁期间，他把自己80%的年薪散给了员工、产业链上的伙伴以及困难人群。牛根生的人生可以分为两个阶段，第一阶段是企业家，第二阶段是慈善家。他曾说："我前半生的梦想是通过度己来实现度人，后半生的梦想是通过度人来实现度己。"成为"专职慈善家"的牛根生，为自己提出两个目标：一是大力推进"基因式慈善模式"，二是为中国由"世界工厂"向"世界脑厂"转型鼓与呼。他认为，人类经历了"体力时代"，也经历了"财力时代"，今天已经进入"脑力时代"。在这个崭新的时代，无论是国家还是企业，都需要保持这样一种清醒的认识：中国一定要向"世界脑厂"的方向努力，只有"世界脑厂+世界工厂"的组合才是可持续的，否则，连"世界工厂"都是做不好的。

牛根生获得的荣誉有："2002年中国十大创业风云人物（之一）"、"2002年中国经济最有价值封面人物"、"中国民营工业行业领袖"、"2003年中国企业新领袖"、2003年CCTV"中国经济年度人物"、2004年"中国策划最高奖"等。

来源：百度百科．http://baike.baidu.com

本章小结

促销是通过人员推销或非人员推销的方式，传递商品或服务的存在及其性能、特征等信息，帮助顾客认识商品或服务所能带来的利益，从而达到引起顾客注意和兴趣、唤起需求、实现购买行为的目的。因此，促销的实质是营销者与购买者之间的信息沟通。

企业的促销包括人员推销、广告、营业推广和公共关系这四种促销方式，各种方式都有自身的特点、具体操作方式和各自的适用性。

复习思考题

1. 什么是促销，促销的作用有哪些？
2. 什么是促销组合，它包括哪些促销的方法和手段？
3. 什么是人员推销，它有什么特点？
4. 什么是广告，广告可以发布的媒介有哪些？各有什么特点？
5. 什么是公共关系，它有哪些特征？
6. 什么是营业推广？营业推广的主要方法有哪些？

营销实践

项目：
模拟公司产品（服务）促销方案策略。

目的：
① 掌握人员推销的基本技能。
② 培训广告策划、设计的能力；根据企业情况选择广告媒体。
③ 掌握公共关系常用模式的运用。
④ 能够制订一些企业营业推广活动。

要求：
各学习小组（模拟公司）为本公司主营业务策划一个促销方案，并形成一份不少于2500字的文图材料。

案例分析　郭德纲广告事件

一年一度的"3·15"晚会总能成为一个帮消费者维权的有效平台，2007年的"3·15"晚会也是如此。在3月15日的央视晚会现场，让人意外的是未能在央视春节晚会上露面的争议人物郭德纲却以不太光彩的身份出现在了"3·15"晚会上。晚会以一个由郭德纲代言的藏秘排油广告作为反面典型进行报道，还爆出了郭德纲以200万天价做了代言。宣传片中，有记者问郭德纲："你觉得这产品管用吗？"郭德纲一口肯定："那当然了。"这样的宣传片通过中央台曝光，使得郭德纲陷入前所未有的道德危机。

藏秘排油茶，3盒抹平大肚子……这就是广告中极力推荐的"藏秘排油"产品。但经过记者调查发现，其实这就是"百草减肥茶"的变身。而藏秘排油实际上只是销售单位七彩集团七剑彩虹公司在2005年底申请、至今还在受理中的商标，它并不是一个产品的名称。

在整个广告宣传中都是围绕着西藏的概念设计制作的。但是在产品的包装盒上除绿茶以外，还标示着决明子、制何首乌、制大黄等7种中草药。中国中医科学院科学技术委员会委员、中国药典委员会执行委员周超凡对此表示，这些药在中药里面应该说是常用的药，与藏茶没什么关系。

在"藏秘排油"的宣传中，一家名为"亚洲藏茶医学保健研究所"的单位多次出现。但这家公司2006年3月1日成立，是一个注册股本只有1万港币、注册地址找不到办公地点的私人公司。董事只有1个人，名叫张锦力，即"藏秘排油"的策划人。

我国《广告法》明确规定，不得利用专家、医生、患者的名义和形象做证明。但是在"藏秘排油"的广告中，不但有医学专家，甚至还有各类人士的现身说法，而且夸大了原有的减肥和调节血脂的保健功能。

随着电视的普及以及人们文化水平的提高，许多著名的歌星、影星不断被邀加盟广告的制作，而且短短的几秒钟的广告往往就能使其获得令人咋舌的丰厚报酬。这使得我国现有的这些法律、法规出现了一个真空地带，那就是没有规定广告演员应尽的义务，只收钱、只管说厂家让说的话是不对的。

但是广告演员在广告中的作用是劝导，说服受众去认同并购买某种商品。因此，他们对受众就必须尽到一定义务，比如对商品的功能、产地、质量和获奖情况等影响消费者的因素要进行适当的审查，要求对方提供相应的证明文件等。

一些虚假广告之所以会聘请名人，主要看重的是名人的名气，这种名气实际上是大家对明星的才艺的认可，因此名人应当注重这种由观众赋予的荣誉，不能利用这种荣誉给善良的群众、给信任自己的百姓带去误导。北京市消费者协会再次呼吁：明星、名人，请注重自身形象，不要再为能赚取重金而忽视不实产品给社会带来的后果，不能因为赚钱而做误导广大百姓的事，对于没有亲身体验过的产品，千万不要代言。

来源：郭德纲代言广告事件，新浪网，www.sina.com.cn，有删改

分析：
1. 你如何看待此事件？明星代言人有何优劣？
2. 什么是"蒙派营销"？

第十一章 市场营销新概念

关键词：整合营销；网络营销；服务营销；关系营销；绿色营销；体验营销；文化营销；口碑营销；概念营销。

导入案例

海底捞微博营销的病毒传播

随着web 2.0技术的日益成熟，加上中国近4亿的用户，微博显然已经成为2.0产品的核心，并且伴随着移动互联网的迅猛发展，网民已将微博作为身边不可或缺的交友娱乐媒体平台。对于企业而言，微博的营销价值在2011年尤为突出，无论是精心策划的微博活动还是标新立异的微博文体，每一次病毒传播都能引来数亿网民的关注。海底捞就借微博营销大势传播海底捞优质服务，并制造了红极一时的"海底捞体"。

2011年7月的某日，新浪微博上一条"海底捞居然搬了张婴儿床给儿子睡觉，大家注意了，是床！我彻底崩溃了！"的微博引起了众多网友的关注和转播，这是一条关于海底捞"婴儿床"的故事，其大意是一位网友在海底捞吃饭时，服务员特别搬来了一张婴儿床给网友的儿子睡觉，正是这样一个看上去不太像在饭馆中发生的事情，让人们开始见识到了海底捞在服务上的"强悍"。

之后海底捞一系列令人目瞪口呆的行动又接连被网友"爆料"了出来。从"劝架信"，到"对不起饼"，再到"打包西瓜"，海底捞的种种服务几乎已经超出了平日里受惯餐厅服务员白眼的网友们的想象力。不知何时开始，大家开始为海底捞在服务方面的"无法阻挡"加上了一个很贴切的定语："整个人类"。

一时间"海底捞体"风行，这种文体以"某天我在某海底捞吃火锅，席间我无意说了一句（愿望、抱怨等），在我结账时……（服务员使其愿望成真）"为格式，最后以"人类已经无法阻止海底捞"作为总结。接下来的发展有些超出海底捞的想象，当"人类已经无法阻止海底捞"的时候，海底捞也已经无法阻止网友们的热情。当越来越多不可思议的故事接踵而至时，大家在乎的已经不再是它的真实性，而是这段"海底捞体"杜撰得是否精彩了。

微博的特性决定了海底捞病毒传播的可能性，从聚合到裂变在微博上仅需几秒钟的时间。海底捞以故事分享为原料，以猎取好奇心为方法，制造了"海底捞体"，根据微博蜘蛛网传播的规律，对个性化的服务做了深度的传播，通过事件提升了品牌知名度和美誉度。

来源：南方周末．2011－9－15

第一节 整合营销

一、整合营销内涵、特征及意义

（一）整合营销的内涵

这是欧美 90 年代以消费者为导向的营销思想在传播领域的具体体现，起步于 90 年代，倡导者是美国的舒尔兹教授。整合营销（integrated marketing）又称整合营销传播，是对各种营销手段和营销工具进行系统化结合的一种规则和新型营销模式。它以人群为中心，通过所有能够与目标人群进行传播的手段进行品牌宣传、渠道推广，从而实现产品推广的最大效益化。

整合营销更多情况下是为了推广、维护和宣传品牌，甚至为加强同客户之间的关系而对产品进行策划、实施以及监督的系列性营销工作。

营销组合概念强调将市场营销中各种要素组合起来的重要性，营销组合则与之一脉相承，但更为强调各种要素之间的关联性，要求它们能成为统一的有机体。

案例阅读 11-1

"超级女生"整合营销

湖南卫视联合蒙牛乳业在 2005 年推出的"超级女生"，从策划到运作到传播到后续拓展，开创了整合营销的新模式。一些影响力大的门户网站专门设立"超级女生"专题，如搜狐、百度，百度贴吧的跟贴超过百万条，各大博客、论坛同样有"超级女生"相关的报道和发言，无形中影响着中国 1 亿多网民。电视、网络、短信等各种传播手段齐头并进，唱响了中国营销的青春舞曲。

来源：作者根据相关资料整理而成

（二）整合营销的特征

1. 以消费者为核心

整合营销以消费者为中心，消费者处于核心地位。整合营销的这一特征决定了在实施决策过程中，能够对消费者进行全方位的深入了解，建立起完善的消费者信息资料库，从而准确把握消费者的消费需求；另外，整合营销的核心工作是以"培养消费者价值观"为中心，这就确立了以消费者为中心的营销模式。

2. 传播媒介多样化

传播媒介多样化是整合营销的最大亮点，也是最重要的特征之一。在整合营销中，凡是能够将企业产品性质、品牌等相关信息传播给消费者的媒介都会被用到整合营销中，这就极大地加大了传播的力度和广度。

3. 传播技术高端化

整合营销在其发展中,紧跟时代发展,随着网络时代的发展,不断地将新技术引用到整合营销中;紧盯时代发展需求,利用现有资源,对各种资源进行有机整合,构建了一套高端化的传播技术手段,推动着自身的快速发展。

(三) 开展整合营销的重要意义

1. 有利于优化资源配置

实施整合营销,能够将消费者需求同企业发展相结合,企业可以利用有限的资源,实现企业目标的最大化。整合营销,可以通过各种渠道,搜集市场信息,对市场资源进行总结分析,能够有效分析消费者需求,对企业生产和发展进行策略指导,对生产出来的产品又能进行有效宣传,促进产品销售,能够实现整个营销的一体化发展。整合营销包含了企业的整个营销模式,能够为企业制定出合理的营销理念,进而将企业资源进行有机整合,最终实现企业效益的最大化。

2. 实现协调统一性

整合营销其自身具有协调统一性,这个特点不仅能够保障企业发展过程中实现内部发展的协调统一,而且有利于实现企业同外部市场之间的统一协调,保障生产出来的产品适合市场需求,满足消费者需要。协调统一也有利于企业内部管理的一体化,能够实现企业系统化管理,实现企业内部资源的整体配置,公司部门之间的有机配合,实现企业同合作人之间的密切配合,有利于形成有力的竞争优势。

3. 实现企业规模化经营

整合营销属于一体化的营销模式,因此在发展过程中,对企业的现代化生产和规模化生产比较重视。整合营销能够为企业发展提供规模化和现代化发展战略,保障企业发展具备现代化、科学化的管理理念,而规模化发展理念又为整合营销的发展提供了发展空间。

4. 市场经济发展的必然性

随着市场经济的快速发展,单一的营销理念已经很难适应市场发展的需要,难以跟上快速发展的现代化市场经济。整合营销符合市场经济的发展需求,能够将多样化的市场媒介进行有机整合,从而形成独特的营销模式,有利于实现企业资源配置,优化企业内部结构,提高企业竞争力,满足消费者需求。

5. 有利于企业走国际化营销发展道路

整合营销适应了市场经济的发展之路,整合营销的发展有利于企业进行优化升级,实现自身有机整合,不仅能够推动企业内部资源的优化配置,而且有利于实现企业部门之间的整合,实现企业近期目标和长远发展的有机整合,从而为企业开展国际化发展提供战略化决策。

二、整合营销观念演进

整合营销传播的专家学者和实践家们都认为,整合营销传播理论在本质上"没有什么新东西"传统的大众营销,是为了向无显著差异的消费者,大量分销同质性的消费品。然而，大众取向的传媒和充斥市场的广告，并未能持续圆满地解决销售困难。以满足消费者需求为中心的服务营销，在竞争日益激烈的情况下，逐步取代了以企业生存和发展为中心的产品营销。需求导向的企业以目标市场的需求为出发点，力求比竞争者更加有效地满足消费者的需求和欲望。

企业要通过真正了解消费者喜欢什么，又想要得到什么来战胜竞争对手。如果不知道顾客的需要是什么，就无法满足这些需要，但是了解消费者真正的需要并非易事。企业面临的主要难题是，消费者在做出购买决定时，愈来愈依赖他们自以为重要、真实、正确无误的认识，而不是具体的、理性的思考。

整合营销观念改变了把营销活动作为企业经管理的一项职能的观点，而是要求所有的活动都整合协调起来，努力为顾客的利益服务；同时强调企业与市场之间互动的关系和影响，努力发现新市场和创造市场。因此，以注重企业、顾客、社会三方面共同利益为中心的整合营销，具有整体性与动态性特征，企业把与消费者之间的交流、对话、沟通放在特别重要的地位，是营销观念的变革与发展。

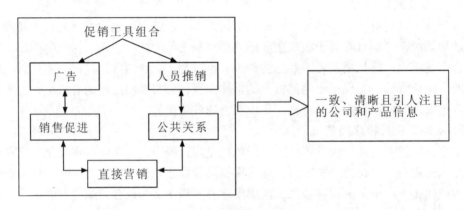

图 11-1 促销工具组合

随着产品的同质化日益增强，消费者的个性化、多样化日益发展，企业营销从以往围绕 4P 制定营销组合转向 4C，4C 强化了以消费者需求为中心的营销组合。

一般而言，过去的营销人员将各种传播形式视做独立的活动和功能，他们孤立地使用一些形式，如企业的广告部、销售部、质量服务部，各自严格执行自己的工作计划，对于这种营销组织而言，整合营销传播意味着将各种不同机构的功能以协调和巩固成一组以传送到顾客和潜在顾客的一致信息，以使顾客和潜在顾客支持企业的这一品牌。因而，整合营销传播的第一个观点就是在公司的品牌旗帜下设法使所有的传播活动相配合。这是整合营销传播第一阶段的基础工作，对于许多企业来讲，这也是他们的基本目标。

譬如：在一个营销传播策略中可以使用相同的口号、标签、说明以及在所有广告和其他形式的营销传播中表现相同的行业特性等。如太阳神口服液，采用统一包装、统一色彩、同一宣传步调等，将广告、促销等各种宣传手段整合，以达到产生最大限度的传播影响。

整合营销传播与我们所处的这个时代密不可分，当今信息技术正以空前速度迅猛发展，计算机的普及、互联网的应用以及信息高速路兴建，正迅速转化为生产力，从而消费者已摆脱了被动消费的状态，成为主动设计者。消费者与制造商之间的界限越来越模糊，所以消费者的作用推动了营销的发展。因此企业和供应商形成整合营销，而与消费者之间也正向着整合营销发展，于是诞生直销，使消费既是使用者又是销售员，与企业形成密不可分的一体。

三、4P 走向 4C

整合营销传播发展的现实改变了世界的格局，改变了企业的获利方式，作为社会的细胞、家庭及每个成员也都在改变。人们从传统的家庭价值观压力下解放出来，有更多的生活形态可以选择，家庭组成的变化，不仅意味着基本家庭用具、生活用品需求的增加，并且由于教育程度不断提高，人们更多地通过分析选择真正适合自己的物品，消费者越来越具有消费个性，一方面是产品的同质化日益增强，另一方面是消费者的个性化、多样化日益发展。

案例阅读 11-2

美国电影营销典型——《哈利·波特》系列营销

《哈利·波特》系列电影无疑是华纳兄弟公司较为成功的、全球累计票房及后电影产品开发价值较高的系列电影之一，其全球累计票房已达 64 亿美元，平均每部票房都在 9 亿美元左右，而《哈利·波特》全球创造的价值又比《哈利·波特》系列电影的原著多出很多，由 J. K. 罗琳所撰写的小说在全球被翻译成 67 种语言，所拥有的超高人气是电影版成功的一大保障，这也是最大的电影市场并非美国本土的重要原因。华纳兄弟公司对其的营销策略无疑值得我们借鉴。

首先，华纳兄弟公司对《哈利·波特》版权的运营非常成功。《哈利·波特》在电影方面的第一个伯乐是制片人大卫·黑曼。黑曼第一次接触小说原著是由其秘书推荐的，在他读过这本书之后便很快喜欢上它，以他作为制片人的职业敏感度，黑曼认为这本书非常适合改编成电影，于是就很快将书寄给了时代华纳公司，时代华纳买下了该书电影版权和其商业化经营权，这成为时代华纳最得意的交易之一，用"零头"换来了一座金山。于是世界上便很快出现了上百个哈利·波特的网站，数不清楚的衍生商品，包括各种纪念品、各类玩具、电子游戏、印象制品等等。

其次，也是最为重要的品牌营销。J. K. 罗琳笔耕十年创造的哈利·波特已不仅仅是一个小说人物，而发展成为一个庞大的产业。《哈佛商业评论》曾写道："大多数品牌只是针对某个年龄段的人群，这样做无异于有意扼杀顾客的忠诚度。而且，大家都知道保留顾客比寻找新顾客要省钱得多。要解决这个难题，企业可以考虑创造另外一种品牌，一种与消费者一道成长的品牌，就像《哈利·波特》的读者和哈利·波特一道成长一样。"《哈利·波特》中赫敏的扮演者艾玛·沃特森，出演赫敏这一角色之前只是一个普通的学生，在一系列的《哈利·波特》播出之后，通过对电影、主要演员等的全方位的全球营销,不但成为2009年好莱坞最赚钱的女明星之一,全年收入为3 000万美元,而且受到Chanel等一线品牌的青睐,这也是电影品牌营销的成果之一,同时反过来又会进一步提高《哈利·波特》的品牌价值。

从第一部《哈利·波特》电影成功开始,其到目前为止已经上映的七部系列电影的票房都是一路飘红,这与时代华纳对目标受众的培养是分不开的。《哈利·波特》系列电影品牌的成长与当年的小哈迷的成长密不可分,多数受众具有良好的品牌忠诚度,在成长过程中并没有疏远主人公,而是不断影响周围的人,继续培养潜在受众。《哈利·波特》品牌效应更是得到极致发挥,哈利·波特的肖像权以1亿美元卖给可口可乐公司;乐高公司推出的积木使孩子们在家就可以搭出霍格沃兹魔法城堡,专门生产芭比娃娃的美泰玩具公司推出了哈利·波特玩具,著名游戏商也推出了有关游戏,而"哈里·波特的魔法世界"主题公园也于2010年6月18日开园,全球影迷可以在真实的主题公园里感受魔法带来的神奇享受。

来源:张丽. 美国电影的整合营销体系. 科技信息. 2013/26,有删改

第二节 网络营销

一、网络营销的定义和特点

(一) 网络营销的定义

网络营销(online marketing)全称是网络直复营销,属于直复营销的一种形式;也被称为网上营销(OLM),是指企业借助计算机网络、电脑通讯和数字化交互式媒体的功能进行营销活动的一种全新的营销方式。

典型的网络营销就是企业在网上设计自己的主页,在网上开设"虚拟商店",用于陈列、宣传商品,顾客足不出户就可以通过任何一部联网的计算机进入其中,从游览、挑选、下订单到支付货款都在网上完成,之后等待送货上门的一种营销方式。

网络营销根据其实现的方式有广义和狭义之分,广义的网络营销指企业利用一切计算机网络(包括Intranet企业内部网、EDI行业系统专线网及Internet国际互联网)进行的营销活动,而狭义的网络营销专指国际互联网络营销。

(二) 网络营销的特点

网络营销作为一种全新的营销方式,与传统营销方式相比具有明显的优势:
(1) 网络媒介具有传播范围广、速度快,无时间、地域、版面约束,内容详尽、多媒体传送、形象生动、双向交流、反馈迅速等特点。
(2) 网络营销无店面租金成本。
(3) 国际互联网覆盖全球市场。
(4) 网络营销能使消费者拥有比传统营销更大的选择自由。

二、网络营销与网站建设

网络营销的应用：网站是企业进行网络营销的基础，企业通过互联网开展营销活动，主要有以下 5 种。
(1) 发布网络广告。
(2) 建立电子商场。
(3) 开展市场调研。
(4) 分析消费需求。
(5) 提供网络服务。

网络营销的作用在于一方面可以树立企业形象，另一方面可以吸引新顾客、沟通老顾客，而这一点又直接影响到网络营销的效果。

网站建设的注意事项：
(1) 快捷的信息提供。
(2) 提高网站的质量与专业性。
(3) 加强网站宣传的推广。
(4) 把方便留给访问者。

三、网络营销基本模式

随着信息技术的发展、目前在网络营销领域出现了六种具体的网络营销模式，具体介绍如下。

（一）网络广告

网络广告主要是指企业通过设立网页或设立电子邮箱，将自己的图标放在搜索引擎中等方式，将自己的信息在网络上发布，由顾客按照自己的兴趣自主地查询和传送反馈信息，从而构成交互的、有特定对象的信息传递。网络广告作为在因特网站点上发布的以数字代码为载体的经营性广告，具有互动性、广泛性、可统计性、智能性等特点。

（二）电子邮件

电子邮件相当于企业的一个邮政信箱加特快传递。它的信息传送非常方便，不受时间空间的制约，且传递速度快，无干扰。它可以一函多发，还可传递图像、声音、报表和计算机程序等。它与传真电话相比，还具有编辑性，同时安全性和保密性更强。企业可以利用收发电子邮件与顾客进行交谈和沟通，准确收集顾客的资料及其需求信息，了解顾客的需求与欲望，从而调整自身的营销策略；企业还可以通过向顾客发送电子邮件等进行市场调整，方便快捷，准确性高，成本低，时间短。

（三）搜索引擎营销

搜索引擎是一个为网络用户提供检索服务的系统，它的主要任务是在 Internet 中主动搜索其他 Web 站点中的信息并对其进行自动索引，其索引内容存储在可供查询的大型数据库中。当用户利用关键字查询时，该网站会告诉用户包含该关键字信息的所有网址，并提供通向该网站的链接。搜索引擎营销（search engine marketing）是基于搜索引擎的营销方式，属于网络营销方式中的一种，它是根据用户使用搜索引擎的方式，通过一整套的技术和策略系统，利用用户检索信息的机会将营销信息传递给目标用户。

搜索引擎营销不同于其他的网络营销模式，它的目标客户从普通的消费者转移到了企业，因为对于普通网民来说，已经习惯于免费使用搜索引擎，因此不可能像传统信息检索系统那样对每一次的搜索收费；而一般的企业如果想在复杂的网络环境中被自己的目标客户检索到，就只能依靠搜索引擎，因此针对企业，搜索引擎的营销模式主要有以下几种：①出售搜索技术；②搜索引擎优化；③关键词广告。

（四）网络社区营销模式

网络社区是指包括 BBS/论坛、讨论组、聊天室等形式在内的网上交流空间，同一主题的网络社区集中了具有共同兴趣的访问者，由于有众多用户的参与，不仅具备交流的功能，实际上也成为一种营销场所。

（五）博客营销模式

博客就是网络日记，英文单词为"Blog"（Web log 的简写）。博客这种网络日记的内容通常是公开的，自己可以发表自己的网络日志，也可以阅读别人的网络日志，可以理解为一种个人思想、观点、知识等在互联网上的共享。博客营销就是利用博客这种网络应用形式开展网络营销。

（六）电子商务平台模式

电子商务平台营销是以电子商务网站为平台，利用买方和卖方集中于同一个平台的聚集效应，从而达到企业营销目标的网络营销方式。传统的观点将企业的电子商务模式，归纳为以下三个类型：

1. B to B（business to business）

商家（泛指企业）对商家的电子商务，即企业与企业之间通过互联网进行产品、服务及信息的交换。

2. B to C（business to customer）

企业与消费者之间的电子商务，这是消费者利用因特网直接参与经济活动的形式，类似于商业电子化的零售商务，这是目前一般最常见的作业方式。

3. C to C（consumer to consumer）

消费者与消费者之间的电子商务。

案例阅读 11-3

亨氏公司的网络营销

亨氏（Heinz）公司是世界著名的食品生产企业，其主要产品包括：婴儿营养商品、调味品、食品添加剂等。产品销售遍及世界各国,深受消费者的喜爱。自20世纪90年代后期,亨氏公司开始投入大量资源建立自己企业的商务网站。网站内容丰富,在科普宣传和促进销售方面都起到很好的作用。

亨氏网站是亨氏公司为其商务目的建立的电子商务网站,但网站本身并不出售任何产品。非但不出售产品,而且也没有刻意强调、宣传和推销自己产品,给人感觉完全是科普性宣传。网站内容以宣传婴幼儿科学喂养知识为主。

亨氏网站推出后,为了配合网络营销策略的展示,亨氏公司在传统营销手段上进行了一系列的改变,首先是在产品包装上,亨氏产品的包装简直就是一个该产品使用说明书和科学喂养宣传材料。包装没有太多的图案和画面,全是放大了字号的文字说明。其次是在其所有的宣传资料上明显地印有亨氏网站的网址,以及800免费服务热线电话,新产品内设"科学育儿小锦囊"等。

来源:广东工业大学精品课程网站. http://jpkc.gdut.cn/08xjsb/scyx

四、网络营销与传统市场营销关系

(一)网络营销改变了市场营销的环境

在网络营销中白天晚上都可以进行,而传统的营销市场,需要在白天工作时间进行。从支付手段上看,网络营销通过电子货币进行交易,为顾客订购商品和支付货款比其他商业模式更加节省成本,并实现了实务操作的无纸化和支付过程的无限进化,大大方便了交易的进行,能够实现良好的营销效果。

(二)消费者的行为在逐渐改变

消费者只需要在网络上搜索自己需要的产品,能够实现不出门就能够货比三家,消费者可以大范围地进行选择和比较,以求所购买的商品价格最低、质量最好、最有个性,使消费者买得实惠、买得方便。

(三)营销理念在不断变化

由于网络营销主要是在互联网上开展的,使产生与消费更加贴近,消费者的个性化特征也较为明显,同种产品互联网上有成千上万家销售商,消费者可以进行对比和选择,而对于企业来说,在营销理念上,不仅是要确保价格最低,让利给消费者,还需要抓住消费者的心理,做好营销服务工作,并且根据消费者的个性化需求,满足消费者的要求,这样才能够实现网络营销的成功。

(四)技术支持手段在不断变化

网络营销是在互联网上进行的,需要具有高超的技术手段作为支持,因此,互联网技术也在不断地发展,例如在网络营销中,包括客服服务、售后服务、电话营销、商业智能等功能,而要实现多种营销功能,就需要采取先进的技术手段进行支持。

五、新时期网络营销发展趋势

网络营销在我国起步较晚。1996年从山东青岛农民李鸿儒首次在国际互联网上开设"网上花店",到北京、上海、广州等地的商业企业纷纷在网上开设虚拟商店。

(一) 营销型网站将成为企业网站建设的主流

以前,企业网站一般都被赋予了形象展示、促进销售、信息化应用等使命。经过这些年的发展,大量的中小企业都明白了企业网站最靠谱的,而且还能够为他们带来客户,促进销售。基于这种大的市场环境,营销型网站的理念浮出水面,并很快地被市场和客户接受。营销型网站一句话概括就是以能够帮助企业获得目标客户,并使其充分了解企业的产品或者服务,最终使交易变成可能。

(二) 广告定位更有针对性

近年流行的通过病毒传播的网络营销方式,主要是由于网络红人的兴起。我们都认识芙蓉姐姐,她在百度、在清华的校园里面,非常敢于向摄影师秀出自己的非常粗大的腿和手臂,在网上被传播出第一个敢在网络上卖丑的人。再有就是名人效应,例如,喜临门床垫要找亚洲天后巩俐做代言人拍一个广告,本打算花巨资去砸电视媒体,选择在新闻联播之后,焦点访谈之前播放。但经过产品定位后,认为该床垫的主要顾客群体是"80后"年轻人结婚用,而现在的年轻人很少看新闻联播,平时获取信息的方式主要是网络,上班时间基本都可以接触网络。为此,该企业打算把喜临门床垫由巩俐代言后进行网络炒作,能够让更多的"80后"了解喜临门床垫,并且了解巩俐代言的喜临门广告。

(三) 以图像为中,目的内容大行其道

随着消费者接触到越来越多的广告,使内容简单而迅速地被消化显得尤为重要,用图像说话。Buzzfeed和Pinteres的成功崛起,证明了基于图像的内容的力量和病毒般的传播潜力。

在社交网络中得到最多分享的成功博客文章通常也有一个共同的特点:他们利用一些精心放置的图片提升内容的吸引力,并突出了其中的某些要点。另外一个例子是信息图表,它们结合图像与少量的文本来解释一个主题,并提供调查研究的统计信息或数据。

(四) 微信营销逐渐走俏

微信作为新兴的公众平台,在营销方面显示了独特的优势,例如,漂流瓶、陌生人打招呼、朋友圈等都可以作为营销的工具,此外,企业可以利用微信账户与企业的所有非地理意义上的专门化社群,以消费者对品牌的情感利益为联系纽带,品牌与消费者充分互动,提供有价值的服务,构建和消费者之间强有力的关系,并最终通过交易支付实现粉丝经济。

案例阅读 11-4

戴尔——网上直销先锋

计算机销售最常见的方式就是由庞大的分销商进行转销。这种方式似乎坚不可摧，也令许多计算机制造厂商的直销屡屡受挫，因为广大的消费者似乎已经认同了这种销售形式。而戴尔却抗拒了这种潮流，决定通过网络直销 PC 机，并接受直接订货，精彩地演绎了业界的经典故事。

1. 戴尔公司的核心概念

在戴尔刚刚接触计算机的时候，他用自己卖报纸存的钱买了一个硬盘驱动器，用它来架设一个 BBS，与其他对计算机感兴趣的人交换信息。在和别人比较关于个人计算机的数据时，他突然发现计算机的售价和利润空间没什么规律。当时一部 IBM 的个人计算机，商店的售价一般是 3 000 美元，但它的零部件很可能六七百美元就买得到，而且还不是 IBM 的技术。他觉得这种现象不太合理。另外，经营计算机商店的人竟然对计算机没什么概念，这也说不过去。大部分店主以前卖过音响或车子，觉得计算机是一个"可以大捞一把"的时机，所以也跑来卖计算机。光是在休斯敦地区就忽然冒出上百家计算机店，这些经销商以 2 000 美元的成本买进一部 IBM 个人计算机，然后用 3 000 美元卖出，赚取 1 000 美元的利润。同时，他们只提供顾客极少的支持性服务，有些甚至没有售后服务。但是因为大家真的都想买计算机，所以这些店家还是大赚了一把。

意识到这一点后，戴尔开始买进一些和 IBM 机器的零件一模一样的零部件，把他的计算机升级之后再卖给认识的人。他说："我知道如果我的销量再多一些，就可以和那些计算机店竞争，而且不只是在价格上的竞争，更是质量上的竞争。"同时他意识到经营计算机"商机无限"。于是，他开始投身于计算机事业，在离开家进大学那天，他开着用卖报纸赚来的钱买的汽车去学校，后座载着三部计算机。

在学校期间，他的宿舍经常会有一些律师和医生等专业人士进出，把他们的计算机拿来请戴尔组装，或是把升级过的计算机带回家去。他还经常用比别人低得多的价格来销售功能包更强的电脑，并多次赢得了得克萨斯州政府的竞标。他说："很多事情我都不知道，但有一件我很清楚，那就是我真的很想做出比 IBM 更好的计算机，并且凭借直接销售为顾客提供更好的价值及服务，成为这一行的佼佼者。"

他从一个简单的问题来开展他的事业，那就是：如何改进购买电脑的过程？答案是：把电脑直接销售到使用者手上，去掉零售商的利润剥削，把这些省下来的钱回馈给消费者。这种"消除中间人，以更有效率的方式来提供电脑"的原则，就是戴尔电脑公司诞生的核心。

2. 独特的直销模式

1988 年，戴尔公司股票公开上市发行，"直销模式"正式宣告开始。

从一开始，他们的设计、制造和销售的整个过程，就以"聆听顾客意见、反映顾客问题、满足顾客所需"为宗旨。他们所建立的直接关系，从电话拜访开始，接着是面对面的互动，现在则借助于网络沟通，这些做法让他们可以得到顾客的反映，及时获知人们对于产品、服务和市场上其他产品的建议,并知道他们希望公司开发什么样的产品。

直销模式使戴尔公司能够提供最有价值的技术解决方案:系统配置强大而丰富,无与伦比的性能价格比。这也使戴尔公司能以富于竞争力的价格推出最新的相关技术。戴尔在他的回忆录中这样描述了直销模式的好处,他说:"其他公司在接到订单之前已经完成产品的制造,所以他们必须猜测顾客想要什么样的产品。但在他们埋头苦猜的同时,我们早有了答案,因为我们的顾客在我们组装产品之前,就表达了他们的需求。其他公司必须预估何种配置最受欢迎,但我们的顾客直接告诉我们,他们要的是一个软盘驱动器还是两个,或是一个软盘机加一个硬驱,我们完全为他们定做。"

与传统的间接模式相比,直接模式真正发挥了生产力的优势。因为间接模式必须有两个销售过程:一个是从制造商向经销商;另一个则是从经销商向顾客。而在直接模式中,只有一级销售人员,并得以把重心完全放在顾客身上。在这点上,戴尔公司并没有以一种方式面对顾客,他们把顾客群进行细分,一部分人专门针对大企业进行销售,而其他人则分别负责联邦政府、州政府、教育机构、小公司和一般消费者。这样的架构对于销售大有好处,因为销售人员因此而成为专才。他们不必一一搞懂多家不同制造商所生产的不同产品的全部细节,也不必记住每一种形态的顾客在产品上的所有偏好,而在处理自己客户的问题时则成了行家,这使得戴尔公司与客户之间合作的整体经验更为完善。

同时,按单定制的直销模式使戴尔公司真正实现了"零库存、高周转"。正如戴尔所说:"人们只把目光停留在戴尔公司的直销模式上,并把这看作是戴尔公司与众不同的地方。但是直销只不过是最后阶段的一种手段。我们真正努力的方向是追求零库存运行模式。"

由于戴尔公司按单定制,它的库存一年可周转15次。相比之下,其他依靠分销商进行销售的竞争对手,其周转次数还不到戴尔公司的一半。对此,波士顿著名产业分析家威廉·格利说:"对于零部件成本每年下降15%以上的产业,这种快速的周转意味着总利润可以多出1.8%~3.3%。"

来源:王秀村.市场营销管理(第4版).北京理工大学出版社,2011.5

思考:
1. 分析戴尔网上直销模式的特点。
2. 网络营销与传统营销相比的主要不同体现在哪些方面?

第三节 服务营销

一、服务的分类和特征

(一)服务的含义

服务是具有无形特征却可给人带来某种利益或满足感的可供有偿转让的一种或一系

列活动。

(二) 服务的分类

在现实经济活动中,服务通常是与有形产品结合在一起,二者很难分离。菲利普·克特勒按照服务在产品中所占的比重,将市场上服务供应分为五种类型:

(1) 纯粹有形商品。
(2) 伴随服务的有形商品。
(3) 有形商品和服务的混合。
(4) 主要服务伴随小物品和小服务。
(5) 纯粹的服务。

(三) 服务的特征

一般而言,服务具有以下五种特征:

1. 无形性

无形性指服务在购买之前,一般是不能看到、尝到、听到、嗅到或感觉到的。购买者为了减少不确定性,需要寻求服务质量的标志或证据,通过对看到的地方、人员、设备、传播资料、象征和价格做出服务质量的判断。服务的无形性要求服务提供者提供介绍和承诺。

2. 不可分割性

不可分割性指服务的发生和消费是同时进行的。服务人员提供服务于顾客之时,也正是顾客消费、享用服务的过程,生产和消费服务在时间上不可分离。

3. 品质差异性/可变性

由于服务是由人提供的,因而,由谁来提供及何时、何地提供服务具有很大的差异。

4. 易消失性/不可贮存性

服务的不可贮存性是指服务产品既不能在时间上贮存下来,以备未来使用,也不能在空间上,将服务转移带回家去安放下来,如不能及时消费,即会造成服务的损失。

5. 所有权的不可转让性

服务所有权的不可转让性是指服务的生产和消费过程中不涉及任何东西所有权的转移。

在上述 5 种特征中,无形性是最基本的特征,其他的特征都是由这一基本特征派生出来。

二、服务营销策略

(一) 服务营销战略

服务营销战略是指服务企业为了谋求长期的生存和发展,根据外部环境和内部条件的变化,对企业所作的长期性、全局性的计划和谋略。服务营销战略同产品营销战略一样，共有两种战略可供选择。

1. 总成本领先战略

总成本领先战略是一种内涵积累式战略。其内容是：通过降低成本的努力，使成本低于竞争对手，以便在行业中赢得总成本领先的优势，获得高于行业平均水平的收益。实施总成本领先战略必须具备3个基本前提条件：第一是服务产品的品质相同；第二是企业资金实力雄厚；第三是服务功能相同。

2. 多角化战略

多角化战略亦称多元化战略。其内容是：一个企业同时经营两个以上行业的服务产品的市场经营战略。多角化经营是企业内部各项功能高度分化和专业化，并拥有协调方式的情况下而采取的分散风险的战略。实现多角化战略的前提条件有：第一是所有服务产品都处于市场生命周期的同一阶段；第二是所有服务产品都是风险产品或滞销产品；第三是所有服务产品都存在对某种资源的严重依赖。

(二) 服务营销策略

服务营销组合是服务企业依据其营销战略对营销过程中的七要素变量进行配置和系统化管理的活动。营销组合是为了便利管理者控制所有的变数条件并使之系统化，因为这些变数会影响到市场交易。服务市场营销组合的形成过程，大致与其他形态的市场相似。

1. 产品

服务产品的设计主要考虑的是提供服务的范围、服务质量、品牌、保证及售后服务等。

服务产品包括核心服务、便利服务及辅助服务三个层次。核心服务是企业为顾客提供的最基本效用；便利服务是为推广核心服务而提供的便利；辅助服务指用以增加服务价值或区别于竞争者的服务。

2. 定价

服务定价需要考虑的因素包括：价格水平、折扣、折让和佣金、付款方式和信用。在区别一项服务和另一项服务时，价格是一种识别方式，顾客往往从价格上的差异感受服务质量的差异，因此，服务定价要谨慎。

3. 分销渠道

提供服务者的所在地以及其地缘的可达性在服务营销上都是重要因素，地缘的可达性不仅是指实物上的，还包括传导和接触的其他方式。所以，销售渠道的形式以及其涵盖的地区范围都与服务可达性的问题有密切关系。

4. 促销

促销主要包括广告、人员推销、销售促进、公共关系、口头传播、直接邮寄等。为增进消费者对无形服务认知和印象，企业在促销活动中要促使服务产品有形化。

5. 人员

人员是服务营销中很重要的因素，在顾客心目中，人员实际上是服务产品的一个组成部分。服务人员担负着服务表现和服务销售的双重任务。因此，服务营销的成功是和人员的选拔、培训、激励和管理密切相联系的。对某些服务而言，还应当重视顾客与顾客之间的关系,因为一个顾客对一项服务产品质量的认知,可能受到其他顾客的影响。例如,某餐厅食客的态度和行为会影响其他顾客的购买行为。

6. 有形展示

由于服务的无形性决定着有形展示会影响消费者和顾客对于服务营销公司的评价。有形展示是指一切可以传递服务特色和优点的有形组成部分。有形展示包括环境、实物装备、其他实体形提示。

7. 过程

过程指的是服务产生和交付给顾客的传递过程。具体涉及工作人员表情、注意力和对顾客的关切程度;整个体系的运作政策、程序和方法。服务供应中的机械化程度;顾客参与服务操作过程的程度等。服务过程管理的好坏,深刻地影响着服务质量,从而影响企业的竞争优势。

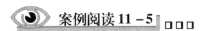
案例阅读 11-5

迪斯尼乐园服务营销

例如,迪斯尼乐园全年无休,当别人在放假时,员工必须照常上班。假日、周末、晚上工作,是身为迪斯尼人的一部份。又例如,乐园对员工的衣着要求严格,细节小至员工不能露出身上的刺青。迪斯尼一开始就对求职者说清楚、讲明白,通常立刻就能筛选掉10%的求职者,这些人即使进了公司,也不适合,成了一道有效的求才关卡。

其他值得学习的做法还有,迪斯尼遵守"先雇用态度,再训练技巧"的原则。即使是清洁人员的职缺,迪斯尼也很重视,先寻找适合的人,然后再训练他们。迪斯尼负责训练课程的一名主管表示,清洁人员与顾客的接触次数,在员工中几乎是最多的,他们是顾客满意度的重要推手。所以东京迪斯尼对清洁员工非常重视,将更多的训练和教育大多集中在他们的身上。

事实上,在东京迪斯尼乐园诸多工种中,与游客接触最多的园内清洁工是人们公认的明星。他们对园内设施了如指掌、礼貌亲切、精神抖擞、仪表干净整洁、工作勤恳认真且工作方式富有表现力。而这一切无疑为东京迪斯尼乐园平添了一道感人的风景线,顾客随之对迪斯尼优质服务质量产生深刻的印象,顾客高度的满意度引出回头客,形成顾客忠诚度。

来源:中国营销传播网. http://www.emkt.com.cm

第四节 关 系 营 销

关系营销(relationship marketing),是在市场经济高速发达、现代科学技术高速发展的推动下,于20世纪90年代伴随着市场经营观念的发展而产生的;从理论上讲,就是个人和群体通过同其他个人和群体交换产品和价值,创造双方更亲密的相互依赖关系,以满足社会需求的一种市场营销管理过程。

关系营销是现代营销观念发展的一次历史性突破，它可使企业获得比在传统市场营销中更多更长远的利益，因而被营销学者誉为90年代及未来的营销理论。

关系营销把营销活动看成一个企业与消费者、供应商、竞争者、政府机构及其他公众发生互动作用的过程。企业营销活动的核心是建立并发展与这些公众的良好关系，其中最重要的是建立企业与顾客的稳固关系。它包括识别、建立、维护和巩固企业与这些公众的关系，其主要目的是建立一种兼顾双方利益的稳定的长期合作关系，进而减少成本，实现资源的优化配置，有利于提高整体利益。

一、关系营销的的内涵及其特征

20世纪80年代初，欧美一些学者对关系营销概念进行了界定。1985年，巴巴拉·本德·杰克逊，他提出了关系营销的概念，使人们对市场营销理论的研究，又迈上了一个新的台阶。关系营销理论一经提出，迅速风靡全球，杰克逊也因此成了美国营销界倍受瞩目的人物。巴巴拉·本德·杰克逊为美国著名学者，营销学专家。他对经济和文化都有很深入的研究。科特勒评价说："杰克逊的贡献在于，他使我们了解到关系营销将使公司获得较之其在交易营销中所得到的更多。"

关系营销的产生具有较为深刻的时代背景，是企业顺应市场环境变化的必然选择。面对日益残酷的竞争挑战，许多企业逐步认识到：保住老顾客比吸引新顾客收益要高；随着顾客的日趋大型化和数目不断减少，每一位客户显得越发重要；更多的大型公司正在形成战略伙伴关系来对付全球性竞争，而熟练的关系管理技术正是必不可少的；购买大型复杂产品的顾客正在不断增加，销售只是这种关系的开端，而任何"善于与主要顾客建立和维持牢固关系的企业，都将从这些顾客中得到许多未来的销售机会"（科特勒）。

关系营销是为了满足企业和相关利益者的目标而进行的识别、建立、维持、促进同消费者的关系，并在必要时终止关系的过程，这只有通过交换和承诺才能实现。从上述定义，我们可以看出关系营销的要点是：

（1）留住顾客，建立企业同顾客的长期关系。

（2）留住顾客是实现同顾客成功的交换关系。

（3）通过交换和承诺来实现顾客保留。

（4）关系营销包括识别、建立、维持和在必要的时候中止关系的过程，目的是满足企业和相关利益者的目标。

我们认为，关系营销是以系统论为基本思想，将企业置身于社会经济大环境中来考察企业的市场营销活动，而不限于顾客市场，认为企业营销乃是一个与消费者、竞争者、供应者、分销商、政府机构和社会组织发生互动作用的过程。市场营销活动成败的关键取决于企业同各种相关利益者群体的关系。简单地说，与主要客户建立起"一对一"关系或对话的任何营销战略，都可以称为关系营销或忠诚度营销。

关系营销的特点：

（1）集中于顾客保持。

（2）以顾客价值为导向。

（3）长时期同顾客保持联系。
（4）强调高顾客服务（为顾客提供最大化价值）。
（5）高顾客接触。
（6）质量被所有部门关注。

二、关系营销与传统交易营销

关系营销与传统交易营销的不同：

（1）关系营销将关系从顾客关系扩展为相关利益者的关系，从顾客市场拓展到六个市场。

（2）关系营销将交易双方利益视为互利、互补的，双方是合作伙伴关系（双赢）。企业在为顾客创造价值最大化的同时提高自己的效益。交易营销则是将双方利益视为冲突的对立，一方所得必为另一方所失。

（3）关系营销是创造价值的过程，因为保持顾客可节约成本，提高利润。交易营销则是分配或实现生产部门或企业已创造的价值。

（4）关系营销以保持顾客，实现顾客价值最大化为特征。交易营销以吸引新顾客，提高市场占有率及实现利润最大化为特征。

（5）关系营销是由各职能部门实施，并实行顾客、服务质量与市场营销的整合。交易营销主要由营销部门实施，并以营销组合为基础。

关系营销最本质的特征：

（1）信息沟通的双向性。交流应该是双向的，既可以由企业开始，也可以由营销对象开始。广泛的信息交流和信息共享，可以使企业赢得支持与合作。

（2）战略过程的协同性。在竞争性的市场上，明智的营销管理者应强调与利益相关者建立长期的、彼此信任的、互利的关系。这可以是关系一方自愿或主动地调整自己的行为，即按照对方要求的行为；也可以是关系双方都调整自己的行为，以实现相互适应。各具优势的关系双方，互相取长补短，联合行动，协同动作去实现对各方都有益的共同目标，可以说是协调关系的最高形态。

（3）营销活动的互利性。关系营销的基础，在与交易双方相互之间有利益上的互补。如果没有各自利益的实现和满足，双方就不会建立良好的关系。关系建立在互利的基础上，要求互相了解对方的利益要求，寻求双方利益的共同点，并努力使双方的共同利益得到实现。真正的关系营销是达到关系双方互利互惠的境界。

（4）信息反馈的及时性。关系营销要求建立专门的部门，用以追踪各利益相关者的态度。关系营销应具备一个反馈的循环，连接关系双方，企业由此了解到环境的动态变化，根据合作方提供的信息，以改进产品和技术。信息的及时反馈，是关系营销具有动态的应变性，有利于挖掘新的市场机会。

三、关系营销的六个市场模型

（1）顾客市场（customer markets）。它是六大市场的中心。顾客市场包括最终使用者、顾客或中介购买者。企业为他们提供有别于竞争者的服务才能建立长期的顾客关系。

（2）供应者市场（supplier markets）。它为企业提供原材料、产品和服务。企业与供应商在营销渠道上建立广泛的合作伙伴关系，才能保证企业顺利地推出产品和服务。

（3）推荐者市场（referral markets）或参照市场。它由具有专业性的专家组成，诸如，医生、银行家、管理者及会计师等。企业同这些人建立长期的良好关系，使他们从不同角度推荐企业，有利于企业在顾客心目中树立良好的形象，从而促进企业与顾客的长期关系。

（4）影响市场（influence markets）。它主要包括政府、公众、金融市场、记者等。他们直接影响企业的营销活动，必须处理好同他们的关系。

（5）内部市场（internal markets）。它指企业内部个人与团体关系、上下级关系、职能部门之间的关系。通过他们的关系和行为，进而通过企业文化，尤其是共同价值影响企业的精神和理念，从而影响同顾客的关系。

（6）雇员市场（employee markets）或交互市场。企业通过一线雇员同顾客建立直接的关系，他们成为关系营销的焦点，只有良好的员工关系，才能保证企业同顾客良好的长期关系。

四、企业与顾客的关系划分

关系营销的本质是以服务为导向，协调营销系统中各要素的关系，从而创造价值。菲利普·科特勒把企业与顾客的关系划分成以下的五个层次：

（1）初级型。企业把产品销售给顾客后，然后就再也不与顾客联系。

（2）反应型。企业把产品销售给顾客后，允诺在顾客遇到问题时给顾客提供服务，如维修，但不主动与顾客联系。

（3）主动型。事后主动与顾客联系，协助顾客解决各种问题，并询问顾客对产品的意见，然后利用这些信息来改进企业的产品和服务。

（4）积极型。企业的营销人员事前与顾客联系，征询顾客对产品的要求，并且要求顾客与企业合作，以发现顾客的需求并最大限度地满足其需求。

（5）伙伴型。企业与顾客之间结成紧密的伙伴关系，在产品开发、生产、销售及人员培训等方面互相协作，一般适用于企业之间的营销。

第五节　绿　色　营　销

一、绿色营销的兴起

首先，消费者与最终使用者的需求造成对市场的压力。一是由于社会经济的发展，在为社会及广大消费者谋福利的同时，造成恶劣的自然环境及社会环境，直接威胁着广大消费者的身体健康。因此，广大居民迫切要求治理环境污染，要求企业停止生产有害环境及人们身体健康的产品。二是社会经济的发展，使广大居民个人收入迅速提高，他们有可能要求高质量的生活环境及高质量的产品,即要求绿色消费。

其次,欧美经济发达国家,先后制定了严格规范企业营销行为的立法。例如,规范土地的使用,废气、废水、废物排放及保护稀有生物等法令的颁布、迫使企业日益重视环保问题。

再次,绿色压力团体的影响力。全球压力团体的影响力于20世纪80年代迅速发展。他们通过参与各种活动来扩大其影响。诸如搜集和提供有关环保的信息,进行政治游说和唤起环保意识的公共宣传;参与阻止破坏环境的示威活动,如阻止把有毒的垃圾倒进海里,这既可防止危害环境的行为,又可引起大众的注意;压力团体帮助企业共同研究节约使用资源及防止破坏环境的方法。

最后,宣传媒体对环境污染事件的高度重视,诸如报道臭氧层受到破坏,全球增温及非绿色产品对人们身体的损害等,使广大消费者注意企业行为对人们及环境的影响。

目前,西方发达国家对于绿色产品的需求非常广泛,而发展中国家由于资金、消费导向和消费质量等原因,还无法真正实现对所有消费需求的绿化。以我国为例,目前只能对部分食品、家电产品、通讯产品等进行部分绿化;而发达国家已经通过各种途径和手段,包括立法等,来推行和实现全部产品的绿色消费,从而培养了极为广泛的市场需求基础,为绿色营销活动的开展打下了坚实的根基。以绿色食品为例,英国、德国绿色食品的需求完全不能自给,英国每年要进口该食品消费总量的80%,德国则高达98%。这表明,绿色产品的市场潜力非常巨大,市场需求非常广泛。

案例阅读 11-6

本田妙案

日本横滨本田汽车公司汽车大王——青木勤社长,别出心裁地想出一个为推销汽车而绿化街道的"本田妙案"。这方案一经推出,即收到意想不到的效果,使得本田汽车独领风骚。

"本田妙案"是怎样产生的呢?青木勤社长在每天外出和上下班的途中发现,汽车在飞驰过程中排出大量废气,直接污染了城市的环境,不但乌烟瘴气,而且还造成街道旁绿树的枯萎。青木勤社长看到自己的产品给环境带来的不利影响,心情非常沉重。他决心解决这个问题,恢复大自然本来的面目。于是,青木勤社长亲自制定了"今后每卖出一辆车,就要在街道两旁栽一棵纪念树"的经营方针。随后本田公司又将卖车所得的利润的一部分转为植树的费用,以减轻越来越多的汽车尾气对城市环境的污染。"本田妙案"实施后,汽车一辆辆地开出厂门,街上的树木也一棵棵栽上,绿化地也一块块铺开。消费者心中自然产生了一种强烈的需求愿望,同样是买汽车,为什么不买绿化街道的本田汽车呢?既可买到需要的产品,还可以美化生活环境,使本田汽车的营销量与"绿"俱增,在汽车行业激烈的市场竞争中,一直立于不败之地。

来源:徐亿军. 市场营销学. 电子工业出版社,2010

二、绿色营销的内涵及特征

(一) 绿色营销的内涵

广义的绿色营销,也称伦理营销,指企业营销活动中体现的社会价值观、伦理道德观,充分考虑社会效益,既自觉维护自然生态平衡,更自觉抵制各种有害营销。狭义的绿色营销,主要指企业在营销活动中,谋求消费者利益、企业利益与环境利益的协调,既要充分满足消费者的需求,实现企业利润目标,也要充分注意自然生态平衡。狭义的绿色营销,也称生态营销或环境营销。

(二) 绿色营销的特点

与传统营销相比,绿色营销具有如下的特征:

1. 系统性

绿色营销不是单一的企业经营行为,而是一个系统工程。在企业运行过程中,通过"绿色意识"的指导,把绿色营销贯穿在整个决策和经营过程中。从产品设计定位出发,设立"安全、环保、健康"的理念,确保产品生产过程和产品本身符合绿色主题,在后续的包装、仓储和运输过程中有偏向的选择绿色产业链的合作商,从而实现经济效益和环保效益共同发展的目标。

2. 文化性

绿色营销其实质是一种商业经营的理念,在这种理念的指导下,重视市场营销活动的社会责任和环保价值。因此,通过积极开发绿色市场定位、绿色包装和绿色企业形象以及倡导绿色消费意识,引起消费者的价值共鸣,从而使消费者选择绿色产品、采用绿色生活方式。这种企业和消费者双向的选择,已经从本质上对传统商业文化发起挑战。绿色营销更注重"人"的概念,不再单一地以短期市场盈利为标准。

3. 可持续性

绿色营销的文化性带来了文化概念的延伸,绿色文化成为企业文化的重要内容。在绿色文化的建设中,企业目标和环境目标实现了统一,在此过程中,企业也承担了相应的社会环保职责;企业营销与生态理念相辅相成,共同影响了企业对内对外的行为。不仅能提高自身的生活质量和健康水平,而且能够改善生态环境,为子孙后代留下可持续发展的财富。在培养消费者绿色消费意识的同时,培养成熟的绿色市场。

三、绿色营销的实施

绿色营销的实施是一项系统工程,需要政府、企业与消费者的协同作用,也需要广泛的国际性合作。

(一) 政府、企业和个人的协同作用

(1) 政府应确定环保是基本国策的战略思想。确立经济与生态协调发展的战略思

想,政府要根据国情,参照国际惯例,不断完善绿色法规,对现行的环保法进行修改,制定保护自然环境的法律法规。政府要制定绿色政策体系,诸如环境保护政策、绿色市场培育政策、资金及税收支持政策、土地使用政策等。

(2) 企业要树立绿色营销观念。从全球绿色营销观念出发,协调环境、社会、企业的利益,制定出绿色营销战略。它必须既有利于自然环境良性循环发展,又有利于满足消费者的现实及未来的绿色需求,从长远看,还要考虑企业合理的"绿色赢利"。进行绿色营销策略整合,即考虑绿色消费者的需求与支付能力,从整体上设计与开发绿色产品,实施绿色产品定价、绿色产品广告宣传及绿色产品的分销。

(3) 消费者要自觉树立环境观念及绿色消费观念,推动企业绿色营销的实施以及促进政府绿色法规的制定、完善及执行。

案例阅读 11-7

绿色产品市场大有可为

在我国港台以及日本、美国,被人们称为"生态服装"的图案、色彩、文字极富特色与寓意:用珍稀动植物作图案,以花草树木为色调,甚至用简洁明了的文字写在服装上,如"我爱大自然""保护臭氧层"等直接来表达消费者的心声。因此,各种"绿色广告"应运而生,不少著名的跨国公司和大企业纷纷利用"绿色商品"大做"绿色广告",不少新兴的中小企业也不断强化自己的"绿色企业"形象,以谋求飞跃发展。美国生产尿布的企业,从环保角度出发,进行广告促销,强调布尿片埋在土里至少要经过 500 年才能分解,而纸尿片在土里很快分解,于是纸尿片在公众心中树起了"绿色形象",短短 3 年,销售量猛增到 1.8 倍。

来源:绿色营销案例分析.瞧这网.www.795.com.cn/

(二) 实行广泛的国际合作

由于自然环境的恶化是全球性的,如全球升温,臭氧层受破坏,生物种类的灭绝,水源及空气污染等,因此,需要各国政府进行广泛合作,从全球及宏观方面保证企业绿色营销的开展。具体可以从以下几个方面入手:

(1) 开展国际性合作。
(2) 资讯和其他资源的整合。
(3) 制定国际性立法来保护全球环境。
(4) 教育人们为创造一个可持续发展的环境做出贡献。
(5) 利用科技来解决全球环保问题。

美国电力公司的绿色定价策略

美国一些电力公司利用风能等可再生的清洁能源发电，并向居民供电，其成本较高。公司想提高价格，但遇到许多困难，这些困难是：

（1）消费者一般不愿为这种与一般电力无差别的"绿色电力"付额外的钱。由于这种利用可再生能源产生的电力仍用原来的电网系统进行运输，它最终仍是与用其他形式的能源发的电力在电网上交织在一起输入消费者的家或公司中，所以，消费者无法识别"绿色电力"和"非绿色电力"。另外，使用这种电力的居民不一定看得到这种"绿色电力"对环境带来的好处，如干净的空气、纯净的水等。

（2）许多消费者对输到其家中的电力到底是由什么能源转化而来的这一点缺乏意识，更不用说对于他们使用的电能相关的环境问题的认识了。

（3）电费太高。消费者往往会对付额外的钱买"绿色电能"提出质疑，因为他们觉得目前的电费已经够高的了，他们希望知道利用可再生能源发电究竟花多少钱？

为了有效营销绿色电力，美国环保署（EPA）大气污染保护部，请专门的绿色营销调研机构进行市场调研，调查结果表明：要实施绿色定价，收回投资，可采用以下策略：

（1）使绿色电能带来的利益直接可见。

（2）进行市场细分，确定最佳"绿色电力"目标消费群体，这类群体一般是环保群体的成员。

（3）教育消费者。"绿色电力"的消费者往往需要理解项目的具体内容，包括经济方面，而且他们也希望技术方面的改进。所以，应与他们进行沟通，并采取相应的公关活动，如组织消费者参观风能发电设备。

（4）建立分支机构。把"绿色电力"供应机构与"非绿色电力"机构区别开，以明确消费者支持"绿色电力"的奉献，从而让其获得满足。

通过这些措施，可以建立消费者对"绿色电力"的认知，从而实施绿色价格。例如，在美国密西根州的 Traveres 市，20 个居民及商业用户使用建在附近的风力发电设备所产生的电力，要为每月每千瓦小时的电多付 7.58 美元。

资料来源：万后芬. 绿色营销. 高等教育出版社，2001

第六节 体验营销

一、体验营销内涵及特征

（一）体验营销内涵

体验营销是 1998 年美国战略地平线 LLP 公司的两位创始人 B-Josephpine Ⅱ 和 James Hgilmore 提出的。他们对体验营销的定义是："从消费者的感官、情感、思考、行动、关联五个方面重新定义，设计营销理念。"他们认为，消费者消费时是理性和感性兼具的，消费者在消费前、消费中和消费后的体验，是研究消费者行为与企业品牌经营的关键。

综合国内外学者对体验营销的研究，体验营销是指营销者站在消费者的角度去体验消费者的购买理念、购买程序、购买心理和购买原动力，通过消费者的感官、情感、思考、行动和联想等参与、体验，由制造商、营销商与消费者共同建立起产品信息的良性循环系统，利用消费者的整体感受和评价去激活消费者内心的消费欲望，并加快购买行为的一种营销方式。

体验营销通过良好的服务和让消费者积极参与，迎合了消费者的购买心理，提高了产品和服务的附加值，有利于推广品牌，最终达到消费者、经销商和厂商都满意的三赢结果，这正是价值战的意义所在。

案例阅读 11-8

体验营销的号召力

星巴克的服务是典型的体验式营销。视觉的温馨，听觉的随心所欲，咖啡的香味等。我们可以想象一个场景，透过巨大的玻璃窗，看着人流如梭的街头，轻轻地饮上一口香浓的咖啡，体验忙碌的都市生活中的闲情逸致，非常符合"雅皮"的感觉。可以说，星巴克不仅营销了咖啡，还营销了环境、气氛、音乐、感受和体验。

中国移动的"动感地带"上市是体验营销的一个经典个案。"动感地带"在营销推广中十分注重用户对业务的体验，上市期在全国建立了多家"动感地带"的品牌店、体验店。除了从业务组合、广告上强调"动感地带"的品牌个性，中国移动通过"街舞挑战赛""周杰伦演唱会""结盟麦当劳"等一系列与通信业务无关的活动使这一品牌深入人心，引发了年轻人的高度共鸣，进而激发了他们的消费热情。这些行动体验在年轻人中间形成了巨大的号召力。

来源：作者根据相关资料整理而成

（二）体验营销的特征

1. 价值的转移性

通过体验营销，企业将产品的部分价值转移到体验的价值中，并在体验的过程中增加产品的价值。

2. 信息的直接反馈性

企业在提供消费者体验的过程中，消费者当面询问，企业当面接受客户的各类咨询，为客户提供问题的解决方案，依据一整套的流程，可随时为客户解决各种产品在使用过程中遇到的疑难问题。

3. 营销者的高素质性

为了满足客户的需求，体验营销要求人员充实其原有的职能，不仅是产品信息的传递者，具备帮助客户解决问题的能力，而且还要给客户带来额外的体验价值。营销人员对客户的作用正在渐渐转移到为客户提供全方位的服务上，要求他们更为注重市场营销与艺术营销相结合的文化建设。

4. 消费者的主动性

在体验营销过程中，消费者作为体验信息的载体，自始至终起着主导作用，一切营销行为都是围绕着消费者来进行，强调消费者自身的感受。消费者自行地将体验的产品与同类产品进行比较，明确产品的质量、功能、服务等方面的优势所在。

二、体验营销与传统营销比较

与传统的营销模式相比，体验营销有着鲜明的特色。从关注点上，传统营销更多专注于产品的特色与利益，体验营销焦点在顾客体验上，通过为顾客提供全方位的、有价值的体验来获利。在传统的营销观念中，一件产品对顾客而言，非常实用即可。例如，食品很卫生、有营养；家电质量高、耐用；电子软件性能好、稳定、效率高。然而，到了体验经济时代，这样做就未必赢得消费者了。比如，面对琳琅满目的饮料，谁也不能分别出娃哈哈纯净水和乐百氏纯净水，到底哪个更解渴、更有营养？厂家就是靠"我的眼里只有你"这种情感体验来打动消费者。

传统营销把顾客当作理智的购买决策者，把顾客的购买决策看成一个解决问题的过程，非常理性地分析、评价，最后决策购买。而体验营销认为顾客既是理性的也是感性的，因理性和感性而购买的概率是相同的。因为顾客往往会因得到某种体验需求上的满足，为追求乐趣、刺激等一时冲动而产生购买行为。

传统营销中，顾客被动地接受企业的产品或服务，企业营销行为实际上是产品导向；体验营销中，顾客既是体验的接受者又是体验的参与实施者，真正体现了顾客导向的理念。

在实际操作中，传统营销关注产品的分类和在竞争中的营销定位，而体验营销更注意在广泛的社会文化背景中为顾客制造各种消费体验情景。

从营销 4P 组合来看，传统营销与体验营销的区别也是明显的，详见表 11-1。

表 11-1　传统营销与体验营销 4P 策略的运作方式比较

4P策略	传统营销	体验营销
产品策略	要求产品的核心层即品质、功能利益优良，其形式层（品牌、包装、式样等）有特色，同时要为顾客提供更多的附加服务（送货、保证、安装）	要求为消费者提供多样的、有特色的体验，凡是能为消费者提供值得回忆的感受的事物都可以成为体验产品
价格策略	成本是企业定价的主要依据	实体产品甚至可免费提供，收费的对象是体验，而且其价格是以消费者的期望价格为依据制定，会远远高于成本
促销策略	通过广告、人员推销、营业推广和公共关系等促销手段将大量信息硬塞给消费者，全然不顾消费者的感受	促销手段中都纳入"体验"因子，注重与消费者的互动
分销策略	面临的主要是商流和物流的问题，需要解决商品实体和交易的运作	体验是无形的，是靠消费者的感受凝结而成的一种回忆，分销所解决的主要问题是信息流问题

根据：张亦梅. 新时代底得竟争优势的新战略——体验营销. 中国集体经济，2004.1 整理

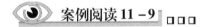 案例阅读 11-9

乐事农场——体验绿色薯片

最近乐事公司联合校内网推出了一款社交网页游戏：乐事农场。这款游戏模仿当前正火爆上演的"开心农场"，游戏内容是土豆的种植、薯片的加工，以及土豆与薯片的销售，同时加上乐事品牌华丽的包装设计。

"开心农场"，自 2009 年 2 月份上市以来，受到了青年人的追捧。它以农作物的种植、农场的经营与装扮为主题，凭借其准确的诉求点、易用性、清新雅致的界面，在短短几个月内迅速聚集了大量人气，成为最为火爆的休闲游戏。

乐事公司的消费群体是充满活力的年轻人，而校内网提供了一个百分之百对口的市场。乐事通过提供一个虚拟的薯片生产加工及销售的体验过程，拉近了与目标消费者的距离，而且间接暗示了"绿色食品"的健康价值，以游戏互动的形式将品牌形象植入目标消费者心中，并且得以强化和美化。

回归自然、远离城市与工业，成了现代消费者的一个诉求点。乐事公司正是通过提供虚拟的体验过程，满足其情感需求，达到体验营销策划的目的。

来源：王学东. 营销策划——方法与实务. 清华大学出版社，2010

三、体验营销策略

体验作为一种价值载体，它具有多重存在形态和表现形式。譬如，它既可以依附于产品和服务而存在，也可以作为单独的出售物而存在，就像服务既可以依附于实体产品而存在，也可以单独存在一样。体验存在形态的多重性和体验内容的丰富性，为企业开展体验营销提供了多种营销策略。

（一）在产品中附加体验

将好的体验附加到产品之中，能对产品起到画龙点睛的作用，增加产品的灵性，提高产品的感知质量。为产品增添愉悦、美感、感官享受等成分，从而使产品体验化。例如，为使汽车关门声听起来更舒服，汽车制造商们现在在每个模型上不惜花费成百上千万美元。

日本生产创可贴的米多尼公司，而对竞争激烈且销售日趋疲软的行业状况，开发了一种名为"快乐的伤口"的新式创可贴。它摒弃了传统产品的肉色和条状，颜色上大胆地采用了鲜艳的桃红、桔黄、天蓝、翠绿等花俏的颜色；外形上采用了心形、五角星、十字、香肠、等形状，上面还印有颇具幽默色彩的"花头巾""好疼啊""我快乐极了"等文字。新式创可贴倍受孩子们和女士的喜爱，仅在一年内就售出830万盒，销售额高达15亿日元，令同行叹为观之。

（二）用服务传递体验

由于服务生产和消费的不可分割性，服务是企业用以展示和传递体验的天然平台。在服务过程中，企业除了完成基本的服务提供外，完全可以有意识地向顾客传递他们所看重的体验。

例如，在诺德斯特龙，美国一家业绩不凡的百货连锁店，员工们经常为顾客创造出令人称奇的体验。他们会在停车场为顾客预热引擎；顾客只要光临该店一次，售货员就能记住顾客的名字，并在顾客过生日时出其不意地寄去鲜花和售货员手写的生日贺信；他们还会为顾客退换该店根本从未出售的货物。正由于此，诺德斯特龙在顾客当中有口皆碑，人们打算购物时，首先想到的是去诺德斯特龙。有人认为，诺德斯特龙出售的不是货物，而是一种与顾客为善的体验，售货只不过是一种陪衬而已。

（三）通过广告传播体验

如果说用产品和服务表达体验，受众而有限的话，广告则可大范围地传播消费者所喜好的体验，从而吸引目标消费者，达到产品销售的目的。

传统广告专注于对产品效能、质量或价格的宣扬，这种直白式的广告在同类产品竞争愈益激烈的情况下，难以给消费者留下深刻印象，只能使消费者感到乏味；而体验营销者把广告看作传达体验的有力工具，强调广告文案的体验诉求。广告中的体验不仅能有效吸引目标受众的眼球，也为产品的销售和使用打下感性基础，即在产品被使用或消费之前就增加了其体验价值。

例如，中国洗发水中的百年润发电视广告，没有沿用洗发水广告一向以"去头屑、柔顺"等功能利益诉求为主的作法，而是巧妙借用中华民族夫妻间青丝白发、相好百年的传统美德，通过一段忠贞不渝浪漫爱情的演绎，着重向消费者传达了感人肺腑的情感体验。由于这则广告，百年润发洗发水在国内洋品牌一向占统治地位的洗发用品市场上脱颖而出，赢得消费者的广泛喜爱。

对广告中体验诉求的强调不仅适用于日用消费品，同样适用于中间产品。以米其林轮胎为例，在它最重要的一则广告中根本没有提及它所采用的橡胶质量如何，轮胎寿命有多长，或者产品的成本等。该广告只是让一个婴儿惬意地坐在一个轮胎里，在潮湿的滑道上舒适地漂流。米其林用这幅简单的图像告诉它的顾客："我们出售安全，并且我们将这一份宁静的心情送给最关心您的家人"。

当然，并不是任何广告体验都能打动消费者，有些广告反而起到相反的作用。这就要求广告所欲传播的体验与目标受众的内在需求相吻合，并与产品的特性有着恰当的联系，而且在选题和表现手法上应该新颖、独到。

（四）让品牌凝聚体验

在企业开展体验营销的过程中，品牌是不可或缺的。品牌表面上是产品或服务的标志，代表着一定的功能和质量，在深层次上则是对人们心理和精神层面诉求的表达。所以，在体验营销者看来，品牌凝聚的是顾客对一种产品或服务的总体体验。品牌的价值在很大程度上是体验的价值。

案例阅读 11-10

Virgin 品牌

在这方面，一个典型的例子是 Virgin（维珍）品牌。Virgin 公司由理查德·布莱森于 1970 年创建，起初从事的是过时音乐磁带邮购业务。如今，这家英国公司已将其品牌扩展到航空、金融服务、零售商店、铁路及旅馆业。从个人电脑到软饮料 Virgin 囊括不同经营领域的 250 多家公司、合资企业和合作伙伴，年营业额接近 15 亿英镑。然而，Virgin 并不是在同一挑逗性名称之下的各种不同产品的集合。无论是音乐磁带还是航空运输，Virgin 品牌总是给消费者以新鲜、激动和与众不同的体验。当布莱森开办他的第一项业务时，他就明白，他不只是在满足人们对过时音乐的需要，他也在对其顾客的音乐口味给予肯定，并让他们有一种与一群头脑相似的另类音乐迷亲密相属的感觉。他使他的顾客感到特别。这种情感联系使顾客对该品牌产生了强烈的忠诚和信任。

布莱森卓有成效地把这种情感反应扩展到了其他产品和服务之中。例如在航空旅行业，布莱森将浪漫带回到旅程。他通过提供按摩、豪华运输和座位后背上的录像等服务让他的旅客感到特别。

体验是 Virgin 品牌的精髓所在，也是任何一种成功品牌的精髓所在。然而，创建品牌体验需要不折不扣地以顾客为中心，需要高层领导的亲历亲为，需要训练有素的员工，也需要过硬的管理和创新能力。Virgin 不负众望地做到了这一点，因此顾客愿意让

Virgin品牌不断拓展新领域、不断推出高品质的、日新月异、趣味横生的Virgin体验。

来源于：陈英毅. 论体验营销. 华东经济管理. 2003年4月，有修改

（五）创造全新的体验业务

体验业务既可以是体验性产品，也可以是体验性服务，但它不同于依附在产品或服务之中的体验。虽然体验业务的生产离不开产品或服务，但此时体验才是企业真正要出售的东西，产品或服务只不过是辅助性设施。影视、艺术、体育、旅游等产业本质上都属于体验业务。除此之外，企业可以充分发挥想象力，创造出全新的体验业务。

环顾我们生活的世界，就会发现，有多少体验业务是我们以前不曾见到的、新奇而又令人激动的！只要支付一定费用，就可以体验出生入死、险象环生的探险过程；就可以体验一下当歌星（名角）的感觉；可以体验当一天牧民滋味；在日本，甚至可以租回女儿、儿子、孙子、外孙，体验家庭的融融温馨和亲情。

上海近郊的一个乡村，有着近百亩良田。最近该村策划将农田划分为诸多小块的菜地，长期租给城市中的居民，让他们在双休日前来自耕自耘，体验一份自给自足的田园之乐。这些农民显然在尝试把农产品转化成体验、把农业转化为体验业。

体验营销

美国未来学家阿尔文托夫勒曾预言：服务经济的下一步是走向体验经济，人们会创造越来越多的跟体验有关的经济活动，商家将靠提供体验服务取胜。

伯德·施敌特在《体验式营销》一书中指出，体验式营销（Experiential Marketing）从消费者的感官、情感、思考、行动、关联五个方面重新定义、设计营销的思考方式。这种思考方式突破了传统的"理性消费者"的假设，认为消费者消费时是理性与感性兼具，消费者在消费前、消费时、消费后的体验，才是研究消费者行为与企业品牌经营的关键。

感官。感官营销的诉求目标是创造知觉体验的感觉，感官营销作用于人的视觉、听觉、触觉、味觉与嗅觉。感官营销可以区分为公司与产品（识别）、引发顾客购买动机与增加产品的附加价值等。

情感。情感营销诉求消费者内在的感情与情绪，目标是创造情感体验，可以是温和、柔情的正面心情，也可以是欢乐、自豪甚至是强烈的激动情绪。情感营销的运作需要真正了解什么刺激可以引起消费者的某种情绪，让消费者自然而然地受到感染并融入相应的情景中。

思考。思考营销诉求的是智力，以创意的方式引起顾客的惊奇、兴趣、对问题集中或分散的思考，为顾客创造认知和解决问题的体验。在许多产业中，思考营销也被应用于产品设计、促销，以及与顾客沟通。

行动。行动营销的目标是影响人体的有形体验、生活形态与互动。行动营销通过增加人体体验，指出做事的替代方法、替代的生活形态，通过互动，丰富消费者的生活。而消费者生活形态的改变是被激发的，或自发的，且也有可能是由偶像角色引起的（例如影、视、歌星或是著名运动员等）。

关联关联营销涉及感官、情感、思考与行动营销等层面。关联营销超越私人感情、人格、个性，注重"个人体验"，而且与个人对理想自我、他人或文化产生关联。关联活动的诉求是自我改进的渴望，要让别人对自己产生好感。让一个人和一个较广泛的社会系统（一种文化、一个群体等）产生关联，从而使之形成对某个品牌的偏好，同时让使用该品牌的人们进而形成一个群体。

资源来源：王秀村. 市场营销管理. 北京理工大学出版社, 2009.8

第七节 文 化 营 销

文化营销作为一种新型的营销方式，凭借其低成本和强大的差异性在市场中异军突起；同时，文化营销也是一种不断创新的营销，具有极强的开放性，能够不断地吸收新的文化内容而呈现出旺盛的生命力。

文化营销不但可以帮助我国企业在国内市场独树一帜，还可以帮助企业克服文化差异，在国际化经营中占据一席之地。

一、文化营销的内涵及特征

（一）文化营销的内涵

简单地说，就是利用文化力进行营销。

文化营销是指把商品作为文化的载体，通过市场交换进入消费者的意识，它在一定程度上反映了消费者对物质和精神追求的各种文化要素。文化营销既包括浅层次的构思、设计、造型、装潢、包装、商标、广告、款式，又包含对营销活动的价值评判、审美评价和道德评价。它包括三层含义：

（1）企业需借助于或适应于不同特色的环境文化开展营销活动。

（2）文化因素需渗透到市场营销组合中，"润物细无声"。综合运用文化因素，制定出有文化特色的市场营销组合。

（3）企业应充分利用 CI 战略与 CS 战略全面构筑企业文化。

案例阅读 11-11

文化学费——营销新卖点

可口可乐只是一种特制饮料,和其他汽水饮料也没有太大的差别,但它之所以能够成为全球知名品牌,并有一百多年历史,是因为它与美国的文化有紧密的联系,可口可乐的每一次营销活动无不体现着美国文化,使其品牌成为美国文化的象征,因此,喝起它常常会有一种享受美国文化的感觉。康师傅冰红茶的品牌价值和精神价值就是"冰与酷"的感觉。它通过活力、健康、阳光、自信的任贤齐作广告代言人向人们宣传了一种崇尚个性、追求自由、充满激情的文化内涵与品位,进而吸引目标消费群为 15~30 岁的年轻人。

有人提出:决定 21 世纪人类消费的是文化,21 世纪将是文化营销的时代,21 世纪的竞争将是文化的竞争,让营销披上文化的袈裟,赋予文化的品味与灵魂,实施文化营销,将是今后营销人员的主要立意点。

来源:作者根据相关资料整理而成

(二)文化营销的特征

1. 时代性

文化营销作为一种价值性活动总是反映和渗透着自己的时代精神,体现出时代的新思想新观念。比如,"信誉是企业生命""销售就是服务""顾客满意就是金牌""既要讲竞争又要讲合作"等等。

2. 区域性

文化营销的区域性指在不同的地区国度因文化差异造成的营销对象、营销方式等的差别。它与民族、宗教、习俗、语言文字等因素有着深刻的关系。比如,东方人把红色作为喜庆色,结婚生子都要穿红衣服,用红被子,吃红鸡蛋,送红礼包,而在德国、瑞典则被视为不祥之物。

3. 导向性

文化营销的导向表现为两个方面,一是用文化理念规范引导营销活动过程。绿色营销就是在环境保护的深层的价值观上契合了消费者的想法而得以盛行。二是对某种消费观念消费行为的引导,影响消费者消费观念及生活习惯。典型的像速溶咖啡的推广过程。

4. 开放性

文化营销由于文化的广泛理解而具有极大的开放性。一方面对其他营销方式能产生强大的文化辐射力,另一方面它又不断吸收其他营销活动的思想精华保持其创新的活力。

5. 个性化

这种文化个性化具有鲜明的特色,很容易被消费者识别,利于确立企业和品牌形象。同是香烟，万宝路表现出的是西部牛仔的豪放、粗悍，三五牌烟则是与汽车拉力赛运动相联系，刻画的则是体育运动的形象。

二、文化营销的功能和意义

文化营销的功能可以概括以下 5 种：

（1）以通过文化营销，企业可以与消费者建立共同认知与沟通。

（2）通过文化营销实现产品或服务的差异化，为顾客提供独特的产品或服务，从而提高顾客让渡价值和满意度。孔府家酒酿之于孔子之乡，儒家文化的发源地。儒家文化在日本、韩国、东南亚影响极为深远，在西方国家的影响也越来越大。"喝孔府家酒，写天下文章"，此酒的文化含量使得它在国内外知名度极高，产品中丰富的文化内涵，使其产品的使用价值区别于竞争对手，并提高产品的附加值。

（3）文化营销以企业的价值观念为营销对象，实现内部营销与外部营销的双重效果，由此构筑企业的核心竞争力。

（4）提升企业的国际市场营销能力，使企业能够应对更为激烈的国际化竞争。

（5）通过文化营销，促进社会营销的发展，使社会价值观与行为向更积极的方面转化。"非典"过后，我国众多的商家就敏锐地观察到中国巨大的"健康觉醒"，人们日益关注身体的保养与健康，配合公众媒体对疾病的防治的公益宣传，纷纷推出契合人们健康需求的各类产品，像"雅客 V9"、脉动维生素水等富含维生素的产品就很受市场的青睐。

三、文化营销的实施策略

结合市场营销理论，可以将文化营销实施从产品策略、品牌策略、定价策略与促销策略进行系统分析。

（1）企业在文化营销中实施产品策略的过程，就是以产品为载体传递文化价值的过程。把消费者认同的文化与附加在产品上的文化内涵相结合，满足消费者的文化需要；在产品包装上，巧妙的体现产品的文化底蕴，体现产品的差异性，激发消费者的共鸣和情感，提升产品竞争力。

（2）文化营销的品牌策略是把产品所拥有的文化内涵融入到品牌中去。如果说产品的内在质量和性能是品牌的知名度、美誉度和忠诚度的物质基础，那么，凝结在产品中的文化内涵则是产品获得消费者持久认同、维系与消费者价值链关系的精神基础。

（3）文化营销的定价策略是把产品的文化价值体现在产品的最终价格上。如果在营销中融入了文化因素，提高了消费者的让渡价值，使消费者从产品上感受到其蕴涵的文化价值，便可以超越传统的定价方式，使企业获得超额利润。

（4）文化营销的促销策略的核心是在促销活动中注重打"文化牌"，将文化内涵与促销活动结合，宣传企业和产品的文化价值观，提升企业的形象和层次，促进消费行为的发生。

第八节 口碑营销

中国有一句古话:"酒香不怕巷子深"。如果仔细品味这句俗语,我们就会发现其中隐含着一种非常重要的营销手段口碑营销。口碑营销是一种永远不会落伍、永远不会退出历史舞台的营销手段;是一种成本投入少而效果却非常显著的营销方式;是一种传统产业和新经济都不会拒绝的营销举措。

近几年,随着网络及移动通讯的飞速发展,信息传播的方式、速度和容量得到了空前突破,电子邮件、网上论坛、手机短信等移动数据传送服务不仅使传统的口碑传播模式发生了改变,而且还极大地增加了人际网络之间的联结。现在无论是好消息还是坏消息,在人际网络中都能得到快速传播。因此,口碑营销是一种非常值得研究的营销方式。

一、口碑营销的内涵及特点

"口碑"在《辞海》中的解释是"比喻众人口头上的称颂"。碑,石碑,这里指记功颂德的碑,如口碑载道。《五灯会元》卷十七:"劝君不用镌顽石,路上行人口似碑。"由此可见,口碑在我国传统的语义中强调了两点:一是社会公众形成的对某一对象长期的、统一的、好的看法和评价;二是口头传播,即借助于人与人之间的口口相传。从营销角度看,口碑是消费者之间所交流的关于特定品牌的所有意见与评价。

口碑营销是企业有意识或无意识的生成、制作、发布口碑题材,并借助一定的渠道和途径进行口碑传播,以满足顾客需求、实现商品交易、赢得顾客满意和忠诚、提高企业和品牌形象为目的,而开展的计划、组织、执行、控制的管理过程。

口碑营销的主要特点如下:

(一) 成本费用低

由于口碑营销的成本主要集中于教育和刺激小部分传播人群上,即教育、开发口碑意见领袖,因此费用比面对大众人群的广告等其他形式要低得多。口碑营销无疑成了当今世界上最廉价的信息传播工具,基本上只需要企业的智力支持,不需要其他更多的投入。

(二) 可信度高

消费者为了尽可能地规避风险,相对于纯粹的广告、促销、公关、商家的推荐等而言,他们更愿意向购买过此类产品或服务的熟人、朋友等寻求意见。

(三) 针对性强

消费者都有自己的交际圈、生活圈,而且彼此之间有一定的了解,信息传递一般情况下是传播者所感兴趣、甚至是所需要的,从而形成良好的沟通效果。

(四) 提升企业形象效果好

口碑是企业形象的象征,是人们对于某个产品或服务有较高的满意度的一个表现。

当一个企业赢得了一种好的口碑之后,顾客自然会对其产生信赖感,企业的形象亦随之获得提升。

(五) 发掘潜在消费者成功率高

专家们通过研究发现,人们出于各种各样的原因,热衷于把自己的经历或体验转告他人。如果经历或体验是积极的、正面的,他们就会热情主动地向别人推荐,帮助企业发掘潜在消费者。一项调查表明:一个满意消费者会引发 8 笔潜在的买卖,其中至少有一笔可以成交;一个不满意的消费者足以影响 25 人的购买意愿。由此,"用户告诉用户"的口碑影响力可见一斑。

二、口碑营销的传播原则

现实市场中激烈的竞争,迫使企业不得不采取各种方式的营销手段,出于取得利益的目的,企业往往在运用某一营销战略或策略的时候放弃了对原则的遵守,从短期来看,放弃原则能够为企业节约大量的资金、时间和人力;但从长远来看,对原则的忽视往往会给企业的未来发展制造麻烦。因此,在运用口碑传播进行市场营销时,一定要将以下三条原则牢记心中。

(一) 让产品成为消费者交流的一部分

如果企业的产品能够以某种方式融入到两个消费者之间的交流之中,那么口碑营销就起到了它所应当引起的最强烈的效果。那么如何让企业的产品在消费者的口中提及率较高呢?有正反两个方面。从正面讲,消费者在使用产品的过程中或者在使用产品之后认为产品很好而与其他人谈论;从反面讲,则是消费者在使用中或者使用后认为产品或者服务不好而与其他人谈论。

我们所要做的是达到正面的效果,因此可以通过给产品赋予某种创新型概念,如产品可以彰显地位,或价格便宜,或使用方便,或服务周到等等各种信誉度和美誉度,来引起消费者与他人沟通和交流的兴趣与欲望。

(二) 让企业的客户互动起来

让企业的客户互动起来的关键问题在于企业是否能够创建一个让自己的客户之间产生互动的营销框架,如企业可以建立自己的网站,使客户可以随时随地自由地在网站中发表自己的意见,与其他客户自由地进行谈论和交流。企业可以凭借这一促使客户互动的平台有效地提升口碑营销的效果。

而且企业应当把重点放在如何激励客户让他们进行相互交谈,对企业的产品和整体形象进行沟通和交流,引起潜在客户的注意。同时可以通过客户之间的交流化解很多客户对于企业产品的误解或不良印象。

(三) 促使客户传播消息

日常生活中常听到这样的广告词:"如果您用了好,请告诉您的朋友;如果您用了不好，请告诉我们。"这是一种非常典型的建议客户向他人传递有关企业和产品的信息的方法。顾客如果感觉到企业的产品有可能使自己的朋友或者熟悉的人群受益，他们便会把有关产品的信息传递给他们。

然而成熟、理智的顾客不会盲目地、毫无代价地帮助企业宣传产品，他们在为企业带来一个新客户便可以得到相应的奖励；也可以是精神上，如企业可以定期召开一些客户意见反馈会，以茶座、沙龙的形式聚集一部分有代表性的顾客进行信息交流，请教他们有关产品及企业形象的意见和建议，不但可以增进感情，还可以促使他们对企业及其产品进行宣传和推荐。

案例阅读 11-12

没有疤痕的苹果就不是正宗的高地苹果

美国高地苹果以味道甜美、口感脆爽闻名全美，但当地气候无常，经常下冰雹，把苹果打得面目全非，这样的苹果销售价格再便宜也很难卖出去，最终当地商人想出一个点子，对外大肆宣扬："正宗的高地苹果都是带有冰雹打过的疤痕，没有的就不是正宗的高地苹果"。这样一来，有疤痕的高地苹果开始旺销，甚至有人为了冒充高地苹果而在苹果上刻意雕饰疤痕。这是一个典型的利用自然势能、化不利为优势的案例。

来源：买购网. http://www.maigoo.com

二、实施口碑营销的具体方式

无论口碑营销的方式怎样变化，都离不开口碑营销的实质，就是增强传播者的体验效果，让人们发自内心地去说，并让人们经常去说、去谈论。口碑营销是企业到客户再到客户（B2C2C）的一种沟通方式，是关于如何让客户进行第二次甚至更多次免费宣传的营销。

（一）通过顾客体验树立口碑

所谓顾客体验，就是顾客和企业产品、人员及服务流程互动的总和。俗话说："百闻不如一见"。为了获得广大百姓对产品的印象和好感，企业应努力优化顾客的消费感受和体验效果，为口碑营销制造话题。戴尔公司有这样一句口号："顾客体验：把握它"。该公司甚至认为"顾客体验是竞争的下一个战场"。在营销的世界中，没有产品或服务的比较，只有消费者对产品和服务的认知和感受。使现有客户满意，实际上是在为企业培养出色的兼职推销员。

（二）通过文化塑造提升口碑

企业需要构筑其竞争对手不可复制的独特的核心竞争力。当这种核心竞争力具有其独特性和无法模仿时，就可以成为一种品牌资本，引起消费者的兴趣，产生口碑传播的驱动力。在产品同质化日益严重的今天，赋予产品生动而深刻的文化内涵，让文化本身成为口口相传的力量,已成为许多营销人的共识。企业应深入挖掘自身的历史文化,并不断将自身的历史文化传统与地方文化、行业文化、民族和社会文化融入到一起,最大限度提升品牌的知名度。

(三) 通过借力造势引爆口碑

口碑营销的特点就是以小搏大,在操作时应善于利用自然规律、政策法规、突发事件,甚至是竞争对手等各种强大的外部势能来为己所用。事实上,只要某一人物、领域或事件成为关注热点,借势就会成为可能。在 2007 年 8 月出版的《美国商业周刊》全球最有价值的品牌排名中,"三星"品牌价值达到 1 255 亿美元,排名世界第 21 位。"三星"公司之所以成为全球品牌价值上升最快的企业之一,与其一直以来的"借力"奥运营销策略关联紧密。

(四) 通过传统媒介和网络扩大口碑

应该看到,口碑传播在速度和广度上远远不及大众媒体和网络,而且产品销售初期,意见领袖也需要通过广告等媒介来了解产品,采取购买行为后再向他人传递信息或推荐产品。口碑营销专家迈克尔·卡拂基指出:"口碑是头脑中的低技术方法,但它却诉诸市场中所有高科技噱头来实现。"可见口碑不是万能的,口碑营销既不排斥广告、营业推广等传统营销方式,更应与论坛、BBS、博客、移动通讯等高科技手段有机结合,相互取长补短,发挥协同效应。

(五) 通过顾客沟通和交流维护口碑

忽视与顾客的沟通和交流可能会出现以下两种风险:一是口碑消失;二是口碑朝着负面方向发展。消费者对一个企业的看法和反应将决定人们如何对他人谈起该公司和产品,同时企业也只有在消费者的声音中才能把品牌锤炼得越来越响亮。因此,企业应采取各种形式积极与顾客进行品牌对话,听取顾客的意见并合理改善。与消费者平等、真诚、持久的沟通,即可维护品牌的正向口碑,又可杜绝负面口碑在消费者群体中的传播和扩散。

第九节 概念营销

兴起于 20 世纪 90 年代,产生在注意力经济的大背景之下。概念营销认为,消费者愿意购买某种产品,而不买其他产品,是接受相应消费观念的结果。产品上市前只有从观念上促成消费者新的认知,并将观念附载于相应的产品及企业形象上,继而转化为特定产品或品牌概念,才能引起消费者的欲求及购买行为。因此,概念营销就是指企业将市场需求趋势转化为产品项目开发的同时,利用说服与促销,提供近期的消费走向及其相应的产品信息,引起消费者关注与认同,并唤起消费者对新产品期待的一种营销观念或策略。

概念营销为什么会受到企业的厚爱?原因之一就是概念能够将商品的信息做到个性

化、单一化，能够在最短的时间有利于消费者的理解与记忆，吸引到更多的眼球，实现其品牌效益的最大化。很多跨国公司进入中国市场，普遍会采用"概念先行"的营销策略，通过各种媒体大力宣传。在新产品推出之前，往往会先提出一种新的消费理念或价值观，也就是市场营销中的所谓"卖点"，这才是"概念"的素材。

一、概念营销的兴起背景

概念营销的兴起，有着深刻的社会背景和理论基础：

1. 产品同质化

随着市场的发展，产品间的同质性越来越强，消费者很难真正区分出产品间的差别。消费者的需求日趋复杂，而多数消费者还缺乏明确的消费观念，难以对产品形成正确的概念，并随着科技的进步和经济的发展，人们对生活水平有更高的追求，消费者对个性化的追求越来越强烈，消费更加理性化。因而对于商家来说，要么竞相杀价，要么大打广告战，竞争的焦点也不断向深层次延伸，如何才能吸引消费者的注意力已成为企业经营策略的重中之重。

2. 不完全的信息博弈论

在专业不断深化的情况下，人们对非专业知识的最新进展很难深入了解，在不完全信息的博弈中必须进行信息披露，抓住产品或行业发展的线索，提出一个既反映商品特性有琅琅上口的概念，先吸引注意力再做出解释，成为一条有效的途径。

3. 消费心理的可影响性

消费者的消费心理受到厂商宣传和社会因素的影响，概念营销对消费者的作用就是以此为出发点的，企业可利用它来引导消费观念，创造需求。

二、概念营销的定义及特点

概念营销是指企业通过对产品的分析总结，提炼出一个客观合理、操作性强、高度概括的特定概念，借助于现代传媒，对产品概念进行大规模的广告宣传，以引起消费者对企业产品的关注与认可，进而产生购买行为的一种新型营销策略。

概念营销是对产品赋予新的概念以迎合消费者的需求。概念营销有以下几个特点：

1. 感性

概念营销适合于对生活不断追求的消费者，通过制造区别于其他产品的亮点，给产品套上"美丽的光环"，吸引不同的消费者的注意。根据马斯洛的需求理论，人们的生理需要日趋满足，这时的心理需要就显得特别突出，人们也逐渐由对商品的物质性的追求转向对附加价值的追求。产品的核心并不在于产品的物质本身，其内涵的功能取向、价值理念、时尚观念、文化内涵和科学知识等提供了新的消费取向。

2. 创新性

概念营销是以一种崭新的观点和思维方式，对消费者的消费习惯提出新的改变，在产品的功能上做出创新、赋予产品新的内在意义，一定程度上反映了当时社会的时尚。例如，随着对环境保护意识的加强，绿色营销已经逐渐深入人心，追求人与自然的和谐，在人们的生活中日益体现出来。

3. 风险性

作为一种新概念,是对传统的、常规的概念的突破,因而它具有试探性和尝试性。是否能够吸引消费者的注意力,得到消费者的认同,在众多的商品中脱颖而出,需要依赖企业不断的努力和持之以恒。由于大多是新产品的开发,是否能在较短的时间内收回成本成为企业非常关注的因素。

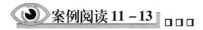
案例阅读 11-13

概念营销的分类

根据概念的特点,可把它分为两大类,一类是功能性概念,另一类是情感性概念。

"功能性概念"更主要表现在有形产品领域,如排毒养颜、采乐的"去屑专家"、氧吧空调、数字电视、农夫果园的"含三种果汁"等等,这些概念都可以从产品的功能中提炼,可能是由于原材料的不同、工艺的领先、效果的显著等方面,建立在一定的科学基础之上,在一定的宣传下较容易被消费者理解和认同。服务行业如 soho 房产、金融超市、麦当劳的快餐等也是从一定的功能上体现出了企业服务的概念特色。

对于"情感性概念",主要宣传的是产品的延伸价值,给予顾客消费更多的是一种价值体验,往往从历史、文化、情感等方面提出,给予消费者以心灵上回味和享受,这时产品的物质部分已经退为其次,如藏秘香格里拉的"藏文化"、哈根达斯所代表的爱情、"脑白金"宣传的送礼、"农家乐"旅游所强调的体验、星巴克的"第三空间"概念等等。

来源:百度百科. http://baike.baidu.com

三、概念营销的目的和优势

(一) 概念营销的目的

概念营销的目的是使消费者形成对新产品及企业的深刻印象,建立起鲜明的功用概念、特色概念、品牌概念、形象概念、服务概念,以增强企业的竞争性实力。概念营销源自于现代营销适应消费和创造需求的功利主义本质,在攻城略地、抢占市场的竞争中发挥急先锋和号角作用。

(二) 概念营销的优势

概念营销相对于传统营销来说有以下三个优点:

1. 观念促导,先声夺人

新产品上市之前,概念营销首先为消费者传递新的消费观念和消费方式,提供商品信息。概念营销给商品创造能与消费者心理吻合的概念,就是给产品打上"美丽的光环",通过"晕轮效应"使产品在一定市场环境下受到消费者的欢迎。如农夫山泉宣传其产品为"来自千岛湖的源头活水",自然成为消费者健康饮品的首选。

2. 有利于缩短市场进入时间，加大投资回报率

概念营销从产品的新、奇、美、特、便利等特征宣传入手，为消费者提供了新的选择。消费者可以在理性思考之中接受新的消费观念，一旦新产品上市，消费者的潜在需求会转化成为现实购买活动，这就大大缩短了新产品拓展市场的时间。

3. 有利于验证并调整营销决策，促使新产品尽善尽美

新产品开发和市场选择正确与否，能否拥有较大的市场份额，取决于消费者接触概念营销后对产品印象的深浅及好坏评价。这既可为企业开发新产品提供信心力量，又可作为改进产品、调整营销策略的基本依据。

四、概念营销实施的基本思路

营销概念首先是理念新。理念创新就是挖掘消费者的潜在需求，从而在某一方面更突出地满足消费者的要求。

其次是诉求新，只有新的营销概念才能更加吸引消费者。

最后，概念营销也可以通过体现商品功能的新颖独特来提升商品的竞争力。

概念营销必须是企业市场营销策略、消费需求及产品利益三者的结合，否则概念的制造是毫无意义的。只有这样，才能最终启动市场消费的狂潮。比如农夫果园"喝前摇一摇"概念的提出，既突出企业高浓度果汁的营销策略，又突出了饮料中富含30%混合果汁的利益点，同时也对接了消费者对于高浓度果汁的需求，很好地引导了市场的潮流，创造了全新的果汁市场的消费潮流。

1. 针对消费者心理，创造需求

开拓市场概念营销的根本目的在于，根据消费者需求、产品的特点率先推出一个概念，在消费者心中树立起该产品区别于同类产品的利益点，有利于目标群体接受这个概念，从而发生购买行为。

2. 开发新的消费方式

引导新的消费潮流成功的企业往往提出新的消费理念，改变消费者的一些消费习惯，促使消费者对新产品的试用。奥利奥饼干的"扭一扭、舔一舔、泡一泡"的趣味饼干吃法，广受儿童消费者的欢迎，迅速成为中国销量最高的奶油夹心饼干品牌之一。

经典人物

新加坡保险皇后——陈明莉

陈明莉，是世界华人最优秀的保险代理人，陈明莉这个名字代表了成功。保险皇后陈明莉生于台湾，1982年加入美国（新加坡）友邦保险公司；连续16年获得美国友邦AIA亚洲区冠军、全区域冠军；百万圆卓MDRT终身会员。

她是世界华人寿险营销员的骄傲，影响和激励了整个一代人，曾做为演讲嘉宾出席中国平安第二届（北京）高峰会。2002年1月在深圳成功的举办了5 000人的大型演讲会，反响

空前。

从影视人员，到保险皇后，从负债累累，到亿万财富，从陌生拜访，到万余客户，从借衣公主，到"十杰"女性，从数百第一，到终身会员……凭着强烈的志向，坚韧的毅力和过人的智慧，她克服了前进道路上的种种障碍，从星光璀璨的演艺生涯，雍容华贵的太太到保险代理人并闯出一片辉煌天地。

1997年她的《借衣公主》一书出版发行，现已被译成多国语言，并畅销东南亚各国。

来源：百度百科．http://baike.baidu.com

本章小结

营销创新是营销者抓住市场的潜在机会，以获取商业利益为目标，重新组合营销要素，建立起市场竞争力更强的市场营销系统，从而推出新产品、开辟新市场的综合活动和过程。本章选取了一些研究得比较深入、有较大发展前途的营销新模式进行简介。这些新模式都是营销创新的结果，只要不断地在理论和实践上勇于创新，明天的市场营销新概念、新理论和新方法将会更多，市场营销学科也将更加强大。

复习思考题

1. 开展整合营销意义何在？
2. 网络营销是什么？举例说明网络营销的特点。
3. 访问几个著名企业的网站，分析他们是如何通过网站来展示营销策略和吸引顾客的。
4. 服务营销组合中七要素变量分别是什么？
5. 分析关系营销的六个市场模型。
6. 绿色营销的含义及特点。
7. 体验营销提供了多少种营销策略？

营销实战

项目

某服装企业的网络营销计划。

目标

通过实训要求学生针对目标企业设计网络营销计划，理解"网络营销"这一新兴的营销模式，掌握市场营销计划的制订，以及营销组织的设置。

案例分析

《十面埋伏》的整合营销传播策略

2004年,张艺谋导演的《十面埋伏》牵动了不少中国人的神经,也引起了世界的关注。美联社评出的2004年世界十大最佳电影,《十面埋伏》列为第五位。美国影评人称誉《十面埋伏》为2004年最绚丽的电影。

尽管看过《十面埋伏》的不少中国观众觉得中了《十面埋伏》的埋伏,但《十面埋伏》的营销策略,的确给我们提供了一个整合营销传播的极佳范例:

1. 准确的市场定位。《十面埋伏》的产品定位为武侠片是成功的开始,一来因为早有《英雄》成功在前,二来以电影市场最具消费能力的16~45岁的人群分析,武侠片较之言情、历史、文艺等影片消费潜力更大。

2. 充分利用明星效应,借用大碗明星作为品牌拉力。选择张艺谋导演,刘德华、章子怡、金城武主演,一方面是为了剧情的考虑,最重要的是这些导演和演员个个都有着自己固有的影迷,这样增加了人们对影片的期待。

3. 眼花缭乱的事件营销。在影片拍摄过程中,接二连三的事件赚足了人们的眼球。

(1) 演员受伤事件。2003年11月初,《十面埋伏》在乌克兰拍摄,不想连遭意外。因为张艺谋追求真实性的缘故,主演刘德华、章子怡及武术指导程小东都先后在乌克兰受伤。不久,另一男主角金城武也没能幸免。这一系列事件自然惹人瞩目。

(2) 剧照偷拍事件。2003年11月13日,北京《明星BIGSTAR》周刊率先公开发表了《十面埋伏》多幅场景照和服装效果图;11月20日,《明星BIGSTAR》又在封面发表了同一记者拍摄的刘德华、章子怡练剑的大幅照片。剧照刊出后,《十面埋伏》制作方认为该周刊通过"不正当手段"获得图片,侵害了剧组商业利益。进而,表示将状告《明星BIGSTAR》,《明星BIGSTAR》则立刻做出反应,称自己的行为没有违法。12月2日,"偷拍"事件发生戏剧性变化,双方突然握手言和。

(3) 梅艳芳事件。①演员选定梅艳芳。《十面埋伏》的另一个卖点就是请梅艳芳出演角色,伴随着梅艳芳重病辞演的种种传闻,一度形成热点。②宋丹丹出现。因梅艳芳病故,媒体曝出所谓"宋丹丹将接替已故的梅艳芳,成为《十面埋伏》片主角"的"猛料"。

(4) 主题曲事件。主题曲先是传章子怡主唱,后又"辟谣"说《十面埋伏》有曲无歌。2004年3月19日,最终谜底揭开,这是张艺谋所有影片中第一次启用国际歌坛巨星凯瑟琳来演唱主题曲,具有极大的炒作价值。

(5) 海外发行将片名改为《情人》事件。2004年4月8日《十面埋伏》海外发行片名改为《情人》,制片人不满但无奈妥协。

(6) 戛纳参展事件。首先是炒作《十面埋伏》在戛纳电影节参展而不参赛,引起国内的一片惊异与猜疑。后在2004年5月17日,《十面埋伏》在第57届戛纳电影节上举办了首映式,1 000多位媒体记者,提前观看了《十面埋伏》,放映结束后,观众起立鼓掌,掌声长达20余分钟。

(7) 片名抢注事件。2004年6月,有消息称张艺谋遭遇"埋伏",一个生产汽车旅游冰箱、凉垫等"冷门"产品的公司先下手为强,给以擅长商业运作的张艺谋来了个"埋伏",抢注了"十面埋伏"商标。一波未平,又出现了www.shimianmaifu.com的域名抢注事件。

4. 活动造势,制造冲击力。2004年7月10日,耗资2000万的《十面埋伏》全球首映庆典在北京工人体育场举行,李宗盛、张信哲、SHE、刀郎、美国歌剧女王巴特尔等人组成了强大的明星阵容。全国有6个分会场通过卫星直播首映礼,辅以歌舞表演,200家电视台的转播使许多观众享受到了这道免费的演唱会大餐。

5. 发行方式奇招迭出。

(1) 招商全面出击。早在2004年4月,印刷精美的招商书就已经寄给了各大院线和国内众多著名企业公司。招商书做得十分专业,还主动曝光了许多精彩剧照,包括章子怡和金城武在乌克兰金黄花海中策马而行,章子怡长袖善舞的惊艳造型等。《十面埋伏》的招商范围涉及了各个领域,招商项目多达10余项,包括首映式冠名、贴片广告预售、央视黄金时段广告、音像制品广告、纪录片发行广告、路牌广告等等。

(2) 采用新的合作方式。《十面埋伏》首映式打破了以往与院线合作的惯例,选择当地的广告公司联合与商家合作。

(3) 海外发行先于国内发行,且收益丰厚。《十面埋伏》北美发行权卖了约1.15亿元人民币,日本发行权卖了0.85亿元,二者相加正好2亿元,而《十面埋伏》的总投资是2.9亿元,再算上海外其他地区的发行权收入以及所有VCD版权收入,《十面埋伏》的海外收益是十分丰厚的。

(4) 与企业联手。2004年6月15日,方正科技隆重召开"方正纵横四海,惊喜十面埋伏——方正科技携手《十面埋伏》创新中国影音卓越传奇"暑促启动新闻发布会。方正科技的路牌、海报、网络、平面广告等一系列铺天盖地的广告宣传攻势中,都可以看见《十面埋伏》的精彩剧照,而到方正科技专卖店的消费者还将领取到《十面埋伏》明星照。

(5) 为了赢得胜利,《十面埋伏》还使出了"锦衣计"。这一计的主体"情织衫"是《十面埋伏》中金城武在逃亡途中赠予章子怡的那件锦衣,"杀伤力"则是潜在的感情因素——男女之间亡命天涯时刹那间迸发出的激情。于是,不但将"锦衣"推选为影片唯一的衍生产品,还订了1 000件锦衣在全球首映庆典上亮相。

正是这一系列全方位的营销策略的应用,《十面埋伏》取得了骄人的票房收入。去年7月16日零点首映,全国票房高达170多万元,首映3天票房高达5 500万元。截止去年8月9日,《十面埋伏》总票房已达1.536亿元,创造了去年单片票房最高纪录,比去年超级进口大片《指环王3》8 326万、《后天》8 223万元和《特洛伊》6 907万元的票房,增加了7 000万~8 000多万元,使《十面埋伏》在暑期档与进口大片的竞争中,捍卫了国产电影的应有地位,同时还显示出中国电影向全球电影市场迈进的信心和实力。

来源:广东工业大学精品课程网站. http://jpkc.gdut.edu.cn/08xjsb/scyx

分析:

1. 《十面埋伏》的营销策略体现了整合营销传播的哪些特点和要求?
2. 《十面埋伏》的营销策略有哪些值得我们借鉴?
3. 《十面埋伏》的整合营销传播策略的应用还有哪些不足?

附录

营销策划书

市场营销随着市场经济的发展不断扩展、延伸,在营销发展的新思路、新趋势中出现了策划营销。它是在一般市场营销基础上的一门更高层次的艺术,其实际操作性更强。随着市场竞争日益激烈,好的营销策划更成为企业创名牌,迎战市场的决胜利器。

第一部分 营销策划书写作技巧

一、营销策划书编制的原则

1. 逻辑思维原则

首先是设定情况,交代策划背景,分析产品市场现状,再把策划中心目的全盘托出。

其次进行具体策划内容详细阐述。

最后明确提出解决问题的对策。

2. 简洁朴实原则

要注意突出重点,抓住企业营销中所要解决的核心问题。

3. 可操作原则

不能操作的方案创意再好也无任何价值。

4. 创意新颖原则

新颖的创意是策划书的核心内容。

二、营销策划的基本内容

➢ 分析可能会影响企业业绩和营销计划的因素。
➢ 营销工作的目标和企业的目标。
➢ 描述企业需要服务的目标市场。
➢ 讨论营销计划中所要使用的营销组合。
➢ 管理这些营销组合所需要的具体活动、资源和程序。
➢ 评估营销活动是否有效的标准和程序。

三、营销策划书的基本格式

为了让读者更清晰地了解营销策划书的结构,下面给出营销策划书的一个通用模板。

营销策划书

封面
  策划书及客户名称
  策划机构或策划人名称
  策划完成日期
  策划使用的时间段
  保密级别及编号

前言

目录
  策划的提纲

正文
  摘要
  策划主要内容概要
  策划目的及相关内容说明
  界定问题
  明确策划目标、策划主题
  环境分析
  市场需求状况
  竞争状况
  分销状况
  宏观环境状况
  SWOT 分析
  问题点及机会点
  优势、劣势
  分析问题、发现机会、扬长避短
  具体目标
  市场目标
  财务目标
  营销战略
  市场细分
  目标市场
  市场定位
  营销组合策略
  产品策略
  价格策略
  渠道策略
  促销策略

行动方案
　　人员安排
　　道具设备
　　时间计划
　　地点选择
财务分析
　　损益表等财务报表
　　营销费用预算
策划控制方案
　　方案执行控制
　　风险预测
　　应急方案
营销策划方案可行性分析

结束语
　　突出策划的内容要点

附录
　　调查报告及其调研原始资料
　　主要参考文献
　　专家顾问情况
　　其他材料（照片、录像带、录音带、实物等）

营销视野

失败策划书的特征

① 缺乏创意和创新的特征，提出的策划比较平庸、平淡。
② 缺乏充分的市场调查，可行性不强，在现实生活中不具备可操作性和现实性。
③ 策划书以自我为中心，完全从策划者自身利益的角度看问题，不关心委托方的利益和要求。
④ 策划书不具有充分的说服力，引用的论据不充分。
⑤ 内容不精练、冗长繁杂。
⑥ 缺乏严密的逻辑性和条理性。
⑦ 文字表达生硬、僵化。

成功策划书的特征

① 粗略过目就能了解策划的大致内容。
② 使用浅显易懂的语言，充分体现对方的利益与要求。

> ③ 策划书展现的内容与同类策划书相比，有相当明显的差异性与优越性。
> ④ 图文并茂，增强策划书的表现效果。
> ⑤ 全文条理清楚，逻辑分明，阅读者看完策划书后，能够按照策划书的内容有步骤、有计划地执行。
> ⑥ 策划书能够充分体现企业的勃勃生机和企业的基本特征。

四、促销策划书要点

一份缜密的作战方案在很大程度上决定着战争的胜负一样，一份系统全面的活动方案是促销活动成功的保障。一份完善的促销活动方案分十二部分：

（一）活动目的
（二）活动对象
（三）活动主题
（四）活动方式
（五）活动时间和地点
（六）广告配合方式
（七）前期准备（人员安排、物资准备、试验方案）
（八）中期操作（现场控制）
（九）后期延续（媒体宣传）
（十）费用预算
（十一）意外防范
（十二）效果预估

第二部分　A食品集团"高蛋白豆粉"策划书（范文）

一、产品概念分析

"高蛋白豆粉"，顾名思义，产品包含2个层面：
（1）功能层面：富含高蛋白质，以及该营养素所带来的功效。
（2）成分层面：即原料为大豆，就以上2个层面，可以对产品及相关产业作一检讨和分析。

二、产业背景

提到成分层面，不能不提到近年国家提出的"国家大豆发展计划"，该计划是国家应对加入世贸组织，振兴大豆产业的战略性措施，旨在通过产业化经营的路子，增强市场竞争力。计划着力加大产业化经营力度，提高大豆生产加工综合效益，带动农业结构的战略性调整，与科研院校建立长期合作关系，实现科研与生产的有机结合，正是在这一大形势下，发展大豆及相关产品的市场机会来临了，同时吸引了不少国内的企业投身于该产业。

三、市场情况

目前，市场上以大豆为原料的深加工产品不少，主要是豆奶类，而高端营养类大豆产品不多，知名产品就更少了，但若抛开成分层面，光就功能层面上来讲，最有名的是"安利纽崔莱"高蛋白粉，而其他同类产品，几乎很少，主要有郑州乔伊思的"大豆卵磷脂"，大庆的"日月神"大豆粉等，由于无甚市场宣传，尚无知名度。

中国营养学会根据我国以谷物膳食为主的实际情况，建议蛋白质供给量，以60千克体重轻体力劳动成年男子为例，蛋白质供给量每人每日70克，即1.17克/千克体重。但据1992年全国营养调查，每个标准人平均每日摄入蛋白质为68克，仅占RDA的90.3%，平均人、日缺少蛋白质约8克。其中来自大豆和动物性食物的"优质蛋白"所占比例更少，城市居民为37.3%，农村居民仅为17%左右。故可见整个市场尚未完全启动，存在较大的市场机会。

由于市场同类产品的价位基本制定较高，针对人群相对较窄，所以，一般都是选择走了直销路线，但直销所需付出的较大成本和网络建设也不是一般小型企业可以承受。目前就"纽崔莱"来讲，其宣传力度不算小，主要媒体手段选择路牌灯箱以及电视广告，通过明星造势，已经有一定的知名度。但其所作的广告为形象广告，而非产品广告，所以其所宣传的重心是企业形象，而非产品形象。至于其他产品则鲜有表现。

四、产品分析

A. 安利纽崔莱蛋白粉（455克），定价为338元

适宜人群：想在高脂肪蛋白质食物以外，以更健康的方法摄取蛋白质者日常饮食中未能有足够高蛋白质食物者，需要额外补充蛋白质者，如儿童、青少年、老人和怀孕授乳期的妇女

B. 乔伊思"生命蛋白——大豆卵磷脂"（450克），定价300元

适宜人群：与"纽崔莱"基本相同，但明确指出为脑、体力劳动繁重者，体弱多病，术后康复者，以及需控制碳水化合物的摄入，需使用低胆固醇、低脂肪食物的人群。

C. 大庆"日月神"大豆粉：有多款包装，定价180元

适宜人群：与"纽崔莱"基本相同。

由以上可以看出，几类产品重点在于宣传"高蛋白质"对人体的作用，宣传的功能也停留在以下几点：调节体液平衡；增强免疫；帮助身体制造新组织以修补受损的组织；有助食物转化为能量；帮助伤口血液凝结及愈合；均衡营养，有助于减肥、健身、美容；另外从几类产品的使用方法上面亦同质，可直饮，亦可添加入其他食品中，且食用便利。

五、产品诊断——机会点

（1）蛋白质为生命基础之一，其重要性作为常识已不容置疑，社会认同度高。

(2) 国内市场上无出挑的强势产品和品牌。

(3) 作为高端消费品,市场空间大。

(4) 作为高蛋白质产品,"纽崔莱"已做了一定市场开拓,可以利用其打下的社会认知基础,便于跟进。

(5) 有自己的大豆生产基地及多年大豆产品开发的经验,产品质量可靠,后继开发能力强。

(6) 国家政府支持该产业,大气候适合发展。

六、产品诊断——问题点

(1) 企业原为食品原辅料提供商,无消费品市场品牌支持力。

(2) 初次涉足高端营养品,市场经验少,无网络资源。

(3) 定位大众消费的营养品,价格可能是障碍。

(4) 同质产品市场认同度相对较低,"安利"亦仅主作直销,该类产品总体未形成市场规模消费,市场准入壁垒较高。

(5) 广告预算不高,启动市场难度大。

七、定位策略

A. 产品形象定位

由于高蛋白质豆粉所持有的功能和产品属性,适合中、高档形象推广,若定位于低端市场,则易混同于豆奶粉,产品宣传所展现的形象是:货真价实,高质量,中档价位,可亲近,可信赖。

B. 消费人群定位

白领,有一定消费力的中、高收入者,高级知识分子,体虚及需补人群,送礼人群。

C. 产品价格定位

建议先行进行市场调查,初步拟定200~250人为接受上限(450克装一罐),以保证新品上市初期较高的利润率,同时可塑造较体面、高质的产品形象。

D. 产品种类定位

产品可以分成几种容积及包装形式上市,以适应不同消费需求。

E. USP(独特销售主张)

健康,很简单!健康,很多彩!

(看似前后矛盾的句式,阐述健康和生活的关系,同时易于概念的延伸阐述。)

F. 情感定位

根据USP诉求,可在情感上推行"很简单地获取健康,因为健康而享受多彩生活"的概念,以跳出一般营养保健品的单一功能诉求,"以情动人"易于引起市场共鸣。而且针对的目标消费群中,相当一部分属于忙于工作和学问的中、高收入人群,繁忙的工作令他们希望寻求一种简单获取健康的方式,该诉求很易受到这种人群的认同。

八、市场策略

A. 树立新品牌

努力以塑造品牌的概念来塑造产品，在产品命名上，应有联想和暗示性，以易于市场传播。

同时建议进行企业形象设计、产品形象在前、企业形象在后作支持，加强可信度，提高认同度，从战略的角度考虑，易于今后相关产品的开发和推广。

B. 树立新观念

以知识营销的手段进行市场推广，借助软文进行概念炒作，打破传统"以食获健康"的观念，提出"食要食在根本"的概念及"健康塑造在源头"的观念。

C. 重视终端形象

在产品上市导入期，合理运用媒体组合营销，尤其重视终端的整合推广 SP、DM 和 POP 及其他视觉传播手段，强化产品形象，提高知名度，注重宣传的一惯性、统一性。

D. 事件促销

◇ 针对白领，中、高收入人群，高级知识分子，可制定《办公室健康手册》，以轻松现代的画面设计，传达"健康简单，生活多彩"的概念。

◇ 针对体虚人群，则结合医院作"联合营销"，以扫除价格障碍。

◇ 针对礼品市场，则重点宣传"送礼送健康"的概念，同时必须强调送"高蛋白质豆粉更有情意！更有新意！更到心意！"

◇ 针对白领女性，正逢《蛋白质女孩》畅销，搭热门话题顺风车，作品名推广。

九、推广阶段策略

第一阶段：通过系列媒体广告（报纸和杂志），使消费者接受产品机理和产品概念，形成强烈印象，建立占性概念地位。上市之初为夏季，由于夏季使人食欲下降，诉求中心为通过食用高蛋白，获得必须的健康营养很轻松。另外，针对白领选择夏季游泳及其他健身方式的人群，可诉求运动后，用高蛋白营养能轻松补充身体必须。

第二阶段：广告运动、SP 活动、事件行销，报媒诉求穿插，建立独占性市场地位。若资金允许，可以采用地铁灯箱广告。

第三阶段：建立终端导购系统，尤其是卖场专柜，建立独占性终端地位。

第四阶段：建立售后服务系统，形成重复购买。

第五阶段：持续媒体广告和 SP 活动或广告运动，稳定增长市场。

第六阶段：推出新一代，借势迅速获取市场。

十、营销策略

1. 价格：全国统一批发价、零售价，统一标准的一级经销商返扣和超于平衡限制的最高标准二级经销商返扣率。加强营销管控。

2. 渠道：再建终端网络，按区域划分，设立经销商。

3. 企业同时运用拉式营销，统一执行媒体资源和宣传网络。

4. 制定奖励政策和终端服务执行计划。
5. 推行助销概念，厂家利用经销商资源的同时，又按意图控制市场和终端。
6. 专业培训
● 访销程序培训　　● 专柜销售培训　　● 终端沟通技巧　　● 销售异议处理

十一、上市计划

五月：
1. 完成包装设计及制作（由于包装罐制作周期较长，该项目可能全部完成需延至6月上旬）。
2. 确定市场推广计划（中旬）。
3. 产品摄影及广告代言人摄影。
4. 报纸广告系列文案确定。
5. 确定广告投放计划。
6. 招商手册制定和印刷（上旬）。
7. 招商洽谈（至6月中旬）。
8. 进行终端各类用品的制作（包含：POP、DM、办公室健康手册、礼品、易拉宝、广告平面设计、报纸平面设计）。

六月：
1. 人员培训。
2. 广告投放的联系和预约（上旬）。
3. 终端铺货（下旬）。
4. 先行投放报纸广告和杂志广告以进行软文炒作。
5. 月底上市，若时间紧迫，可在7月初上市。

十二、广告策略

A. 报纸
文案一：（略）《新上海的蛋白质女郎》。
文案二：（略）《体面的"豆"留》《悠长假期、夏日"豆"留》。
文案三：（略）《一个伟大的行动计划》。

B. 代言形象
建议备选人：主持人豆豆，舞蹈演员黄豆豆名字利于引起产品联想，可以起到很好的传播记忆效果，是适合人选。

C. 杂志广告
选择白领阅读较多的时尚杂志及财经杂志。

十四、预算：（未含设计及策划费用）

（一）印刷预算

POP制作：3000个×6元/个＝18000元。

DM：20000 份×0.5 元/份＝10000 元。
《手册》：（32 开本）3000 份×5 元/份＝15000 元。
易拉宝：350 元/个×50 个＝17500 元。

（二）广告投放预算

报纸广告：

《申江服务导报》（每周二发行）/《上海星期三》（每周三发行）/《新闻晨报》（每日发行），采用通栏形式，持续投放，导入期投放时间（6月25日～7月20日），其中周报至少连续投放六周，晨报选择每周五投放。

十五、合作方式

方式一：本公司一贯与客户实行长期的跟踪式服务，以一年为一合作时限，采用全年策划代理收费方式。包含以下服务内容：产品定位、全年文案、报纸广告设计、平面设计、包装设计、印刷制作等。

全年代理费用：40万～100万不等（其中印刷费、媒体发布费另计）。

方式二：跟据客户预算情况不同，亦有分类项目合作。即设计费与策划费分别计费的合作方式。

来源：百度文库. http：//wenku.baidu.com

第三部分 平阴玫瑰酒产品上市策划书（范文）

（第一部分）产品上市背景

1. 市场机会概述

定位于碳酸饮料和啤酒之间的空白地带，可以解决啤酒的"涩"和饮料的"不含酒精"，同时，突出个性化和高贵、浪漫的信息，有效地吻合了目前消费者的心理需求。

2. 竞争产品状态

主要分析啤酒竞争态势、碳酸饮料竞争态势、红酒竞争态势、果汁竞争态势、水饮料竞争态势。

（第二部分）战略规划与市场策略

1. 定义企业使命

企业的目标是在所服务的市场成为最具特色的企业。

2. 企业战略选择

根据对企业的优势、劣势、机会和威胁分析，差别化战略应该成为企业长期发展的主方向。

3. 产品确定

（1）产品线。针对不同的夜店消费者需求，推出不同的产品系列：225ml 充气小瓶装，375ml 中瓶装，750ml 大瓶装。

（2）目标消费群。酒吧、迪厅、KTV 的消费人群年龄段较低，可以从 16～45 岁。该部分人群受价格因素及灵活的促销方式影响较大，合理的产品价格往往更具吸引力。歌舞厅、夜总会的年龄段则较高，覆盖人群基本为 25～55 岁。该部分人群以各类企事业单位人员为主，消费目的多以商务应酬为主，公款消费较多，对价格因素关心程度不高。

（3）产品名称。产品的名称应该能够表示产品独特的优点与用途，并且易读、易懂、易记，还要与众不同。只有这样才能在消费者中形成固定的"品牌记忆点"。因此，命名 225ml 充气小瓶装为"冰玫瑰"，375ml 中瓶装为"Love Rose"，750ml 大瓶装为"玫瑰庄园"。

（4）商标。225ml 充气小瓶装——商标突出的风格为奔放、另类。在昏暗的灯光下，"冰玫瑰"的名称和图案能够从众多的产品中突显；375ml 中瓶装——商标以细腻、修长为主调，突出异国风味；750ml 大瓶装——商标以高贵、大方、浪漫为主要旋律。

（5）口味。所有的产品都以"淡淡的玫瑰花香"为统一香味，在口感上采取不同风格。225ml 充气小瓶装——强化"杀口"感，作为取代啤酒和饮料的第一替代品。在"解渴"的同时，满足"含酒量"和追求个性的差异。375ml 中瓶装和 750ml 大瓶装——酸甜，散发出的玫瑰香味不宜太浓，以"清香"为宜。

（6）颜色。统一的颜色为"浅红色"，与常见葡萄酒的颜色保持一致。

（7）酒精度。225ml 充气小瓶装 4 或 5 度；375ml 中瓶装 8～10 度；750ml 大瓶装 10～12 度。

4. 价格制定

我们建议采用成本导向与竞争导向两种，同时考虑撇脂定价方法对玫瑰酒系列产品进行价格确定。在研究竞争产品青岛啤酒和张裕、王朝、长城等葡萄酒价格基础上匡算：

（1）产品成本如下：225ml 充气小瓶装——直接成本为 4 元/瓶左右，机器折旧费和场地费用为 0.30 元/瓶左右，包装箱 0.20 元/瓶，合计成本价格应为 4.50 元/瓶左右……

（2）产品价格定位：225ml 充气产品出厂价格为 10 元/瓶；分销商建议出货价格为 12.50 元/瓶；终端建议零售价为 30 元/瓶……

5. 渠道设计

（1）市场划分：采用通常原产地因素划分方法：初步划定济南市场为一类"根据地"市场，山东其他区域为二类"渗透"市场，省外市场为三类"辐射"市场。

（2）销售渠道结构。

考虑夜场经营者的复杂背景及我们企业的实力，我们建议统一采用中间商进行分销。但是，选择的经销商必须要具备以下三个基本要求：第一要有一定的夜店网络，无论是自己控制，还是其下线控制；第二要有着较强的背景，如公检法司、税务、工商；

第三要有较强的资金实力。

确定中间商的数目。企业在不同的时间和区域可以根据实际情况，实行"一地一策"。例如，对于济南"根据地"市场可以根据经销商的实际情况，采用独家分销或选择分销，同时采用深度营销控制，设立区域经理，在代理商下面配备业代和助代协助代理商开发、维护、促进终端销售网络。

（3）销售组织的建立。企业内部营销组织的设立；企业外部营销组织的设立。

（第三部分） 新产品上市部署

1. 上市时间：2006年1月15日。
2. 上市区域：以济南、青岛、烟台、威海、淄博、德州等省内区域为中心。
3. 上市策略部署：

（1）宣传支持："玫瑰玫瑰，我爱你"的主题广告，招聘代理商广告，配合"情人节"开始有奖征文活动，POP广告。

（2）通路促销方面：针对经销商促销政策，针对零售点促销政策，针对消费者促销政策。

（3）促销品。定做华伦天奴·古柏心形化妆包、专业红酒封口器、五和一开封瓶器等几套促销品。

（第四部分） 业绩目标及效益分析

（1）济南市场。

市场占有率：第一年10%；第二年20%；第三年30%。

销量：第一年25万瓶；第二年50万瓶；第三年75万瓶。

（2）山东其他市场。

（3）省外市场。

（4）总市场效益。

根据上面的市场预计目标，进行效益分析。以第一年为例，销售收入合计680万元；扣税后464万元；（减）制造成本221万元，可获销售毛利243万元，扣除管理费用30万元，扣除销售费用180万元，可获税前利润33万元。

以上方案为咨询公司根据市场和企业实际情况设计而成，需要双方进行进一步的确认和修订。

第四部分　2016最新食品营销策划书（范文）

自从有了人类，就离不开食品，到了社会飞速发展的今天，人们对于食品的质量要求也越来越高。所以做好食品市场，一定要有切合实际的营销策划书。以下为一份食品营销策划书范文，仅供阅览。

一、选址

详细的调查与分析市场,了解周边环境与地理位置、可见度服务设施和生产原料供给情况。有无居民楼、写字楼、大型厂家以及所针对消费群体的消费能力、饮食习惯、喜好,了解周边竞争对手的实力、规模特点。必须亲自去做初步确定。拟订营业面积为500平方米,必须有三通(水、电、煤气)并咨询相关部门是否禁止建立餐厅。

二、定位

选好店址的同时,根据对市场的分析调查确定消费定位。人均50~60元,特色以天然食品、野生菌类为主打,突出食品营养与养生的文化理念。

三、产品售后

建立客户档案与投诉处理小组。建立详细的客户档案,在节日、生日或特殊的日子里,发短信或打电话祝福、问候。建立良好的客户群体,和投诉意见处理小组。第一时间处理投诉意见给客户一个满意的结果,防止事态扩大或对企业形象造成负面影响,做到合理完美地处理顾客投诉意见。

四、内部管理制度化

完善各项表格与制度,包括员工手册、厨房岗位责任制、服务手册、菜品标准制作单、员工资料单、库存报表、月支出表、外卖记录表、订餐表、会员卡与员工意见箱。

五、人员招聘

前厅领班、厨房主要人员由自己人担任,其他人员由社会招聘,前厅服务员由学校统一招聘,同时进行前期考核、培训、菜谱定制、员工手册与各项制度的学习。培训员工:熟知企业文化,完全遵守各项规章制度,工作流程、岗位技能、职业道德、仪容仪表要求,以及10个习惯:

1. 知道餐厅目标价值观,工作范围。
2. 使用姓氏称呼客人,增加亲和力,遇见客人需求要做到亲切地给予服务、热情地迎送客人。
3. 任何时间地点以客人优先。
4. "三轻"、礼让、微笑。
5. 为满足客人需求充分利用餐厅给予的权力。
6. 不断提出餐厅的缺点完善服务与菜品质量。
7. 积极沟通,不可有消极的情绪。
8. 处理好顾客投诉。
9. 遵守服务行业仪容仪表要求。
10. 爱护餐厅公物。前厅服务员加领班共11人、传菜2人,根据楼面分布增加/后厨13人(冷菜2人、炒菜3人、配菜3人、面点2人、荷台3人、洗碗粗加工2人),

人员工资控制在4.5万/月以内，培训到正常营业20天后。

六、前期宣传与营销

确定营销方案，制作广告单页、网站、广告牌及商业广告。

七、设备采购，前期备货

厨房设备、前厅设备、员工宿舍用具、厨房原料、先了解市场，多比较，根据整体定位合理采购设备。装修的同时，厨房设备与宿舍用具到位。抓好设备采购的每个环节：考察、采购、验收、安装、调试安排管理人员。

八、试营业（10天）

试营业前进行员工的最后考核，采取优胜劣汰的原则。同时进行产品营销（内部营销和外部营销）。

九、装潢

基本格局500平方米，厨房150平方米（凉菜20平方米、面点20平方米、粗加工10平方米、热菜100平方米）、更衣室10平方米、库房33平方米、办公室10平方米、前厅300平方米。（以每个餐位2平方米）可摆150个餐位，设雅间4个（隔断为活动或可折装式的，方便会议接待、生日聚会等。装修以复古、原生态、时尚的完美结合，体现企业的经营理念与视觉识别效果，以方便顾客、方便操作、方便设备运行为原则，每平方米装修、装饰费300~450元之间。20天风完成，灯光以暖色为基调。

十、证照的办理

工商营业执照、税务登记证、消防、环保、防疫站、公安局、宿舍租赁。

只有做好以上的准备，餐饮企业才可以建立，要不就是不完全的、不全面的，只有做好这些工作，不断地发展，餐饮才会得到更大的完善、进步！

来源：世界营销评论．www.mkt.icxo.com

第五部分　新东方校园营销策划书（范文）

一、市场分析

在我校发行的有关英语学习的报纸和杂志有《21世纪报》、《英语周报》、《英语辅导报》、《疯狂英语》等七种，竞争异常激烈，目前我又了解到学习报的英语版正在大量进入我校市场。据了解他们的销售模式只是单纯在大学校园宿舍进行推销，但覆盖面不广，往往是各据一方。但后期报纸或杂志的发送成了最大的问题，往往出现发送报纸或杂志不及时，或报纸积压的问题，没有给学生留下好的印象。这对于刚进入我校市场的新东方英语是一个不错的有利条件。

二、推销对象分析

推销对象：西北工业大学 2009 级本科新生。

对象总人数：预计本科新生在 3 600 人左右。

对象需求分析：

（1）对于刚踏入象牙塔里的大学生来说，他们心中早已经有了自己的英语学习目标，考过英语四、六级，然后向更高的目标奋斗。

（2）在我校，由于新生进校十天左右会有一个英语分班测试，对于远离考试几个月的学生来说会比较重视此次考试。然而事先不知情的他们很少有人会带上以前的课本或者资料，因此这也是新东方英语推销的有利切入点。

（3）现在英语四、六级的试题改革，对当代大学生英语水平有了更高的要求。提高英语成绩的有效方法也是最基础的方法就是扩大词汇量。寻找一份有效地能帮助自己扩大词汇量并提高自己英语整体能力的资料是许多刚进校的学生所需要的，同时考过英语四级也成了学生学习英语的目标。

三、推销市场实地与人员

（1）推销市场实地分析：西北工业大学地域广阔，宿舍分布较为集中。

（2）推销人员：为了进行较好的市场宣传与推销，推销人员应遍布学校新生各个宿舍区，这样才能做到有利的宣传与推销，在第一时间抢占校内较多市场，同时为以后报纸的配送提供了更多的方便。同时考虑到男生进入女生宿舍不方便，推销人员应有一定的男女比例，通过这些建立有利的地理优势！

（3）鉴于对市场实地的分析，估计总共需要 40 人左右的推销员分布在校园各个新生宿舍进行宣传与推销，至于后期发送杂志大概需要 5 人。

四、宣传与推销

宣传主题：读新东方英语，做未来的主人！

推销宗旨：诚实守信，服务至上，让顾客满意！

前期准备：

（1）人员招募：考虑到前期推销的艰难性，我将招募比较有责任心的、想做的并且想执着地干下去的同学和朋友，特别是以前有过推销经验的同学和朋友优先。同时也要考虑到人员地域的分布和性别比列，将招募的人员分为 5 个小团队，其中一个小团队为女生，并选择能力较强的人为队长。

（2）人员培训及经验交流：作为推销团队，就应该有团队精神，同心协力将推销的事情做好。团队精神的培养需要团队成员更多的相处和彼此的了解。为了获得更好的推销成果，掌握一定的推销技巧是不可少的。虽然个人的智慧或者经验是有限的，但积水成河，聚沙成塔，团结的力量是无穷无尽的，要求我们能够广泛的汲取经验并互相交流。除此之外，更要努力学习理论知识，多学习有关推销的技巧。

五、推销准备工作

（1）提前两天到校，制定推销详细规划步骤。

（2）协调组织成员，鼓舞士气！

六、宣传推销阶段

（1）定点宣传：新生入学阶段，在宿舍的主要路口设接待点。为新生及其家长提供免费饮水并制作相应的宣传板进行平面宣传。同时，如果条件允许可以适量地提供免费报纸。

（2）宣传与推销：新生入学的时段到新生宿舍进行宣传推销。

（3）抓住老乡会的时机，帮忙新生了解大学生活及英语学习，为新生对大学的诸多困惑进行解答，同时对英语的重要性和学习方法进行讲解，借助推销我们的报纸。

七、营销策略：重在抓住推销对象的心理

（1）首先要给人一种亲切的感觉，自我介绍很重要，带上学生证是必须的，作为学长或学姐的我们要在新生们眼中是很值得信赖的。可以以学长或学姐的身份向他们介绍学校情况，像交朋友一般。交谈时要面带微笑，拉近彼此间的距离，言语中透露大学英语学习的重要性：作为我校的大一新生，进校后会有一个英语分班考试，这将决定他们在哪个级别的班里学英语。讲清楚分班考试的重要性，快班的同学的英语老师较好，有利于他们的英语成绩的提升，更早地参加英语四级考试。而且很多同学来校时没带任何与英语有关的书或资料，买了这份杂志可以为考试做些准备，找回英语的感觉，同样可以受用于以后大学英语课程及英语四级的学习。

（2）推销时要带上一份样品，言谈应尽量言简意赅，切入推销主题时不能表现得太商业化，这会使得新生们显得反感。

（3）如果能顺利的推销出一份杂志，一定要开正规的订阅发票，最好为该杂志专用的。还要留下校园主管的联系方式，如有任何报纸发送方面的问题可以向校园主管反映。同时推销人员还要主动留下自己的联系方式，主动提出什么问题都可以找我们学长或学姐。即使在某个宿舍没能推销成功，同样要以学长或学姐的身份留下联系电话，一来可以留给新生回头机会；二来可以向他或她的室友进行宣传，为以后订阅的人留下途径。

八、营销计划进行阶段

（1）每天从各队长处收集整理最新征订情况。

（2）每天开队长会，共同解决推销中遇到的问题。

（3）每天开组内会，鼓舞团队，齐心协力！

九、后期杂志的发送

（1）基于前面对于市场实地的分析，后期发送杂志同样做到方便快捷。因此会在

校园各个新生宿舍选取个别人作为发送员，对每期的杂志进行及时地发送，给新生以满意的服务和印象，同时这也是占据市场和扩大市场的有效途径。

（2）鉴于其他杂志和报纸在发送方面存在的漏洞，给新生客户造成了很不好的印象，有人甚至提出退款，所以后期的发送服务一定要及时、周到，据此建立读者反馈机制：根据各个宿舍区订阅杂志的人数安排该区域内发送员的数量（一个发送员负责一个宿舍楼）；另外发送员也要受到新生客户的监督，客户对杂志发送方面的问题，如发送不及时、错发、漏发等问题均可向校园主管反映，由校园主管处理解决，通过这些来间接地监督和考核业务员的业绩。

（3）为了避免错发、漏发等问题，需要制作相应的表格将杂志发送员所负责的学生信息进行汇总，每发一份杂志在表上做好相应记录，使发送工作有条不紊地进行，避免出现问题而引起客户的不满！

十、售后调研

对每位订购客户进行问卷调查，提出杂志的优点和缺点，有利于报纸的改进和发展。

来源：世界营销评论．www.mkt.icxo.com

主要参考文献

[1] [美] 菲律普·科特勒. 营销管理 [M]. 上海：上海人民出版社，2003.
[2] [美] 菲利普·科特勒. 市场营销管理（亚洲版. 第2版）[M]. 北京：中国人民大学出版社，2002.
[3] [美] 迈克尔·波特. 竞争优势 [M]. 北京：华夏出版社，2001.
[4] [美] 萨布哈会·杰恩. 市场营销策划与战略案例（第6版）[M]. 北京：中信出版社，2003.
[5] 吴健安. 市场营销学（第4版）[M]. 北京：高等教育出版社，2012.
[6] 张德鹏，等. 市场营销学 [M]. 广州：广东高等教育出版社，2007.
[7] 李业. 营销学原理 [M]. 广州：广东高等教育出版社，2003.
[8] 郭国庆. 市场营销学通论（第5版）[M]. 北京：中国人民大学出版社，2013.
[9] 陈和钦. 市场营销理论与实务 [M]. 北京：北京理工大学出版社，2012.
[10] 郝渊晓. 市场营销管理学 [M]. 陕西：陕西人民出版社. 2004.
[11] 那薇. 市场营销理论与实务 [M]. 北京：北京大学出版社，2013.
[12] 马连福. 现代市场调查与预测 [M]. 北京：首都经贸大学出版社，2002.
[13] 吴泗宗. 市场营销学（第4版）[M]. 北京：清华大学出版社，2012.
[14] 晁钢令. 市场营销学 [M]. 上海：上海财经出版社，2003.
[15] 胡春. 市场营销案例评析 [M]. 北京：清华大学出版社，2008.
[16] 王学东. 营销策划——方法与实务 [M]. 北京：清华大学出版社，2010.
[17] 费朗. 营销一点通 [M]. 北京：中国商业出版社，2002.
[18] 纪宝成. 市场营销学教程 [M]. 北京：中国人民大学出版社，2009.
[19] 万后芬. 现代市场营销 [M]. 北京：中国财政经济出版社，2012.
[20] 陈祝平. 品牌管理 [M]. 北京：中国发展出版社，2005.
[21] 欧阳卓飞. 市场营销调研 [M]. 北京：清华大学出版社，2006.
[22] 金萍华. 实用广告学 [M]. 南京：东南大学出版社，2006.
[23] 李健. 国际市场营销理论与实务 [M]. 大连：东北财经大学出版社，2006.
[24] 陈信康. 服务营销 [M]. 北京：科学出版社，2006.
[25] 卢泰宏. 营销在中国 [M]. 广州：广州出版社，2001.
[26] 应恩德. 人员推销 [M]. 北京：电子工业出版社，2001.
[27] 张英奎. 现代市场营销学 [M]. 大连：大连理工大学出版社，2007.
[28] 景奉杰. 市场营销调研（第2版）[M]. 北京：高等教育出版社，2010.
[29] 刘利兰. 市场营销调查与预测 [M]. 北京：经济科学出版社，2012.
[30] 卜妙金. 分销渠道管理（第2版）[M]. 北京：高等教育出版社，2000.
[31] 徐亿军. 市场营销学 [M]. 北京：电子工业出版社，2010.

[32] 赵开华．张满林．市场营销 [M]．北京：中国经济出版社，2010．
[33] 王效东．市场营销理论与实务 [M]．北京：北京师范大学出版社，2009．
[34] 金泽灿．方法比努力更重要 [M]．呼和浩特：内蒙古文化出版社，2009．
[35] 韩冰．财富讲义——一分钟袖珍故事 [M]．西安：未来出版社，2008．
[36] 陈海龙．培训故事全书 [M]．深圳：海天出版社，2007．
[37] 张丽．美国电影的整合营销体系 [J]．科技信息，2013（26）．
[38] 陈英毅．论体验营销 [J]．华东经济管理，2003．
[39] 何家庆．百思买细分客户做精销售 [J]．安徽商务信息，2006．
[40] 职业餐饮网，http：//www.canyin168.com．
[41] 个人图书馆，http：//www.360doc.cn．
[42] 中华励志网，http：//www.zhlzw.com．
[43] 中国零售网，http：//www.youyuanw.com．
[44] 新浪网，http：//www.sina.com.cn．
[45] 三亿文库，http：//3y.uu456.com．
[46] 世界营销评论，http：//www.mkt.icxo.com．
[47] 人民网，http：//www.people.com.cn．